# 盛世前夜

## 后武则天时代的政治缠斗

吴鹏 著

The Night
Before The Heyday

中国人民大学出版社
·北京·

# 推荐序

## 错落有致的历史

孟宪实　中国人民大学教授

历史学的天空是自由的。证据不充分是史学常态,这导致学者观点每以冲突为特征。即使论据众多,大家同样意见不一致,这是因为人心不同、各如其面。反正都是人的故事,稍有了解,同情主义就会自然发作,而同情的角度、深度,往往会因人而异。可以说,历史学最具社会属性,人人得以参与,较起真来,不亦乐乎。于是,开放与包容,也就成了历史学的特性。通过历史学培养科学精神,论者众多,证据中心论正是历史科学性的本质所在。

看历史热闹、增长历史知识,是历史著述社会阅读的一般要求。在此基础之上,才能进而寻找规律,发现自我见解。从另一个角度看,搜集相关信息,探索证据链,进而组织文字、反驳成说、成一家之言,使得历史学对很多人具有专业化的诱惑。近些年来,历史爱好者迅速增长。市场上流行着很多通俗历史著作,贡献者不少是业余爱好者,不仅为历史学增添了魅力,甚至影响了未来的历史学。大学历史专业的报考信息证明,高中毕业生将历史学作为第一报考志愿的比例年年都在提高,历史学从原来的冷门逐渐变热。我听北大历史系教授如此言说:大学转专业时,因为报名历史专业的人太多,转专业考试隆重而认真。富裕的家庭多了,不再指望孩子学成致富,允许孩子自由选择,这应该是历史学变热的基本原因;而各种史学书籍的大量问世,引发了中学生探索历史专业的兴趣,这是历史学受到学生青睐的又一缘由。

社会阅读关注历史作品,这是历史学的福音。优秀的历史通俗作品,在社会阅读上超过专业著作,社会影响更大。衡量一部史学专著的贡献,史学的标准是一致的:是否发现了新史料,是否展开了新课题,是否完成了新论证,是否超越了此前的著作，等等。那么如何评价一部通俗的史学作品呢？首先，要尊重史料。一些作者过于强调自我观点，对史料的作用有所轻忽。其次，要有一定的史料辨析。很多传统史书，如《二十四史》是史学著作，有一定的史料价值，引用这样的史料，需要进行一定的辨别考证。有的作者拿来就用，认为这就是有依据了。其实，这样的史料是为史学观点服务的，如果不做辨析，很可能陷于片面正确的泥沼。最后，需要一些专业对话，即对此前的学界观点要有所了解，进行平等对话。对业余爱好者而言，这一点比较难。中国历史学有漫长的发展史，积累了很多学术资源，很多情况下，了解基本史料容易，了解学术动态太难。是否具有一定的专业性，这一点尤其能够说明问题。其他方面，都是人所共知的，如文笔流畅、构思巧妙、叙述清晰等。即使是通俗作品，也要能引发读者的共鸣，启迪读者的史学意识，唤醒读者的科学精神。

科学和科学精神是社会常用词，史学如何具有科学意义呢？一般都是强调史学的人文价值，比如文化相对、推崇进步、价值观包容、欣赏差异等。那么科学当如何理解呢？一方面，在现实中人们讨论历史问题，因为存在时间距离，个人的感情、立场可以更自由，历史研究可以抛开主观性的约束，客观性因此可以大行其道。这是科学精神的重要内涵，即研究秉持客观性，努力降低主观干扰。另一方面，无证不言，没有证据的观点遭到摒弃，证据充分、证据链完整的观点才会被接受，这是科学方法论的灵魂。科学性，不仅是历史研究的精神，对研究者的现实生活也多有助益。试想，日常生活中多少人会受到主观性的困扰，甚至深陷立场、感情的旋涡而难以自拔。如果能够运用史学研究的思维面对现实生活，你的人生自由度会有多大程度的提高？所以，史学非历史学家的专利，而是全社会的良师益友。

通俗史学作品，最佳作者当然是史学训练有素的学者，他们通常有史学底线思维，不会犯史学常识错误，最能够给予读者以专业信心。但是，如今的专业学者都被科研考核绑定，一篇论文在考核中的作用远远胜过一部通俗著作。所以，受过史学训练又没有科研考核压力的作者，就成了创作优秀历史作品的神秘嘉宾。

史学博士吴鹏，如今奉上《盛世前夜：后武则天时代的政治缠斗》，这是一部典型的雅俗共赏的作品。这部书描述了唐朝前期最为混乱的一个时期，从武则天退位归西到唐玄宗稳定政权。武周政权在一场政变之后灭亡，但武则天的政治影响依然存在，长时间发挥作用，这就是"后武则天时代"。政变频仍是这个时期的特点，说明政治冲突严重，矛盾根深蒂固。陈寅恪先生曾经用李武韦杨集团的概念描述这个时期的唐朝政治，想说明皇帝婚姻造成的政治问题。可是，皇帝婚姻是恒定的，无皇帝无婚姻，为什么单单这个时期出现如此多的问题呢？本书从新的角度描述这段历史，认为武则天时代留下了时代课题，一方为"合同李武"，维护后武则天时代的李武团结，从而保证武氏的利益不受损；另一方以"清算武周"为政治目标，武周篡唐的一切都需要彻底清算。唐中宗、唐睿宗作为唐朝的皇帝代表李氏，理所应当，但他们同时也是武则天的嫡系后代，对清算武周他们存在严重的内心障碍。于是，代表清算武周的一派，反而是张柬之等大臣，而最终在张柬之等"五王"通过政变推翻武周之后，受益者唐中宗反而挥手消灭了"五王"。总之，在后武则天时代，清算武周的运动未得善终，但清算派却赢得了历史。如今的史书几乎都是清算派的立场表达。系列政变终于导致唐玄宗盛世时代的降临。唐玄宗在政治上属于清算派，而在制度上，根据陈寅恪先生的看法，则是继承派。历史运动的复杂性在这个混乱时期表现得更加充分。如果说唐玄宗时代为光明盛世，那么后武则天时代则是盛世的前夜，阴谋与黑暗充斥唐朝。

  如此看来，优秀的通俗历史作品，不能不讲故事，但不能仅讲故事。它需要用流畅的文笔介绍历史故事，同时将作者的历史理解贯穿其中。所以，本书虽然不是论文体，但依然对人启发良多。通俗作品缺乏自我观点，这在大多数作品中是可能的，但像《盛世前夜：后武则天时代的政治缠斗》这样的作品，即使对于专家，也是有价值的。其意义在于，在纷繁的历史乱局中，寻找一道理解的光，让历史看上去错落有致。这样的作品，显然是值得提倡的。读这样的历史作品，美好之感油然而生。

  吴鹏是中国人民大学历史学院的毕业生，因为心存家国之念，投身报国进入行政系统工作，去新疆、西安等地工作有年。书写历史于他是家国情怀，也是实地访史有感，历史还是他摆脱不了的牵挂。再见面，他已经连篇累牍地写起了报纸专栏，大有江河奔涌一去不返的势头。原来，他的现实工作，与历史存在密切的联系。吴鹏如今已经有多部历史作品出版，读《资治通鉴》，讲唐史，还有关于中国水的历史思考。

从某种意义上说，学生就是老师的运命。许多学生从校门离去，再也无缘相见。真希望所有的学生都能像吴鹏这样，再见面，已经著作等身。

是为序。

# 前　言

2019—2020年，我因工作原因要赴西安常驻两年。本身就是隋唐史专业出身的我，身处隋唐故都长安，在长达两年的实地生活体验中，自然对历史过往多了一层直接感知和深度思考。

在这两年时间里，我利用周末多次踏访西安的隋唐遗址，如市内的曲江、灞桥、玄武门、大明宫、兴庆宫、华清池、杜公祠、大雁塔、兴教寺、兴善寺、青龙寺、乐游原、唐城墙等旧址，周边的献陵、昭陵、乾陵、泰陵等帝陵遗址。尽管有些地方已经开发成旅游景点，几乎不见当年模样，但徜徉其中，回顾过往，眼望西风残照下的唐家陵阙，脚踩音尘已绝的古迹故道，还是别有一番历史情思涌上心头。

我曾在昭陵博物馆内，打量房玄龄碑、温彦博碑、高士廉碑、马周碑、尉迟敬德碑，给授业恩师孟老师发微信，说"六块碑矗立在一起，托起了一个贞观时代"。我曾在乾陵反复比对女皇武则天给高宗立的述圣纪碑和她自己的无字碑，探求女皇最后岁月的政治忧虑和心路历程。我曾在兴庆宫的勤政务本楼遗址前回想玄宗李隆基成为真正皇帝前的惊险一跃，在花萼相辉楼遗址前思考玄宗对兄弟们"素友爱"感情背后的权力制约与政治防范。

众所周知，开元盛世是中国人永远的强盛记忆，是中华民族伟大复兴的精神坐标。但就在开元前夕，即从武则天晚年到唐玄宗初年的短短八年间，连续发生了神龙、景龙、唐隆、先天四次政变，更换武则天、中宗、少帝、睿宗、玄宗五位皇帝。在踏访唐朝旧址时，尤其是在从武则天乾陵到唐玄宗兴庆宫来回流连的路上，我经常思考一个问题：为何唐朝在走向繁荣昌盛的开元盛世前，发生了那么多次政变？

从这个问题出发，会产生更多的疑问。比如：政变意味着高层政治的动荡不安，为何残酷的政治斗争没有引起社会经济的连锁恶化，进而阻挡唐朝走向开元盛世的步伐？政变胜利者对政变失败者政治形象的塑造、人物生平的书写，是否完全就是历史的真实？就历史这八年的政治进程而言，每次政变在解决了当时最高权力分配问题的同时，又埋下了下一次围绕最高权力进行争夺的斗争伏笔。那么，引发四次政变的本质逻辑是什么？政变各方的政治理念是什么？围绕权力斗争的明线背后，是否存在一条政治斗争的暗线？

在围绕四次政变的历程进行深入发掘的过程中，更多的疑问浮出水面：武则天既然已经复立儿子李显为太子，确定从武周回归李唐，为何还会引爆张柬之等人以恢复李唐为旗帜发动政变？唐中宗对妻子韦皇后、女儿安乐公主如此放纵，仅仅是感情补偿吗，有没有政治上的考虑？三让天下的唐睿宗，到底是主动禅位还是被迫退位？当年的临淄王李隆基在不事先请示父亲睿宗的情况下，抢先发动政变，究竟是因为仁孝怕牵连父亲，还是有着不为人知的隐秘心机？睿宗时期政治斗争的真相，到底是李隆基和姑姑太平公主的姑侄相杀，还是李隆基和父亲睿宗的父子反目？安乐公主的被杀、上官婉儿的冤死、太平公主的自尽，这些大唐红颜的薄命，都集体指向哪个幕后真凶在辣手摧花？对这些问题的思考，贯穿于我在西安时每一次对唐朝遗址的踏访。

在西安工作生活的两年里，我每年都会有几次在北京和西安两地之间往返的旅程。旅程较长时，我喜欢坐火车，可以在欣赏路边风景的同时，让思绪在原野上随着飞奔的火车一路放飞。这时隐藏在大脑后台进行思考的一些问题就会不自觉地跳到前台，让人在不经意间似乎能捕捉到若有若无的答案，产生述诸笔端的心理冲动。

终于，在2019年冬一次从北京回西安的高铁上，当列车高速行进在八百里秦川的苍茫原野时，眼望长河落日下的三秦大地，回想一千多年前的唐宫风云。那一刻，恍惚间时空交错，刹那时古今重叠，思古之情喷薄而出。无法自抑向人讲述冲动的我，决定将唐朝走向开元盛世前的这段纷纭历史写下，分析四次政变的逻辑，查清宫廷斗争的真相，力图通过书写开元盛世前夜四次宫廷政变的发动，各派政治势力和各色政治人物的分化组合，挖掘出中国古代政治的底层逻辑和终极规律：权力的一元是稳态，人性的多元是常态。

从武则天晚年李（李显、李旦、太平公主等）武（武承嗣、武三思等）两家的争夺，到李家内部李显（韦皇后、安乐公主等）、李旦（太平公主、李隆基等）兄弟两派的斗争，再到李旦系统内部李旦与李隆基的父子相杀，可以发现：在中国古代政治中，最高权力只有一元化才是最为稳定的，才是对促进社会发展最为有利的。任何二元、三元甚至多元的最高权力格局，必然走向你死我活的残酷斗争，直至最高权力实现一元化的稳定状态才能结束斗争，才能为社会发展带来稳定的政治环境。

但在最高权力一元化的同时，次级权力、中级权力、基层权力需要分散，充分听取各方意见，充分实现权力制衡，才能方便最高权力有效掌控全局，正确开展决策。最高权力的一元化与次级权力、中级权力、基层权力的多元化互为依托，以多元化保证一元化的正确，以一元化保证多元化的均衡。

透过四次政变斗争中各色人等的心理本色和政治表演，更可以看出人性的复杂、人心的多元：好人会做坏事，坏人也会做好事；恶人会行善，善人亦会作恶；父子可以立场迥异，兄弟亦可分别站队；有人可以忘记初心、背弃立场，也有人可以坚持到底、矢志不移。一切以时、势具体条件的约束为转移。

综括言之，一元的最高权力是政治的稳态，多元复杂的人性是历史的常态。人同此心，天同此理。在历代王朝中，这一规律不因时代的不同而改变，不因世事的变迁而转变。时间可以治愈伤痛，让人忘记仇恨，但无法改变规律。当大局已定、尘埃落定时，人们尽可以化干戈为玉帛，是为"度尽劫波兄弟在，相逢一笑泯恩仇"；但这不妨碍他们在可以重新选择的时候，再来一番你死我活的残酷斗争，重演一次龙争虎斗的无情打击。

开元前夕的四次连环政变，无疑是唐代历史上的至暗时刻，一如黎明前的无边黑暗。身处明媚阳光下的我们，还有必要了解千年前血雨腥风的政变历程、暗黑无界的斗争历史吗？还需要掌握政治的规律、通晓人性的复杂吗？

在电影《笑傲江湖Ⅱ：东方不败》中，令狐冲对任我行表示要退出江湖，从此不问江湖之事。任我行冷笑道："有人的地方就有恩怨，有恩怨就有江湖，人就是江湖，你怎么退出？"其实，对话中的"江湖"一词，如果替换成"政治"，也毫无违和之感。

古希腊哲学家亚里士多德有言，人天生就是政治的动物。有人的地方就有政治，无论古今抑或中外，任何人都避不开政治的笼罩，逃不掉政治的斗争。对于政治，我们可以远离，但无法绝缘。人的群居属性，决定了人不可能脱离社会而存在。无法与社会隔离的个人，自然无法和政治进行实质上的切割。

有政治就必然有斗争，这是不以任何人的意志为转移的客观规律。资源的有限性，决定了斗争的常态化。小到影响个人进退留转的职场纷争，大到决定国家民族命运的国际斗争，本质上都是权力的运行和利益的分配。读懂了政治的规律，认清了人性的复杂，我们才能至少避免在斗争中成为牺牲品，进而有可能在时代洪流的大变局中建造一座安全屋安放肉身和灵魂，活得更安心自在。

# 目　录

## 第一部　神龙政变　则天退位

### 第一章　契丹人进犯 /3
武则天的耳光 /3
立侄子还是儿子 /6
李昭德力谏女皇 /12
娘家人扶不上墙 /18

### 第二章　狄仁杰回朝 /23
梁公救火　武来浇油 /23
昭德俊臣　同归于尽 /29
还我庐陵相王 /37
突厥偷袭契丹 /42

### 第三章　皇太子归位 /47
庐陵王回宫 /47
武承嗣气死 /54
李旦的野望 /59
李显的优势 /66

### 第四章　李武张恩怨 /72
打退突厥　稳定储位 /72
李武并贵　一厢情愿 /76
吉顼临别赠言 /82

二张青云直上 /87
二王一郡主死因之谜 /95

**第五章　集结号吹响 /104**
元忠发难 /105
张说反水 /110
监国构想与政变准备 /118
政变集团的内部派系 /122

**第六章　迎仙宫之变 /127**
朝臣大战二张 /127
李显下定决心 /134
五方各怀鬼胎 /140
女皇黯然销魂 /145

# 第二部　景龙政变　中宗屠子

**第七章　中宗巩固皇权 /155**
封赏弟妹　酬答功臣 /156
起用旧部　推出皇后 /161
婉儿三思　强势崛起 /168

**第八章　五王英雄末路 /173**
为何不杀诸武 /173
张柬之的进攻 /178
武三思的反杀 /181
五个人的惨死 /185

**第九章　重俊起兵犯阙 /194**
大踏步回归武周 /195
公主要当皇太女 /201
太子被逼上梁山 /208

# 第三部 唐隆政变 睿宗上位

## 第十章 武韦合流 /219
中宗清除李重俊余毒 /219
韦皇后接盘武系势力 /224
安乐充当武家代言人 /229

## 第十一章 中宗之死 /234
放纵妻女 /234
耽于玩乐 /239
打压弟妹 /243
死因迷离 /246

## 第十二章 临淄王在行动 /251
少年王子 /251
准备应变 /256
争取上官婉儿 /261
争夺遗诏起草权 /265

## 第十三章 太极宫剑出鞘 /270
崔日用送来情报 /271
李隆基铤而走险 /275
诛杀韦后、婉儿 /280
相王二次登基 /287

# 第四部 先天政变 玄宗开元

## 第十四章 睿宗重建权力 /295
平定重福 平反重俊 /295
定位武周 构建天命 /300

平反冤案　整顿吏治 /305

## 第十五章　拉太平打太子 /310
反复犹豫　册立太子 /310
抬高成器　排挤隆基 /314
清洗万骑　平反婉儿 /320

## 第十六章　扶太子制太平 /326
太平颠覆太子 /326
睿宗支援东宫 /330
姚宋硬杠太平 /334

## 第十七章　倒向太平 /341
提前传位的交锋 /341
当食盐成为武器 /347
追颂上官婉儿 /352
调整宰相班子 /357

## 第十八章　被逼退位 /362
睿宗欲废太子 /363
太子搅动边关 /368
玄宗提前登基 /371
王琚再起风云 /375

## 第十九章　父子反目 /380
刘幽求玩火自焚 /380
太上皇决意废帝 /385
郭元振奉诰回朝 /389
李隆基绝地反击 /393

## 第二十章　太上皇废 /398
睿宗跳楼　太平自缢 /398

赐死崔湜　罢黜象先 /405

　　贬死元振　召回姚崇 /410

**结语：无人笑到最后** /415

**结论：后武则天时代的政治缠斗——"合同李武"与"清算武周"的**
　　**路线斗争** /420

　　"合同李武"路线的制定和困境 /420

　　"清算武周"路线的提出与实施 /423

　　两条路线的终极对决 /426

第一部
神龙政变　则天退位

中国古代王朝，内政与边防往往深度勾连，庙堂与边疆一直相互连锁，二者互为催化剂。边境线上的任何风吹草动都会引起帝国内部各种政治力量意味深长的分化重组。

武则天晚年，武周帝国政治形势的发展正是遵循了这个历史逻辑。北方边防线上的两次战争引起了一个人的复出，更推动李武两家争夺接班人位置的斗争走向白热化。草蛇灰线，伏脉千里。边疆的烽火，最终照亮了洛阳城里宫廷政变的刀光剑影，推动了帝国旗号从武周向李唐的回归。

# 第一章　契丹人进犯

请注意，这不是战五渣的北宋，而是理论上战斗值应该爆表的大唐。只不过此时大唐的航道拐了一个大弯，正行驶在武周的河面上，处于武则天改唐为周的武周历史时期。

万岁通天元年（696）五月，一向驯服的契丹松漠都督李尽忠和他妻子的兄弟即归诚州刺史孙万荣突然举兵造反，很快攻陷武周东北重镇营州（今辽宁省朝阳市一带），杀害营州都督赵文翙。

营州地处辽西走廊，地理战略位置重要，历来是中原王朝经略东北的前沿阵地。契丹攻占营州，极大震动了武周东北边防线。

## 武则天的耳光

和我们通常的历史印象不同，契丹并不是到北宋才从东北白山黑水中冲杀出来，突然以泰山压顶之势成为中原王朝的心腹大患，而是早在唐朝就已经日渐崛起。契丹的勃兴是一个长达五百年的历史进程。北宋在应对契丹问题时之所以疲于奔命，很大程度上是因为它是唐朝留下的历史包袱，而非新的挑战。

契丹是从商周到两汉活跃在中国东北的游牧部落东胡的后裔，与匈奴联系密切。三国两晋南北朝时期，契丹在东北和内蒙古交界地区逐渐发展壮大[①]。隋末唐初，契丹依附于强大的突厥，经常跟随突厥抄掠唐朝边境，后来不堪忍受突厥压榨，转而归附唐朝，唐太宗封其首领大贺窟哥为左武卫将军。

---

[①] 关于契丹这一时期的历史，杂见《旧唐书》卷199《契丹传》、《新唐书》卷219《契丹传》、陈述《契丹政治史稿》等史籍论著。

贞观二十二年（648），窟哥率部落迁徙到唐朝势力范围内居住。唐朝设置归营州都督管辖的松漠都督府，任命窟哥为左领军将军兼松漠都督，赐爵无极县男。更重要的是，太宗还赐窟哥国姓李，让他从大贺窟哥改名为李窟哥。这是政治上的重大荣耀，极大加强了契丹相对于周边民族部落的政治地位。后来唐朝任命李窟哥的孙子李尽忠为武卫大将军，袭任松漠都督。

唐初契丹分成数部，另一部在营州城附近居住，首领孙敖曹受封云麾将军。和李尽忠一起反叛的孙万荣，正是孙敖曹的曾孙①。孙李两家来往较多，互相通婚。李尽忠迎娶孙万荣妹妹，是其妹夫。

高宗中后期，由于西南吐蕃崛起，唐朝战略重心转向西方，对包括契丹在内的东北各民族部落的控制力削弱，契丹势力逐渐坐大。武则天建立武周初期，契丹与中原的关系大体和平，李尽忠、孙万荣亦相对驯服。但营州都督赵文翙的上任，改变了这一切。

赵文翙为政刚愎自用，对契丹各部首领颇为倨傲，甚至将李尽忠、孙万荣当奴仆一样呼来喝去，惹得二人怨恨不已。加上当时契丹遭逢连年饥荒，赵文翙却不赈灾，一粒米也不给，激怒了契丹上上下下。

李尽忠决定借赵文翙项上人头一用，扯旗造反，又担心本部力量不够赵文翙手下军队塞牙缝，就本着打赵文翙亲兄弟的思路，与孙万荣商议造反之事是否可行。

孙万荣一听，立即表态支持。他年轻时曾入朝学习中原文化，与武周宰相等重臣都有来往。垂拱三年（687）五月，当时还是太后的武则天要临朝称制，宰相刘祎之反对，武则天遂指使大臣诬陷刘祎之收受孙万荣金银财物，并以受贿罪将刘祎之赐死。这从侧面说明孙万荣与刘祎之交往较多，否则武则天不会选中他作为突破口。

深度观察过武周政治的孙万荣，"知中国险易"②，对武周政局洞若观火。他深知此时的武周，因武则天连年的恐怖政治以及对官员队伍和军队系统的清洗，已经虚弱不堪，朝中早已没有能撑起危局的重臣，军队亦已没有能打大仗

---

① 还有一种说法是孙敖曹孙子。
② 《新唐书》卷219《契丹传》。

的大将。此时不反，契丹不知何时才能在这白山黑水间有出头之日。

听完孙万荣对武周局势的分析，李尽忠下定反叛决心，这就有了本章开头的二人攻陷营州、杀赵文翙之事。在万岁通天元年（696）的特殊政治背景下，契丹的反叛对武则天和武周不只是啪啪打脸。

这年十二月初六①，武则天带着大队人马从洛阳出发，浩浩荡荡地向神岳即中岳嵩山进发。武则天此行的目的是要在嵩山举行封禅大典，之所以选在嵩山而非前代帝王封禅的泰山，主要是因为嵩山对武则天有着特殊的政治意义。

早在西周时期，嵩山就因其居天地之中的位置被奉为圣山，周武王、周成王都曾到嵩山祭祀。武则天自认周朝后裔，武姓又出自西周王族姬氏，遂封嵩山为神岳。加上嵩山离洛阳较近，交通方便，武则天就决意在此举行中国古代最具政治意义的祭祀大典——封禅。

十二月十六，武则天一行抵达嵩山，在山上添土祭天，向天神报告武周江山已成人间乐土，宣布大赦天下，把年号从"天册万岁"改为"万岁登封"。十二月十九，武则天在少室山祭祀地神，二十一登坛接受扈从群臣朝贺，二十五回洛阳宫，二十六拜谒太庙，向祖先报告封禅成功事宜。

武则天对嵩山封禅相当重视，不但在嵩山宣布免除百姓本年赋税，还让全国人民"大酺"，即放开肚皮大吃大喝，痛饮九天②。国家遇有重大庆典，一般都会让百姓"大酺"三天，最多不过五天、七天。武则天当年登基时亦只是"大酺"七天，嵩山封禅直接"大酺"九天，可见意义重大。武则天由此成为中国历史上唯一在嵩山封禅的皇帝，也是唯一的女性封禅者。

三个月后，三月十六，武则天新修的明堂落成。在中国古代的建筑政治学中，明堂上通天象、下统万物，天子在此听察天下、宣明政教，是最重要的政治建筑，号称"通天宫"。武则天顺势又把年号改成"万岁通天"，再次大赦天下，让官民百姓"大酺"七天。

武则天在国内通过封禅嵩山、新修明堂，全力宣扬武周天下已经是人间天

---

① 武周载初元年（690），武则天改唐为周后，下令实行周朝历法，以每年十一月为岁首，即一年之始。久视元年（700）十月，武则天复立李显为太子后，又下令将岁首改为每年一月。
② 《新唐书》卷4《则天皇后本纪》，则记为"赐酺十日"。

堂。一年时间内，将年号从天册万岁改成万岁登封，再改成万岁通天，都是在浓墨重彩地大书特书女皇功绩。但不管武则天和武周百姓信不信，西南的吐蕃和东北的契丹是不信的。就在上下一派安定祥和的宣传气氛中，这年武周的边防线却是接连告急。

上年七月，位于青藏高原的吐蕃进攻武周临洮（今甘肃省临洮县一带），武则天任命王孝杰、娄师德为正副统帅率军救援。就在封禅嵩山成功、新修明堂即将剪彩的三月初，王孝杰、娄师德与吐蕃大战于素罗汗山（今甘肃省临洮县东部一带），大败而归。

在当时，唐朝和武周的主要对手是北方的突厥和西南的吐蕃，根本没把契丹当回事，认为契丹不配当自己的对手。从高宗中后期开始，唐朝就与吐蕃多次交手，互有胜负，素罗汗山之战虽然大败，亦是兵家常事，武则天并没有太以为意。

但五月收到契丹叛乱的奏报后，武则天仿佛被打了一个耳光。在她看来，契丹"小丑"①竟敢和武周叫板，分明是在太岁头上动土。武则天很快做出了大加挞伐的决定，于五月二十五派左鹰扬卫将军曹仁师、右金吾卫大将军张玄遇、左威卫大将军李多祚、司农少卿麻仁节等二十八将出兵征讨。

二十八将象征天上二十八星宿，显示了武周军势威武、誓要殄灭契丹的战斗意志。但二十八将不能各自为战，必须有人统率全军。在统帅人选的确定上，武则天颇费了一番心思，犹豫了两个月才最终做出决定。既然李尽忠和孙万荣是打虎亲兄弟，那她武周也得上阵娘家人。而武则天之所以选择让娘家侄子出征，又和此时朝堂上李武两家争夺接班人位置的激烈斗争密切相关。

## 立侄子还是儿子

亲生儿子亲还是娘家侄子亲，对大多数母亲来说并不是一个问题。但到了武则天这里，却成了最大的难题。

---

① 陈子昂《上军国机要事》有言"契丹小丑，未足以比类（即突厥、吐蕃）"，认为契丹只是东北小丑而已，根本无法与吐蕃、突厥相提并论。

武则天以女性身份登上皇位成为至尊红颜，开创中国历史上千古未有之奇迹，但也带来千古无解之难题，这就是接班人问题。如孟宪实老师所言，"武则天改朝换代，一开始就存在继承人危机……这个危机存在，伴随武周始终，最终还是社会继承制度成了武周无法逾越的障碍"[①]。在武则天之前，中国历史上都是男性皇帝，皇位自然传给亲生儿子。武则天不是女权主义者，如果是，她会立女儿太平公主为皇太女。武则天内心仍然深受以男性为中心的宗法观念影响，认同男性子嗣才是香火继承者，如胡阿祥先生所言，"武则天最终无法突破血祭（封建夫权的血统承袭）和儒教（祖先崇拜）的社会传统观念制约"[②]。

在这一观念的制约下，身为女皇的武则天实际上有两个接班人选：李氏儿子、武姓侄子。天下到底传给亲生儿子还是娘家侄子，成为武则天最大的政治纠结。当时武则天还在世的儿子是三子李显、四子李旦，比较受重用的娘家侄子是同父异母哥哥武元爽之子武承嗣、武元庆之子武三思。

唐高宗李治驾崩后，李显即位，是为中宗。不久，中宗因反抗武则天控制朝政被废黜为庐陵王，幽禁房州（今湖北省房县一带）。武则天随后立李旦为傀儡皇帝，在完成改唐为周的武周革命后，将其降为皇嗣，幽闭东宫。李显、李旦身上虽然流淌着武则天的血脉，但在传统宗法制度下，他们本质上仍然是李家后人，传位儿子等于武周江山落入外姓人之手，把天下拱手还给李唐。武则天苦心孤诣打怪闯关，无异于白忙活一场。虽然武则天后来先后赐李旦、李显武姓，但她明白，这是不作数的。

武则天要确保武周江山万万年，永远姓武不变色，只有把天下传给娘家武姓侄子武承嗣或武三思。这二人在武则天夺权的路上鞍前马后，出力颇大。但如果他们接过武则天的皇位登基，在传统宗法制度的制约下，只会在太庙中摆上父亲武元爽或武元庆的牌位，根本不会承认武则天这个姑姑的政治地位，武则天同样是为他人作嫁衣裳。如孟宪实老师所言，"如果武承嗣成为皇帝，他的做法一定是追认自己的父亲为皇帝，从而确立自己的皇室宗庙系统，其中无

---

[①] 孟宪实《武则天研究》，四川人民出版社，2021年。
[②] 胡阿祥《武则天革"唐"为"周"略说》，载于《江苏社会科学》2001年第2期。

法安置武则天"①。而且武氏子弟即位后，极有可能会将李氏子孙作为前朝皇室余孽斩草除根，她武则天等于断子绝孙。这个代价，武则天显然也无法承受。

在这正反两方面的顾虑下，武则天登基后并没有明确接班人选。她立李旦为皇嗣，让其居住东宫，礼仪规格、生活待遇和政治地位"一比皇太子"②，完全按照皇太子的规格配置。但皇嗣并不是正统皇太子，武则天并没有明确指定李旦接班。"一比皇太子"，只是"比"皇太子，说明还不是皇太子。但"皇嗣"中的"嗣"又有接续、继承的嗣位之意，不免给人以无限遐想的政治空间。也就是说，武则天并没有把传子这条路堵死，而是留下了很大的回旋余地。

在侄子这边，武则天则授予他们很大的权力。武承嗣任左相即尚书省副长官左仆射，并以宰相身份主持中书省工作，掌握很大一部分决策权和执行权；武三思则任夏官即兵部尚书，掌握部分兵权。武则天在登基后，又封武承嗣为魏王，封武三思为梁王。武承嗣认为自己在武周革命中出力最大、立功最多，且名字中有"嗣"，自命是当之无愧的武家事业接班人，遂率先展开了对李旦的攻击，试图抢夺接班人位置。

天授元年（690）武则天日月凌空的临门一脚，是六万多官员百姓、四夷酋长、和尚道士等三教九流之人，集体到洛阳宫请愿劝进，要求武则天登基称帝，表示如果武则天不做天下人的女皇帝，那他们就坚决不走。武则天顺应天意民心，这才勉为其难当上皇帝。武承嗣也想照葫芦画瓢，有样学样。

武承嗣找到中书省中书舍人张嘉福，让他出面发动官员群众。中书舍人是中书省中级官员，职责重要，负责起草诏书，提出对军国大政和尚书六部工作请示的初步处理意见，提交宰相审议，是无数读书人梦寐以求的职位，被称为"文士之极任，朝廷之盛选"③。张嘉福身为中书舍人，与朝廷各部门的联系都比较多，沟通四方上下，是出面联络各方的合适人选。

---

① 孟宪实《武则天研究》，四川人民出版社，2021年。
② 《旧唐书》卷7《睿宗本纪》。
③ 《通典》卷21《中书令》。

但张嘉福猜不透、摸不清女皇在接班人问题上的心思，担心若由自己出面挑头，万一有个闪失会覆水难收、功名尽毁，就找来洛阳一个名叫王庆之的地痞流氓打头阵，自己隐藏幕后指挥。王庆之在张嘉福的撺掇下，率"轻薄恶少"数百人①在洛阳宫城外集会请愿，上表要求立武承嗣为皇太子。武则天接到表章后，不置可否，批转宰相提出处理意见。

武则天本人不置可否却又要求宰相对此提出意见的态度，表明她心里并没有否定武承嗣接班的可能性。张嘉福听闻表章批转到宰相处，揣摩到了武则天的小心思，决定从幕后稍稍往前走一步，立刻去做宰相的工作。他要求宰相岑长倩、格辅元在表章上共同署名，明确表态支持立武承嗣为皇太子。

岑长倩时任尚书省副长官尚书右仆射、宰相，是唐太宗贞观朝名臣宰相岑文本的侄子，自小为岑文本抚养，视同己出。武则天改唐为周时，岑长倩非常活跃，提供了大量各地出现祥瑞的政治材料，论证武则天君临天下的天意合法性，是营造武则天登基政治氛围组的重要成员。武周建朝时，岑长倩奏请给皇嗣李旦改姓武，武则天凤颜大悦，不但恩准岑长倩的提议，还赐给他实封五百户——可享受五百户百姓的赋税，更赐岑长倩也陪着李旦一起姓武。当时百官中受赐姓武的仅有五人，可见岑长倩受武则天宠渥之深厚。

但岑长倩运作李旦改姓武并非溜须拍马之举，其目的在于让李旦继续作为储君，稳固其接班人位置。不管是接武周班还是接李唐班，只要李旦的接班人地位不动摇，天下就有从武周回归李唐的那一天。囿于当时客观的政治形势和武则天杰出的政治才华、治国才干，岑长倩和大部分朝臣认可武则天替儿子执政甚至称帝，不反对武周取代李唐，但这一切必须是在保证李氏子孙接班人地位的前提下。武则天百年之后，必须把皇位还给儿子，这是岑长倩等人支持武则天称帝的政治底线。

因此，岑长倩在收到武则天批转过来的请立武承嗣为皇太子的表章后，毫不犹豫地直接反对，指出东宫已经名花有主，任何人都不得有非分之想、觊觎之心，任何臣子都不要幻想着通过攀附某人取得拥立之功，进而在政治上更进

---

① 《旧唐书》《资治通鉴》的记载是数百人，《御史台记》的记载为上千人。

一步。为以儆效尤，岑长倩还明确要求武则天严厉批评张嘉福、王庆之等上表者，责令其就地解散请愿队伍，并做出深刻的检讨。

武则天碰了一鼻子灰，又去征求宰相兼地官即户部尚书格辅元的意见。不曾想格辅元面对武则天能杀人的眼神，毫不畏惧，也是坚决反对立武承嗣为皇太子。另一宰相欧阳通亦是"以为不可"，不同意武承嗣鸠占鹊巢。欧阳通是高祖武德年间宰相欧阳询之子，父子书法俱美，被称为"大小欧"，他先任兵部尚书，后改任司礼卿①兼"判纳言事"，即实际主持中枢机关门下省的工作，负有"佐天子而统大政者"②的职责，可封还皇帝诏书要求重拟，审核尚书六部等部门的工作报告。武则天见宰相班子集体反对，只能暂时搁置此事。

岑长倩、格辅元、欧阳通的行为，深深激怒了武承嗣等武家子弟。既然文的不行，那就来武的。前文提到，这年三月王孝杰、娄师德在素罗汗山被吐蕃打败，武则天本来要在五月派岑长倩任武威道行军大总管，从甘肃方向进攻吐蕃，结果中途因事将他召还。武承嗣旧事重提，撺掇武则天让岑长倩继续完成五月使命，再令其率军西征吐蕃。

武承嗣此意在于调虎离山，迫使岑长倩离开中枢。岑长倩刚踏上前线征途，武承嗣就在后方指使著名酷吏来俊臣整理他的黑材料。罪状罗织完毕后，武则天下诏将岑长倩召回洛阳，随即以谋反的罪名将他逮捕扔进制狱。制狱即为皇帝特命监押的特殊人犯所特设的监狱。

随后，武承嗣与来俊臣继续打配合。武承嗣伸出黑手诬陷格辅元与岑长倩共同谋反；来俊臣则把魔爪伸向岑长倩的长子岑灵源，并以此将欧阳通等十余人牵扯进来，污蔑欧阳通等人与岑长倩结成反朝廷集团，图谋颠覆武周政权。

为逼岑灵源就范，来俊臣向他全面展示了定百脉、喘不得、突地吼、著即承、失魂胆、实同反、反是实、死猪愁、求即死、求破家等十种"大枷"刑具，用上了凤凰晒翅、驴驹拔撅、仙人献果、玉女登梯等酷刑。岑灵源被逼承认谋反。欧阳通则向来俊臣展示了钢铁是怎样炼成的，虽然"大伽"酷刑一一尝遍，但高昂的头颅却始终不曾低下，任来俊臣百般折磨就是不配合认罪。来

---

① 即太常卿，主管国家礼仪、祭祀、医药等事务。
② 《唐六典》卷8《门下省》。

俊臣算是领教了什么叫铮铮铁骨，就决定给欧阳通行个方便，于是替他认罪，并伪造了欧阳通的口供，最后终于把岑长倩、格辅元、欧阳通三宰相的谋反案办成了"铁案"。

十月十二，武则天下令将以岑长倩、格辅元、欧阳通为首的反朝廷集团成员全部诛杀，并发掘毁坏其父祖坟墓，以示惩戒。武承嗣自认清除了自己成为皇太子路上最大的三只拦路虎，就指示王庆之再次上表，继续要求废黜李旦的皇嗣地位，立自己为皇太子。

王庆之这次直接进宫见到了武则天。武则天问他：皇嗣李旦是朕的亲生儿子，无缘无故为何要将其废黜？王庆之张口就引用名人名言，"神不歆非类，民不祀非族"①。这句话从《左传》中来，出自春秋时期晋国大夫狐突之口，意思是祖先神灵不接受非后人者所进献的祭礼，百姓不祭祀非自己家族的祖先，言外之意是当前武周政治的首要问题是弄清血统，认祖归宗。

王庆之一介地痞流氓，大字不识几个，这话应该是武承嗣或张嘉福所教。引用名人名言使自己的论据更加确凿充分后，王庆之图穷匕见，直接请武则天睁开凤眼看看，当今天下究竟是姓武还是姓李，姓武的江山怎么能传给姓李的！

武则天高度肯定王庆之"位卑未敢忘忧国"的勇气，赞赏他"武周兴亡，匹夫有责"的担当。但在最关键的是否立武承嗣为皇太子的问题上，武则天却没有明确表态，而是让王庆之暂且回家，此事容她慢慢思量。王庆之没有完成武承嗣、张嘉福布置的任务，不敢贸然回去，就跪在地上，鼻涕一把泪一把，车轱辘话来回转，死活"不去"。

武则天无奈，就给了王庆之一张便条作为皇宫特别通行证，并告诉王庆之：爱卿，你的心思朕都明白，但你所说的事关重大，不是一时半会儿就能决定，天快黑了，朕不方便留你；爱卿你今天先回家，以后想见朕的时候，拿着这张便条直接进宫就行，没人会拦你。王庆之拿到武则天赐的便条，总算是没白来一趟，对武承嗣也能有所交代，就屁颠屁颠地回去了。

---

① 《资治通鉴》卷204。

## 李昭德力谏女皇

事态的发展证明,当初张嘉福害怕惹火烧身的担心不无道理。王庆之拿到武则天的便条后,经常有事没事就进宫向武则天进言,反反复复就是那几句话,用现在的表达就是"武承嗣是伟大女皇的伟大侄子,是极其优秀的武家事业接班人,武家天下不能让李家人给搞变色了"云云,都快把武则天的耳朵磨出茧子来了。武则天不胜其烦,"颇怒之",就把凤阁侍郎即中书省副长官中书侍郎李昭德叫来,让他把王庆之拉出去打板子。

李昭德是太宗贞观朝御史台长官御史大夫李乾祐之子,其父以坚守法令闻名于世,曾对太宗言"法令者,陛下制之于上,率土尊之于下,与天下共之,非陛下独有也"①,即法律面前人人平等、天子与百姓共守一部法律。李昭德"强干有父风",继承了其父敢于犯颜执法的风格,决定好好给王庆之和他背后的武承嗣上一堂现场执法课。

李昭德将王庆之拖到洛阳宫城城南右边光政门外,对着正在朝廷各部门所在地南衙办理公务的百官言道:王庆之这个反贼,竟然敢废我们的皇嗣,要把武承嗣送进东宫,简直是岂有此理!说罢,李昭德让手下猛扇王庆之耳光,打得王庆之七窍流血,最后直接将其乱棍打死。王庆之纠集的那帮党羽本想投机一把,等将来武承嗣上了台,自己也捞个官做,至少发笔小财,没想到官不一定捞到、财不一定发成,却有可能像王庆之一样断送了卿卿性命,立刻吓破了胆,顿时作鸟兽散,一个个脚底抹油溜之大吉。

李昭德深知,他当着百官的面打死王庆之,只是暂时震慑住了部分不轨之心,关键是给武则天的大脑打上思想钢印,重新唤醒她的舐犊之情。

李昭德找机会私下向女皇进言:天皇②高宗是您的夫君,皇嗣李旦是您的爱子,您的江山应该传给子孙才能千秋万代,怎么能立娘家侄子当接班人呢?自从盘古开天辟地,三皇五帝到如今,有谁听说过侄子当了皇帝会把姑姑的牌

---

① 《旧唐书》卷87《李昭德传》。
② 高宗上元元年(674),高宗称"天皇",当时还是皇后的武则天称"天后"。

位放进太庙的？陛下您听说过吗？臣活了这么一大把年纪，反正是没听说过！而且陛下您的江山不是天下掉下来的，而是从高宗手里接过来的，如果您把江山交给武承嗣，那将来高宗的在天之灵还能吃到太庙的供奉吗，岂不是要活活饿死！

李昭德话里话外有两层意思，提醒武则天注意生前事和身后事，分别指向当下与未来。

生前事即武周政权的合法性问题，指向当下。武则天执政的权力合法性来源之一，就是高宗的临终"顾托"。高宗驾崩时，明确表示"军国大事有不决者，兼取天后进止"①，即赋予武则天对军国重事的最后决定权，可以对大唐所有重大行动下最后决心。而高宗虽然客观上不知道武则天后来能走这么远，毕竟之前中国历史上没有女性称帝的先例可循，但他授予武则天大权的主观目的，肯定是让武则天帮儿子看管江山，把儿子扶上马送一程，而不是从儿子手里夺走江山送给侄子。如果武则天一意孤行，执意立武承嗣为太子，那武则天执政的权力合法性便会丧失，武周政权就会陷入政治合法性危机。

身后事即武则天百年之后的政治地位问题，指向未来，并直接针对武承嗣、王庆之的"神不歆非类，民不祀非族"论据。按照武承嗣、王庆之的逻辑，李旦确实和武则天不属同一个宗族，武承嗣确实和武则天属同一个武家宗族。但问题的关键是武则天是否能取得在未来武周太庙里受"祀"的政治地位。一旦武承嗣登基，肯定会面临统序即皇统来自何处的问题。在以父系男性为中心的传统社会中，相对于与武则天的姑侄关系，武承嗣显然更看重与父亲武元爽的父子关系。武承嗣即位后肯定会竭力抬高武元爽，贬低武则天。武则天的牌位必然会被从太庙请出，不得受"祀"。而李旦接班后，不管承不承认武则天的皇帝地位，总归要承认武则天的母亲身份。武则天在子孙后代心中的政治身份尤其是亲情地位不会改变，会永远被后世天子当成老祖宗供奉，年年岁岁享有香火祭祀。李昭德此论，等于彻底否定了武承嗣谋求接班人地位的主要论据"神不歆非类，民不祀非族"的合理性，反而得出只有传位给儿子，武

---

① 《资治通鉴》卷203。

则天才能确保身后受"祀"政治地位不动摇的政治结论。李昭德的这一论点，成为后来其他大臣接力向武则天灌输的主要观点。

李昭德循循善诱，用夫妻恩情、母子亲情的感情和生前事、身后事的考量打动了武则天，女皇听后"亦以为然"①。李昭德又乘胜追击给武承嗣上眼药，于长寿元年（692）年中秘密进谏武则天：武承嗣的权力过大，陛下不得不防！武则天不解：承嗣是朕的爱侄，所以才委他以腹心之任，为何还要提防？

李昭德展开说道：姑侄再亲，比得上父子亲吗？"子犹有篡弑其父者，况侄乎"②，意思是儿子都有篡位杀父的，况且侄子要对姑姑下手，更不会有心理负担。武承嗣既是陛下您的侄子，又是亲王，还是宰相，这样三重身份叠加，在您一人之下、万人之上。他一直想做接班人却又不得志，万一动了什么歪心思，陛下您的大位还坐得稳吗？

听完李昭德一席话，武则天凤躯一震：幸亏昭德你提醒朕，要不然朕都想不到这一层。李昭德提醒武则天的是当下，而武则天想到的却是历史——她与武承嗣、武三思父辈武元爽、武元庆等人的恩恩怨怨。

武则天父亲武士彟去世后，武元爽、武元庆和其他武氏子弟为争夺家产，百般欺负武则天母女，给年幼的武则天留下了面积不小的心理阴影。高宗乾封元年（666）八月，武则天设计将已经成为一方刺史诸侯的武元爽、武元庆流放岭南烟瘴之地，致使二人在当地忧惧而死，总算报得当年仇怨。当然，此事还有另外一层历史隐秘，如孟宪实老师所言，"更接近史实的情况应该是在长孙无忌事件之后，唐高宗很警惕外戚问题，武则天为表忠心而牺牲了两个哥哥"③，是武则天用哥哥们的尸骨向高宗纳上投名状，来稳固自己的政治地位。

直到八年后的上元元年（674）三月，武则天为增加夺权助手，才将武承嗣、武三思等侄子从岭南陆续召回长安。虽说武承嗣、武三思指天誓地、咬牙跺脚，信誓旦旦地表示已经深刻理解了武则天当年流放武元爽、武元庆的政治合理性和历史正确性，但他们究竟是怎么想的，武则天是无法剖开侄子的肚

---

① 《资治通鉴》卷204。
② 《资治通鉴》卷254。
③ 孟宪实《武则天研究》，四川人民出版社，2021年。

皮、挖出心肝来测一测忠诚度的。有道是杀父之仇不共戴天，他们能忘吗！

李昭德话中有话的那句"子犹有篡弑其父者，况侄乎"，正是针对武则天与侄子们的历史恩怨而发，让武则天自己基于这段历史主动得出侄子在政治上不可靠的结论，不露声色地挑拨了武则天与武承嗣、武三思的关系。侄子们的父亲叔伯与武则天母女之间的宿怨，女皇岂能忘怀而不加提防？所以武则天可以让武氏子弟拜相，却不能让他们久握相权，而是旋拜旋罢，这是李昭德能说动武则天的重要原因之一。

八月十五，武则天迅速进行调整，免去武承嗣的宰相之位，明升暗降为没有实权的正二品文散官特进；将堂兄武怀道之子、时任纳言即门下省侍中的武攸宁罢相，改任冬官即工部尚书；同时任命李昭德为宰相，填补武承嗣的空缺。

按照"谁获得利益最大，谁就有可能是幕后推动者"的政治逻辑，武承嗣认定是李昭德在罢相的事情上捣鬼，就照葫芦画瓢，在武则天那诋毁李昭德。没想到武则天根本不以为然：李昭德当宰相后，日夜替朕为大周操劳；有李昭德在前朝替朕处理朝政，朕在后宫才能睡个踏实的好觉，这话你以后不要再说了！武承嗣碰了一鼻子灰，只得怏怏而去。

李昭德拜相后，对朝堂上溜须拍马的谄媚之风有所纠正。武则天喜好祥瑞之事，对各种被认定是上天意见表达的吉祥征兆乐此不疲。上有所好，下必甚焉，一些政治投机分子就到处找来各种祥瑞，试图博个前程。

有人曾向朝廷献上一块中间有红色结晶的白色石头，李昭德问他：这块石头究竟是何方神圣，有何奇异之处，竟要送进宫里收藏？那人大言不惭，"此石赤心，所以来进"[①]，就是说，天下所有石头中，只有这块石头一片赤心，对大周和女皇绝对忠诚，苍天可鉴，所以小民要将其献上。李昭德怒道，"此石赤心，洛水中余石岂能尽反耶？"，就是说，如果洛水中只有这块石头是赤胆忠心，难道其他石头都造反了不成！说完"左右皆笑"。

襄州（今湖北省襄阳市一带）人胡庆用红漆在乌龟腹部写上"天子万万

---

[①] 《旧唐书》卷87《李昭德传》。

年"，伪造成天然形成的文字到宫门进献。李昭德用刀片把"天子万万年"五个字一一刮去，奏请武则天将胡庆移交司法部门，治其欺君之罪。武则天摇摇手道，罢了，罢了，胡庆虽是伪造祥瑞，但也没有恶意，命李昭德将其无罪释放。

李昭德打击进献祥瑞的行为，有着意味深长的政治目的。当年武承嗣就是靠伪造祥瑞蛊惑人心从而获得武则天欢心进而上位的。垂拱四年（688）四月，武承嗣曾让人在一块白色石头上凿出"圣母临人，永昌帝业"八个大字，又将紫石药物填充进去，然后扔进洛水，让一个叫唐同泰的人捞出献给武则天。

洛水在中国古代政治文化中具有神圣地位。《周易·系辞》有言，"河出图，洛出书，圣人则之"。其中的"河"指黄河，传说伏羲曾见龙马负图出黄河，所负之图后人称之为河图，伏羲依照河图推演出八卦；"洛"则是"洛水"，传说大禹曾见洛水中浮出神龟，背上有红色纹理的文字，是为洛书。大禹依照洛书治水成功，划分天下为九州。

"河出图，洛出书"由此成为太平时代最吉利的祥瑞，武则天见之自然大喜，将武承嗣伪造的洛水瑞石命名为"宝图"，赏给唐同泰一个五品的游击将军衔。当年五月，武则天加尊号"圣母神皇"，以圣母身份亲自拜洛水、受宝图，举行南郊祭天大典，以示承天受命。七月，武则天又把"宝图"改名升级为"天授圣图"，给洛水改名"永昌洛水"，封洛水水神为显圣侯，禁止百姓到洛水捕捞鱼虾生灵；把捞出"天授圣图"的地方命名为"圣图泉"，在"圣图泉"边上设置永昌县。武则天的称帝，武承嗣的上位，都与这种妄称天意的祥瑞运动密不可分。

李昭德对进献祥瑞行为的打击，无疑是在啪啪打武承嗣的脸，导致武承嗣声望大挫。但是，武则天在接班人问题上的天平也没有明显倾向于儿子，而是在儿子与侄子之间来回摇摆。武则天之所以不明确表态立子还是立侄，有更高一层的政治考虑。

武则天深知，接班人问题可以有效平衡乃至分裂大臣中的不同利益集团。当支持李氏子孙接班的大臣集团的力量上升时，她可以通过倾向于侄子来制衡李派大臣；反之亦然，当支持武家子弟接班的大臣集团的力量上升时，她可以通过偏向儿子来制衡武系大臣。只有让两派力量处于动态的平衡过程，武则天才可以轻松实现对朝政的操控和对大权的独揽。

此时朝堂之上，支持李氏子孙的力量无疑远大于支持武氏子弟的派系。当初张嘉福、王庆之在上表请立武承嗣为太子时，曾请御史台殿中侍御史张仁愿在表章上连署签名。张仁愿"正色拒之"，甚为有识者看重，可见人心向背。此时李昭德又接连出重拳，猛击武承嗣伪造祥瑞的七寸。

因此，在得出朝堂上人心向李倒武的力量对比判断后，武则天反而果断采取措施，扶持日落下风的武氏子弟。延载元年（694）九月，武则天以有人举报李昭德专权为由，将其从宰相之位断崖式贬为南宾县（今广西灵山县一带）县尉，随后又将其流放，朝中支持李氏的力量受到沉重打击。

长寿二年（693）正月即十一月初一，武则天在洛阳万象神宫举行新年祭祀大典。武则天身为皇帝，进行初献，即第一个向上天敬献祭品。按照正常的政治礼仪，皇嗣李旦本应第二个敬献祭品即亚献，但武则天却让魏王武承嗣亚献。更有甚者，终献即第三个也是最后一个敬献祭品的，还是武家子弟梁王武三思。武则天公然摆出一副武家天下的架势，以李旦为代表的李氏子孙完全被排除在新年祭祀大典之外，这真是应了当年骆宾王在《讨武曌檄》中的那句"试观今日之域中，竟是谁家之天下"。不管武则天内心到底是怎么考虑的，她此举无疑就是在向天下公开昭告有可能剥夺李旦奉天承宗、继承皇位的资格。

新年祭祀大典上武承嗣亚献、武三思终献，只是武则天扶持武家子弟的第一步。契丹在万岁通天元年（696）五月的反叛，虽然让武则天大为光火，但也启发了她借边防问题解决武周内部政治问题的思路。她决定以反击契丹为契机，进一步提高武家子弟的地位和声望。

在五月二十五任命左鹰扬卫将军曹仁师、右金吾卫大将军张玄遇、左威卫大将军李多祚、司农少卿麻仁节等二十八将之后，七月十一，武则天又任命武三思为榆关道（今河北省北部一带）安抚大使，坐镇战略大后方河北指挥二十八将，统率全军。武则天的这一任命，让武三思不需要出生入死便可轻松摘取胜利果实，用战场上的胜利压制朝廷中的亲李反武势力，让天下人看看她娘家侄子才是真正的辅政柱石。

17

## 娘家人扶不上墙

在任命武三思为榆关道安抚大使的同时,武则天把经常在朝内搞的给政治对手改恶名的文字游戏也对外输出,将其运用到边防战场上,下令给李尽忠改名李尽灭,给孙万荣改名孙万斩。

李尽忠听闻自己被改名李尽灭,索性和女皇唱起了对台戏,来了一手以彼之道还施彼身的斗转星移,自封为无上可汗,彻底和武周划清界限。李尽忠以营州为根据地,命孙万荣为前锋,率军在营州周边攻城略地,十多天就把营州附近全部攻占,兵力发展到数万人,进而围攻檀州(今北京市密云区一带),不料却被清边前军副总管张九节击退。

张九节的胜利鼓舞了武三思的斗志,武三思认为:契丹军力不过如此,一个张九节就能挡住契丹,何况本帅手下有二十八将!而从营州传来的军事情报,似乎也印证了武三思的判断。

契丹攻破营州时,俘虏了数百名周军士兵,将他们囚禁在地牢中,让附属部落奚族人负责看守。在听到武则天派二十八将率大军前来讨伐的风声后,奚族人看守对周军俘虏言道:我们祖祖辈辈受契丹压迫,之所以跟着他们一起反叛大周,是因为家中老小都被契丹扣押;我们这几天收到老家来信,说契丹对我们的家属非打即骂,不给饭吃,不给水喝;一家老小饥寒交迫,水深火热,没法再活下去。等到周军一到,我们就会立即投降,调转枪头阵前起义,和你们一起打契丹人。

在用奚族人对周军俘虏进行足够的心理暗示后,契丹将军又将周军俘虏从地牢放出,只给他们吃用粗糠煮的稀粥,无奈地说:不是我们不想给你们吃香的喝辣的,而是"地主家也没余粮"了。现在养着你们吧,我们的粮食不够;将你们杀掉吧,我们又于心不忍。上天有好生之德,索性就放你们走吧。说罢,契丹将军将周军俘虏全部释放。

周军俘虏回到幽州大营后,立马向主将报告了契丹粮草不济、军心不稳和奚族人准备反水的情报。武三思得报大喜,二十八将听闻也是跃跃欲试,纷纷要求做先锋、抢头功。殊不知,所谓粮草不济和奚族人反水,根本就是契丹有意放出的烟幕弹和假情报，目的就是引诱周军脱离防守坚固的城池，深入契丹势力范围腹地，然后寻机歼灭。

八月二十八，武三思下令出击，在进军至黄獐谷（今河北省卢龙县一带）时，契丹又派老弱妇幼望风迎降，还故意在路边扔下一些枯瘦如柴的牛马，造成落荒而逃的假象。曹仁师、张玄遇、麻仁节前锋三军更加对契丹粮草不济的假情报深信不疑，于是撇下行进缓慢的步兵，只带骑兵轻装前进，急行军一头钻进契丹在距离黄獐谷不远的西硖石谷设下的口袋阵。

契丹伏兵见武周军队进入伏击圈，遂擒贼先擒王，用套马飞索将张玄遇、麻仁节生擒，上演了一出"套马的汉子威武雄壮"。随后伏兵四出劫杀，武周军队死伤无数，尸体填满山谷，几乎没有生还者。但这只是开始，更大的阴谋和打击还在后面。

契丹打扫战场，清点战利品，竟然找到了张玄遇的军印，于是伪造武周军令，命令武周后军总管燕匪石、宗怀昌等：前锋军队已经大破契丹，后军要加速前进，如果没有在规定时间与前军会师合围营州，将领一律斩首，士兵不叙战功，让你们等于白打一仗。

契丹在伪造的军令上盖好军印后，又逼迫张玄遇等人署名。张玄遇贪生怕死，不敢违抗，乖乖签上大名。燕匪石、宗怀昌等接到"军令"，不敢怠慢，昼夜兼行，一路上连饭也没顾上吃几口，人困马乏，又是一头钻进契丹的口袋阵。契丹在预设阵地发兵伏击，武周后军全军覆没。

九月初，武周军队在东北前线惨败的消息传到洛阳。武则天震怒，下令总动员，释放监狱中身材健壮的囚犯，政府出钱赎买大户人家骁勇善战的奴仆，全部编入军队；北方沿边各州设立团练骑兵，组织乡民保卫家乡。她任命另一个娘家侄子，也就是父亲武士彟的哥哥武士让的孙子、时任同州刺史的建安王武攸宜为右武威卫大将军，赴东北前线担任清边道行军大总管，"以讨契丹"。武家人丢掉的面子，只能让武家人捡起来。

为了让武攸宜有足够的军力一雪前耻，武则天从各地调集了四十万军马，又从江南、淮南调拨百万余斛军粮，用数千艘粮船走大运河运到幽州前线。兵多粮足，万事俱备，可还没等武攸宜动手，东北契丹的葫芦还没按下，西北的东突厥就浮起了瓢，也向武周亮出了獠牙。

东突厥本来早在太宗贞观朝就被唐朝灭掉，高宗时期唐朝又攻灭西突厥，解决了草原问题。后来武则天忙于内政，无暇顾及草原局势，东突厥就在高宗后期、武周前期死灰复燃，逐步复兴，首领默啜自立为可汗，想要恢复昔日大突厥汗国的荣光。默啜先是对武周假意顺从，于天册万岁元年（695）十月上表归诚。武则天封他为归国公，任命为左卫大将军。

默啜是一只草原狼，在用他那敏锐的目光观察时机以壮大力量。契丹反叛在东北牵制住武周大部分北方军力后，默啜在西北突然发难，于万岁通天元年（696）九月十八，也就是武三思兵败西硖石谷二十天后，突袭武周西北边境重镇凉州（今甘肃省武威市一带）。

收到突厥进犯的情报后，凉州都督许钦明出城检查战备情况，不料突厥骑兵数万人突然杀至城下。许钦明手上兵力不足，寡不敌众，又来不及撤回城内，被突厥俘虏。

许钦明是太宗贞观朝凌烟阁二十四功臣许绍的曾孙，许家满门忠烈。许钦明哥哥许钦寂当时在东北前线任龙山军讨击副使，与契丹在崇州（今辽宁省凌源市一带）大战时，兵败被俘。契丹攻破崇州后，围攻安东都护府（今辽宁省抚顺市一带）其他辖区，让许钦寂当说客劝降。许钦寂到安东城下后，对安东都护裴玄珪大呼：契丹狂贼小丑，实力不足，妄图蚍蜉撼大树，覆灭就在朝夕之间，裴将军你们只要严加戒备，便可为朝廷破敌，为己保全忠节。突厥大怒，在安东城下"杀之"。

默啜在骚扰武周西北边境的同时，又和武则天玩起了两面手法，上书请求要当武则天的干儿子，将女儿嫁给武周皇族，要求武周归还"河西降户"。如果武周投之以桃，答应这三个条件，那他默啜将报之以李，率领部众替武周解决契丹问题。

所谓"河西降户"，是指高宗咸亨年间陆续归附唐朝的突厥人，唐朝将他们安置在河西走廊的丰（今内蒙古五原县一带）、胜（今内蒙古准格尔旗一带）、灵（今宁夏灵武市一带）、夏（今陕西省靖边县一带）、朔（今山西省朔州市一带）、代（今山西省代县一带）六州居住。经过长期与汉族和其他民族的杂居，突厥"河西降户"人口增长，家境殷实。当时默啜的实力还撑不起复兴大突厥汗国的野心，所以向武周要求归还"河西降户"，以收为己用扩充力量。

武则天对默啜的野心洞若观火，没有当即答应，而是派豹韬卫大将军阎知微、左卫郎将兼任负责藩属事务的司宾卿即鸿胪寺长官鸿胪卿田归道一同出使突厥，改封默啜为左卫大将军、迁善可汗，并当面谈判双方合作的具体细节条款。阎知微是太宗朝著名画家、工部尚书阎立德之孙，田归道是名臣田仁会之子。二人的这次突厥之行，不仅为他们自己，也将为他们的宗族带来不同的命运。

阎知微、田归道还在路上时，契丹内部发生重大变故。十月二十二，无上可汗李尽忠去世，孙万荣接替他统率全军。突厥默啜趁契丹遇到大丧，戒备松懈，突然袭击其后方根据地松漠，将李尽忠、孙万荣等大小首领在大后方的妻儿全部掳去。武则天赶忙快马加急传诏阎知微、田归道，加封默啜为颉跌利施大单于、立功报国可汗。

默啜此举，意在向武周证明他具备扫平契丹的实力，增加在谈判桌上的筹码，逼迫武则天同意他收取"河西降户"的条件。默啜突袭契丹，犹如外科手术般精准而不失分寸：他拿契丹首领的妻儿作为人质，意图用人质控制契丹；同时只是突袭契丹后方，而没有伤及契丹前方军队的战斗力，让契丹仍然有足够的军力继续进攻武周。

果不其然，孙万荣重新整顿部众，"军势复振"，在亲率主力继续围攻幽州的同时，分兵大将骆务整、何阿小率领第二军团，继续向河北打去，在武周腹地开辟外线战场。骆务整、何阿小进军神速，一举攻陷冀州（今河北省衡水市冀州区一带），杀死刺史陆宝积，屠戮冀州官民数千人，接着攻击瀛洲（今河北省河间市一带），"河北震动"，人心惶惶。

武家子弟挂帅出征契丹，结果从东北前线一路败退到河北腹地。既然武家人如此不堪大用，烂泥扶不上墙，武则天只有转变用人方向。有道是"疾风知劲草，板荡识诚臣"，武则天想起了一位被她下放到江西农场改造思想的老臣，准备重新重用。

这位老臣的复出，意味着朝堂上的力量对比即将开始不可逆转的深度调整。而突厥默啜的政治表态和军事动作，又给在前方一败涂地的武氏子弟提供了既能解决契丹问题，又可压制李派大臣势力的思路。

# 第二章 狄仁杰回朝

这位老臣,便是家喻户晓的梁国公狄仁杰。

因为公案小说《狄公案》,狄仁杰成为唐朝最负盛名的通天神探,美誉度直追北宋包公。因为"狄仁杰系列"电影和《神探狄仁杰》等电视剧,狄仁杰又在当下圈粉无数,声誉度直线上升。其实,这并非狄仁杰的全部真实形象,他不仅仅是一个断案如神的青天法官。对李唐和武周政治进程而言,狄仁杰的意义也绝非判几件案子那么简单。

## 梁公救火　武来浇油

狄仁杰是并州太原(今山西省太原市阳曲县一带)人,出身官宦世家。祖父狄孝绪在唐太宗贞观时期曾任尚书左丞,主管尚书省吏部、户部、礼部三部所辖十二司的部门业务。父亲狄知逊是夔州(今重庆市奉节县一带)长史,负责协助刺史处理州内日常事务。唐高宗显庆年间,狄仁杰考中科举常科中的明经科[①],通过吏部选官铨选后步入仕途。

经过几次迁转后,在高宗上元二年(675)左右,狄仁杰被调入中央最高审判机关大理寺任职大理丞。他一年之内审理了涉及17 000人的积压案件,而且没有一个人喊冤叫屈,"时称平恕"[②]。高宗对狄仁杰非常赏识,多次称赞

---

[①] 唐代科举考试主要包括明经和进士两科,明经科即明习经典,通晓儒家典籍,考察对圣贤著作的理解和背诵能力。唐初,明经科比进士科地位高,考试难度也比进士科大,在考中后得到的官职也往往比进士科高一阶。

[②] 《新唐书》卷115《狄仁杰传》。

他"卿能守法,朕有法官""真大丈夫也"。

武则天天授二年(691)九月,狄仁杰第一次出任宰相,但很快在第二年即长寿元年(692)一月,被酷吏来俊臣诬陷与魏元忠等七名重臣集体谋反。来俊臣的诬告后来虽然被证明是子虚乌有,但武则天为敲打狄仁杰等在高宗手下成长起来的老臣,仍将他贬到彭泽县(今江西省彭泽县一带)任县令。这一贬,就是四年。

武周边防线在契丹的猛烈攻击下连连告急时,武则天想起了在江西种稻子的狄仁杰,就于万岁通天元年(696)十月调他到河北前线出任魏州(今河北省大名县一带)刺史。

此时契丹已经攻破冀州,进攻瀛洲,魏州成为河北的最后一道防线。如果契丹拿下魏州,接下来便是渡过黄河,进入河南,直接进攻神都洛阳,北宋年间的"靖康之耻"会提前430年左右上演。武则天调狄仁杰去魏州,显然是对他极大的信任和肯定。毕竟经过彭泽四年的下放锻炼、改造思想,武则天确认狄仁杰经受住了严酷的考验,能够放心地大用了。

狄仁杰到魏州时,正是人心惶惶之际。魏州尽管不在抵抗契丹的第一线,可前任刺史独孤思庄"惧贼至"[①],把周边农村的百姓全部收拢进城,修补城墙,拿起武器,准备战斗。

狄仁杰上任伊始,就在确认魏州军事防御不存在重大漏洞的前提下,下令让百姓全部出城回村种地去。契丹人还远着呢,把田地撂荒了吃什么,没有军粮怎么支持前线。有人对此心存疑虑,狄仁杰大胆打包票,"万一贼来,吾自当之,必不关百姓也"。

当时魏州是抵抗契丹、供应兵源粮草的战略基地,不是冲锋打仗的军事一线;最重要的任务是稳住阵脚,而不是坚壁清野。否则没人种地,不但没了军粮,老百姓的口粮也没地儿找,饿着肚子的百姓怎么帮助军队抵抗外敌?狄仁杰此举极大地收揽了人心,百姓"大悦"。

在起用狄仁杰前后,武则天还提拔了姚崇和王及善。契丹大举进犯,军务

---

[①] 《旧唐书》卷89《狄仁杰传》。

急报在兵部堆积如山。当时还是兵部五品郎中的姚崇"剖断如流""皆有条理"。武则天很是惊奇，当即提拔姚崇为四品兵部侍郎。契丹入寇河北后，河南局势不稳，武则天"返聘"已经"退休"的王及善担任滑州（今河南省安阳市滑县一带）刺史。临行前面圣谈话时，王及善就朝政得失提出十余条建议，条条中肯。武则天当即决定把王及善留下，提拔为中书省长官即中书令。

随着人事调整的到位，武则天初步组建了一个以前方狄仁杰和后方王及善、姚崇为主干的应急班子，使武周勉强顶住了迫在眉睫的契丹军事压力，稍微喘了一口气。而在河北前线战争最为激烈的时候，武周后方朝堂上的政治斗争同样是如火如荼。

武氏子弟趁着狄仁杰等老臣在前线全力灭火，竟然联合来俊臣在后方大肆浇油。长寿元年（692）诬告狄仁杰等七大臣谋反未果后，来俊臣等失去女皇的欢心，其中来俊臣以受贿罪被贬为同州（今陕西省渭南市大荔县一带）参军事。万岁通天元年（696），武则天又调其为合宫县（今河南省洛阳市西郊一带）县尉。不久，箕州（今山西省左权县一带）的一件谋反案，给来俊臣提供了东山再起的机会。

事情是由武则天的同乡刘思礼引发的。刘思礼的伯父刘世龙和武则天之父武士彟都是太原大户，应该互相认识，二人都是李渊的元从功臣，其中刘世龙的作用最为关键。晋阳起兵前夕，隋炀帝安插在太原用来牵制李渊的王威、高君雅二将试图捉拿李渊。时任晋阳乡长的刘世龙探得此情报，报告给李渊，使得李渊能够抢先动手，反杀王威、高君雅，顺利起兵。刘世龙与武士彟在唐朝开国后都被封为国公，但刘世龙没能像武士彟与隋朝杨氏皇族联姻那样，通过攀得一门好姻缘来提升门户地位，且后来因犯罪贬官岭南，以致家道中落，其侄子刘思礼长期在低级官位任职，徘徊不进。

刘思礼后来结交江湖上著名的算命大师张憬藏，跟随其学习相面之术。张憬藏看刘思礼骨骼清奇，推算出其将来必将历任箕州刺史，官拜太师之职。刘思礼暗自揣度，太师乃人臣之极，只有立下佐命功勋才能登此高位。这一升官路线图不能说不对，但刘思礼的操作手法不是竭力成为武则天的佐命功臣，而是效仿伯父刘世龙拥戴李渊，幻想通过拥立某人为皇帝来取得开国元勋的地位。

　　在这一思路的指导下，刘思礼遍观身边众人，看出洛州录事参军綦连耀骨骼更加清奇，有日月之表、龙凤之姿，遂与其结成谋反小集团。刘思礼为綦连耀相面把脉，"公体有龙气"。綦连耀亦是拎不清，竟然当仁不让地对刘思礼言道，"公是金刀，合为我辅"①——爱卿你姓氏"刘"字可拆为金、刀二字，文武双全，可以助我成就大事。二人遂定下君臣之分，在朝臣中大肆串联。

　　刘思礼现学现卖从张憬藏那里学来的相面术，"许人富贵"，一见人就如大惊失色一般将其吹捧为大富大贵之人，至少能当上三品大员，待到对方喜不自胜，便和盘托出升官路线："綦连耀有天命，公必因之以得富贵"②，意谓"只有死心塌地跟着天命在身的綦连耀混，你这三品高官才能到手"。在刘思礼的蛊惑下，很多渴望在宦途上快步前进的官员都信以为真，卷入刘思礼、綦连耀的谋反集团中，也包括写出《滕王阁序》的王勃的哥哥王勔。

　　王勔和王勃一样才华横溢、才气侧漏，年纪轻轻就进士及第，长寿年间任凤阁舍人即中书舍人。睿宗之子寿春王李成器、衡阳王李成义等五人同日封王时，负责封王典礼的工作人员忘记携带册文。当时"百僚在列，方知阙礼"，宰相相顾失色。只见王勔不慌不忙，紧急救场，招来书吏五人，自己同时口述五篇册文，让五人各自执笔分写，"一时俱毕。词理典赡，人皆叹服"。靠着出众的才华，王勔很快加弘文馆学士头衔，并兼任天官侍郎即吏部副长官吏部侍郎，负责选官用人工作。

　　王勔的人品和文才极度不匹配。到任天官侍郎后，他"颇任权势，交结非类"，倚仗手中的用人权，结交了一批狐朋狗友。刘思礼见王勔这颗臭蛋裂开了缝，很快将他拉下水。王勔利用主管用人之便，任命刘思礼为箕州刺史。谋反集团的成员们看到刘思礼"当历箕州，位至太师"的预言部分应验，认定綦连耀登基称帝的预言也一定能够实现，反朝廷活动遂更加猖獗，以致肆无忌惮，终于被人发现。

　　王勔在参加刘思礼的反朝廷活动时，也把时任监察御史的弟弟王助拉入

---

① 《旧唐书》卷57《刘世龙传附刘思礼传》。
② 《资治通鉴》卷206。

伙。王助和明堂县县尉吉顼关系很好，有一次二人夜里同宿，夜半三更无人时，王助游说起了吉顼，想把吉顼拉下水：一个升官发财的机会就在眼前，一般人我不告诉他。綦连耀此人可是贵不可言，他那两个儿子大觉、小觉，正好应和两角麒麟；他的名字耀，拆开就是光、翟，那可是"光宅天下"①之意；你我今天跟定了他，日后必定前程远大，吉兄你赶紧下注吧！

吉顼听后佯装答应，内心却翻起了波浪，"不自安"②。吉顼可是经过家族生死存亡重大考验的人，对这种事向来慎之又慎。吉顼当刺史的父亲吉哲曾贪腐受贿，理应处死。吉顼为救父亲，就将两个妹妹载上车，在洛阳天津桥南等候炙手可热的魏王武承嗣。等武承嗣的车骑到来，吉顼跪拜路旁大呼死罪死罪。武承嗣问其何故，吉顼言道有二妹可以伺候大王。武承嗣"喜"，当即将吉顼二妹带回家。吉家二女到魏王府后，三日未发一言，武承嗣问其何故，二女言道"父犯法且死，故忧之"③。武承嗣遂插手此事，免除吉哲一死，并为吉顼升职。

有过此等经历的吉顼，自然明白刘思礼、綦连耀一事的厉害。经过反复考虑，吉顼认定刘、綦不会成事，遂决定用告密换来政治上的更进一步。但此时已经处于武周恐怖政治的后期，告密并不一定会升官反而可能掉脑袋。吉顼怕弄巧成拙，就将此事暗中告知来俊臣，意在让其挑头，自己则处于可进可退的有利地位。

来俊臣从此事中嗅到了机会，很快写成告密状，向武则天揭发此事，武则天命河内王武懿宗全权负责审理此案。武懿宗是武则天最信得过的武家人之一，自天授元年（690）以来经常受武则天委派主办"谋反"案件。他"喜诬陷人"，时人称其堪比周兴、来俊臣。

武懿宗生性残酷，且政治嗅觉极其敏锐。在他看来，刘思礼想谋求"非佐命无以致之"的太师之位，并非仅仅是想拥立綦连耀一个无名之辈为帝，恐怕更大的可能是拥立皇嗣李旦为帝。毕竟只有拥立李旦登基，刘思礼才能成为佐

---

① 《朝野佥载》卷2。
② 《旧唐书》卷186《来俊臣传》。
③ 《新唐书》卷117《吉顼传》。

命功臣官拜太师，这手法分明就是刘思礼伯父刘世龙拥戴李渊的照葫芦画瓢。武懿宗认定刘思礼、綦连耀案是一场李家与武家争夺接班人地位的政治斗争。既然是政治斗争，那就要你死我活，将朝中李派大臣势力一网打尽。

因为事情是由刘思礼引发，武懿宗就要在刘思礼身上多做文章。武懿宗对刘思礼进行诱供，暗示只要按照自己的意图去咬人，就可免除他一死。刘思礼为保命，按照武懿宗开列的名单"广引朝士"，将宰相兼凤阁侍郎即中书省副长官中书侍郎李元素，宰相兼夏官侍郎即兵部副长官兵部侍郎孙元亨，代理天官侍郎即吏部副长官吏部侍郎石抱忠、刘奇，给事中周譒，王勮、王助以及二人哥哥泾州（今甘肃省泾川县一带）刺史王勔等人全部咬进去。乃至一些只是和武懿宗有过小过节的官员，也被诬陷为刘思礼、綦连耀谋反集团的重要成员。

在刘思礼按照武懿宗意图的疯狂撕咬下，海内三十六家名士遭"穷楚毒以成其狱"，全部屈打成招，于万岁通天二年（697）正月二十五惨遭杀害，受牵连被流放的就有一千多人，其中大部分是支持皇嗣李旦的基本力量。经此大狱，李派大臣的实力受到严重削弱。

等到众人被戕害，刘思礼的剩余价值也被榨取殆尽，武懿宗遂"收诛之"。可怜的刘思礼死到临头"尚不之觉"，不知大限已至，幻想能躲过一劫，最终用脑袋为此案画上了句号。

来俊臣在此案中立有告发头功，重获女皇欢心是势所必然，但他仍不满足，还要抢夺吉顼发现线索的首功，将功劳全部据为己有，遂罗织吉顼罪名，要将吉顼也办进去。吉顼当机立断，紧急"上变"，以检举谋反集团为由求得武则天接见，向女皇哭诉事情本末，这才躲过来俊臣的毒手暗箭。

经由此案，来俊臣"由是复用"，先升洛阳县县令（正五品上），再升掌管天子车驾和牧马事务的太仆寺副长官少卿（从四品上），终于东山再起。吉顼也因"干辩有口才"的敏锐辩才和"身长七尺""伟仪质"的魁梧身材进入女皇的视野。他将在此后政局的演变中扮演越来越重要的角色。

来俊臣再次崛起，在很大程度上靠的是与武懿宗在刘思礼、綦连耀案上的密切配合。来俊臣与武家的联盟形成已久，当年岑长倩、格辅元、欧阳通三宰相之死与狄仁杰等七大臣下狱都是他们的集体作品。武家、来俊臣联盟以争取武氏子弟的接班人地位、保住来俊臣的荣华富贵为目标，以酷吏政治为手段，再次连连掀起大狱。

## 昭德俊臣　同归于尽

来俊臣凭借刘思礼、綦连耀案立功升官后，武则天赐给他十个婢女以示奖励。按照朝廷制度，来俊臣要到司农寺领取这十个婢女。但来俊臣将司农寺奴婢检阅一遍，没有称心如意的，又听说此时已经归降的西突厥可汗阿史那斛瑟罗家有美丽婢女且"善歌舞"，就动起了歪心思。

来俊臣指示手下诬告斛瑟罗谋反，以便夺取婢女作为赏赐。斛瑟罗被来俊臣扔进监狱后，在洛阳的各民族大小首领数千人集体到皇宫请愿，"割耳劙面"，即用割掉耳朵、刺破脸面的自残行为力证斛瑟罗冤屈，保其不反。数千人血流成河，却仍无法将斛瑟罗解救出来，此案只能暂时搁置，等候发落，可见来俊臣此时权势熏天。

不久，又有人被来俊臣集团盯上。大理寺中级官员樊惎因与来俊臣手下不和，被诬陷谋反处死。樊惎儿子到朝堂喊冤，没有人敢受理，悲愤之极，竟抽刀切腹，哀号连连。时任秋官侍郎即刑部副长官的刘如璿看到后，"窃叹而泣"。来俊臣竟然诬告刘如璿同情逆党，论罪当斩。刘如璿辩解自己是"年老而涕"，迎风流泪，并非对樊家有恻隐之心，但仍是死罪可免，活罪难逃，被罢官流放广西。

来俊臣复出后，将宰相以下文武官员的名字列成花名册，随机抽签进行陷害。朝廷百官中，武家、来俊臣联盟最为痛恨的，莫过于李昭德。被贬南宾县尉不久，武则天就将李昭德召回朝廷，任命为御史台监察御史。

来俊臣痛恨李昭德，李昭德亦是"素恶俊臣"，双方势同水火，一时谁也无法除掉谁。三月初三上巳节，来俊臣和手下党羽在洛阳龙门聚会，将百官姓名写在一块块大石头上，然后用小石头投击，击倒刻有哪个官员名字的大石头，就罗织罪名诬陷哪个官员。但每次投击，都无法击中刻有李昭德名字的大石头。

不幸的是，李昭德同时得罪了另一个酷吏。李昭德性格较为刚强，因看不惯时任秋官侍郎即刑部副长官的皇甫文备,有一次竟然在大庭广众之下将其羞辱。来俊臣遂与皇甫文备勾结起来,共同诬告李昭德谋反,将其扔进大牢。

李昭德入狱,使李派大臣的力量极大折损。但很快,来俊臣集团内部出了大问题。来俊臣有强抢人妻的特殊爱好,而他最终倒台的导火索,就是这一特殊爱好。

来俊臣仗势贪淫,官员百姓家里若有美丽妻妾,他就一定要千方百计弄到手。如果巧取不行,那就告密豪夺,让党羽"罗告其罪",进行诬陷,然后将其全家罚没为奴婢赐给自己。他如此"前后罗织诛人,不可胜计"。

来俊臣出身社会底层,靠告密屠戮名门世族起家,但在当时门阀士族余风尚存的社会氛围中,又拼命想挤进士族圈子,建立门户,成为新的士族。来俊臣的这一举动,引起了他与集团内部卫遂忠等同样出身社会底层的党羽的矛盾裂痕。

当时进入士族圈子最便捷的渠道就是缔结婚姻,如武则天父亲武士彟和母亲隋朝皇族杨氏的联姻,来俊臣走的也是这条路。名门望族太原王氏王庆诜之女美丽万方,嫁给段简为妻。来俊臣竟然假传圣旨,逼迫段简与王氏女离婚,然后强娶王氏女为妻,借以成为士族一员。

万岁通天二年(697)六月左右,来俊臣在家里举办宴席,宴请王氏娘家妻族亲友,却没有通知出身底层的昨日故交、亲密战友卫遂忠等人。卫遂忠听说后极其不满,此人虽然毫无品行,但与来俊臣关系向来友善,且素来好学,能言会道,骂街功夫极佳。卫遂忠就拎着一壶酒,边喝边向来府走去。等喝到半醉之时,敲响来府大门。守门人诓骗卫遂忠,说来俊臣今日不在府内。卫遂忠仗着酒劲儿,推开守门人,骂骂咧咧地闯进来府。

此时来俊臣正与王氏妻族亲友频频举杯,其乐融融。身边是出身名门的娇妻,眼前是成为新兴士族的金光大道,来俊臣似乎已经走上人生巅峰。但很快,卫遂忠将来俊臣的美梦变成泡影。只见卫遂忠"直入谩骂"[①],直闯宴会大厅,对着来俊臣、王氏女和众多宾客破口大骂,如发酒疯一般出言不逊。

---

① 《新唐书》卷209《来俊臣传》。

来俊臣恼羞成怒，让手下痛打卫遂忠一顿，然后将其捆绑在庭院里。不久，来俊臣渐渐清醒，他明白卫遂忠不是一个人在战斗，而是代表着自己那帮出身底层的老兄弟。若对卫遂忠惩治过甚，就会寒了那帮老兄弟的心，自己的位子也就无法坐稳。想到此，来俊臣就让人为卫遂忠松绑，好好抚慰一番，将他送走。

但很快，事情变得不可收拾，脱离了来俊臣所能控制的轨道。

王氏女认为，卫遂忠的谩骂不仅是针对自己，更是针对王氏整个家族，是太原王氏的奇耻大辱。从未受过此等屈辱的王氏女，在既羞又怒之下竟然自杀。

随着王氏女的自杀，来俊臣与卫遂忠的关系月缺难圆，无法挽回。来俊臣不但失去白富美娇妻，更失去挤进士族圈子的入场券，直接从人生巅峰跌落，对卫遂忠是恨之入骨，必欲置之死地而后快。卫遂忠同样明白，他已经无法获得昔日好友的谅解，双方已成你死我活、水火不容之势，友谊的小船彻底翻掉。卫遂忠决定以其人之道还治其人之身，用来俊臣惯用的告密手段反制来俊臣。

这边卫遂忠正在暗中观察来俊臣的一举一动，来俊臣却有些大意起来，抢人妻妾的老毛病又犯了。来俊臣薅羊毛喜欢逮着一只羊薅，抢走段简娇妻不算，又看上了段简的美妾，就让人给段简带话：你家那谁谁我看着模样不错，该怎么办，你懂的！段简"惧"，吓得赶紧乖乖将美妾送到来俊臣府上。

通过段简的俯首帖耳，来俊臣得出一个重要结论，那就是文武百官没有人敢惹他，他才是真正的一人之下、万人之上。得志猖狂的来俊臣，竟然觉得自己与当年的石勒有一比，"自言才比石勒"[1]。石勒何许人也，那可是五胡乱华时期创建后赵政权的羯族首领，消灭了司马济、王衍率领的西晋最后一支军队，把西晋没来得及南渡长江的北方士族几乎一锅烩。

不管是来俊臣的反对者诬陷他自比石勒，还是来俊臣真的把自己当成石勒重生，都意味着来俊臣与朝臣的关系已经极度紧张。而来俊臣似乎也有一个将

---

[1] 《资治通鉴》卷206。

武周大臣一网打尽的告密计划：先罗织罪名诬告武氏诸王、太平公主和武则天男宠张易之、张昌宗，然后诬陷皇嗣李旦、庐陵王李显和南牙外朝、北牙内廷官员集体谋反，将皇亲国戚、朝廷百官诛除殆尽后，窃取国柄，夺取江山！

卫遂忠探知来俊臣的这一惊天计划后，紧急检举告发，将其大白于天下。武则天、张家两兄弟、武家诸王、太平公主、皇嗣李旦和外朝内廷百官全都震惊了，没想到来俊臣的志向如此豪迈，脑洞如此大开，一手喂大的吉娃娃竟然变成反噬主人的恶犬。而且这个计划是由来俊臣最铁的哥们卫遂忠揭发，不由得人们不信。此时契丹兵锋正深入河北腹地，武氏诸王指挥的军队正在大踏步败退，如果来俊臣此计得逞，那武周天下就真的摇摇欲坠了。

平心而论，来俊臣虽然胆大，但不会胆大包天到如此地步，更不会有将亲密盟友武氏诸王拉下马的打算。他诬告皇嗣李旦等李唐宗室的胆量是有，而且很大，但诬陷武氏诸王却既无此心，更无此力。来俊臣明白，他的前途和武氏诸王的利益是深度捆绑的，双方是一根绳上的蚂蚱。而这正是卫遂忠揭发材料的厉害之处。卫遂忠深知，不瓦解来俊臣与武氏诸王之间的联盟，无法真正打倒来俊臣，故他状告来俊臣首先拿武氏诸王下手，以离间来俊臣与武承嗣、武三思等人的关系，使武氏诸王解除对来俊臣的政治保护，从而彻底孤立来俊臣。

根据正常的政治利害算计，不管来俊臣诬告武氏诸王之事是否为真，武氏诸王都应力保来俊臣过关，毕竟来俊臣对李派大臣的打击手段和对武则天心理的揣摩影响能力，都远远超过他们。保下来俊臣，就是留下了一柄将来对李唐子孙和李派大臣一剑封喉的利剑。但武氏诸王的愤怒却超过了理智，他们相信了卫遂忠的揭发，改变了对来俊臣的态度，与太平公主、张家两兄弟等人"共发其罪"，将他们手中早已掌握的来俊臣的黑材料曝光，最终将来俊臣送进监狱。大理寺经过审理，依律判处来俊臣死刑。

当时已经被判处死刑的人犯，在行刑之前要再次奏请皇帝核准方可处死，以免错杀，是为死刑复奏制度。来俊臣的死刑判决报到武则天那里，武则天却"欲赦之"。死刑判决上报三天，武则天都没有批准。武则天明白来俊臣不可能有如此大的胆量同时对武家、李家两派诸王大臣开战，这只能是卫遂忠的诬告。武则天也知道来俊臣的特殊能量和意义，留着这只鹰犬，就能震慑朝中日渐滋长的不轨之心。

但此时朝中形势已经发生变化，恐怖政策已经运行十多年，朝臣对此积累了大量的怨气、怒气，来俊臣也早已成为这一政策的标志性人物。包括武氏诸王在内的百官已经不关心卫遂忠的揭发是否真实，只想借此彻底扳倒来俊臣。

李派大臣王及善率先出马，劝武则天，来俊臣"凶狡不道，引亡命，污戮善良，天下疾之"①，早已经是人神共愤，不处以极刑，朝廷恐怕将不得安宁。武则天听后心有所动，但没能下最后的决心。她明白来俊臣与李派大臣的尖锐矛盾，认为王及善出于政治立场的片面观点不够客观公正。

李派大臣没能说动武则天，武系大臣继续派人上。此人不是别人，正是当初来俊臣要除掉的吉顼。昨日来俊臣能对吉顼下手，那今天吉顼也能反击他来俊臣。吉顼属于墙头草的投机做派，此时的政治立场还偏向武家，毕竟他当年为救父亲，亲自将两个妹妹送给武承嗣。

一日武则天在宫苑游玩，吉顼为女皇牵马贴身伺候。武则天问吉顼最近外朝有什么动向，吉顼抓住时机进言：朝中平安无事，只是大家对陛下迟迟不批准来俊臣的死刑复核有些议论。武则天言道：来俊臣是有功之臣，当年也是为朕为国家做出过重大贡献的人，朕不能卸磨杀驴，还想着全君臣之分，考虑要不要网开一面，刀下留人。

吉顼劝女皇：要说功劳，来俊臣的功劳能有于安远大吗？当年于安远告发李贞谋反，李贞后来果然起兵，于安远告发之事证确无疑，现在才不过当了成州（今甘肃省陇南市成县一带）司马。他来俊臣聚集一帮无赖，"诬构良善，赃贿如山，冤魂塞路"，分明是"国之贼也，何足惜哉"②！

王及善代表李派，吉顼代表武系。通过两人的政治表态，武则天注意到，剿杀来俊臣已经成为武系大臣和李派大臣的共同目标，"乃下其奏"，最终批准了来俊臣的死刑复核。

六月初三，来俊臣被押往刑场斩首，尸身之肉被仇家争抢泄愤，竟然瞬间

---

① 《新唐书》卷116《王及善传》。
② 《资治通鉴》卷206。

就被抢得一干二净。有人还挖出来俊臣的眼睛，剥下他的脸皮，剖开他的胸膛，挖出他的心脏，扔到地上将其践踏成一片肉泥血土。

武则天这才意识到来俊臣已经成为天下怒气集聚所在，"知天下恶之"，自己必须与他完全切割，才能保持永远圣明的政治形象。女皇遂下诏彻底清算来俊臣过往罪恶，确认来俊臣罗织诬告诸王重臣的罪名，"诸王等磐石宗枝，必期毁败，南北衙文武将相，咸将倾危"①，将来俊臣一案钦定为铁案；并将处罚加码，株连来俊臣全族，没收全部家产，以"雪苍生之愤"。

消息传来，官民百姓走出家门，在大街小巷互相庆贺，表示"自今眠者背始帖席矣"②——今晚终于能不用担心来俊臣半夜敲门，一觉睡到天亮了。因婢女貌美而被来俊臣扔进监狱的西突厥可汗阿史那斛瑟罗终于被无罪开释。武则天想起吉顼提到的于安远，将其从成州调回朝中，升职为负责宫内御厨事务的尚食奉御；提拔吉顼为负责监察京城外文武百官的中央监察机构右肃政台副长官右肃政中丞，作为政治回报。

来俊臣其人，生得一幅好模样，"雍容美貌"③，没有一点凶相，从面相看完全不是心肠歹毒、手段残酷之人。其"面柔心狠，行险德薄，巧辨似智，巧谀似忠，倾覆邦家，陷害良善"的行为之所以能大行其道，关键在于"与时上下，取重人主"④的政治环境，即"非吏敢酷，时诱之为酷"⑤。而最大的"时"，就是武则天改唐为周登基称帝的政治背景，武则天需要来俊臣等酷吏替她清扫道路、清洗朝堂。

来俊臣正是在迎合武则天这一政治需要的过程中，攫取了包括选官用人权在内的大量权力。来俊臣风头正劲的时候，甚至能直接要求吏部按照他开列的名单安排官职，名单上的名字每次都至少有数百人。来俊臣败亡后，负责具体选官事务的吏部副长官侍郎自首，武则天责备其为何不能顶住压力。侍郎言"臣负陛下，死罪"，但臣"乱国家法，罪止一身"，倘若"违俊臣语，立见灭

---

① 《全唐文》卷95《暴来俊臣罪状制》。
② 《资治通鉴》卷206。
③ 《朝野佥载》卷4。
④ 《旧唐书》卷186《酷吏上》。
⑤ 《新唐书》卷209《酷吏》。

族"。武则天听后，最终赦免其人罪过。

只赦免被来俊臣逼迫欺压的吏部侍郎，显然无法收揽朝堂全部人心。几个月后，武则天又进行了一番政治表演，她对姚崇等大臣解释为何当初听任酷吏肆意诛杀忠良：当年周兴、来俊臣等人在审理谋反案件时，往往一揪就揪出好几撮谋反分子，他们审理的案件事实明确，证据链完整。国有国法，朕以法治天下，怎么能违反法律，对那些谋反分子法外开恩？朕也不是没有怀疑过这中间可能有冤假错案，但派大臣去监狱复核案件时，那些谋反分子没有一个翻案的，都是亲笔写下悔过书，承认自绝于朕、自绝于朝廷，犯下不可饶恕的罪行，所以朕才相信了那些酷吏。周兴、来俊臣被朕诛杀后，朕再也听不到有人谋反的声音了，"然则前死者不有冤邪"？由此可知，之前被周兴、来俊臣杀害的谋反分子，肯定是有冤枉的。现在看来，宁可相信这世界上有鬼，也不能相信酷吏那张破嘴！

武则天这番装腔作势的政治表态，是想进一步撇清自己和酷吏的关系，身边大臣对此心知肚明。但大臣们肯定不能也不敢揭开武则天的面具，将这一切算到武则天头上，只能顺势而为，抓住武则天将自己摘出来的急切心态，顺势结束恐怖政治。

听完武则天的表态，姚崇赶紧进言：垂拱年间以来，那些因谋反罪名被处死的人，"率皆兴等罗织，自以为功"——全都是被周兴、来俊臣屈打成招，目的就是想借此建立功勋，用朝臣的血染红自己的朱紫官服。陛下您派身边大臣去按问，身边大臣难道就不怕酷吏吗？他们本身就自身难保，怎敢向陛下说明事实真相？案犯如果敢翻供，接下来更是"惧遭惨毒"，严刑拷打，定百脉、喘不得、突地吼、著即承、失魂胆、实同反、反是实、死猪愁、求即死、求破家等十种"大枷"刑具挨个伺候，遍历凤凰晒翅、驴驹拔橛、仙人献果、玉女登梯等酷刑，简直是生不如死！

怒斥完酷吏，姚崇赶紧温柔地拍上一记：幸亏陛下您圣明烛照，及时清除了周兴、来俊臣等重大政治隐患。姚崇我愿意用全家上下百口性命作为担保，保证今后内外百官不会有谋反之事。如果出现任何差池，臣愿受知情不报的处罚。

盛世前夜

　　武则天明白，姚崇这是将她从酷吏政治的虎背上搀扶下来，帮助她收揽朝中人心，遂欣慰不已地表示：以前那些宰相大臣都把这些事情往朕身上推，"陷朕为淫刑之主"①，好像是朕在纵容酷吏残害天下。朕宅心仁厚，是那样的人吗？肯定不是。"闻卿所言，深合朕心"（姚卿你今天这番话指出了问题的实质，总算是说到了朕的心坎上），朕心甚慰，甚慰朕心！说完，武则天赏赐姚崇"钱千缗"。

　　姚崇的此番应对，显示了其敏锐的政治观察力。在此后的个人宦海生涯和朝廷政治斗争中，姚崇一而再、再而三地运用这种政治敏锐性，最终笑到几轮政变的最后，成为朝臣中最大的政治获益者。

　　来俊臣的崛起是时代的产物，其覆灭亦是时势转移的结果。早在来俊臣出事之前，其党羽中就有人先知先觉地观察到时势已然发生微妙变化，开始寻找退路。负责供应宫廷蔬菜水果事务的上林令侯敏为求进步，"素诣事俊臣"。侯敏妻子董氏深明大义，劝夫君：来俊臣乃国家蠹贼，"指日将败"，夫君你要及早与他划清界限，免得将来被打成同党遭受无妄之灾。侯敏听从董氏劝告，逐渐疏远来俊臣。来俊臣大怒，将其贬到广西偏远山区武龙县（今广西百色市田阳区一带）任县令。侯敏不愿意去任职，董氏督促夫君赶紧收拾行装上路，说：这是你逃出生天的最后机会了！侯敏在妻子的一再催促下，最终赴任广西。不久来俊臣败亡，党羽全部流放岭南，只有侯敏躲过一劫，保住官位前程。

　　来俊臣死了，大快人心，但让人们大失所望的是，六月初三当天与来俊臣一起在刑场受死的，竟然还有李昭德。当日，天下人"无不痛昭德而快俊臣"：为李昭德含冤而死痛心，为来俊臣伏法受死而快意。李昭德乃忠贞之臣，来俊臣为酷吏，二人是死敌，如果处决来俊臣正确，那同样正确的做法应该是将李昭德无罪释放，并官复原职。但武则天却选择了同样处死李昭德，这正是女皇的帝王心术之所在。

　　李昭德与来俊臣这对死敌最终在刑场上殊途同归，背后更深刻的原因恐怕

---

① 《资治通鉴》卷206。

在于各自的政治立场。李昭德是李派大臣的骨干力量，而来俊臣虽然在最后的政治生涯中如疯狗一般见人就咬，甚至想从诸武身上扯下一块肉来，但仍不改其是诸武阵营重要成员的政治底色。两派对决，武则天不能坐视诸武阵营因来俊臣反水被杀而实力受损，必须让李派大臣付出牺牲李昭德这样的交换代价，从而实现两派一损俱损，方便其居中控御，不致任何一派势力坐大。

随着来俊臣的覆亡，武周朝廷中的恐怖政治逐步走向终结。来俊臣与李昭德同日受死，也让李派阵营与武系势力的斗争重新回到了平衡点。而边防线上的战争仍在继续，契丹不但在河北腹地烧杀抢掠，如入无人之地，更喊出了让武氏诸王心惊胆战的政治口号。而突厥更是火上浇油，与东北的契丹遥相呼应，也从西北展开了对武周的进攻。

## 还我庐陵相王

武周朝堂的内部斗争如火如荼，一时顾不上讨论是否借突厥之力攻打契丹。突厥心急，默啜可汗为进一步向武周展示其具有解决契丹的军事能力，决定让武周亲自测试其军刀是否锋利，遂大举进攻灵州（今宁夏吴忠市一带）。

默啜向灵州进发时，押着前期俘虏的凉州都督许钦明同行。到灵州城下后，许钦明向城内大呼，索要美酱、梁米及墨。这不是许都督饿了想吃小米大酱拌饭，闷了想磨墨写字练书法打发时间，而是别有用意。

"美酱"暗指"良将"，"梁米"暗指"精兵"，"墨"则是暗指夜色如墨、伸手不见五指。许都督是暗示灵州城内守军，可在夜半三更时，选派良将精兵，趁夜偷袭突厥军营，自己可在内部接应。可惜城中将士没人听懂许钦明的话外音，错失击破突厥军队的良机。但突厥也没在灵州城占到便宜，久攻不下，只能绕城而去，于十一月二十六进攻胜州（今内蒙古准格尔旗一带），被平狄军副使安道买击破。

相比于契丹在河北腹地的横冲直撞，突厥在西北边境的骚扰只是疥癣之疾，不足为虑，武则天决定暂且放下突厥，全力解决契丹这个肘腋之患。二月，建安王武攸宜命令清边道总管王孝杰率苏宏晖等将军，带十七万军队进攻孙万荣。

武攸宜对这次出师信心爆棚。陈子昂代他写的战前动员书放言，"皇帝义兵，克期诛翦，此犹太山压卵，鸿毛在炉"①。王孝杰行军路上捕获一只白鼠，只见其"目似黄金"，但服帖无比，身体蜷缩一副有气无力的样子。武攸宜又让陈子昂写奏表，"将士同见，皆谓贼降之征"②，向姑姑武则天报喜，这是契丹投降的大吉大利之兆。不管武攸宜如何给自己和姑姑打气，战争是不以所谓天意为转移的。

三月，王孝杰率军进至东硖石谷（今河北省卢龙县境内），猝然遭遇契丹军队。王孝杰身先士卒，率领前锋部队力战。契丹败退，王孝杰率军追击到悬崖边上。契丹军队见退无可退，遂背水一战，回军反击。当然，也有《朝野佥载》等史料认为是契丹假装败退，引诱武周军队追击。苏宏晖招架不住，率先逃窜，导致胜负形势瞬间逆转。看来，即使当初白鼠代表天意，也不是契丹投降的天意，而是某些武周将军胆小如鼠、抱头鼠窜的预兆。

王孝杰拼命杀敌，但独木难支，最终坠崖而亡，武周军队"将士死亡殆尽"③。据《朝野佥载》，武周军队败象极其惨烈，被契丹军队一排排地挤下悬崖，"坑深万丈，尸与崖平"，尸体都填满了悬崖深坑，"匹马无归，单兵莫返"。军中节度管记即机要秘书张说侥幸捡回一条命，赴洛阳向武则天奏报其事。

张说是河南洛阳人，才华横溢。永昌年间，20岁出头的张说参加武则天亲自主持的制举考试"贤良方正"科目，一举夺魁，名列甲等榜首。时任吏部尚书的李景谌负责"糊名较覆"④，即主持阅卷，将张说判定"为天下第一"⑤。武则天"以近古以来未有甲科"，认为几百年来没有人能在制举对策中拿下甲等，本朝要谦虚谨慎才能大踏步向前进，不能骄傲退步，遂亲自将张说改为乙等。张说因此屈居乙等，获任太子校书郎，负责校雠典籍，订正讹误，事实上承担了机要秘书的职责。当时居住在东宫的太子，正是还在皇位上的睿宗李旦

---

① 《全唐文》卷214《为建安王誓众词》。
② 《全唐文》卷209《奏白鼠表》。
③ 《资治通鉴》卷206。
④ 《新唐书》卷125《张说传》。
⑤ 《大唐新语》卷8《文章第十八》。

的嫡长子李成器。张说由此和睿宗一脉有了重要交集，成为当时睿宗班底之一。

张说博古通今，武则天曾问他上古炎黄之事和百家姓氏的由来，张说对答如流，博得武则天欢心。听完张说对前线战事的汇报，武则天追赠王孝杰官爵，派使者赴前线斩苏宏晖示众。但使者还没到军营，苏宏晖就因另外立下军功，得以免死。而刚刚向武则天报告战况，进一步进入女皇视野的张说，将在此后的历史进程中逐渐崭露头角，获得越来越大的话语权，同时在李旦与儿子们的复杂关系中面临何去何从的艰难抉择。

王孝杰开赴东硖石谷之时，武攸宜正驻军渔阳。听闻王孝杰所部战败，军心动摇，不敢向前。契丹乘胜攻打幽州，攻陷数座城池，劫掠地方官民。

更重要的是，契丹对武周官员百姓发起了政治攻势。据《资治通鉴》，契丹在河北喊出了"何不归我庐陵王"的口号，号召拥立庐陵王李显为接班人。但据更为原始的唐代笔记史料《朝野佥载》，契丹打出的旗帜是"还我庐陵、相王来"，号召恢复庐陵王李显和相王李旦的自由身，重建以李氏子孙为皇帝的唐家天下。武周内部拥护李唐子孙的大臣中，李显与李旦各有拥趸，如果单纯提"何不归我庐陵王"，无疑会招致支持李旦大臣的反感。"还我庐陵、相王来"，则能够在更大范围内团结武周内部李派大臣，应该更符合契丹当时的政治选择。

契丹"还我庐陵、相王来"的政治口号，精准地捕捉到武周朝廷接班人问题所引发的派系分裂，以及百姓对李唐皇室的忠诚与怀念。这一号召直指武周政治中李、武两家矛盾的焦点即储位斗争。旗帜鲜明地支持李氏子孙作为接班人，能够最大限度地统战武周内部李派大臣，武系大臣对此不能不予以反击。

武攸宜必须出军了，他再胆小如鼠也不能继续龟缩城内，否则武氏诸王输掉的不仅是眼下前线的军事斗争，更有日后后方朝堂上的储位争夺。武攸宜遂派遣将领率军反击契丹，但很不幸地"不克"，没能在契丹人身上占任何便宜。

东硖石谷之战开打前，武攸宜曾让陈子昂写信给诸将打气，"契丹破了，便望回兵，平殄默啜"。经历对契丹的连番失败后，武攸宜和武氏诸王再次将目光投向默啜，只是目光中不再是腾腾杀气，而是媚眼秋波。

武氏诸王决定借突厥之手解决契丹问题，借突厥之刀砍契丹人头，如此就能顺利解决契丹进犯河北的问题，避免武氏诸王的底裤在天下人面前被契丹扒个干净，暴露其无能低能的真面目。而且，有道是"疾风知劲草，板荡识诚臣"，只要契丹大举进犯的"疾风"平息，突厥趁火打劫的"板荡"消停，那些属于李派大臣的"劲草""诚臣"就不能继续在重大斗争中出彩出头，就不能凭借功劳继续打开进步空间。武氏诸王可以通过契丹进犯事件的解决，中止李派阵营势力的上升势头，恢复两派政治实力的平衡状态，为继续谋求接班人地位创造良好的政治环境。

河北前线武周与契丹的对峙在继续，西北方向阎知微、田归道向突厥的行程也在继续。二人半路上遇到突厥使者，阎知微亲自为使者穿上五品官服，系上银质腰带，并且上奏武则天：等突厥使者到洛阳后，要高规格接待。田归道反对，另行上奏武则天，建议先在政治上批评突厥往日背叛行径，然后表示允许其改过自新，以示天朝宽大为怀，占据谈判道德高地；阎知微不经朝廷允许，擅自送给突厥使者官服腰带，令朝廷无法再对其加官进爵以示笼络，造成被动，最好命令突厥使者依旧穿着原来服饰，等到朝廷正式下达恩典再换上五品官服腰带；且此次突厥派遣的使者地位低微，无须盛大接待，以为后续使者往来留下接待规格空间。武则天条条应允。

阎知微与田归道到达突厥大帐后，政治表现更是大相径庭。阎知微拜见默啜，"舞蹈"，三跪九叩，还"吮其靴鼻"。田归道则"长揖不拜"，只是对默啜拱拱手鞠躬而已，拒绝下跪磕头。默啜大怒，囚禁田归道，"将杀之"。田归道面不改色，据理力争，言辞不屈，指责默啜贪得无厌，要求默啜立刻改弦更张，归附武周。突厥大臣劝默啜，"大国使者，不可杀也"。默啜怒气稍解，将田归道软禁，只与阎知微谈判。

谈判中，默啜狮子大开口，不但要求武周遣返前文所言"河西降户"即迁居中原的突厥人，还提出割让单于都护府（今内蒙古和林格尔县西北一带）辖区，并要求武周供应粮种、绸缎、农具、铁器等，同时继续坚持将女儿嫁给武周皇室和亲。突厥开出的谈判条件形同让武周割地赔款，阎知微不敢答应，只是派人将谈判纪要带回朝廷，请武则天亲自定夺。

武则天见到谈判条款后，摆出"不许"的架势，要求阎知微继续争取更有利的条件。默啜大怒，在谈判中"言辞悖慢"，谈判陷入僵局。

武周朝廷内部也是争论不定。宰相姚璹、杨再思阿谀成性，窥破武则天心态，明白如果再不请突厥出手解决契丹问题，将会出现武氏诸王在朝中无立锥之地、武则天颜面无存的政治局面，借口"契丹未平"，请求允诺默啜提出的条件。麟台少监、知凤阁侍郎即代理中书省副长官中书侍郎李峤反对，认为"戎狄贪而无信"，如若答应其条件，那好比将武器借给敌人，将粮食借给盗贼，不如整军备战，加强戒备。

但在姚璹、杨再思的一再坚持下，武则天顺水推舟，半推半就，将数千户降附的突厥百姓遣返默啜，奉上粮种四万斛、绸缎五万段、农具三千套、铸铁四万斤，并允诺和亲。默啜得到这些降户和财物，势力更加壮大。武周此举，无异于剜却心头肉去医眼前疮。

经过武周再三协调，默啜放还田归道，让他与阎知微一同回朝。二人回到洛阳后，又在武则天面前继续争论。田归道认为虽然已与突厥达成合作协议，但默啜"必负约"，不可因为和亲就放松警惕，还应继续做好战备工作。阎知微却大言不惭，"以为和亲必可保"，从此西北边防可无忧矣。自认一手托举武周、突厥的阎知微不知道，他这个保人以后将为此付出多大代价。

不管阎知微和田归道相不相信协议的有效性，武则天可是暂时放下了心头上的一块大石头，转而将主要精力放在宏大政治典礼上。她之所以急于与突厥达成协议，也与为举行这一政治典礼创造良好的外部环境有关。

这年四月，九鼎铸成。相传大禹治水成功后，划分天下为九州，用九州牧守上贡之铜铸成九鼎，象征冀州、兖州、青州、徐州、扬州、荆州、豫州、梁州、雍州九州[①]，体现王权至高无上，天下一统昌盛。九鼎从夏传至商，再传至周。东周定王时，五霸之一的楚庄王曾耀兵洛阳城郊，问鼎之轻重，有问鼎天下之心。秦昭襄王时灭西周[②]，试图迁九鼎到咸阳，结果在泗水上倾覆，从此九鼎下落不明。

天册万岁元年（695）十一月，武则天凤姿勃发，下令再铸九鼎，以示普天

---

① 也有人认为大禹九鼎只是一个鼎，上画九州地形，名为九鼎，象征天下一统。
② 当时东周分成西周与东周两小国。

之下莫非王土,率土之滨莫非王臣。万岁通天二年(697)四月,"铸九鼎成",安置在通天宫。东都洛阳所在的豫州鼎高一丈八尺,容积1 800石;其他八州鼎高一丈四尺,容积1 200石。九鼎各画九州山川物产于其上,共用铜56万余斤。武则天嫌铜色不足以彰显武周新朝气象,还想用黄金千两将铜鼎镀成金鼎。

武则天此举,无异于暴发户心态。九鼎尊贵,正以古朴铜色彰其大气,如若用黄金装饰,简直让人笑掉大牙。这下连当年奉承武则天为弥勒佛的姚璹都看不下去了,他劝女皇:九鼎神器贵在天质自然,足以光芒万丈,无须再用"金色以为炫耀"。武则天"从之",下令诸王、宰相率十万禁卫军,用大牛、白象牵引,将九鼎从玄武门运进皇宫。

九鼎落成大典完毕,武则天开始排兵布阵,于四月十八任命右金吾卫大将军武懿宗为神兵道行军大总管,与右豹韬卫将军何迦密率军反击契丹。为给武懿宗助阵壮胆,武则天又于五月初八任命凤阁侍郎即中书省副长官中书侍郎娄师德为清边道行军副大总管,任命右武威卫将军沙吒忠义为前军总管,将兵二十万攻打契丹。

虽然实质上是突厥出手砍契丹,但武氏诸王也得做做样子,要将助攻打出主攻的气势来,要不然吃相太难看,武则天脸上也挂不住。

## 突厥偷袭契丹

武懿宗出兵前夕,需要大量购买马匹组建骑兵。朝廷号召百姓捐款出力,凡是捐助一匹马者就可享受五品官待遇,大臣朱前疑也买了匹马捐给朝廷。

朱前疑是个很会做梦的人,很能梦到武则天的心坎上。几年前先是上书说梦见武则天长命八百岁,武则天就任命他为八品拾遗;又说梦见武则天白发变黑,牙齿再生,武则天又提升其为六品驾部郎中。朱前疑视察地方归来,报告说亲耳听到嵩山高呼女皇万岁,武则天特赐给他四五品官员才能配发的红色笔墨袋。朱前疑捐马给朝廷后,就整天打报告要求升官。武则天厌烦了这个既贪心又卑鄙的小人,于六月初一下令把朱前疑的马还给他,免去其所有官职,赶回老家,让他一夜回到原点。

朱前疑的一匹马虽然无碍武懿宗的出兵大局,但武周军队不敌甚至畏惧契丹骑兵总归是事实。武懿宗率军到赵州（今河北省石家庄市赵县一带）后，又在后方发现了大量所谓"妖书"，即攻击武周政权，要求庐陵王、相王反正的政治宣传小册子。武懿宗本着动手不动口的原则，在州县民间大肆搜捕，抓获耿罗汉等十三名携带宣传"妖书"之人，但仍无济于事。河北百姓受契丹的政治鼓动心思李唐，在武周与契丹之间持观望立场，甚至"从贼者"颇多。

当初武攸宜面对契丹"还我庐陵、相王来"的政治宣传时，还能主动出击，试图用军事进攻对抗对方的政治攻势。武懿宗却是文攻不行，武卫亦不行。他在赵州收到情报，说契丹骁将骆务整率几千骑兵将要攻打冀州，"惧"，立即吓得想要向南逃跑，美其名曰战略转进。

武懿宗不明白，契丹尽管在河北境内狼奔豕突，看似无人可敌，实际上已经是强弩之末。契丹之前在西硖石谷和东硖石谷能大败武周，在于这两地本质上是契丹的传统居住地，本土作战占据主场优势。契丹兵力不足，后勤补给线拉长后，无法长期进行远距离作战，河北已经是其战略进攻的极限。只要婴城固守，武懿宗不愁找不到破敌大胜的机会，那时便可轻松摘取对契丹自卫反击战的胜利桃子。

武懿宗手下不是没有人看清当下战场情势，有部将劝他：骆务整所部只是轻骑兵，没有任何辎重攻城武器，只要我们坚守城池坚固的赵州，骆务整必定顿兵于坚城之下，然后军心动摇，只能退却，到时我们"从而击之，可有大功"。

武懿宗畏敌如虎，坚持南逃相州（今河南省安阳市一带），一路上丢盔卸甲，抛弃大量军用物资和武器。契丹缴获颇丰，顺利攻下赵州并屠城。武懿宗的这一行径很快传到后方朝堂，时任左司郎中的张元一作诗嘲讽他"忽然逢着贼，骑猪向南窜"。武则天初读此诗未晓其意，就问张元一："懿宗无马邪？何故骑猪？"张元一回道，"骑猪者，是夹豕（音同屎）走也"，意即武懿宗被契丹人吓得屁滚尿流，夹一裤裆屎尿落荒而逃。武则天听后大笑。

武家子弟如此无用，连做做样子都是烂泥巴扶不上墙，平定契丹只能完全依靠突厥默啜可汗了。当初孙万荣攻破王孝杰大军，缴获大量武器物资和金银珍宝，行军时无法携带。孙万荣就在柳城（今辽宁省朝阳市一带）西北四百里处修建一座新城，将部落中的老弱妇女和缴获的物资财宝全部安置在此，并派妹夫乙冤羽驻守此地，随后率领精兵去攻打幽州。

孙万荣进攻幽州时，畏惧突厥默啜再玩一把螳螂捕蝉黄雀在后，攻打其空虚的后方基地，就心生一计，派五名使者到突厥阴山北麓黑沙大帐晋见默啜，大言不惭说自己已经击破王孝杰百万大军，"唐人破胆"，邀请默啜乘胜共取幽州，大秤分金。孙万荣怕使者走同一路线可能会被武周军队截杀，就让他们分拨出发，沿不同路线去黑沙，却没想到怕什么来什么，最终铸成大错。

五名使者中，有三人腿脚比较快，先行到达黑沙，按照孙万荣交代的口径向突厥传话，默啜大喜，赐给他们四五品官员才能穿的红色官服。另外两人可能由于路线比较绕，过了几天才到。默啜认为这两人姗姗来迟，是不尊重自己的大可汗地位，要将其杀掉。二人拼命求饶，情急之下将契丹实情尤其是新城钱多兵弱的情况，全部告诉默啜。

默啜听后，既火冒三丈，认为契丹作为自己的小弟，竟敢向大哥隐瞒实情，必须收拾一顿；又大喜过望，毕竟可以不费吹灰之力夺取契丹血战换来的战利品。默啜杀掉先到的三名使者，赐给后到的两名使者红色官服，并让他们充当向导，发兵攻打契丹新城。出兵前，突厥残酷杀害前期俘获的凉州都督许钦明以祭天祭旗。到达新城后，突厥军队攻城三日，终于拿下，俘虏契丹军民，将城中财物洗劫一空。

突厥用同一种作战方式偷袭契丹两次，契丹两次被突厥抄后路，充分验证了一千多年后黑格尔的那句至理名言：人类从历史中学到的唯一的教训，就是没有从历史中吸取到任何教训。契丹崛起还有很长的路要走，其首领战略全局观念的提升更需要几百年的修炼，在当时的东北亚政治舞台上，还没有他们的位置。

新城丢失后，乙冤羽赶忙派人飞马报告在前线的孙万荣。此时孙万荣正在与武周军队对峙，军中听闻新城丢失，家中妻儿老小被突厥抓走，"悯惧"不已。契丹军队中很大一部分是奚族人，与契丹同属东胡族，风俗相同。但因两族住得太近，加上突厥的挑拨，彼此之间经常发生战争。契丹"好与奚斗"[①]，奚族"好与契丹战争"[②]。当时契丹与奚族本都臣服于突厥，奚族发现突厥视契

---

[①]《旧唐书》卷199《契丹传》。
[②]《旧唐书》卷199《奚传》。

丹为敌后，也立马转变对契丹的态度，背叛孙万荣。

武周神兵道总管杨玄基抓住时机，从正面反击契丹；奚族从背后攻击，生擒契丹骁将何阿小。孙万荣腹背受敌，大败而归，率数千骑兵向东逃窜，没想到一头钻进武周前军总管张九节布下的口袋阵，被迎头痛击。孙万荣走投无路，携心腹奴仆逃到海河支流潞水东岸的一片树林中。

孙万荣在树下休息，叹息道：如今我是四海不容，"欲归唐，罪已大"，"归突厥亦死，归新罗亦死"——去哪都是死路一条；"将安之乎"——天下之大，哪里还有我孙万荣容身之地！

还没等孙万荣想好往哪里去，奴仆就为他想好了归处，将他一刀毙命，并砍下脑袋投降武周。武则天下令把孙万荣首级挂在招待四夷宾客的四方馆门口示众，契丹进犯事件就此解决。武则天为此改元神功，大赦天下。

武则天虽然费尽心力平定了契丹叛乱，但契丹余部和奚族、霫族全部归附突厥，默啜的势力更加壮大，这将对武周内政尤其是接班人问题产生持续而深刻的影响。更重要的是，武周在东北地区的防御重点从此被迫从营州内缩到幽州。幽州成为武周抵御包括契丹在内的东北民族政权进犯的最主要防线，地位日益重要，以至形成以幽州为军事中心的东北边防体系。

幽州东北的广大地区，成了契丹和随后的女真、蒙古等民族扩张势力的基地。此后安史之乱的爆发，唐末五代形势的形成，北宋、南宋相继被女真建立的金国和蒙古建立的元朝所灭，乃至后来满族建立清朝入主中原，都与此密切相关。而这，已经不是武则天所能预料的。她面临的最紧迫任务，就是重整因契丹叛乱而深度变动的朝堂政局。

六月二十四，为表彰武家子弟在抗击契丹斗争中的"英勇表现""运筹帷幄"，武则天重新任命武承嗣和武三思为宰相。三天后，武则天派狄仁杰会同中书省副长官中书侍郎娄师德、河内王武懿宗"分道安抚河北"[①]。

契丹人走了，官军来了，河北百姓的悲惨命运又开始了。武懿宗对契丹畏敌如虎，对百姓却是如狼似虎。战时有百姓被契丹裹挟而去，如今好不容易逃出生

---

[①] 《资治通鉴》卷206。

天回到故土。武懿宗却将他们一律打成反贼叛徒，将其捆绑起来活活剖开肚子剜掉胆囊，百姓哀号而死。之前嗜好杀人的契丹猛将何阿小名字中有"何"，武懿宗封河内王，封号中亦有"河"，百姓编成段子哀歌，"唯此两何，杀人最多"。

幸亏狄仁杰和娄师德用心抚慰，才勉强稳住河北人心。但武懿宗的所作所为，对武家子弟力"挽武周狂澜于既倒"的形象，无疑是沉重打击，朝野议论纷纷。武则天无奈，于七月免去武承嗣和武三思的宰相职务。武家子弟任相十天即遭罢免，可见他们在时人和武则天心中已经是完全不堪重任。

武家子弟仍不吸取教训，反而认为是不乖乖听话割脑袋的河北百姓坏了他们武家大事。武攸宜从幽州"凯旋"后，武懿宗又奏请将曾经投降契丹的河北百姓全部诛杀九族。负责监督批评朝政的左拾遗王求礼在朝堂上抨击武懿宗：河北降贼百姓都是手无寸铁之人，怎打得过穷凶极恶的契丹人，只是被逼无奈才委曲求全，勉强投降，"岂有叛国之心"；反观你武懿宗，"拥强兵数十万"却望风而逃，跑得比契丹人还快，张元一说你"忽然逢着贼，骑猪向南窜"，简直是太形象了！你一退再退，让契丹人打得抱头鼠窜，又想将一切责任都推到小民身上，简直是岂有此理！你为臣如此不忠，臣请先斩武懿宗以谢河北！

武懿宗被王求礼批得面红耳赤，无言以对。负责审判事务的司刑卿即大理寺长官大理卿杜景俭也上奏武则天，"此皆胁从之人"，还请全部赦免。武则天明白，她不争气的武家子弟想甩锅给河北百姓的做法，已经被朝臣集体抵制，眼下只有"从之"。河北百姓才在被契丹屠戮之后，侥幸躲过朝廷的再来一刀。

经过契丹进犯事件这场斗争残酷的政治军事考验，武氏子弟成功地在天下人面前树立了既无能又无行、德才全失的反面形象，在接班人之争中基本上被排挤出局。这一政治动向的重要表现，便是狄仁杰的全面复出。

狄仁杰完成安抚河北的任务后，武则天将其调任幽州都督。几个月后即神功元年（697）闰十月二十一，武则天调狄仁杰回朝，担任鸾台侍郎即门下省副长官黄门侍郎，并任命为宰相。

二次拜相的狄仁杰，最重要的政治布局，便是彻底打消武则天立武家侄子为接班人的想法，在李昭德的基础上继续铸牢武则天"儿子比侄子亲"的思想钢印，为恢复李唐江山铺平道路。

# 第三章　皇太子归位

以狄仁杰为代表的大部分朝臣，尤其是老臣、旧臣之所以心思李唐，并不仅仅是感情的维系，在更大程度上是利益的捆绑。这些老臣、旧臣的父祖都是跟随高祖、太宗打天下过来的，是唐朝创业时代的原始股东。李唐子孙在位，他们家族的昨日沙场军功和拥戴之功就仍旧算数，可长期保持富贵荣禄。而一旦武氏子孙接班，等于完全斩断李唐皇脉，等于天下政治经济利益要重新洗牌。那些与李唐皇室深度捆绑的老臣、旧臣祖上的沙场军功和政治功劳将全部作废，手中既得经济利益也会付诸东流。这一利益格局，是朝中老臣、旧臣拥戴李唐子孙复位的政治基础。

神功元年（697）闰十月第二次拜相时，狄仁杰已经68岁。人生七十古来稀，在中国古代，68岁已经相对高寿。狄仁杰明白自己时日不多，他不想"再活五百年"，只想利用好这最后的时间，把朝廷后事安排妥当。只是狄仁杰没想到的是，在恢复李唐子孙接班人地位的大事上，他这个忠心耿耿的老臣竟然与武则天新收的两个男宠，在客观上形成了目标一致的政治格局。

## 庐陵王回宫

尽管武家子弟的形象一落千丈，几乎被朝臣集体鄙视，但这并不能改变武承嗣、武三思要求接班的强烈愿望。他们相信，只要拿下储位，朝臣的思想就可以改造。如果某些大臣拒绝改造思想，那他们就完全能以储君身份要求换人。

圣历元年（698）一开年，武承嗣、武三思又跑到姑姑武则天那里吹风，摆出的理由是，"自古天子未有以异姓为嗣者"①——咱们都姓武，您儿子那可姓李。自盘古开天辟地到如今，姑姑您听说过有把江山传给外姓人的吗？

武则天"意未决"。狄仁杰站了出来，苦口婆心地劝武则天：您自己想想，母子和姑侄哪个更亲？立儿子当太子，子子孙孙都有您的血脉，您生是大唐的皇太后，死是大唐的祖奶奶，"千秋万岁后"谁敢不把您供在太庙享受香火。要是立侄子，您听说过侄子把姑姑的灵位放进祖庙里供着的传奇吗？

狄仁杰"劝太后召还庐陵王"，把被圈禁在房州的庐陵王李显接回来，宰相王方庆、王及善"亦劝之"。王方庆即王琳，是大书法家东晋王羲之的十世从孙。据《新唐书·王琳传》，王方庆任相时，儿子在眉州（今四川省眉山市一带）任司士参军。武则天有一次问王方庆，"君在相位，何子之远"，找个机会把他调回来吧。王方庆并没有说什么选官用人公平为先，臣的儿子不能搞特殊之类的高风亮节的大话，而是趁机把事情往庐陵王身上扯："庐陵是陛下爱子，今尚在远"，臣的儿子怎敢调回来？王方庆以此旁敲侧击暗示武则天，该把您的三儿子接回来了。据《新唐书·王及善传》，"庐陵王之还，密赞其谋"，王及善在推动武则天接回庐陵王之事上也起到了重要作用。

在狄仁杰、王方庆、王及善的轮番劝说下，武则天"意稍寤"。狄仁杰抓住一切机会，继续给武则天洗脑。

有一天武则天让狄仁杰解梦，说自己梦见了一只大鹦鹉，可两只翅膀都断了，让狄仁杰算算是什么意思。狄仁杰掐指一算：陛下，这可不是好兆头。您姓武，那只大鹦鹉就是您。两只翅膀断了，就是您的两个儿子没在身边。要想逢凶化吉、遇难呈祥，只要把儿子接到身边，您的两只翅膀就接上了。听完狄公解梦，武则天总算了解了自己内心深处的真实想法，原来还是母子情深，"由是无立承嗣、三思之意"。以武承嗣、武三思为代表的武家子弟，在营求接班人的政治斗争中彻底出局。

武家子弟虽然出局，但武则天在世的儿子却有庐陵王李显与皇嗣李旦两

---

① 《资治通鉴》卷206。

个。兄弟俩都曾当过皇帝，究竟立谁，武则天此时并未表现出任何明确的倾向性。狄仁杰、王方庆、王及善等人也不敢对此事轻易置喙，他们之所以要求接回李显，在更大程度上只是为壮大李氏皇室力量，而非一定要迎立李显为太子。狄仁杰等人应该明白，立李显还是李旦只能由武则天乾纲独断，这是他们不能插手之事。他们的目标也只是回归李唐，至于是李家哪个儿子上位，在当时并不重要。

但有人却决意玩一把大的，借助政治投机来长保通过偶然机缘获得的荣华富贵，这就是张易之、张昌宗兄弟。

张易之、张昌宗是高宗时期宰相张行成的族孙，张昌宗一开始是受武则天女儿太平公主宠幸，太平公主后为表达孝心，就在万岁通天二年（697）将其推荐给母亲。张昌宗侍寝后，武则天凤颜大悦，如获至宝。没想到张昌宗还留有后手，他启禀武则天"臣兄易之器用过臣"①，还会炼制丹药，能使陛下延年益寿。

此时张易之刚二十余岁，肤色白皙，姿容俊美，而且擅长音律歌词，音乐造诣极佳，靠着祖上张行成的门荫关系在朝中任职尚乘奉御。张昌宗推荐后，武则天立即让张易之进宫见驾，"甚悦"。从此兄弟俩"皆得幸于太后"，在宫中搽脂抹粉，衣着锦绣，"俱承辟阳之宠"。

武则天提升张昌宗为散骑常侍，提升张易之为司卫即卫尉少卿，封其母亲韦氏、臧氏为太夫人，宅第、丝绸、金银、奴婢等"赏赐不可胜纪"。更有甚者，武则天还让高祖太宗时期名臣李大亮族孙、时任凤阁侍郎即中书省副长官中书侍郎的李迥秀去做臧氏的情夫，感谢她生出这么好的儿子。

二张兄弟"兴不旬日，贵震天下"②，如此受宠，朝中阿谀之辈如苍蝇一样蜂拥而至，尤以武家子弟为甚。武承嗣、武三思、武懿宗和武家党羽宗楚客、宗晋卿兄弟等人奔走张易之、张昌宗门庭，争相为其牵马执鞭，甚至按照奴仆对主人的尊称，称张易之为五郎、张昌宗为六郎。

武则天虽然贵为皇帝，隋唐社会风气亦颇为开放，但在当时的政治背景

---

① 《旧唐书》卷78《张行成传附族孙张易之、张昌宗传》。
② 《新唐书》卷104《张行成传附族孙张易之、张昌宗传》。

下，女皇公开包养二三男宠的政治合法性总不及男皇后宫佳丽三千。为掩人耳目，抑或是掩耳盗铃，武则天因人设岗，为二张兄弟专门设置控鹤府，让二人和吉顼等官员在府内任职，以堵住悠悠众口，避免朝野议论纷纷。

张易之、张昌宗与吉顼同在控鹤府内为官，日久天长，情同手足，言语之中经常会无意间向吉顼透露一些女皇心思。吉顼本来就善于窥测朝廷政治风向，他通过观察狄仁杰等李唐派老臣的复出，猜测到武则天在接班人问题上的天平砝码可能已经逐渐向儿子那头移动。吉顼认为，在争夺接班人位置的斗争中，武氏子弟已经处于劣势，江山早晚会回到李唐子孙手中。在这政局即将发生重大变动的前夜，他要及时改换门庭，为将来留好退路并借机更进一步，由此做出从武系势力转投李派阵营的决定。

吉顼有一次和二张兄弟聊天闲谈时，从容向二人言道，你们兄弟二人今日的荣华富贵，"非以德业取之也"，都是老天爷赏饭吃，有太多人嫉妒你哥俩，你哥俩的所作所为应该也得罪了不少人吧，别看他们平日里对你们鞍前马后、溜须拍马，不知在心里怎么诅咒你们。老天爷能赏饭给你们吃，就不能收回饭碗吗？就算你们身体健康，那也不是金刚不坏之身，万一有一天身体不行了，还能有现在的地位吗？就算女皇对你们不离不弃，但女皇走后呢，你们"不有大功于天下"，将来"何以自全"？我是把你们当成亲兄弟，才和你们说这些的，我很担心你们将来会不会被清算啊！

张易之、张昌宗身体健壮，脑子却不够用，听到吉顼连哄带吓，立刻心生恐惧，吓得哭成泪人，问吉顼怎么办。吉顼看气氛烘托到位了，就将心中计划和盘向二张托出：兄弟我上观天象，下察人心，发现"天下士庶未忘唐德"。那在世的李唐子孙中，谁的政治威望最高呢？必须是在房州受苦受难的庐陵王，官民百姓"咸复思庐陵王"。眼下"主上春秋高"，这万里江山、千秋大业总得后继有人。我看武氏诸王并不是女皇看中的人选，这样你们兄弟的机会就来了，"公何不从容劝主上立庐陵王以系苍生之望"，如此女皇幸甚，朝廷幸甚，天下幸甚！你们兄弟不但能免遭将来灾祸，更"可以长保富贵矣"。

从吉顼和二张兄弟的对话来看，他们拥立庐陵王的目的并不在于恢复李唐江山，而是借拥立之功保住富贵。这是他们与狄仁杰、王方庆、王及善等人的根本不同，也就决定了他们尤其是二张可以为富贵再次转变政治立场，在李武之间来回游移，最终被李武两家共同抛弃。

张易之、张昌宗听完吉顼的一番高论，深以为然，遂抓住一切机会向武则天吹风，经常劝武则天接回李显。武则天明白，张氏兄弟两人自己肯定没有这般见识，这番言论定然是有人教之，遂问出"谋出于顼"。

武则天召吉顼问话，吉顼条分缕析，向女皇"具陈利害"。经过二张兄弟的吹风和吉顼的政治分析，武则天"意乃定"，于圣历元年（698）三月初九，派人到房州接回李显及其妻儿。

此时的李显，已经被圈禁在房州将近十五年。这十五年，是不堪回首的十五年，是胆战心惊的十五年。

李显是武则天和唐高宗的第三个儿子，永隆元年（680）八月被立为太子。弘道元年（683）十二月初四，高宗病重，遗诏"军国大事有不决者，兼取天后进止"[①]，授予武则天对大唐所有重大行动下最后决心的权力。高宗本意是想让皇后把李显扶上马、送一程，却没想到武则天后来走得那么远。毕竟在武则天之前，中国历史上从来没有出现过女皇帝，高宗没有如何防止女性篡位的历史经验教训可以借鉴。

十二月十一，李显正式即位，但最高皇权掌握在母亲武则天手中，"政事咸取决焉"。李显为夺回皇权，着意培养班底与母亲抗衡，将岳父韦玄贞从地方中低级官员州府参军火速提拔为刺史，又要火箭式提升其为门下省长官侍中。门下省是唐朝中央核心政务部门，负责处理朝廷日常工作，同时审查皇帝的命令是否正确，如果认为不妥，门下省长官侍中、副长官黄门侍郎可以直接宣布皇帝的命令无效。李显让岳父出任侍中，无疑是想从母亲手中夺回朝廷大政方针的决策权和日常政务的处置权。不但如此，李显还要提拔乳母的儿子为五品高官，摆出了抢班夺权的架势。

李显根基不稳，夺权行动过于操切，且说话不过脑子。他任命韦玄贞为侍中的行动遭到宰相裴炎反对时，竟然说："我以天下与韦玄贞，何不可！而惜

---

[①] 《资治通鉴》卷203。

侍中邪！"①武则天抓住中宗这句荒唐话，于光宅元年（684）二月初六在乾元殿召集百官，命裴炎、中书省副长官中书侍郎刘祎之和羽林卫将军程务挺、张虔勖等人率兵进宫，将李显从皇位上拽下，废为庐陵王。李显大呼"我何罪"，武则天怒道"汝欲以天下与韦玄贞，何得无罪"，李显顿时哑火。

当年四月二十二，武则天下令将庐陵王押解到房州看管。四天后，即四月二十六，又迁移到均州（今湖北省丹江口市一带）濮王即太宗时期被废的魏王李泰故宅居住。九月，徐敬业即李勣之孙李敬业联合骆宾王等失意官僚，在扬州以匡复庐陵王为号召发动叛乱。武则天平定叛乱后，于垂拱元年（685）三月十一，又将庐陵王押回房州。

在这期间，武则天致力于打怪升级改唐为周，拥立李唐的势力也一直试图以庐陵王李显为旗帜反对武则天。垂拱三年（687）九月十七，虢州（今河南省灵宝市一带）人杨初成诈称郎将，公然在闹市之中假传圣旨，招兵买马要去房州迎接李显，从者如流。永昌元年（689）四月，李唐皇族鄱阳公李諲、汝南王李炜等，又阴谋迎回李显。虽然杨初成和李諲很快被逮捕斩首，但亦可见李显的旗号仍有很大的号召力，有可能被反对武则天的政治势力利用。

正因如此，武则天对李显的监控相当严格。武承嗣等武氏诸王为谋求接班人地位，也必欲置李显于死地。李显在房州时，几乎无时无刻不处于担惊受怕之中，每每听闻有朝廷大臣到房州，都以为是来杀他的，经常是"惶恐欲自杀"②。房州刺史等地方官员也极力迎合武承嗣，在生活起居上对李显制约"甚严"③。直到张知謇、董玄质、崔敬嗣等良吏相继担任房州刺史，才对李显保护有加，并按时按规格供应各种生活物品。就这样，一直到圣历元年（698）三月初九，李显近十五年的圈禁生涯才迎来转机。

在接回李显的具体安排上，武则天颇费了一番心思：不能派大员大张旗鼓，那样会惹人注目；不能以回来接班为理由，那样说不定在路上会为李显引来杀身之祸，毕竟盯着接班人位置的，不只是武承嗣、武三思等武氏诸王，还

---

① 《资治通鉴》卷204。
② 《旧唐书》卷51《韦庶人传》。
③ 《旧唐书》卷185《张知謇传》。

有身为皇嗣的李显的弟弟李旦。

武则天经过反复考虑，决定以治病为借口。在房州穷山恶水处圈禁了十五年，加上精神一直处于高度紧张状态，李显身体肯定会有这样那样的问题，接回治病合情合理。

在使者的挑选上，武则天最终选定兵部职方员外郎徐彦伯，此人仅仅是从六品的中下级官员，且在兵部只负责地图、城隍、镇戍、烽燧等边缘事务，不显山不露水，不易引人关注。更重要的是，徐彦伯为人谨慎，在恐怖政治盛行的年代，王公大臣经常因出言不慎被周兴、来俊臣等酷吏陷害，徐彦伯为此著《枢机论》一文以诫世人，提出"言语者，君子之枢机……否泰荣辱，系于言乎"[1]。武则天派徐彦伯前往房州，正是为了避免此事走漏消息。在徐彦伯的精心安排下，三月二十八，李显一家平安回到洛阳。

武则天最终在接班人问题上倒向儿子而非侄子，除母子情深的天然感情外，与武氏诸王不得人心也有很大关系。武三思飞扬跋扈，和大多数朝臣的关系都很紧张。武承嗣在武则天改唐为周的过程中极力营造舆论，功劳颇大，是当时武氏家族中继承武周政权呼声最高的人物，但心胸狭窄，排除异己，不为时人所容。

唐高祖李渊的外曾孙、时任右司郎中的乔知之家有美妾名为碧玉（一名窈娘），娇艳动人，能歌善舞，能写文辞。乔知之对其非常宠爱，"为之不婚"。武承嗣听闻碧玉美貌，就以请碧玉到府上指导歌姬排练乐舞为名，强留不还。乔知之思念碧玉成疾，写下《绿珠篇》[2]（又名《绿珠怨》）：

> 石家金谷重新声，明珠十斛买娉婷。
> 昔日可怜君自许，此时歌舞得人情。
> 君家闺阁不曾难，好将歌舞借人看。
> 富贵雄豪非分理，骄奢势力横相干。
> 别君去君终不忍，徒劳掩泪伤红粉。
> 百年离别在高楼，一旦红颜为君尽。

---

[1] 《旧唐书》卷94《徐彦伯传》。
[2] 《唐诗纪事校笺》卷第六《乔知之》。

西晋石崇的宠妾绿珠被权豪抢夺，誓死不从，最终殉情而死，乔知之借此典故表达对碧玉的爱恋，抒发对武承嗣的怨愤。碧玉收到《绿珠篇》后，将诗作系在裙带上，投井而死。武承嗣在碧玉裙带上发现此诗，大怒，授意酷吏罗织罪名，将乔知之满门抄斩。

武氏子弟如此做派，显然无法撑起武周江山，但这不妨碍他们普通却又自信地觊觎储君之位，即使在庐陵王还朝后，也不放弃最后的希望。正如当初把解决契丹问题的希望放在突厥人身上，这次他们仍然想借助突厥以外制内，通过忽悠突厥来向接班人位置发起最后的冲击，却没想到这次真的玩大了，不但引来突厥的又一次进犯，让河北百姓再次遭受无妄之灾，更是偷鸡不成蚀把米，反倒直接把李显推上皇太子之位。

## 武承嗣气死

武家人寄予突厥的希望，是上一年突厥与武周达成的和亲协议，即由武周"天子之儿"与突厥"可汗之女"联姻，他们想在"天子之儿"这个概念上做文章，玩一把文字游戏。

武周当前的天子是武则天，但谁是天子的儿子却有两种解释。一种解释是李显、李旦等李家子孙，他们是武则天十月怀胎所生，绝对亲生的"天子之儿"。但武则天不姓李，而是姓武，武周的国姓是武，李显、李旦姓李不姓武，从宗法上不算"天子之儿"。另一种解释就是，武周是武氏家族的武周，只有武承嗣、武三思等武家子弟才是"天子之儿"。李显、李旦等李唐子孙血统纯正，武承嗣、武三思等武家子弟于宗法有据，两方都可以被认定为"天子之儿"，但只能由一方去与突厥和亲。如果突厥默啜接受了其中一方的"天子之儿"定位，就等于为此方势力营求储位提供了强大的外部武力支持。

由此，武周与突厥协议中的"天子之儿"和亲条款，就与武周储位归属问题联系起来。这不一定是默啜试图挑起武周内部纷争的主观设计，但在客观上却影响了李派阵营与武系势力的储位争夺。

武氏子弟决定派武承嗣之子、淮阳王武延秀去与默啜之女和亲。武延秀母亲是朝鲜半岛带方①人，因此武延秀身上有中原和朝鲜的混合血统，其人"美姿仪，善歌舞"②，可谓貌比潘安，才比相如，定能让默啜之女春心荡漾，一见倾心。武延秀在辈分上虽然不是武则天子辈而是孙辈，但默啜曾请求当武则天的儿子，其女自然和武延秀属同辈，这门亲事也合乎辈分。

武承嗣的如意算盘在于，如果默啜接受了武延秀的和亲请求，那就等于在天下人面前承认了武家子弟"天子之儿"的政治地位，否定了李显、李旦"天子之儿"的血缘身份，就会为武家人争夺储位提供极大助力。武则天考虑后，也想借派武氏子弟和亲，压一压因李显回宫而势力大增的李派阵营大臣，就同意了武承嗣的提议，于圣历元年（698）六月初六，下诏命武延秀赴突厥迎娶默啜女儿为妃；派豹韬卫大将军阎知微代理春官尚书即负责礼仪的礼部长官礼部尚书，派右武卫郎将杨齐庄代理司宾卿即负责藩属事务的鸿胪寺长官鸿胪卿，护送武延秀赴突厥并主持和亲事宜。

不是没有人看出武氏子弟的伎俩。时任凤阁舍人即中书舍人的张柬之就上书劝谏道，自古以来都是中国公主下嫁藩属，"未有中国亲王娶夷狄女者"。张柬之表面上是以夷夏之防立论，实际上是反对武延秀以"天子之儿"身份和亲。武则天圣明烛照，看破张柬之的套路，一怒之下将其赶出朝廷到合州（今重庆市合川区一带）任刺史。中书舍人为正五品上，合州刺史为正四品下，张柬之外任刺史虽然品级上升，但隋唐官员从政风气乃重内轻外，即看重朝中官职轻视地方职务，以内调为升迁，以外放为贬官，故张柬之此次调动实属外贬。而狄仁杰亦从此事中看出张柬之政治底色中的李唐立场，开始对其着意栽培。七年后，张柬之将在开元盛世前夜路上的第一次政治对决中，拔剑出鞘，发挥出几乎决定性的作用。

张柬之的外任，使得朝中暂时没人再敢反对武延秀以"天子之儿"的身份与突厥和亲。为促成这桩亲事，进而抬高自身位分，武家子弟准备了丰厚的聘礼，"赍金帛巨亿以送之"。如此巨额财物，已经超出普通的聘礼意义，应该是

---

① 其地有今天朝鲜平壤南部一带和韩国首尔附近等不同说法。
② 《资治通鉴》卷209。

武家子弟对取得默啜政治支持的经济报答，希望默啜看在武延秀的脸和"金帛巨亿"的钱的份上，能痛痛快快答应和亲。

八月初一，武延秀经过近两个月的长途跋涉，终于到达突厥黑沙王庭。武延秀小鲜肉呈上，大额聘礼奉上，本以为亲事自然水到渠成。谁料默啜既不看脸，也不看钱，只看出身，对着阎知微怒吼，"我欲以女嫁李氏，安用武氏儿邪"——这小子是姓李还是姓武，你是欺负我分不清"李""武"两个字吗？大汗我要的是李家儿郎，不是他武家孬种！他武家人怎么是天子之儿，李家儿郎才是纯正的天子之儿！"闻李氏尽灭"，只剩下李显、李旦两人躲过一劫。我突厥世代受李氏厚恩，无以为报，今天不报，更待何时，本可汗要率领铁骑南下，解救水深火热中的大唐百姓，辅佐李显、李旦再次登基。

说罢，默啜下令将武延秀拘押起来，封阎知微为南面可汗，让他充当带路党，待打下中原后帮助突厥治理长城以南地域。阎知微五体投地，接受官爵。不是所有使者都如阎知微一样软骨头，御史台官员裴怀古一同出使突厥，默啜也要授予他官职却被拒绝。默啜大怒，将其抓进大牢准备斩首祭旗。裴怀古抓住机会逃出生天，一路辗转到达山西太原，落魄得如叫花子一般。太原驻军误以为裴怀古是间谍，将其团团围住，准备砍下裴怀古脑袋去报功。驻军中有一小将曾被人冤枉，裴怀古主审此案为其雪冤。该小将认出裴怀古，大呼这是裴御史，万万不可误杀忠良，这才将裴怀古救出。裴怀古回到洛阳后，觐见武则天。女皇提升其为祠部员外郎，以表彰其忠义。

失去裴怀古祭旗的脑袋，并不影响默啜出兵。调兵遣将妥当后，默啜发兵进攻武周静难军（驻地在今北京市延庆区一带）、平狄军（驻地在今山西省忻州市代县北部一带）、清夷军（驻地在今河北省张家口市怀来县一带）等部。静难军主帅慕容玄崱率所部五千人望风而降，突厥声势大振，进攻妫州（今河北省张家口市怀来县一带）、檀州（今北京市密云区一带）。

边防告急，武则天直接与突厥撕破脸皮。之前阎知微出使突厥时，有若干使者同行。默啜赐给他们五品和三品的高官官服，以示笼络和好之意。现在武则天把这些使者受赐的官服全部扒掉，以示断交。武则天没想到，她的这一意气用事之举又给突厥提供了口实，造成政治上的被动。

默啜听闻他赐给武周使者的官服被扒掉，遂向武则天发布宣战檄文，宣布武周朝廷五大罪状，其中之一便是"我与使者绯紫皆夺之"，我赐给你朝使者红色（五品官服）、紫色（三品官服），你们竟然没收，分明是看不起我们突厥！另外四大罪状分别是送给突厥的谷种，都是蒸熟过的，种到地里直接烂掉，更别说生根发芽苗壮成长；送给突厥的金银财宝都是假货，欺负我们突厥乡下人不识货；送给突厥的绸缎布匹都是粗制滥造，既薄又疏，嫌弃我们突厥人不配穿好衣服吗；本可汗出身高贵，女儿要许配给天子之儿，你却让武家小姓之子来婚配，门不当户不对，简直太不把我突厥当回事！本可汗"为此起兵"，将拿下河北以示小惩大戒！

突厥大举入寇时，正值金秋时节，庄稼成熟，等待收割。各地城池争先恐后调集农民整修城防，置田地庄稼于不顾。只有时任卫州（今河南省新乡卫辉市一带）刺史的敬晖与众不同，他告诉僚属：人是铁饭是钢，城防再坚固，没有粮食储备也是守不住的；我们不能抄其他地方的作业，放着地里的庄稼不收，等着饿肚子吗，将来突厥人打过来，我看你们哪个有力气去守城。说罢，敬晖将僚属调集的农民全部遣散，让他们先到地里收庄稼，"百姓大悦"。敬晖此举，无疑是向狄仁杰当年在魏州时的理政方针致敬。二人在治理思路上的观点一致，促使敬晖后来加入狄仁杰团队，并与张柬之一起在政治对决中冲锋陷阵。

平心而论，默啜此次进犯打出的所谓辅佐李显、李旦登基旗号，纯属强词夺理，干涉武周内政。以默啜之野心，即使武周派出李家子孙和亲，默啜也会找其他理由反叛。但武家子弟从借突厥之手平定契丹，到借和亲之事营求接班人地位，都是在给突厥递刀子，为突厥进攻提供政治口实和物资支持。武氏诸王为一己之私而引狼入室，对朝廷利益造成的损害，在这次突厥进犯事件中表现得无以复加。武家人也因此彻底失去了争夺储君之位的希望，武延秀的老父亲太子太保、魏王武承嗣因为无法当上太子郁闷憋屈至极，终于把自己气死，于这年八月十一病故。

武承嗣虽然死了，但突厥的进犯还在继续，武则天还得排兵布阵进行抵抗。和上次抵抗契丹一样，武则天这次也摆出以武家子弟为元帅的架势，任命侄子、司属卿武重规为天兵中道总管，率右武卫将军、天兵西道总管沙吒忠义，幽州都督、天兵东道总管张仁愿等将领，带三十万大军讨伐默啜；又以左羽林卫大将军阎敬容为天兵西道后军总管，将兵十五万作为战略预备队。在后方朝廷中，武则天则提拔侄子、兵部尚书武攸宁为宰相，再次让武家子弟掌握对突厥反击战的内政和军事主导权，以制衡李派大臣的力量。在政治上，武则天故技重施，如当年给孙万荣改名孙万斩、给李尽忠改名李尽灭一样，给默啜改名斩啜。

但武则天的这一系列举措并未能化解突厥的攻势。八月二十六，默啜攻打飞狐（今河北省涞源县一带），八月二十六攻陷定州（今河北省定州市一带），杀死定州刺史孙彦高及官员百姓数千人。据唐人张鷟所著《朝野佥载》，定州失陷，不全在突厥太凶猛，很大程度是因为孙彦高太无能。据此书，孙彦高本在朝中任文昌左丞即尚书左丞，官居正四品上，主管吏部、户部、礼部三部事务，位高权重。但其人毫无见识，性情愚劣，因此被外贬为定州刺史。突厥围攻定州时，孙彦高如惊弓之鸟，竟然不敢到州府升堂办公，而是躲在家里，紧锁宅门。有公文需要处理时，就让小吏从窗户中递进去，他签字批示后再递出来。孙彦高还挑选定州驻军中的精锐，为其看家护院。突厥攻破定州外城后，从四面八方打进城中时，孙彦高不但不组织抵抗，竟然告诉家奴：好生看管好咱家钥匙，突厥人要是向你要，你千万别给！等到内城陷落，刺史府邸最先被扫荡①。

拿下定州，默啜下一步就是攻打赵州（今河北省石家庄市赵县一带）。默啜决定攻心为上，先派阎知微带人去劝降。阎知微到赵州时，估计是想现场表演汉人与突厥人亲如一家，竟然当着武周守城将士的面，与突厥人在城下手拉着手，踩着节拍跳起舞来，还唱起《万岁乐》。

武周将士瞠目结舌，守将陈令英冲着阎知微喊话，阎尚书您"位任非轻"，当年也是朝廷大员，今天竟然和突厥人一起打起手鼓唱起歌，难道不知道"羞耻"这两个字是怎么写的吗？您的脸皮难道比我们赵州的城墙还厚吗？阎知微面不改色，浅唱道，"不得已，《万岁乐》"，我这都是不得已啊！

---

① 但司马光《资治通鉴》认为孙彦高不至于如此无能胆怯，此事过于荒诞，没有写入正文，只在《资治通鉴考异》中提及。

阎知微劝降无用,默啜于九月中旬包围赵州。州府二把手、负责处理日常事务的长史唐般若翻城投降。不是每个赵州官员都如唐般若一样贪生怕死。隋文帝时重臣高颎之孙高叡时任赵州刺史,和妻子秦氏决定舍生取义,与赵州共存亡,服毒自杀未果后,被突厥生擒。默啜拿出金狮腰带和三品紫袍官服,对高叡威胁利诱:"降则拜官,不降则死!"

高叡看着妻子,秦氏鼓励夫君:"酬报国恩,正在今日!"高叡遂与妻子闭目不言。一夜之后,默啜明白无法使这对夫妻屈服,"乃杀之"。突厥退兵后,武则天诛杀唐般若全族,追赠高叡为工部尚书,谥号"节",以彰显其气节。

武周军队接连败退,除武重规、武攸宁等人无能外,一个重要原因就是默啜扶立李氏子孙的政治攻势,这一口号极大地瓦解了河北前线的军心。默啜宣布武周五大罪状中的"我可汗女当嫁天子儿(即李氏),武氏小姓,门户不敌",实际上是视李唐为正统,视武周为僭越,这正是武周内部李武两家争夺接班人地位的斗争在边防与对外关系上的反映。武则天再不在接班人问题上明确表态,定会招致更大的失败。意识到这一层利害关系后,武则天很快进行政治调整,决定明确李氏子孙的接班人地位。

武则天与高宗育有四子,当时膝下还有李显、李旦两人,但接班人只能有一个。选择老三李显还是老四李旦,武则天需要做出决断。

## 李旦的野望

唐高宗与武则天的四个儿子,除三子李显、四子李旦外,另有长子李弘、次子李贤[①]。李弘最早被立为太子,后英年早逝,次子李贤继立为太子。李贤后因被武则天诬陷谋反而被废,李显被改立为太子,李旦则先后被封为殷王、冀王、相王、豫王。

据唐玄宗李隆基亲自给记载父亲李旦生平的实录本纪定下的调子,李旦的性格是"谦恭孝友"[②],待人很谦逊,对人很恭敬,对父母孝顺,对兄弟友爱;

---

[①] 也有观点认为李贤不是武则天所生,是高宗与武则天姐姐韩国夫人所生,为掩人耳目记入武则天名下。

[②]《旧唐书》卷7《睿宗本纪》。

"好学，工草隶"，书法很好，草书更是龙飞凤舞，还喜欢研究文字训诂。从兴趣爱好上看，睿宗是个谦虚淡泊的人，对一切都看得很淡、很开，包括对权力也是如此。

李隆基如此费尽心思打造父亲谦逊淡泊、不以大位为怀的高风亮节形象，主要是为了掩盖后来发生的一系列政治斗争的实质，尤其是掩盖他和父亲李旦关系的真相。李旦谦恭孝友的性格，应该不是刻意装出来的，有自然天成的成分；但生在帝王家的他，对最高权力的态度亦没有史书上讲的那么淡然处之。他后来所谓的"三让天下"，更多的是迫不得已的被动，而非高风亮节的主动。

由于是高宗和武则天最小的儿子，李旦自幼就受到父亲的特殊宠爱。高宗在挑选大臣刘祎之进入相王府任职司马时曾言，"相王朕之爱子"①。李旦对父皇的这份偏爱也是心知肚明，他曾坦承"特蒙慈爱，顾复之至，礼绝诸王"②。

李旦的婚事也让高宗颇费一番心思。仪凤元年（676）秋七月，高宗曾对叔父霍王李元轨言道，"男轮（即李旦，当时名李轮）最小，特所留爱"③，他今年已经15岁，该成家了。朕操心他的婚事，选了好几个女子都没找到称心如意的；前段时间终于找到大臣刘延景家的女儿，此女孝心无价、品行极佳，朕内心甚是欢喜。由于替老幺李旦觅得佳偶，高宗龙心大悦，"思与叔等同为此欢，各宜尽醉"，要开怀痛饮，不醉不归！

因为高宗的特殊宠爱，李旦王府僚属的规格明显高出其他亲王。负责处理李旦王府日常事务的长史一职，经常由宰相兼任，如高宗和武则天的宠臣李义府就曾兼任李旦殷王府长史，而其他亲王的长史只是六部尚书而已。宰相王德真也曾担任相王府长史，后来虽然罢相，但与宰相班子的密切联系仍然存续。李旦王府的其他僚佐也是一时人选。司马刘祎之后任中书省副长官中书侍郎并拜相；记事参军韦泰真是"人才地胄资高者"④，地望、家世、资历、能力均是

---

① 《旧唐书》卷87《刘祎之传》。
② 李希泌等《唐大诏令集补编》卷5《镇国太平公主改皇太子诸王郡公禁中定策编于史册诏》，上海古籍出版社，2003年。
③ 《旧唐书》卷5《高宗本纪下》。
④ 《全唐文补遗》第五辑《大唐故使持节怀州诸军事怀州刺史上柱国临都县开国男京兆韦（公）泰真墓志铭（并序）》，三秦出版社，1998年。

人中龙凤；参军王希儒出自魏晋高门琅琊王氏；典签元怀景进士出身，后任尚书右丞；录事参军苏瑰也是以进士身份进入王府，后来拜相。

在当时的政治生态中，亲王与王府僚属之间分属君臣，后者是前者保持对朝政影响力、维护自身地位的重要奥援。早在李贤入主东宫时期，李旦就已经闪现出政治上的光芒。当时高宗与武则天御用的江湖术士、相面大师明崇俨，经常在宫内宣扬"相王相最贵"①。李贤被废后，李显继立为太子。李旦凭借父皇的宠爱和雄厚的王府力量，隐隐然有了与东宫李显相抗衡的实力。

李显即位后，其着意提拔岳父韦玄贞等外戚的行动，虽然是试图控制朝政的常规手段，但无疑引起希望垂帘听政的母后武则天和想保持并扩大相权的宰相裴炎的极度反感。武则天和裴炎为避免李显羽翼丰满后无法控制，遂有将李显废黜、改立更为年轻的李旦为帝的图谋，以便长期掌控朝政。而李旦及其王府僚佐，在李显被废之事上并非无所作为。即使李旦本人没有任何动作，其王府僚佐也表现出相当积极的进取行为。毕竟李旦一旦登基，他们便是新皇最信任的班底，不说鸡犬升天，亦可坐至公卿。

因此，李旦王府僚佐深度参与了裴炎谋废李显的策划，他们之间的纽带正是王德真。据《大唐新语》，"裴炎有雅望于朝廷。高宗临崩，与舅王德真俱受遗诏辅少主"②。裴炎与王德真似乎为甥舅关系，但正史中受高宗遗诏辅政的顾命大臣只有裴炎，故该史料真伪难辨。但裴炎与王德真有深度交集却是历史事实，二人在高宗永隆元年（680）四月二十四同日拜相，是一个宰相班子的成员。

经由王德真牵线搭桥，刘祎之等李旦王府僚佐与裴炎、武则天在废黜李显一事上达成合作意向。在三方的共同推动下，就有了光宅元年（684）二月初六乾元殿的那一幕。在武则天的亲自指挥下，裴炎、刘祎之和羽林卫将军程务挺、张虔勖等人共同率兵逼宫，废黜毫无还手之力的李显。透过李旦王府僚佐在废黜李显行动中的积极主动来看，很难想象背后没有李旦的支持、授意乃至推动。

---

① 《资治通鉴》卷 202。
② 《大唐新语》卷 3《清廉第六》。

盛世前夜

　　李显被废的第二天，李旦便在武则天的安排下登基为帝。虽然此时李旦只是一个空名皇帝，朝廷"政事决于太后"，他"不得有所预"，对任何政事都无法裁决，但旧日王府僚佐却获得了丰厚的政治回报。王德真升任门下省长官侍中，与中书省长官裴炎分别掌握了朝廷大政方针的否决权和决策权；刘祎之拜相，参与处置朝廷日常政务。而武则天和裴炎的权力只是保持在原位，并没有大的扩张。当然，即使在原位，武则天和裴炎的权力也远在李旦王府僚佐新获权力之上，这是他们尤其是武则天愿意分享、让渡部分权力给李旦王府僚佐的重要前提。

　　武则天与裴炎、李旦王府僚佐三方合作的政治基础是废黜李显，在这一共同目标实现后，三方在由谁来主导朝政问题上迅速发生了分歧。武则天要继续垂帘听政，裴炎却想用相权牵制皇权，而李旦王府僚佐则要拥戴李旦真正掌权。武则天在三方中，实力最强，轻而易举就将另外两派打倒。武则天先攻击有顾命之尊、实力较强的裴炎集团，以防御突厥为名在光宅元年（684）九月将掌握部分禁军军权的裴炎盟友程务挺外调边疆。十月，武则天诬陷裴炎勾结徐敬业扬州叛军意图谋反，以此为由将其下狱处死。当然，裴炎确实有利用扬州叛乱逼武则天退位的野心，所以他被武则天打击着实不冤。年底，程务挺也被诬陷勾结裴炎、徐敬业谋反，在军中被斩杀。武则天自毁长城，突厥听闻，"所在宴饮相庆"①。

　　收拾完裴炎势力后，武则天开始打击实力较弱的李旦王府僚佐集团。垂拱元年（685）五月，武则天将王德真罢相，流放象州（今广西来宾市象州县一带），使其最终死于贬地。但对刘祎之，武则天不但没有打压，反而视其为心腹。这不是武则天识人不明，而是刘祎之确与武氏家族有密切关系，且曾受武则天恩惠。

　　刘祎之姐姐曾在当时还是皇后的武则天身边任女官，有一次武则天母亲荣国夫人生病，武则天不便出宫伺候，就让刘祎之姐姐代表自己回娘家探望母亲。自从姐姐进宫后，刘祎之姐弟俩就很少见面。刘祎之抓住机会，就通过武

———————
① 《资治通鉴》卷203。

62

则天的外甥贺兰敏之与姐姐在荣国夫人家中见面。刘祎之此举,违反了朝廷关于宫中内官不得与包括家人在内的外官私自接触的规定,因此被罢免官职,流放到巂州(今四川省西昌市一带)。几年后,武则天亲自为刘祎之向高宗说情,将其从巂州召回,并使其到中书省任中书舍人,后来刘祎之进入帮助武则天掌控朝政的北门学士班子任职。

因着这层旧缘,武则天一直认为刘祎之是自己人,所以后来有"祎之我所引",即刘祎之是我一手提拔上来的表态。而刘祎之拜相后的所作所为,似乎也不负武则天所望。

当时武承嗣、武三思见李唐诸王中韩王李元嘉、鲁王李灵夔等人"属尊位重"[1],是唐高祖之子,辈分大,地位高,不利于武家人全面夺权,就经常劝武则天找机会随便编个理由将二王除掉。武则天也有此意,就找宰相商量,意图取得宰相班子支持。裴炎为稳固相权抵制武则天扩大权力,极力反对诛杀韩王、鲁王,而刘祎之却一言不发,默认支持武则天铲除二王的行动。当然,刘祎之不反对诛杀韩王、鲁王等,也有出于巩固李旦皇位的目的。毕竟对皇位威胁最大的,往往是皇族内部权高位重的王爷。

垂拱元年(685),有大臣因事被贬官,到宰相那里申诉。宰相骞味道对大臣说,你的事是太后亲自决定的,和我没关系,要说理你找太后去,直接把责任推到武则天身上。刘祎之却说,你之所以被贬官,是你的上司提出动议。刘祎之言外之意是,在该大臣被贬一事上,起主导作用的是其上司,武则天只是批准而已,这就把武则天从中摘了出来。

武则天听说后,于四月把骞味道罢相外贬为刺史,给刘祎之加授太中大夫的头衔和待遇,赐绸缎百匹、骏马一匹,并把刘祎之树立为臣子榜样,以之教育群臣:"君臣同体"[2],一损俱损,一荣俱荣,怎么能把过失往君主身上推,把功劳往自己身上揽呢?在过失和功劳问题上,究竟该怎么划分,骞味道无疑是反面典型,把什么脏水都往君主身上泼;刘祎之是正面榜样,懂得外扬君之美,内隐君之恶。到底该向谁学习,你们自己掂量着办吧。

---

[1] 《资治通鉴》卷204。
[2] 同[1]。

尽管过去刘祎之和武则天家族的关系源远流长，今日武则天对刘祎之亦颇为看重，但相对于和武则天家族的旧日交往，刘祎之本人更看重的，恐怕是与李旦在王府时期就结下的君臣情谊。当年高宗在选取他为相王府司马时，念兹在兹的语重心长的嘱托，应该长久回响在刘祎之耳旁。刘祎之孝顺长辈，友爱同辈，"甚为士族所称"，每月领取俸禄后，都分给家族成员和亲戚，由此被高宗看重。当时高宗对刘祎之言，"相王朕之爱子"，朕就是要借助你优良的孝行品质，让李显近朱者赤，像蓬草生长在麻地里，不用刻意去扶就会长得笔直坚挺。

士为知己者死，刘祎之一直牢记高宗的政治嘱托。他参与废黜李显是为扶持李旦上位，李旦即位后他亦以巩固李旦皇权为己任。相对于李旦，李显在朝中一直没有太大的支持势力。李显被废时，朝中几乎没有人反对武则天废帝夺权之举。吕思勉先生即认为，"是则废立之举，当时舆论，并不以为然，可见中宗之不克负荷"①。但李旦登基后，朝中却屡屡有要求武则天归政的声音出现，而最大的嗓门便出自刘祎之。

垂拱二年（686）正月，在朝中个别声音的舆论压力下，加上武则天也需要做做样子，就"下诏复政于皇帝"。李旦当然知道母亲的那点心思，赶紧表示自己还太年轻，稚嫩的肩膀扛不起江山的重担，天下大事一切还请母亲做主。武则天对老幺的表现很满意，大大方方地"复临朝称制"。

李旦之所以不敢接政，关键在于武则天牢牢掌控着实际权力，关键岗位上的大臣都是武则天的心腹。即使他接回了表面上的皇权，也还是个挂名皇帝。刘祎之由此认识到，要推动武则天还政，仅靠舆论压力还不够，重要的是实际夺权，拉拢关键岗位上的官员；要巩固李旦皇权，靠刘祎之一人单打独斗肯定不行，需要联络握有实权的朝臣达成共识，集体向李旦靠拢。此时朝廷处理日常政务的主要机构已经从门下省转为中书省，而刘祎之长期在中书省任职，从中级官员中书舍人做到副长官中书侍郎，自认对中书省有一定的影响力。因此，刘祎之力图首先控制中书省，帮助李旦掌握决策权和朝廷日常政务的处

---

① 吕思勉《隋唐五代史》，上海古籍出版社，1984年。

置权。

垂拱三年（687）五月左右，刘祎之试图拉拢凤阁舍人即中书舍人贾大隐，对其言道：太后既然已经废黜昏君中宗，改立明君睿宗，"安用临朝称制"、代理皇权？我看不如让睿宗亲政。痛痛快快地将权力全部移交给皇帝，太后不要再操心那么多事，好好颐养天年不好吗？这样就回归正常的权力机制，"以安天下之心"，百官不会因为朝廷有两个权力中心而无所适从。大隐你看我这个想法怎么样？

刘祎之高估了自己对中书省的影响力，贾大隐表面上对刘祎之打哈哈，暗地里却把刘祎之所言一五一十地秘密报告了武则天。武则天是把权力看得比亲情还重要的政治女性，对权力的热望没有最多最大，只有更多更大，她从来没有放权还政的任何念头。因此，武则天听到贾大隐的秘密报告后，极度"不悦"，极其不爽，怒道"祎之我所引，乃复叛我"，既然我能一手把你扶起来，也就能一手把你废掉，遂将刘祎之打成对其政治不忠的反面典型。

自古官员犯错，要么是贪赃受贿，要么是乱搞男女关系。武则天就按照这两个方向抹黑刘祎之，指使大臣诬告刘祎之收受本书开篇提及的反叛武周的契丹首领孙万荣的贿赂，同时攻击刘祎之的人品，诬陷他与大臣许敬宗的小妾长期通奸。

接到奏报材料后或者说是罪状罗织完毕，武则天向群臣表示：刘祎之虽然当年是我提拔的，外人也都说他是我的班底，但任何人都没有法外特权，刘祎之的案子必须依法处置。武则天命时任肃州（今甘肃省酒泉市一带）刺史的王本立审理此案，王本立拿着武则天下发的圣旨敕令，要刘祎之接旨。刘祎之搬出朝廷的封驳制度反抗："不经凤阁鸾台，何名为敕"？

凤阁即中书省，鸾台即门下省。根据唐朝政务文书运行程序，圣旨、敕令要经过中书省起草，门下省审核。封驳制度即门下省对圣旨、敕令进行审核，如发现有不符合法律规定之处，就提出修改意见甚至可以打回去要求重拟，是为封还诏书、驳正违失。并且根据唐朝制度，圣旨、敕令不经宰相副署，无法生效。即没有宰相签字同意，皇帝什么事都干不成。当然，这只是理论上而言。如果宰相不签字盖章，皇帝完全可以调整宰相班子换人副署。刘祎之那句

"不经凤阁鸾台，何名为敕"的政治含义就是：这道圣旨我看都不用看就知道是假的，没有经过中书省草拟，更没有经由门下省审核，也没有宰相副署画圈同意，算什么圣旨敕令，这道圣旨我不接。

在武则天改唐为周的非常时期，政治生态极不健康，制度在权力面前，简直就是纸糊的。武则天的女人脾气发起来，那是要死人的，"以为拒捍制使"，遂以对抗朝廷调查的名义，将刘祎之扔进大牢。既然喂不熟，还想拿政治制度来制约皇权，那就做掉吧。

李旦见最后的班底刘祎之下狱，惊慌失措，赶紧"为之上疏申理"，辨明冤屈，请母亲高抬贵手。刘祎之亲友听说此事，纷纷去狱中道贺，认为有皇帝出马，刘祎之定然有惊无险、遇难呈祥。此时的睿宗李旦还太年轻，政治上太不成熟。他对刘祎之的救援，反而让武则天认定这两人沆瀣一气，就是一伙的，就是冲着夺权来的。

刘祎之正是看破这一层，才知道李旦这个猪队友打了个神助攻，对他亲友说"此乃所以速吾死也"——李旦这个神操作简直是亲手将他送上了断头台。五月初七，武则天下令将刘祎之赐死于家，让其回家受死，算是给了李旦"上疏申理"的面子。

## 李显的优势

随着刘祎之受死，李旦原先的王府政治势力几乎全军覆没，成了真正的孤家寡人，在武则天改唐为周的历史进程中不敢有丝毫反抗。武则天登基称帝后，李旦被降为皇嗣，居住东宫，形同太子。正是因为这个名义上的太子地位，李旦受到了来自武承嗣、武三思等争夺接班人位置的武家人的猛烈攻击，连结发妻子都死于非命。

武则天有个贴身宫女叫团儿，深受女皇宠爱与信任。团儿看上了李旦，自荐枕席要做李旦的小情人，被李旦拒绝。恼羞成怒的团儿觉得是李旦的两个妃子刘妃和窦妃挡了道，就在武承嗣、武三思等的引诱下，向武则天诬告刘窦二人暗地里搞小动作，扎小人诅咒武则天早日去见天皇。

刘妃是太宗贞观年间刑部尚书刘德威孙女，陕州（今河南省三门峡市一带）刺史刘延景之女，为李旦生下嫡长子李成器和寿昌公主、代国公主。窦妃是唐高祖李渊的结发妻子、唐太宗亲生母亲窦皇后的堂兄窦抗的曾孙女，也是后来唐玄宗李隆基的亲生母亲。除李隆基外，窦妃还为李旦生下金仙公主、玉真公主。

　　武则天听闻刘、窦两个儿媳妇竟敢诅咒自己，大怒。长寿二年（693）正月初二，刘妃和窦妃到皇宫给婆婆武则天恭贺新春，结果有命去没命回。大过年的，见面时武则天还对她们嘘寒问暖，其乐融融，尽显天伦之乐。转身走出宫殿，二人就被武则天派出的杀手给抹了脖子。这次诛杀，简直是婆媳恩怨的最血腥版本。刘窦二人被杀后，在宫里被草草埋了，也不知道埋在什么地方，李旦想哭都不知道到哪儿找地儿哭去，而且一句话也不敢说，"居太后前，容止自如"，仿佛没事人一样，对母亲该孝顺还是孝顺，这才涉险过关。

　　窦妃的飞来横祸，更是牵连了娘家。窦氏的父亲窦孝谌当时在润州（今江苏省镇江市一带）当刺史。有个家奴装神弄鬼，吓唬窦妃的母亲庞夫人。庞夫人被吓呆了，家奴们就顺势说咱们还是烧香敬神驱鬼吧。战战兢兢的庞夫人就照办了，结果那帮家奴向朝廷诬告窦家请人跳大神诅咒女皇。武则天将此案交给当时还是其心腹的监察御史薛季昶处理，薛季昶迅速捏造出事实"真相"，说庞夫人烧香，不是祝愿女皇万寿无疆、永远健康，而是诅咒她江山不保、小命不长。

　　为向武则天表达绝对的忠诚，薛季昶上奏之时还一把鼻涕一把泪地表演一番，说"庞氏所为"，凭臣的赤胆忠唇实在是无法说出口。臣要说的只有一个判决结果，"庞氏当斩"，杀无赦。武则天对薛季昶的处置很满意，当即把他从正八品上的监察御史提升为正五品上的给事中。

　　庞夫人就要问斩之时，儿子窦希瑊赶忙向当时比肩狄仁杰的司法名臣、时任侍御史的徐有功喊冤求救。徐有功接到诉状后，赶紧发出正式公函，要求行刑部门刀下留人，然后紧急进宫要求武则天将庞夫人无罪释放。薛季昶亦不甘示弱，弹劾徐有功包庇逆党，要求将其交司法部门定罪论刑。武则天大怒：徐有功你忘记当初是谁把你提起来了的吗，还敢和朕对着干，是不是活腻歪了？武则天采纳了薛季昶的建议，要处置徐有功。

女皇亲自交代的案子，司法部门必须顶格去判，当即给徐有功判了死刑，绞刑处决。御史台的办事人员打探到消息后转告徐有功，只听徐有功长叹一声，"岂我独死，诸人永不死邪"，今天我老徐就先走一步了。说罢他就回家该吃吃该喝喝，没事人似的，吃完饭就用扇子盖住脸该睡睡。身边人都认为徐有功是煮熟的鸭子，嘴硬而已，表面上装得若无其事，小心脏说不定早已瑟瑟发抖受不了了，就偷偷到他房间里察看，这才发现人家真是表里如一，根本没有任何心理压力，早已经呼呼睡熟了，也不怕睡过这一觉就再也起不来。

徐有功这边进入深度睡眠，武则天却有些清醒过来，就"召有功"，劈头就问：你最近断案定罪，怎么越来越宽，老是重罪轻判，高高举起轻轻放下，朕的法网被你戳得漏洞百出；你故意放过那么多反朝廷案犯，朕的威严何在？徐有功没有和武则天在是否故意放过所谓"坏人"的细节上较劲儿，而是讲起了大道理："所谓失出，人臣之小过；好生，圣人之大德"，就算错放，也只是臣的小过错，而救人一命胜造七级浮屠，这才是圣人的好生大德。陛下您是圣人，佛陀再世，菩萨心肠，"愿陛下弘大德，则天下幸甚"！

徐有功把女皇架到圣人的位置上让她下不来了，"太后默然"。最终庞夫人捡回一条命，和三个儿子一起流放岭南，窦孝谌连坐贬为岭南的罗州（今广东省湛江市廉江市一带）司马。

不管是贬官还是流放，窦家人总算能在岭南继续生活，皇嗣李旦也不至于受这次事件牵连被拉下马。按当时律法，庞夫人这样的"谋危社稷"即"谋反"大罪，必死无疑。既然免死流放，那就在事实上说明罪名不成立。如果庞夫人罪名成立，窦妃和刘妃诅咒武则天也会间接被证实。如果妃子和丈母娘都犯下谋反大罪，李旦断然撇不清干系。然而皇嗣李旦的平安，是徐有功用头上乌纱换来的，他因为此案被免官"除名为庶人"。

团儿除掉了情敌，还是得不到李旦的欢心，又受到武承嗣、武三思启发，便跑到武则天面前告李旦的状，想把李旦也搞死。幸亏有知情人奏报武则天事情真相，使团儿被武则天处死，李旦才躲过一劫。

一波还未平息，一波又来侵袭。两个月后，原尚方监裴匪躬、内常侍范云仙因为见了李旦一面，被举报私下与皇嗣在策划见不得人的秘密勾当，然后被拉到街上当众腰斩。从此，再没有人敢登李旦的门，李旦开始被屏蔽在大众视线之外，"公卿以下皆不得见"。

外围扫清后，李旦成为直接攻击目标。长寿二年（693）一月，武承嗣发起直接针对李旦的政治打击，指使人告发李旦私下发展势力，意图抢班夺权，武则天命来俊臣前去调查此事。李旦身为皇嗣，来俊臣无权直接审讯，就将李旦身边的侍卫和乐工一顿拷打。有人不胜楚毒，受不了酷刑，要转作污点证人"证实"李旦谋反。

关键时刻，李旦身边的"太常工人"安金藏挺身而出，对来俊臣大呼，"公既不信金藏之言，请剖心以明皇嗣不反"，用我的真心证明皇嗣的一片红心。说罢，安金藏拿出佩刀，手起刀落，剖开腹部，五脏流出，鲜血满地。来俊臣惊呆了，干了这么多年屈打成招的活，没见过这么不服软不要命的。

武则天听说此事后，大为震惊，立刻将安金藏接入宫中，由御医将他的五脏六腑重新放回肚子里，一线一线地缝好，敷上药。过了一夜，安金藏这才悠悠还魂，在鬼门关前捡回一条命。武则天亲自去看望忠心护主的安金藏，抚慰道：我错怪自己儿子，"使汝至此"[1]，连累你了。她随即下令来俊臣停止审讯，李旦"由是得免"，总算大难不死[2]。

李旦虽然在东宫如履薄冰，屡受攻击，但本人最终每次都能逢凶化吉。更重要的是，李旦的皇嗣东宫保留了太子东宫的官员编制，且东宫毕竟离皇宫有段距离，可以相对摆脱武则天的直接监控，这就给了李旦利用东宫官员编制暗中发展力量的机会。前文提及的张说，继续留在东宫担任太子校书郎即事实上的机要秘书，加入李旦麾下成为原始班底。张说还被李旦之前的王府僚佐元怀景看中。元怀景"知其必贵"[3]，将张说招为女婿。张说由此身兼李旦现东宫官员和前王府僚佐女婿的双重身份，和李旦的关系更是亲上加亲，成为李旦政治集团的核心成员。

---

[1] 《资治通鉴》卷205。
[2] 安金藏因此事一直被李唐皇室敬重。睿宗二次登基后，拜其为右武卫中郎将。玄宗即位后，擢升其为右骁卫将军，封爵代国公。安金藏去世后"配飨睿宗庙廷"，代宗大历年间又追赠其为兵部尚书。
[3] 周勋初等《唐人轶事汇编》卷11，上海古籍出版社，1995年。

张说等才俊的加入，为李旦将来翻盘争取接班人位置提供了初步的基础实力。但三哥李显的回朝，使李旦之前的所有忍耐和努力化为泡影。在狄仁杰、王方庆、王及善等老臣的轮番劝说下，武则天已经决定立李家儿子为接班人。吉顼和张易之、张昌宗兄弟之所以明确提出立李显，固然是要邀宠取得拥立之功，但更大的原因是包括狄仁杰在内的众人窥破了李显比李旦更适合接班的政治情势。

武则天要立儿子为接班人，必须确保两个政治前提：一是武家人不会被清算；二是自己仍然能牢固地掌握权力，不至被篡位。在武则天心中，李显明显比李旦更能保证她实现这两个政治前提。

就第一个政治前提而言，李旦在东宫当皇嗣期间，屡屡因接班人问题被武家人打击，爱妻被害，自己也险些惨遭毒手，早已与武家人结下血海深仇，甚至与母亲武则天也有很深的心理隔阂。李旦若登基，有很大的可能会对武家人进行政治清洗。而李显被废后一直圈禁房州，与朝中政治斗争没有深度牵扯。虽然他被关押期间多受武氏诸王打压，但毕竟不是武家人的首要目标，双方关系还是有展颜消宿怨、一笑泯恩仇的余地，不似李旦与武家人是你死我活的不共戴天的深仇。

更重要的是，从第二个政治前提来看，李旦长期留在宫中，身为皇嗣的他早已是李派大臣心中的一面大旗。在这面旗帜下，李旦自觉不自觉地集聚了相当分量的政治力量。唐史研究专家孙英刚先生就认为，"中央一直存在一个庞大的相王（即李旦）集团"，"在相当长的时间段里，大臣们都是以在京的睿宗为旗帜对抗武氏的"[①]。根据陈寅恪先生在《唐代政治史述论稿》中的研究，唐朝政治的一条重要规律就是，"皇位之继承常不固定，当新旧君主接续之交往往有宫廷革命"。拥有实力的李旦若入主东宫成为太子，武则天极有可能无法安全落地，甚至不能善终。

而李显早年就没有太深的政治根基，在房州的十五年间更是没有任何条件发展政治力量，武则天对他的掌控力相当强大。按照中国古代政治传统，皇帝

---

① 孙英刚《唐代前期宫廷革命研究》，载于《唐研究》第七卷，北京大学出版社，2001年。

和皇太子一旦被废，多数是被诛杀，成为庶人平安一生已经是最好的待遇，几乎没有东山再起、重新登基的可能。武则天若将李显重新立为太子，让他重继大统，他必然会对武则天感恩戴德，与母亲冰释前嫌，全心尽孝。

现在的我们以上帝视角观察唐代历史，可以发现，不管是立李旦还是立李显，武则天极力要实现的两个政治前提全部落空。但在当时的政治情势下，选择李显毕竟比选择李旦的胜算大一些。并且按照中国古代政治立嫡以长的建储传统，立三哥李显亦比立四弟李旦更符合宗法秩序。因此，武则天接回李显的举动，表明她已经倾向于立李显为太子，恢复其储君地位。李旦经过长期残酷政治斗争的考验，早已不似当年营救刘祎之时那般幼稚，他已经明白母亲的心思，遂"固请逊位于庐陵王"，再三要求不当太子，把接班人身份让给三哥李显。

李旦既已做出如此政治表态，武则天便痛快"许之"，于圣历元年（698）九月十五，册封李显为皇太子，宣布大赦天下。随着李显作为皇太子的归位，突厥可汗默啜"将兵辅立"李氏子孙的政治虚假宣传立即失去效力，其被击退已是指日可待，而武周内部的政治斗争也将揭开新的篇章。

# 第四章　李武张恩怨

李显被复立为皇太子的直接原因是突厥进犯，他复立后的首要任务也是反击突厥。早在李显复立之前，武则天就开始下诏招兵买马充实军队，但每月参军的人数很少，甚至不到千人。

圣历元年（698）九月十七，即李显复立为皇太子的第三天，武则天任命李显为河北道行军元帅。百姓听闻李家太子出任元帅，从军热情顿时被极大地调动起来，"应募者云集"，娘送儿郎妻送夫君，踊跃参军，没几天就招到五万兵马。百姓人心思李、天下思唐的政治现实，在这次抵抗突厥的行动中表现得淋漓尽致。这一生动事实给武则天上了一堂深刻的人心思唐政治课，也让她庆幸最终做出立儿子而非侄子为接班人的政治选择。

## 打退突厥　稳定储位

李显作为太子，是国本，不可轻易出动，出任元帅只是激发人心的政治旗号，上战场之事还需另外委任大臣。既然李显挂元帅头衔，那具体负责军事的，就不能再是武家子弟，否则还没等突厥进攻，李武两派在战场上就会掐起来。

武则天明白其中利害，就于九月二十一任命狄仁杰为河北道行军副元帅，全权代理元帅府事务，同时委任右丞宋元爽为长史，右台中丞崔献为司马，左台中丞吉顼为监军使。武则天不让李显亲自出征，也有一层顾虑，即担心李显出征会直接掌握军队，失去控制。事实也确实如此，李显复储后，武则天仍然

## 第四章　李武张恩怨

只是让他深居宫中，不让他和群臣有任何接触，甚至不能和外朝大臣相见，李显的储位并不稳。因此，李派大臣在主持反击突厥事务的同时，开始了稳固李显储位的行动。

首先出马的是当年三箭定天山的太宗、高宗朝名将薛仁贵的儿子薛讷，武则天将其从蓝田县（今陕西省西安市蓝田县一带）县令提拔为左威卫将军、安东道经略。薛讷在同明殿向武则天辞行时，进谏道：突厥进犯打出的政治口号就是借庐陵王说事，公然干涉大周内政。虽说突厥人是咸吃萝卜淡操心，但咱们毕竟给人家落下了口实。幸亏陛下您及时拨乱反正，复立李显为太子，可太子虽然已经确立，但外界仍议论纷纷，甚至有更换太子的传言。如果陛下下定决心维护李显的太子地位，那么人心就会凝聚，击退突厥指日可待。

薛讷此论，揭示了复立庐陵王和突厥默啜进犯之间的联系。无论如何，储位问题已经成为昨日契丹和今日突厥起兵的口实，促使武则天要及早加以解决。但武则天听罢，虽"深然其言"①，却并未做出实质性动作。

在薛讷进谏的基础上，宰相王及善也趁机加一把火，请求让太子与外朝大臣相见，以稳定人心，避免别有用心之人首鼠两端。武则天考虑后，最终"从之"，让太子李显公开祭拜太庙，并接受百官朝见。后来，兼任东宫太子右庶子的王方庆又建议将东宫宫殿名称和官名、门名中带"显"字的一律更换，以示避讳，进一步拉开李显作为太子与诸王的距离，抬高其威望、地位。

李派阵营大臣稳固李显储位的努力，很快收到了成效，突出反映在前线反击突厥的军事行动中。狄仁杰出征后，稳定了前线局面。突厥听闻李显复储，自知已经失去了出兵的最大政治口实，开始准备退兵后撤。

九月二十六，突厥可汗默啜将俘虏的赵州、定州等地百姓一万余人全部坑杀，随后从五回道（今河北省保定市易县境内）逃遁。所过之地，"杀掠不可胜纪"。武周前线将领天兵西道总管沙吒忠义等人只敢远远尾随，"不敢逼"，美其名曰"武装护卫"突厥出境。狄仁杰率十万大军快马加鞭追击，但为时已晚，无法追上。

---

① 《旧唐书》卷93《薛讷传》。

突厥撤兵，武周大臣欢欣鼓舞，从心头卸下一块大石头，但有一个人却是失落之极。这便是被默啜委任的南面可汗阎知微，由于不再具有利用价值，突厥养着又浪费粮食，他就被送回武周。武则天为解心头之恨，下令将阎知微在洛阳洛水上的天津桥南凌迟处死，并让文武百官参与行刑，用阎知微现身说法，让朝臣们知道叛徒的下场有多么惨。

阎知微被押赴刑场后，由"百官共射之"。河内王武懿宗第一个射箭，他距离阎知微只有七步，却一箭都射不中。《朝野佥载》评价道，其"怯懦如此"。接着百官乱箭齐发，阎知微顿时像只刺猬般插满了箭镞。随后是凌迟剐肉环节，阎知微身上的肉被一块一块地剐去，哀叫连连。最后是挫骨扬灰环节，一身骨骼被挫碎。阎知微一人叛变，父族、母族、妻族三族尽被牵连，同被处死，乃至从未见过面更谈不上沾阎知微光的远房亲戚，也受牵连而死。亲族中有七八岁的小孩儿，也被抱着去受刑。路上观刑的百姓哀悯，扔给他们一些面饼点心，让他们走前吃顿饱饭。这些小儿还不知道什么叫覆巢之下无完卵，竟然嬉笑玩乐去争抢面饼点心。监刑的监察御史于心不忍，特意奏请将小儿赦免。

除了亲族，与阎知微一起受死的还有和他共同出使突厥办理和亲事务的杨齐庄。唐初开国大将，名列凌烟阁二十四功臣的段志玄之子段瓚早先被突厥俘虏，突厥围攻赵州时，段瓚瞅准机会，约杨齐庄一同逃跑。谁料杨齐庄胆小懦弱不敢出逃，段瓚只能独身逃回武周。段瓚回到朝廷后，受到武则天的赏赐。杨齐庄听闻段瓚受赏，受到激励也在不久后逃回，但迎接他的不是女皇的奖赏，而是武懿宗的大狱。

杨齐庄逃回后，武则天令武懿宗彻查其在突厥期间和逃回前后的政治表现。武懿宗认为杨齐庄"意怀犹豫"，盘桓投机，首鼠两端，不杀不足以震慑人心，遂将其与阎知微一同处死。和阎知微一样，文武百官也把杨齐庄射成了刺猬。但杨齐庄生命力比较强劲，被射后竟然还没断气。武懿宗就让人剖开他的肚子，挖出心脏扔到地上，没想到心脏还是跳动不止。

与阎知微、杨齐庄形成鲜明对比的是，一同出使突厥时据理力争、明确反对与突厥和亲、提醒和亲只是突厥障眼法的田归道，被提拔为夏官即兵部副长官兵部侍郎，从此愈发受到武则天的信任与重用。当初派去和亲却遭默啜拘押的武延秀，在突厥退兵后也被放回。武延秀虽然没能当上突厥可汗的女婿，但他在突厥时也没闲着，学会了突厥歌舞，后来因为这项特殊才艺成为大唐天子驸马。

突厥尽管退回漠北，但在河北掳掠了大量财物，实力急速扩充，拥兵四十万，占据北方万里草原，臣服西北各游牧部落，"甚有轻中国之心"，唐太宗贞观年间历尽千辛万苦打造的压制突厥的局面自此完全逆转。

所幸，此时武周内部已经初步解决了将来姓李还是姓武这个最大的政治问题，恐怖政治也随着处死来俊臣结束，内部人心再次凝聚，形成一致对外的内政基础。中原此时的实力虽然不能再次碾压草原，但草原也无法压制中原。此后巩固西北边防的文臣武将，大都老成持重，与突厥形成相持局面，为武周和唐朝进一步解决高层政治问题，提供了较为稳定的西北边防环境。

突厥九月退兵后，狄仁杰于十月由河北道行军副元帅改任河北道安抚大使，处理善后事宜，安抚河北地面官民百姓。当时河北地区的形势极度不稳，只不过这种紧张局面不是突厥人带来的，而是武周军队和官府的缘故。

武周军队在战场上干不过突厥人，却能在自家百姓身上找点尊严和获得感。突厥人刚走，武周军队就把河北沦陷区当成匪区，把河北百姓看作贼党，"至有污辱妻子，劫掠货财"，动不动就把百姓家产当作敌产予以查抄。突厥人摸得，我难道摸不得？再加上突厥打来时，为收买人心，曾广发委任状，有些河北百姓不得已接受了突厥的官爵，这时怕被朝廷秋后算账，"往往亡匿"[①]。

而历史上，河北地区一直对朝廷存在敌对心态。隋唐两朝脱胎于北周、西魏，而河北一直属于北齐、东魏基本盘。在北周统一北齐前后，两方发生过长期的残酷战争。隋末唐初，河北地区窦建德率众起义，与李唐军队发生过激烈的战斗。唐朝开国后，高祖朝太子李建成与秦王李世民斗争时，河北属于李建成地盘。玄武门之变后李建成被杀，河北百姓对通过杀兄屠弟逼父上位的李世民更无好感。唐朝皇族出身关陇贵族，发源于西北，一直实行重视西北的关陇

---

① 《资治通鉴》卷 206。

本位政策，压制河北地区出身的官员。所以历经太宗、高宗两朝，河北百姓这种对朝廷的敌视心态基本上没有多大改变。尽管武则天改唐为周，但在河北百姓看来这是换汤不换药，武周李唐一般黑。这是契丹、突厥能够连续在河北势如破竹的群众心理基础，也是后来安史之乱后河北地区藩镇林立顽固抗衡朝廷的历史根源。

因此，尽管武周逼退了突厥，收复了失地，但河北地区的形势却更加紧张。军队凌虐百姓，无恶不作；百姓慑于官府淫威，四处逃窜。甚至已经有百姓组织起小股起义军，武装反抗官府、军队的暴政了。当政者稍有不慎，就会惹出大乱子。

深知形势危急的狄仁杰，立刻给朝廷上了一道《请曲赦河北诸州疏》，要求无论河北百姓在战争期间有过什么行径，全部予以赦免。武则天接报后，"制从之"，河北"遂安"。

狄仁杰全力稳定河北形势的更深刻的政治原因，在于稳定李显的储位。李显复储的直接原因是反击突厥进犯河北，与突厥争夺河北人心。如果河北地区在突厥退兵后依然动荡不安，就会给武氏子弟提供政治口实，影响李显储位的稳定。

狄仁杰的担心并非杞人忧天，武则天在复立李显为太子的同时，也在采取措施多方分割李显的储君权力，并强化武氏诸王的政治地位。

## 李武并贵　一厢情愿

圣历元年（698）十月，突厥刚退兵，河北地区还是满目疮痍，武则天一不需要李显这块金字招牌对抗突厥的政治宣传，就过河拆桥、卸磨杀驴，于十月下诏河内王武懿宗、九江王武攸归统领神都洛阳附近所有卫戍部队。武则天此举，是要让武氏子弟掌握洛阳地区部分兵权，形成对洛阳城内储君李显和李派大臣的军事压制。

这还不算，圣历二年（699）正月即十一月初六，武则天又封皇嗣李旦为相王，同时任太子右卫率，掌握本该属于太子的部分兵权，以此来分割李显作为储君的军权。武则天此意实际上是驱虎吞狼，让三子李显与四子李旦互相猜忌、互相制约，让李显把部分精力用于对付李旦，避免两个儿子联合起来对付自己。

更危险的局面是，李显第二次被立为太子和第一次入主东宫有着本质上的不同。高宗永隆元年（680）八月，李显第一次被立为太子，此时的太子是李唐的太子，而圣历元年（698）九月第二次被立为太子，此时的太子则是武周的太子。换言之，在武则天看来，她复立李显为太子，并非是让他再次成为李唐的太子，让天下从武周回归李唐，而是要李显成为武周的太子，继续维持武周江山不换姓。

武则天与李派阵营大臣在回归李唐还是延续武周问题上的根本分歧，最终导致了后续一连串的政治斗争。

如王仲荦先生在《隋唐五代史》一书中有言，中国古代"是一个父系氏族为主的成熟的封建社会。从习惯上说，父死子继或母死子继，因为母子血统最接近，这是谁都不能否认的事实"。在当时的一般人看来，武则天以女主身份传位，无非两种可能：传子，传侄。但这两种方法都无法尽遂人意，脑洞大开的武则天想出了第三种方法：传子，毕竟在中国古代继承伦理中，母子之情才是天伦，儿子才是香火继承者；但给儿子改姓武，如此，儿子武显继承的仍然是武周天下，而非李唐复辟。圣历二年（699）十二月二十五，武则天给李显改姓武，改名武显，以示武显是武周事业接班人，而非李唐太子。但武则天作为一个政治家，明白人走茶凉、儿大不由娘的道理。更何况娘死之后，儿子皇权在手，名字从武显改回李显毫无违和感，进而会将娘亲一手打造的武周江山推倒，重复李唐天下。

因此，武则天在复立李显为太子后更为实际的目标，不是确保武周江山不换姓，而是保证武家子弟政治地位不动摇。更有效的手段，不是玩给儿子李显改名武显这种文字游戏，而是将李家与武家糅合为血浓于水的统一体，子为天子，侄为贵戚，实现李武两家共同掌权，是为李武并贵。简言之，武则天想造就一种李家天下武家党的政治格局，李家子孙继承皇位，但居于虚君地位；武家子弟则掌握朝廷实权，作为对娘家的补偿。

武则天试图推行李武并贵政策的表面原因，是自己春秋已高，"虑身后太子与诸武不相容"①。而更深刻的原因恐怕在于，武则天心虚她当年依靠强权遍立武氏子侄为王，无法得到天下人心支持，害怕将来自己走后，李唐宗室会以彼之道还施彼身，用她当年屠戮李唐宗室的办法在她娘家子侄身上也来一回，让武家子弟死无葬身之地。

武则天的担心并非被迫害妄想症。她明白，随着李显的复立，李唐宗室必将重归政治舞台中心，那时朝堂上的一帮武氏诸王的地位便颇为尴尬。唐朝前期并无异姓封王的现象，大臣功劳再大也只是封为国公而已，直到安史之乱后才出现异姓王。武则天在改唐为周的历史进程中，为抬高武氏家族地位，遍封子侄为王。她要避免身后武氏家族如西汉吕氏家族一样被清算，又要确保武氏诸王地位不动摇，唯一的手段就是将李武两家融为一体。

在给李显改名武显的五个月后，即圣历二年（699）四月，武则天让太子李显、相王李旦、太平公主与梁王武三思、定王武攸暨、建昌王武攸宁等人"为誓文，告天地于明堂，铭之铁券，藏于史馆"，即在明堂签署盟誓，向苍天大地保证今后不计前嫌、和平相处，不得妄动干戈，有违此誓，人神共诛。空口无凭，立字为据，武则天还让他们将誓文丹书写于铁券之上，藏于朝廷史馆，作为历史见证。

参与盟誓的诸人中，李显、李旦是李氏宗室代表，武三思、武攸暨、武攸宁是武家子弟代表。太平公主则一手托起李武两家，她既是高宗与武则天的女儿，又是武攸暨的丈夫，是李武两家沟通的桥梁和关系的黏合剂。太平公主的这一身份，又给武则天提供了进一步融合李武两家的更多思路。

要想化解李武两家矛盾，单凭一道丹书铁券显然分量不够。在太平公主身份的启发下，武则天又想起亲上加亲这一联姻手段。圣历二年（699）十月后，武则天不再将太子李显和相王李旦诸子软禁在宫中，允许他们"复出阁"。随后，在武则天的主持下，李显的女儿新都郡主嫁给武承业之子陈王武延晖，永泰郡主嫁给武承嗣之子继魏王武延基，安乐郡主嫁给武三思之子高阳王武崇训。

---

① 《资治通鉴》卷206。

武则天此意,是想造就更多类似太平公主那样姓李嫁武的公主,让这些女子充当桥梁和黏合剂融合李武两家。从武则天让李家女嫁武家郎的安排来看,她也明白给李显、李旦改姓武只是不当真的文字游戏,即使是武则天自己也将李显、李旦视为李家人而非武家人,否则定不会安排这样的联姻。而且武则天只是安排武家外孙娶李家孙女,并未安排武家外孙女嫁给李家孙子,可见她内心仍然视武家为外戚,视李家为皇室。

皇室为龙,外戚为凤。凤必须要低龙一头才能龙凤呈祥,否则就是龙凤相争。武则天在让李武两家明堂盟誓的同时,又采取另一项政治措施"改昊陵为攀龙台"①,即将父亲武士彟陵墓的名字从昊陵改为攀龙台。这一名字的改动并不是武则天改李显为武显的文字游戏,而是有着实实在在的政治含义。

武则天改唐为周,日月凌空的历史进程,也是武则天父亲武士彟地位步步荣升的政治过程。武士彟早年家居太原,靠做木材生意发家,成为大商人,和李渊关系颇深,曾阻止了在太原负责监视李渊的高君雅、王威对李渊的不利行动,受到李渊赏识。李渊在太原起兵反隋时,武士彟大力资助,要钱给钱,要物给物,还献上起兵造反的教科书——兵书。

晋阳起兵后,武士彟跟随李渊一路打进长安,主要负责军需供应工作,见证了大唐的建立,成为原始股东。李渊对武士彟也不错,武德元年(618)八月初六表彰16名跟随李唐创业的元从功臣时,也把武士彟列进了名单,排第12位,享受免除一次死罪的待遇,后来让他成为正三品的工部尚书,封爵应国公。武士彟从此工作更加卖命,简直是五加二、白加黑,勤勤恳恳地为大唐建设添砖加瓦。儿子病重,他看都不看一眼,继续工作,结果儿子病故。原配夫人相里氏生病,他还不请假回家照顾,结果武德三年(620)左右,夫人又去世了。

李渊见武士彟为大唐如此拼命,干得孩子、老婆都没了,就亲自保媒,让武士彟娶了新媳妇杨氏。杨氏的家族地位比武士彟高得多,是隋朝皇族成员,父亲杨达是隋朝观德王杨雄的弟弟。杨家后来家道中落,杨氏到40岁还没有嫁出去,所幸遇到了武士彟这个新朝新贵,才喜结连理。婚后四年,杨氏给武

---

① 《资治通鉴》卷207。

士彟生了个女儿，这就是武则天。

武德八年（625），镇守扬州的赵郡王李孝恭涉嫌谋反。李渊在将李孝恭调至长安审查的同时，急命武士彟赶赴扬州出任扬州大都督府长史，处置都督府日常工作，掌握扬州实权，显示了对其的特殊信任。但玄武门之变李世民登基逼李渊退位为太上皇后，开始清洗李渊旧有势力，先将武士彟调离扬州回朝，随后让其先出任地位较低的豫州都督，后改任利州（今四川省广元市一带）都督、荆州（今湖北省荆州市一带）都督。武士彟的地位经历了一个平缓但却明显的逐步下滑过程，直至贞观九年（635）病逝。如孟宪实老师所言，"武士彟在贞观时期的历官，比较武德时期，下降是明显的"①。后来唐太宗李世民出于笼络包括李渊旧部在内的开国功臣的目的，才纳武则天为才人。

武则天经历一系列宫斗，从太宗才人逆袭为高宗皇后后，武士彟的地位也开始抬升，被追赠为太尉兼太子太师，追封太原郡王，陵墓升格为郡王墓。光宅元年（684），武则天临朝称制，追崇武士彟为魏王，太原郡王墓升级为魏王墓。武则天自封圣母神皇后，又于永昌元年（689）二月尊武士彟为周忠孝太皇，魏王墓改为章德陵。天授元年（690）武则天正式称帝后，又尊武士彟为太祖孝明高皇帝，章德陵改称昊陵，陵墓规格比肩皇帝，政治地位无以复加。

武则天既然要将江山传给李家子孙，也明白武周政权向李唐天下的转移不可阻挡，遂将父亲陵寝从昊陵改为攀龙台，其中"龙"即李渊，武士彟攀附李渊，即代表武家攀附李唐宗室，这就等于武氏家族自降规格，从侧面承认了李唐子孙的真龙天子地位。

后来武则天还让宰相李峤起草、相王李旦书写了"大周无上孝明高皇帝碑"，即"攀龙台碑"的碑文，碑文中虽然仍尊称武士彟为帝，但着意强调了李渊与武士彟的君臣关系，尤其是将武士彟的病逝写成对李渊的追随。

据碑文，李渊驾崩后，武士彟"奉讳号恸，因以成疾"，因悲痛患病卧床不起。太宗听闻，"遣名医诊疗，道路相望"，即赶紧派遣太医诊治。太医见武士彟病情加重，劝他好好吃药。武士彟却只求追随李渊而去，"举声大哭，呕

---

① 孟宪实《武则天研究》，四川人民出版社，2021年。

血而崩"。碑文将李渊与武士彟的君臣关系传达得极为煽情，评价为"敬想忠义之风，缅惟臣主之分，求诸古昔，未之闻也"，简直是惊天地泣鬼神，空前绝后，闻所未闻，前所未见，用陈子昂的诗句来表述就是"前不见古人，后不见来者"。这就从政治根源上强调了李唐宗室地位的不可动摇，承认武氏家族从起家之始就只是李唐皇室的臣僚而已。

武则天让李武两家明堂盟誓并铸丹书铁券、互相联姻，甚至自降身份将父亲陵墓从昊陵改为攀龙台，可谓煞费苦心，但在很大程度上却是无可奈何。武则天的这些努力，都是一种主观上的安排。主观愿望能否落地，转化为武则天身后的政治格局，取决于她的愿望是否符合当时历史的发展趋势，是否符合人心向背，是否符合各派政治力量的对比变化，以及各种偶然因素所造成的历史机遇的共同作用。

经历过残酷政治斗争考验的武则天应该明白，无论是盟誓还是联姻，在最高权力的争夺面前，都是不算数的。李武两个姓氏不是一笔所能写出，盟誓与联姻并不能将李武两家真正融为一体。这只是武则天在当时政治态势下的权宜之计，只是力图缓和双方的矛盾，尽量推迟矛盾爆发的时间，尽量延续武氏家族的政治生命，尽量保全武家子侄的肉体生命。对于盟誓与联姻究竟能有多少效果，武则天本人也没有太大的把握，只能是尽人事听天命。

武则天已经隐约感知到她的武家子侄定然会被清算，如胡三省在评注《资治通鉴》时所言，"观太后使二子与诸武立誓，则诚知势有所必至而出此下策耳"[①]。武则天只是想让这种打击更为和缓一些，至少能为她武家留下几粒种子。武则天的这一举动也不能说是全无作用，正是在她的这一系列殚精竭虑的运作下，武家势力虽然在后来遭到连续打击，但影响力一直延续到唐玄宗即位前后才逐渐衰竭。

在非此即彼、你死我活的政治斗争态势下，皇权只能唯我独尊，而不是两家并贵。李唐宗室卧榻之侧，断然不容武氏鼾睡。很快，李派阵营大臣开始针对武则天的李武并贵政策发起挑战。

---

① 《新唐书》卷76《则天武皇后传》。

## 吉顼临别赠言

久视二年（701）正月初三，成州（今甘肃省陇南市成县一带）州府报告在当地看到佛祖的巨大足迹。武则天素来推崇佛教乃至佞佛，佛教是武周政权意识形态的基础。佛祖来到人间留下足迹，从政治宣传的角度意味着对武则天政绩的肯定和对武周政权的认可。武则天心情很是舒畅，为此改元大足，是为大足元年。可偏偏有人非要给武则天泼冷水，要求她赶紧传位，并让武氏诸王下台。

这年八月二十六，河北武邑人苏安恒上书，提醒武则天，其政权来自天皇高宗的顾托、皇嗣李旦的推让。但苏安恒肯定武则天即位是敬天顺人之举，只是如今已经坐拥天下二十年，该考虑还政退位之事了。苏安恒用舜帝禅让大禹、周公还政成王的历史劝谏武则天：舜帝和大禹只是同族关系，周公与成王只是叔侄关系，都能做到及时还政，你武则天和儿子可是亲生母子啊，难道权力比儿子还亲吗？如今太子早已成年，品行孝顺，各方面能力也培养得差不多了，而陛下您年事已高，却还在为天下百姓日夜操劳，政务繁重，精力衰竭，最好赶紧让太子把这天下的担子挑起来，您好颐养天年，岂不乐哉！

苏安恒在上疏中，还直击武则天李武并贵的政策，指出：自古天无二日、民无二主，治理天下从未见二姓并贵、并列封王。当今武氏梁王武三思、定王武攸暨、河内王武懿宗、建昌王武攸宁等武氏诸王，是因和陛下您的姑侄关系，仰仗您的庇护才得以封王。将来您有一天千秋万岁之后，恐怕"于事非便"，会产生不必要的麻烦，李武两家就会互掐，引发政治斗争。为武氏考虑，还请陛下撤销他们的王位，改封为公侯，改任为闲散职务。小民听说陛下您枝繁叶茂，膝下孙儿成群，已经有二十多个孙子了，真是可喜可贺。可他们却"无尺寸之封"，相比于您的娘家人，岂不是太厚此薄彼了。还请给他们及时封王，挑选良师好生教导其孝悌忠君之道，从而屏卫皇室，捍卫李唐，"斯为美矣"[①]。

苏安恒一介白衣，他的上疏即使受到朝中李派大臣的指示，可能有一定的

---

[①] 《资治通鉴》卷207。

政治目的，也代表了民间百姓在李武之间的人心向背。武则天对此不得不重视，接到上疏后召见苏安恒。但召见归召见，武则天对苏安恒在奏疏中的意见不置可否，只是面上夸赞了苏安恒几句位卑未敢忘忧国，赐了顿好吃的，然后将他打发回去。

苏安恒作为民间意见领袖，明确表达出反对李武并贵的舆论动向。而朝中大臣中，行动最迅速、言论最激烈的却不是狄仁杰、王及善、王方庆等李派大臣，而是从武系大臣改换门庭到李派阵营的吉顼。其中缘由也不难理解，吉顼若不如此不足以撇清与武家的关系，进而向李家纳上投名状洗白自己。忽悠张易之、张昌宗劝武则天复立李显后，吉顼便抓住一切机会在公开场合抬高李家，贬抑武氏。

圣历元年（698）突厥攻陷河北赵州、定州时，武则天紧急任命吉顼代理河南相州刺史，以截断突厥可能继续南下之路。吉顼推辞说自己一介文臣，不会打仗，请女皇另择大将，免得误了军国大事。武则天挥挥手言道，"贼势将退"[1]，朕料定突厥一定不会打到相州，朕让你去代理刺史，只是想借助你的威望镇抚人心而已，爱卿你就放心上任去吧。

据《旧唐书》《新唐书》，武则天之所以如此自信，是当时太原算命大师温彬茂给她的底气。温彬茂推算了一辈子的时局，到高宗晚年即将呜呼哀哉之时，就手书一封，然后密封交给妻子，说如果将来有一年改元垂拱，你就将这封信送进宫中，但在这之前千万不要打开。

武则天废李显立李旦稳定朝局后，于公元685年改元垂拱。温妻见夫君当年所料已经应验，时辰已到，就将信送到武则天手上。武则天打开一看，此信乃是对未来的一封预言书，将武则天改唐为周和突厥进犯赵州、定州等事件件写明，所以武则天对突厥最多只能打到赵州心知肚明。当然，此说属怪力乱神，不足为据。但吉顼的相州之行，却在朝堂上掀起一股扬李抑武的风潮。

吉顼赴任相州后，当即募兵备战，但无人响应。正当他愁眉不展时，只听晴空霹雳一声炸，传来李显正位为皇太子且担任元帅的大好消息，大快人心，

---

[1] 《旧唐书》卷186《吉顼传》。

当即"应募者不可胜数",一日之中便有数千人从军应募。等到突厥退兵,吉顼回朝向女皇奏报百姓踊跃参军报国之情。武则天"甚悦",言道"人心若是耶"①,这真是朝廷百姓家国一体、人人心怀国之大者的生动现实啊,爱卿你可在朝堂上向群臣广为宣讲。

吉顼此人本就"敢言事",演讲功夫那可不是吹的,得到武则天口谕后便在朝堂上口若悬河、侃侃而谈,给百官上了一堂生动的思想课,让他们切身感受到以李显为代表的李家子孙是人心所向、民心所归,让百官认清民意不可违的政治现实,要想保住官位,就不能在李武之间骑墙观望,要站稳政治立场,要旗帜鲜明地拥护李家、反对武家。武家子弟见吉顼如此大言不惭,对他更加恨之入骨。

武则天看中了吉顼的才干,"堪委以心腹,故擢任之"②。圣历二年(699),武则天提拔吉顼为天官侍郎即吏部副长官吏部侍郎,并拜为宰相。拜相后的吉顼明白自己不可能再在李武两家之间保持中立立场,更不可能得到诸武的谅解,遂狠踩武家,不踩死不罢休,却没想到一脚给踩滑了。

当初突厥从赵州撤军,主要原因是李显复立为太子导致突厥失去政治口实,加上突厥深入武周腹地,兵力不足,后勤补给困难,已属强弩之末,不得不撤军,并非武周军队战斗力强悍将其打退。但这一客观事实,并不妨碍有人将突厥退兵的功劳往自己身上揽。比如吉顼和武懿宗,都认为是自己发威才吓退突厥人,二人争功甚至争到了武则天跟前。

有一天吉顼和武懿宗又在朝堂上"争赵州之功"。吉顼身长七尺,"魁岸辩口""干辩有口才,伟仪质"。反观武懿宗"短小伛偻",五短身材,被吉顼强力压制。吉顼俯视武懿宗,声色俱厉,一点颜面都不给他。武则天"由是不悦",怒道:打狗还得看主人,吉顼当着朕的面就敢如此看不起我武家子弟,将来朕有一天驾鹤西去,我武家子弟岂不是要被他压在地上反复摩擦,这样的人怎能当作心腹重用!

武则天此话已经说得相当重,吉顼却没有意识到事态的严重性。不久吉顼

---

① 《新唐书》卷117《吉顼传》。
② 《旧唐书》卷186《吉顼传》。

又去奏事，正准备援引古今，卖弄才华，武则天骤然将其打断，怒道：吉顼你给朕闭嘴，你想说的，朕都知道，无须多言，朕今天就给你说一件你不知道的。说罢，武则天向吉顼回忆起当年她伺候太宗时的一件事。

那一年，太宗得到了一匹名为"狮子骢"的千里马，该马性子极为暴烈，谁骑就摔谁，"无能调驭者"，连戎马一生的太宗都不能制服。当时还被称为武媚娘的武则天就站在一旁，大胆走上前，对唐太宗说"妾能制之"。

唐太宗问武则天调教之法，武则天回话：我只需要三件东西，"一铁鞭，二铁檛，三匕首"。要驯服这匹"狮子骢"，可先用铁鞭可劲地抽，抽到它服为止；再不服，就用铁锤往死里打，打到服为止；如果还不服，就用匕首一刀捅死。马就是给人骑的，这样宁死也不服管教、不让人骑的畜生，要它何用，让它去死！

按武则天本人的说法，"太宗壮朕之志"，唐太宗听完她的壮志豪言，给她点了个大大的赞，认为她才是大唐女性的杰出代表。不管你信不信，反正我不信。太宗虽然是从死人堆里爬出来的，"本性刚烈"，但在选择女人方面，却喜欢温柔型的。比如长孙皇后和后来的徐惠妃，都是温柔得能拧出水来的女子，知书达礼、性格柔顺，虽不能说是小鸟依人，但至少也是橡树旁边的一株木棉。哪像武则天，虽然现在看着还是一棵小树，但已经暴露出了桀骜不驯、心狠毒辣的本性。当时的情况应该是，太宗惊呆了，这哪是甜美小女子，分明是"御姐"霸王花啊！从此，武媚娘在太宗面前备受冷落，当了12年的才人，一步也没往前迈。

当然，根据孟宪实老师在《武则天研究》一书中的研究，武媚娘在太宗后宫一直原地踏步，也和前文指出的其父武士彟是高祖李渊旧臣有关。毕竟太宗登基后一直致力于清洗父皇旧臣，对出身旧臣系统的武媚娘自然没有太多好感，既不可能宠幸武媚娘，更不会让其位分过高。给武媚娘一个才人的名分，足以实现太宗在巩固皇位后笼络包括李渊旧臣在内的开国功臣的政治目的。

不管吉顼信不信当年太宗给武则天点了一个大大的赞，但有件事他是当时确信无疑的，那就是女皇很生气，后果很严重。吉顼汗流浃背，跪倒在地，连连求饶。武则天"乃止"，暂时不再生气。

盛世前夜

　　武则天虽然气消了，吉顼的安全警报却没有解除，甚至连续亮起红灯。吉顼的弟弟曾经伪造档案材料，骗取朝廷官职，此事当年颇为隐秘，知道的人不多，但一直盯着吉顼的诸武却掌握事情原委。诸武本就对吉顼背叛武家投奔太子耿耿于怀，遂抓住吉顼失去圣心的机会，集体向武则天揭发其弟骗官之事。这下就月缺难圆。久视元年（700）正月即十一月二十八，武则天将吉顼从宰相断崖式贬为安固县（今浙江省温州市瑞安市一带）县尉。

　　吉顼到安固前，觐见武则天辞行，泪流满面，言道"臣今远离阙庭，永无再见之期"，臣犯下大错，马上要离开朝廷了，恐怕这一别就是永远，今生今世可能就无法再见陛下天颜。临别之前，臣要同陛下您深度交流一下。

　　武则天让吉顼擦干眼泪，坐下慢慢说。吉顼先用水和土打比方，问武则天：一盆水、一盆土，分别放在一起，会有竞争吗？武则天回道"无"。吉顼又问，"合水土为泥，有争乎"——将水和土和成泥，水土之间还会有竞争吗？武则天再回"无"。接着，吉顼又拿当时宗教信仰中最主流的佛教、道教打比方，问"分半为佛，半为天尊"，也就是用和成的泥土，一半做成佛教佛像，一半做成道教天尊像，"有争乎"？

　　隋唐时期，佛教与道教为争夺群众，互相之间存在着激烈的冲突。李唐皇室姓李，以尊奉老子李耳为道祖的道教作为国教。武则天改唐为周后，极力抬高佛教，以之作为国教来对抗李唐皇室的道教。听到吉顼以佛道二教为喻，武则天当即明白了他的潜台词，答道"有"。

　　吉顼跪下叩首，"臣亦以为有"，如果您确定皇族和外戚的各自名分，划分好各自的贵贱等级，二者肯定各安其位，均能保全。但如今陛下您却将皇族、外戚同等看待，将他们同样规格摆布，"则居必竞之地"，这就是制造催化剂，让他们将来开展你死我活的政治斗争！如今皇太子已经复立，而武三思等人还在封王，"陛下何以和之"①？如此皇族、外戚都没有安全感，那只有全力斗争，一决高下了！

　　以武则天之政治智慧，亦何尝不是对这种政治情势圣明烛照。她颇为伤感

---

① 《大唐新语》卷1《匡赞第一》。

地对吉顼言道,你说的这些朕也是心知肚明,但世事已然如此,朕找不到化解之法,"且奈何"①!

吉顼外贬前和武则天的这次政治交心,可谓人之将走,其言也善。吉顼的建议,并非只是要维护李唐子孙的皇权,从更长远的角度看,何尝不是对武家子弟的一种特殊保护。毕竟只有自贬身份、自断爪牙,让李唐子孙认定武家子弟已经失去威胁,才不会对其进行清洗,才会皇恩浩荡让武氏子弟平安落地。但武则天实在是无法下决心,也不忍自我裁抑武家政治地位。她历尽磨难,打怪升级,改唐为周一顿操作猛如虎,在一定意义上说就是树立武氏门户。如果自我贬损,等于她之前的所有努力全部付诸东流。

武家子弟更不甘心就此从最高权力的边缘滑落,他们还在等待机会,期待未来能有转机。武承嗣被气死了,但武三思还活着,他现在比之前更有动力去扳倒李显。毕竟武承嗣还活着时,即使武则天让武家人取得接班人的位置,也是更倾向于武承嗣。就算武则天在武承嗣和武三思之间不偏不倚,两人也会经历一番殊死搏斗才能决出胜负。眼下,武则天侄子辈中政治排位靠前的,就剩下他武三思。只要能扭转乾坤,那东宫之位就非他武三思莫属。

此时武则天刚复立李显为太子不久,头脑还比较清醒。武三思不可能再像以前那样直接给姑姑灌迷魂汤,只能侧面进攻,另辟蹊径。解铃还须系铃人,既然当初张易之、张昌宗能吹枕边风劝武则天选择李显;那以后也保不齐能再吹一次枕边风,劝武则天换马,改立他武三思。而眼下,二张风头正劲,炙手可热,武三思决定拉下老脸贴上去。

## 二张青云直上

武则天对张易之、张昌宗两人那可是真宠爱,为他们专门设置控鹤府不算,还要将这一机构做实,进入朝廷正式机构序列。

圣历二年(699),武则天为控鹤府设置监、丞、主簿等官员编制,任命张易之为控鹤府长官控鹤监,张昌宗在府内任供奉,府内大多是"嬖宠之人"。

---

① 《新唐书》卷117《吉顼传》。

为掩人耳目，武则天又掩耳盗铃，将吉顼、田归道、夏官侍郎即兵部副长官兵部侍郎李迥秀等心腹，和凤阁舍人即中书舍人薛稷、正谏大夫员半千等人全部派到控鹤府兼职，"颇用才能文学之士以参之"①，给外人一种控鹤府风清气正、谈经论道、舞文弄墨、讨论文学艺术的感觉。

不是所有人都甘心被武则天摆弄到控鹤府充当门面，员半千就是这样一个人。员半千家族本姓刘，南北朝时，其十世祖刘凝之本在南朝刘宋任起部郎，刘宋被南梁灭亡后投奔北朝北魏，自比春秋时忠烈伍员即伍子胥，遂被北魏皇帝赐姓员。员半千本名员余庆，少年神童，曾拜当时著名学士王义方为师。王义方对其颇为看重，曾赞道"五百年一贤，足下当之矣"②——你小子应该就是那五百年才出一个的贤人，为师不会看走眼。因为恩师的这句点评，员余庆由此改名员半千。

员半千参加科举考试中的岳牧举考试时，高宗曾亲问何为天阵、地阵、人阵，员半千回答得头头是道，被高宗亲自列入上第。垂拱年间，员半千被派出使吐蕃，临走前向武则天辞行时，武则天道"久闻卿名"，但一直以为是古人，没想到乃本朝贤人；出使小事，"不足烦卿"，你还是留在朝中起草诏书吧。当即，武则天就调员半千入阁供奉，后升至负责对朝政得失提出意见建议的正谏大夫即谏议大夫。

武则天让员半千兼任控鹤府供奉，无疑是想借其"五百年一贤"的声名，堵住朝中议论控鹤府是藏污纳垢之所的悠悠众口。但员半千相当珍惜自己的"半千"金字招牌，不但不配合武则天的重要部署，还充分发挥正谏大夫评议朝政的职责，建言武则天，自从盘古开天辟地，三皇五帝到如今，历朝历代从来没有设置过控鹤府这样的机构，"非朝廷进德之选"③；且"所聚多轻薄之士"④，里面塞的都是什么人，陛下您门儿清，臣就不捅破那层窗户纸了。在奏疏中抨击完控鹤府后，员半千"上疏请罢之"，由是得罪武则天，被贬为从五

---

① 《资治通鉴》卷206。
② 《旧唐书》卷190《员半千传》。
③ 同②。
④ 同①。

品上的工部水部郎中。

　　武则天不顾员半千等官员的反对，总算为张易之、张昌宗兄弟把控鹤府的机构和编制都弄齐活了，开始过上左拥右抱的逍遥生活。张家两兄弟在宫中侍宴时，颇放荡不检点，"无复人臣礼"。

　　时任内史即中书省长官中书令的王及善实在看不下去。他"虽无学术"，读书不多，但"清正难夺，有大臣之节"，就多次上疏劝武则天不要再这么宠幸二张，以至于在公卿大臣前丑态百出。

　　武则天看到王及善奏疏后颇为"不悦"，对他说"卿既高年"，跟不上朕的脚步，以后就不要参加这些娱乐活动了，这种场合不适合你；爱卿你把中书省的事情管好就行了，朕的私人生活不劳你费心。王及善也耍起了脾气，和武则天谈话后就以生病为由请了一个多月的假。

　　没想到武则天脾气更大，竟然对王及善不闻不问，随便他请假休息。王及善叹道，"岂有中书令而天子可一日不见乎"，看来我这把老骨头该走了，遂动用辞职的大杀器，"乃上疏乞骸骨"，试图扭转女皇心意。没想到武则天虽然"不许"王及善辞去相位，但也调整了他的岗位，从中书令（正三品）调整为文昌左相即尚书省左仆射（从二品）。级别虽然提升，但此时左仆射已经没有多大实权，实际上是明升暗降。

　　明眼人看到王及善的遭遇，更能明白张易之、张昌宗兄弟在女皇心中的分量，对其更是极尽拍马逢迎之事。久视元年（700）六月，武则天又进一步提高控鹤府的规格排位，将其改为奉宸府①，在朝廷机构中的政治排名紧随最高监察机关御史台，任命张易之为奉宸令。武则天每次在外朝赐宴时，就让二张兄弟"嘲谑公卿，以为笑乐"；在内殿大摆宴席时，则让武家子弟和二张兄弟开怀放饮、赌博戏谑，甚至"淫蛊显行，无复羞畏"，简直是黄赌毒俱全。

　　在对张易之、张昌宗的溜须拍马内卷大战中，武三思一举夺魁，他"诒言昌宗乃王子晋后身"，吹捧张昌宗是王子晋转世。武三思的目的很明显，就是要借二张的枕边风，再次转圜女皇心意，让其上位入主东宫，因此在巴结二张

---

① 一说挈宸府。

上煞费苦心。

而二张文化水平低，政治头脑不行，只能借别人的脑袋思考问题，在政治主张上易受他人影响，极具可塑性。吉顼在朝时，他们听吉顼的。吉顼被贬后，他们失去智囊，武三思及时填补上来，开始争取二张的支持。武三思"谄言昌宗乃王子晋后身"的温柔一记轻拍，既挠到了武则天的痒痒，又正中张昌宗下怀。

王子晋是东周周灵王太子，玉树临风，博学多才，不爱王权爱音乐。据西汉《列仙传》，王子晋喜欢吹笙，好学凤凰鸣叫，"游伊洛间"，后因病英年早逝，无缘继承大位。但在民间传说中，王子晋却是羽化登仙，被有道之士浮丘生接引成仙而去。王子晋升仙三十年后，有名为桓良之人曾在嵩山上遇见他。王子晋请桓良转告家人百姓，将于七月初七在缑氏山头与大家相见。待到七月初七，王子晋果然驾乘一只白鹤，倚立在缑氏山头。众人"望之不得"，王子晋"举手谢时人"，数日后离去，后人为他在山下修建祠堂庙宇。

武则天改唐为周，以周朝之后自居，对王子晋颇为钟情，为其加封号为升仙太子，将其祠堂改为升仙太子庙，又亲自撰写升仙太子碑碑文[①]。圣历二年（699）二月初四，武则天曾前往嵩山，路过缑氏（今河南省洛阳市偃师区缑氏镇一带）时，专门拜谒升仙太子庙。武三思抓住武则天的这一情结，极富创造性地把张昌宗比作王子晋，吹捧张昌宗是王子晋转世而来。武则天听到后凤心大悦，竟然让张昌宗穿上羽衣，吹着洞箫，坐上木鹤，仿如王子晋腾空登仙一般。

一些无行文人逢君之恶，纷纷赋诗作文"以美之"。名列初唐"文章四友"（崔融、李峤、苏味道、杜审言）、时任凤阁舍人即中书舍人的崔融写下《和梁王众传张光禄是王子晋后身》："……闻有冲天客，披云下帝畿。三年上宾去，

---

[①] 赵文润、王双怀《武则天评传》认为，武则天撰写升仙太子碑，拜谒升仙太子庙，是为了让李武两家子弟学习王子晋不贪于宝位，不要争权夺利。唐雯《〈升仙太子碑〉的生成史及其内涵重探》（载于《文汇报》2018年3月10日），认为武则天撰写升仙太子碑主要是怀念长子李弘，将李弘比附王子晋，从而坚定立李家儿子为储君的决心；武三思为消解女皇心中王子晋与李弘的关联，并借机拉拢二张，故意吹捧张昌宗是王子晋转世，将王子晋形象与张昌宗联系起来，从而弱化武则天将大位传子的心态。

千载忽来归……汉主存仙要，淮南爱道机。朝朝缑氏鹤，长向洛城飞。"在诗中对张昌宗极尽吹捧之能事的崔融没有料到，不久他就会因为在小事上忤逆张昌宗，被赶出朝廷，贬任婺州（今浙江省金华市一带）长史。张昌宗"怒解"后，又请武则天将崔融召回朝中，任春官即礼部郎中。张昌宗赫赫权势，于此可见。

对武则天来说，二张之类宠臣如韩信将兵多多益善。除了张易之、张昌宗兄弟外，女皇又"选美少年为左右奉宸供奉"。武则天此举，对一些无耻朝臣形成了强烈的示范带动效应。尚舍奉御柳模竟然要当武则天的公公，推荐儿子柳良宾"洁白美须眉"，貌比潘安，肤白如玉，是伺候女皇的不二人选。

柳模是想将武则天娶进门当自家儿媳，但要论无耻，还是左监门卫长史侯祥云更胜一筹。柳模推荐儿子，侯祥云则是毛遂自荐，上疏说自己身强力壮"过于薛怀义"，足以高质量完成奉宸府各项工作任务，"专欲自进堪奉宸内供奉"。

专门负责批评朝政的右补阙朱敬则实在看不下去，上疏劝谏女皇，"志不可满，乐不可极"，有些事情适可而止就行了，还是身体要紧，有些大臣"无礼无仪，溢于朝听"，简直把朝廷当成市井了，还请陛下注意分寸。武则天听后虽然脸上挂不住，但还是表扬朱敬则的直言极谏：朕是被他们蒙蔽了，要不是爱卿你敢说话，"朕不知此"。说罢，武则天赐给朱敬则百匹绸缎，以示褒奖。

朱敬则的建言没能让武则天改弦更张，而是让武则天发现只设立奉宸府还不能掩人耳目，只有给二张找点事干，才能堵住谏官的嘴和笔。武则天鉴于二张"丑声闻于外，欲以美事掩其迹"，就对外宣称，二张之所以长住宫中，是要组织编纂具有大型百科全书性质的《三教珠英》。

二张读书不多，文学水平较低，很多应诏唱和诗文都是宋之问、阎朝隐等诗人捉刀代笔，根本无力承担修撰《三教珠英》这种大的图书工程。武则天又让文臣李峤、阎朝隐、徐彦伯、张说、宋之问、崔湜、富嘉谟等人进入编纂班子，实际负责编修事务。《三教珠英》修成后，武则天提升张易之为麟台监、封恒国公，提升张昌宗为司仆卿、封邺国公，各赐实封三百户。不久，张昌宗改任更为重要的春官侍郎即礼部副长官礼部侍郎。

武则天宠幸二张以至流连忘返，不能简单视之为寻欢作乐、荒淫废政，而是填补心理缺失。武则天晚年最忧虑的事情，莫过于接班人问题和李武两家融合问题，眼下按照她的布置，这两个问题已经得到初步的解决。武则天14岁入宫，31岁当上皇后，66岁当上皇帝，一路打怪升级。此时70多岁的她，已经宫斗了将近60年，从高宗后期参政到如今也为国事操劳了20多年。武则天累了，亦需要休息休息。

因此，复立李显为太子，让李武两家盟誓联姻后，武则天在保留最高决策权的同时，逐步从日常政务中退出，以休养身体，颐养天年。当然，如孟宪实老师所言，武则天也需要利用和二张的风月无边制造自己永远健康的神话，以确保对最高政治权力的绝对控制①。

得益于修养身心的享乐生活，武则天容光焕发，似乎开始了逆生长。圣历二年（699）腊月，75岁的武则天眉毛上竟然再生出一道眉，两道眉成八字形，百官为之道贺。第二年即圣历三年（700）五月，洪州（今江西省南昌市一带）僧人胡超耗时三年、耗资巨万为武则天炼制"长生药"大功告成。武则天服用后，一些慢性病得以好转，于五月初五宣布大赦天下，改元久视。更重要的是，武则天下令去掉"天册金轮大圣"尊号，只保留皇帝这一人间至尊称号，显示出在张易之、张昌宗的陪伴下，追求人间欢乐的特殊意味。

但问题的关键在于，张易之、张昌宗及其亲属借武则天的特殊宠幸，大搞奢靡之风，大肆卖官鬻爵，对前朝大臣多不礼敬，将朝政搞得乌烟瘴气。史载，"易之、昌宗竞以豪侈相胜"。据张鷟的《朝野佥载》，张易之为母亲造七宝帐，"金银、珠玉、宝贝之类罔不毕萃，旷古以来，未曾闻见。铺象牙床，织犀角簟，鼲貂之褥，蚕蚊之毡，汾晋之龙须、河中之凤翮以为席"。此事虽不无夸张成分，但二张的奢靡亦可见一斑。

连二张的弟弟张昌仪，也仗着两位哥哥受宠干涉朝廷人事任免。张昌仪时任洛阳令，掌握神都洛阳地面的实权，任何人找他办事，只要钱送到位，都能如愿，张昌仪甚至成为编外吏部尚书，吏部官员都任他呼来喝去。

---

① 孟宪实《武则天研究》，四川人民出版社，2021年。

有一次张昌仪上早朝的时候,一个姓薛的候选官员拦住他的坐骑,请他帮忙疏通疏通,给挑个肥缺。薛氏与张昌仪之前并未打过交道,更遑论深交。他为何如此自信张昌仪能帮他办事?只因张昌仪早已名声在外,有钱就能使他推磨,薛氏正是凭怀中的五十两黄金使唤动了张昌仪。张昌仪笑纳黄金后径直到吏部,将薛氏的简历交给高宗朝宰相张文瓘之子、时任天官侍郎即吏部副长官吏部侍郎的张锡,让张锡赶紧给薛氏办理任职手续。

没想到过了几天,张锡竟然把薛氏的简历给弄丢了,只记得此人姓薛,全名是什么不记得了。张锡想着张昌仪至少和薛氏十分相熟才会帮其打招呼,就去问张昌仪薛氏大名。没想到张昌仪骂骂咧咧地说:"不了事人"(你这个糊涂蛋),我也没记住那个人到底叫什么,一面之缘,萍水相逢而已,哪会记得那么多;今年的候选官员中,只要姓薛的,你全部任命不就得了。张锡畏惧张昌仪,回到吏部后检索候选官员名单,将其中六十多个姓薛的候选官员全部安排得妥妥当当。薛氏五十两黄金成全了六十多个本家,赚大发了。

二张的种种不端,尤其是与武三思等武家子弟勾结在一起等行为,形成"时武三思、张易之兄弟用事"的政治局面,引起宰相等百官的强烈不满。宰相韦安石多次与之当面斗争。

武则天与张易之、张昌宗等人在宫内宴饮欢乐时,少不了搞一些赌博玩钱之类的娱乐节目。公卿大臣一般钱财不多,不能让二张玩得尽兴。二张就经常借机将大商人带到宴席上,毕竟大商人一般都家财万贯,有本钱输给二张。而这些商人能在宫内陪女皇的宠臣耍钱,输多了甚至还有机会面圣,这对他们拓展生意也大有好处。所以很多商人都愿意走二张的门路到宫内赴宴输钱,二张也乐得借机大肆敛财。

有一次韦安石参加宫宴,张易之又故技重演,将四川大商人宋霸子等人带进宴席聚众赌博。正当张昌仪赌到尽兴,连赢好几把时,韦安石离开座席向武则天跪下劝谏道:武周宫宴不是赌场,这些"商贾贱类"没有资格参加宫宴。说罢,韦安石不等武则天表态,就下令左右将宋霸子等人驱逐出去。在座朝臣都大惊失色,武则天也勉为其难地承认韦安石的言论无不当之处,可予鼓励,遂"劳勉之",满朝文武因此事皆对韦安石叹服不已。据《旧唐书》,另一宰相陆元方当时也在场，宴席结束后对他人说，"此真宰相，非吾等所及也"。但司马光认为这次宴会举办时，陆元方已经罢相，不会有此议论。

而宰相等百官尤其是李派大臣对张易之、张昌宗的批评乃至攻击，又触发了武则天脑子里一直绷得很紧的政治斗争那根弦。有道是打狗还得看主人，武则天开始把对二张的批评视为对自己的攻击，开始整治朝中个别大臣对二张的攻击。

司府少卿即掌管国家财货库藏的太府寺副长官太府少卿杨元亨，与负责皇宫御膳事务的尚食奉御杨元禧是兄弟。杨元禧有一次不知何故得罪了张易之，张易之就向武则天进谗言：杨元禧是杨素家族的后人，杨素支持隋文帝杨坚废掉太子杨勇改立后来的隋炀帝杨广，杨素之子杨玄感曾发动反对隋炀帝的叛乱，他们可都是大隋的逆臣；陛下您的母亲可是隋朝观德王杨雄的侄女，作为隋朝掘墓人的杨素父子后人，怎可配在陛下您身边当差呢？

武则天听后，专门下了一道圣旨批判杨素，认为其"禀凶邪之德，有谄佞之才，惑乱君上，离间骨肉""生为不忠之人，死为不义之鬼"，是导致隋朝二世而亡的重要因素；朕作为武周圣朝女皇，"接统百王，恭临四海，上嘉贤佐，下恶贼臣"，理当奖善惩恶；杨素及其兄弟子孙后人，"并不得令任京官及侍卫"[①]。因为这道诏书，杨元亨外贬睦州（今浙江省杭州建德市一带）刺史，杨元禧外贬贝州（今河北省邢台市清河县一带）刺史。当然，赵文润、王双怀的《武则天评传》认为，武则天此诏"名为贬黜杨素子孙，实为提倡忠义，敬告王公百僚，不许在李武之间煽风点火，挑拨离间"。

武则天将杨元亨和杨元禧贬官，也有一定的历史原因，不完全是二张作祟。杨元亨和杨元禧是高宗朝宰相杨弘武之子，杨弘武拜相之前的重要一步，是武则天母亲荣国夫人杨氏因念在杨弘武与其同宗，向高宗举荐他出任西台侍郎即中书省副长官中书侍郎[②]。

但杨弘武却与武则天很不对付，杨弘武任司戎少常伯即兵部副长官兵部侍郎时，曾负责吏部五品官员的选拔事务。高宗有一次批评他：你在兵部"授官

---

[①] 《旧唐书》卷6《则天皇后本纪》。
[②] 《旧唐书》卷77《杨纂传附子杨弘武传》。

多非其才"，选的都是些什么人，有几个有真才实学？你是怎么替朕选官用人的？杨弘武回道"臣妻刚悍"，臣是个妻管严，这些官员都是她拿着名单让我任命的，我要敢说半个不字，回家就得跪搓衣板，故"不敢违"。

杨弘武此语，是讽谏高宗不要事事都听武则天的。高宗也明白，因此"笑不罪"，一笑而过，但武则天肯定在心里给杨弘武记下了黑账。幸亏杨弘武早在高宗总章元年（668）就去世，此时武则天还未全面掌权，未能对其进行报复。但父亲死了，儿子还在，父债子还，武则天就让杨元亨、杨元禧兄弟替父亲背了这口锅。

对于前朝宰相等百官攻击二张的行为，武则天自信能控制住，毕竟此时朝中大多数大臣都是受她的恩惠才得到高官厚禄。但李武两大家族对张易之、张昌宗的不满，却引起了武则天强烈的警觉，以致造成一幕人伦惨剧！武三思拉下老脸吹捧张昌宗是王子晋转世的行为，更是被啪啪打脸。

## 二王一郡主死因之谜

对于张易之、张昌宗兄弟，无论是李家儿孙还是武家子弟，都恨得牙根痒痒。武家子弟恨二张，是因为正是在他们吹枕边风的作用下，武则天最终才下定决心放弃武家子弟，改立李家儿孙为接班人。李家儿孙恨二张，是因为他们不能对李家从一而终，反而始乱终弃，助力李家抢占接班人位置后，却改头换面和武家打得火热；如果二张和武家继续沆瀣一气，那李家的接班人地位就不一定稳了。

虽然都是恨，但李武两家内部对二张的态度还是有所差别。老一辈的李显、李旦、太平公主和死去的武承嗣、活着的武三思等人，经过多年宫廷政治斗争的残酷考验，明白二张的分量，知晓二张的背后是母亲和姑姑武则天，因此对二张尽管心里恨不得挫其骨扬其灰，明面上还是对二人虚与委蛇，尊重有加。尤其是武家，武承嗣因当不上太子活活气死，但在明面上始终没有对二张有过任何谩骂。武三思更是不顾颜面，拍出"昌宗乃王子晋后身"的绝世马屁。毕竟他们能不能转圜女皇心意进而拿下东宫之位，此时的希望全都寄托在二张身上。

但李武两家的第二代就明显不同了，他们年轻气盛，少壮不经事，对二张往往直抒胸臆，毫不避讳。这其中，尤以李重润和武延基为甚。

李重润是李显和正妃韦氏唯一的嫡子，本名李重照，为避奶奶武则天后来改名的武曌名讳，改"照"为"润"，是为李重润。高宗开耀二年（682）正月，李重润在时为太子的父亲李显的东宫出生。爷爷高宗很为这个孙子的到来而高兴，在李重润满月的时候，宣布大赦天下，改元永淳。

当年二月，高宗因对太子李显的政治能力和品行性格不满，决定立李重润为皇太孙，并为皇太孙开府设置僚属，以确保政治发展的有序性[1]。此前隋唐均无皇太孙先例，之前历史中也很少有皇太孙，高宗为此向吏部官员咨询此事。

时任吏部郎中的王方庆回道，以前（西）晋和（南）齐都立过皇太孙，但都是在太子因故去世后才立太子之子为皇太孙，以延续皇脉；且皇太孙居住东宫，太子僚属同时兼任太孙僚属，"今有太子，又立太孙，于古无有"[2]，没有听过"太子在东宫而更立太孙者也"[3]。高宗听后坚持要自我作古，在太子无恙的情况下坚持立李重润为皇太孙并开太孙府。后来高宗虽然经过反复考虑，没有为李重润的太孙府专门选授僚属，但此事亦奠定了李重润在李唐皇族中的特殊地位，等于高宗提前为接班人李显确立了李重润为接班人，亦等于李重润提前锁定了皇位。

永淳元年（682）秋天的时候，高宗要去河南嵩山封禅，命太子李显到东都洛阳筹备封禅事宜，"以太孙留守京师"[4]，让不到一岁的李重润在长安挂名主持朝政，更加凸显李重润独特的政治地位。李显登基不久被废后，太孙府亦废，李重润被贬为庶人，先遭囚禁，后跟随父亲一起圈禁房州。中宗复立为皇太子后，李重润受封邵王。

武延基是魏王武承嗣长子。武承嗣之魏王，属于继承武家始祖武士彟魏王

---

[1] 孟宪实《武则天研究》，四川人民出版社，2021年。
[2] 《新唐书》卷81《懿德太子李重润传》。
[3] 《资治通鉴》卷203。
[4] 同[2]。

王位而来。武延基作为武承嗣长子，在武家与李重润在李家具有同等地位。武承嗣去世后，武延基继承魏王王位，按制本应受封"嗣魏王"，但为避讳父亲武承嗣名字中的"嗣"字，被武则天改封为"继魏王"。在武则天安排的李武两家政治联姻中，武延基迎娶李显第七女永泰郡主。永泰郡主为武则天孙女，武延基是武则天侄孙，两人的结合实属亲上加亲的姑表兄妹联姻。

李重润、武延基虽然早年分别因为父亲李显圈禁房州、武承嗣流放岭南，确实吃了不少生活的苦，但对政治的黑暗却没有太多切身感受，毕竟有父亲替他们挡住了大部分政治上的明枪暗箭。二人分别从房州和岭南回到长安后，作为李武两家嫡孙，几乎一步登天，成为皇亲贵戚中最闪亮的一颗星，长安街头最靓的仔，一时炙手可热，自认天下无人，言语往往口无遮拦，行事每每意气用事。就政治水平而言，说他们是温室里的花朵也不为过。这种政治上的弱智言行和放肆举动，最终给他们个人带来灭顶之灾。

综合《旧唐书》《新唐书》中李重润、武延基、永泰郡主、张易之、张昌宗诸人传记，以及《资治通鉴》等史料的记载，事情的经过是这样的。有一天李重润、武延基、永泰郡主聚在一起闲聊，"窃议张易之兄弟何得恣入宫中"①，谈起二张整天在宫中胡作非为，在武则天枕边乱吹风，"恐有不利"②，对李武两家将来恐怕有危险的举动。

更糟糕的是，三人说着说着，竟然说急眼了，"忿争不协"③，起了争执。具体的争执内容，史料中没有记载。笔者推测，可能是在李武两家谁应该为二张坐大负责的问题上，李重润和武延基争执不下，都指责对方是依附二张的投机分子，以致恶语相向。李重润怒骂武延基：你叔父武三思对二张溜须拍马，无所不用其极，简直笑掉天下人大牙。武延基则回"怼"李重润：你爹李显是靠着二张的枕边风才能从房州回来当上太子，要说"跪舔"二张，我武家是自愧不如。永泰郡主横跨李武两家，夹在哥哥和丈夫之间，左右为难，估计只能选择两不相帮。

---

① 《旧唐书》卷 86《懿德太子李重润传》。
② 《旧唐书》卷 183《武承嗣传附子武延基传》。
③ 同②。

三人议论二张起争执而大打出手时，忘记了隔墙有耳，尤其是李重润忘记了大哥李重福一直在盯着自己的一举一动。李重福是李显的长子，比李重润大两岁。但李重福的母亲只是后宫中一个连姓氏都没留下的普通宫人，在后宫子以母贵的政治格局中，李重福的地位和李重润几乎有天壤之别。李显第一次当太子时，李重润是皇太孙，李重福只是唐昌郡王；李显复立为太子时，李重润封邵王，李重福则是平恩郡王。

李重福是后宫所生庶子，但不代表他没有问鼎大宝的野望，而最大的阻力便是李重润。在中宗所生四子中，只有李重润是嫡子，李重福作为庶长子，和弟弟李重俊、李重茂均是庶子。按照正常接班顺序，李重福只要扳倒李重润，便可以庶长子的身份凭第二顺位成为接班人。只是这条路太难走，道阻且长，李重润被爷爷高宗亲自指定的皇太孙身份，使他的接班人地位几乎无法撼动。在这种政治态势下，李重福走了一条不同寻常之路。

李重福认为，既然张易之、张昌宗兄弟当初能把他父亲李显重新推进东宫，那今后也能帮他李重福占据接班人的位置。二张能靠男欢女爱赢得他奶奶武则天的欢心，他也能靠婚姻关系与二张深度绑定。李重福锚定紧跟二张的方向后，在具体操作上选择了张易之的外甥女作为突破口。

据《资治通鉴》，"其妃，张易之之甥"[1]；李显驸马王同皎墓志铭亦言"寻以谯王重福娶易之甥为妃"[2]。综合这两则史料可以断定，李重福的妃子是张易之外甥女。也就是说，此时李重福为扭转在与李重润接班人位置竞争中的身份劣势，谋求迎娶张易之外甥女为妻。张易之虽然没有当即允诺将外甥女许配给李重福，但可能已允许二人开始交往，李重福由此与二张形成共同体。李重福在外刺探对二张不利的议论，二张在内帮助李重福在武则天面前树立形象，两方合作亲密无间。

很巧的是，李重润、武延基、永泰郡主"私语张易之兄弟事，后忿争"[3]的事情，不幸被一直盯着李重润的李重福得知。李重福立刻将此事添油加醋地

---

[1] 《资治通鉴》卷208。
[2] 于志刚《新见〈唐王同皎墓志〉考释》，见《唐史论丛》第二十八辑。
[3] 《新唐书》卷206《武士彟传附武延基传》。

## 第四章 李武张恩怨

告诉未来的舅丈人张易之。二张跑到武则天面前哭诉，说陛下您的孙子李重润、孙女永泰郡主和外孙武延基聚在一起说我们的坏话，诅咒我们，还骂我们是贱人。李重润是太子唯一的嫡子，武延基是继承魏王王位的继魏王，他们两个可是李武两家第二代的领袖人物。他们这样骂我们，那您千秋万代之后，我们兄弟俩还有活路吗？武三思那厮说我兄弟张昌宗是王子晋转世，不就是要让我们像王子晋驾鹤升天一样，追随您驾鹤西去吗？

武则天听后凤颜大怒。在女皇看来，李重润、武延基、永泰郡主至少犯下两条重罪。一是不给她作为长辈和皇帝的颜面，竟敢对自己的男宠说三道四；二是互相之间竟然争执不下，忿争吵架，违反了她关于李武两家明堂盟誓中必须和睦相处的政治规矩。李重润、武延基作为李武家族二代中的头面人物，竟敢公然带头不把女皇最心爱的男宠当回事，带头破坏女皇亲自定下的政治规矩，此风不可长，必须杀猴儆鸡。盛怒之下，武则天"付太子自鞫问处置"[①]，给二张兄弟消除影响，处理结果要让二张满意。

武则天让李显自行处置的做法极其残酷，既摆脱了祖母虎毒食子的形象，又能让李重润、武延基、永泰郡主受到最大限度的惩处。武则天此举，给李显造成巨大的心理压力，让他不由得想起了二哥太子李贤被废时的一件案子。

那是在高宗永隆元年（680），时任太子的李贤因被母亲武则天诬陷谋反遭废黜。出身渤海高门高氏家族，唐初开国功臣、太宗朝宰相、太宗皇后高宗母亲长孙皇后的舅父、曾帮助太宗发动玄武门之变的高士廉之孙，左卫将军高真行之子高岐，当时在李贤东宫任负责膳食事务的典膳丞，也被牵连到李贤谋反案中。高宗念在高氏家族的历史功绩及与母亲家族的亲缘关系，没有法办高岐，而是"以付其父"[②]，让高真行自行批评教育，训斥责罚。

高真行接到谕旨后，找来哥哥、时任户部副长官户部侍郎的高审行及其子商议此事。高家两代三人经过讨论，认为此事是高宗对他们高氏家族的重大政治考验，如何对待高岐，是检验高家政治忠诚度的试金石。在高岐问题上如果有半点犹疑不决，他们将会被打成不能对皇帝做到极度忠诚的反面典型。

---

① 《旧唐书》卷78《张行成传附族孙张昌宗、张易之传》。
② 《资治通鉴》卷202。

此事不怪高真行脑补太多，思虑过深。唐朝皇位继承不稳定，唐初更是高层斗争频仍，以至各大政治家族稍有不慎站错队就会万劫不复。在这种政治紧绷的态势中，人们只能用底线思维去看待一切、处理一切。当年李勣去世前就立下遗嘱，告诫弟弟李弼：房玄龄、杜如晦、高季辅等人辛辛苦苦创下家业，可惜就因子孙卷入政治斗争而家破人亡；如果我们李家子孙有搞政治投机的败类，一定要自行打杀，然后奏报朝廷。可惜李弼未能遵守哥哥遗言约束侄子即李勣之子李敬业，致使李敬业发动反对武则天的叛乱。不但李敬业本人身死，更拖累李勣被追削官爵，掘坟砍棺，剥夺其赐姓李，恢复徐姓。直到李显二次登基，才恢复李勣官爵并起坟改葬。

高真行与哥哥高审行父子商议完毕，决定采用最严的手段解决此事。高岐从高宗手下躲过一劫，正在庆幸大难不死，希望回到家的港湾得到父母大人和亲人的亲情抚慰。却没想到一进家门，就被亲人群殴围攻。

作为高岐的亲生父亲，高真行先上，"以佩刀刺其喉"，将儿子一刀封喉，血喷数尺。作为高岐的大伯，高审行接着补刀，"又刺其腹"，肝肠流出。作为高岐的堂兄，高审行之子负责善后，"瑽断其首"，砍下堂弟高岐的脑袋，然后扔到大街上，供千人踩、万人踏，让天下人都看到高家的政治正确和绝对忠诚。

高宗性格宽仁，让高家自行处置此事的目的，绝不是让高岐受此酷刑。因此高宗听闻高家如此做派，颇为"不悦"，将高真行、高审行分别贬到地方当刺史。而李显从高家此事中吸取到的经验教训显然不是如此，父亲高宗慈爱宽厚，而母亲武则天却是残酷无情。当年高真行尽管因严惩儿子被贬官，但毕竟保全了性命。如果自己对儿女只是罚酒三杯或者普通惩处，二张定然不会满意，母亲武则天更是会怒不可遏，甚至会将他再次废黜。李显在房州暗无天日、担惊受怕地待了十五年，他再也不想回到过去了。自己的生命只有一次，儿女却有好几个。没了李重润、永泰郡主这一儿一女，还有三儿七女，照样是天伦之乐、膝下成群。这次，只能让惹祸的亲生儿女帮他渡劫了。

李显在亲情上冷酷了，在政治上也成熟了。经过反复考虑，他决定以处死儿女和女婿的方式，向母亲纳上绝对孝顺、绝对忠诚的投名状。长安元年

(701) 九月初三，李显处死 19 岁的李重润、21 岁的武延基、当时已有身孕的 17 岁的永泰郡主。三人的具体死法，史料中有"杖杀""缢杀"等不同记载，也有可能是先杖打，再逼其自杀，毕竟唐律中也有这种受刑方式的规定。

李重润其人，"风神俊朗，早以孝友知名"①，"秀容仪，以孝爱称"②，因议论二张无罪被杀，"人皆流涕""大为当时所悼惜"。李显二次登基后，追赠李重润为皇太子，谥号懿德，让其陪葬高宗与武则天合葬的乾陵，以皇陵的规格设置墓室，在事实上为其平反昭雪。李重润被杀时，尚未娶妻，李显让他与国子监丞裴粹亡女结为冥婚，成为夫妻合葬。李显虽然有四个儿子，但李重润是他唯一的嫡子。李重润的死，让李显和韦氏失去了嫡子，导致李显二次登基后在立太子问题上的被动，后来景龙政变的发生与此不无关系。当然，这都是后话。

在追封李重润为懿德太子的同时，二次登基后的李显还追封永泰郡主为永泰公主，与武延基合葬在长安乾县北原，陪葬乾陵。从 1960 年 8 月 4 日到 1962 年 4 月 16 日③，考古工作者历经 280 多天，对永泰公主墓进行了发掘，发现并出土了公主墓志铭。巧合的是，墓志铭的作者正是前文提到的，受武则天委派到房州接回李显的徐彦伯。而墓志铭的出土，又引起了学界关于永泰公主具体死期和死因的争论。

据墓志铭，永泰公主去世之日并非传统史料中的九月初三，而是第二天即九月初四。如前文所言，徐彦伯行事严谨，言语之间更是慎之又慎，在公主的死因上使用了"珠胎毁月，怨十里之无香；琼萼凋春。忿双童之秘药"的曲笔隐晦写法。学界的分歧，正是集中在对这两句话的解读上。

有学者认为，永泰公主由于当时有身孕，并未被处死，而是怀着丧夫之痛继续生活了几个月，如墓志铭中所言"鸾愁孤影""柏舟空泛"。由于丈夫被杀，永泰公主身体健康和精神状态受到极大的打击，以致最终难产而死，即"珠胎毁月""琼萼凋春"。而永泰公主之所以难产，是因为骨盆狭小，很难顺

---

① 《旧唐书》卷 86《懿德太子李重润传》。
② 《新唐书》卷 81《懿德太子李重润传》。
③ 陕西省文物管理委员会《唐永泰公主墓发掘简报》。

产。考古工作者在永泰公主墓中发现了11片骨盆碎片，据此复原了公主骨盆，经鉴定认为公主骨盆各部位都比同龄女性显得狭小。

也有学者认为，骨盆狭小不一定会导致难产，公主之死的答案就在"忿双童之秘药"上。"双童"即张易之、张昌宗兄弟两个小人，是他们在武则天的默许下，用"秘药"即毒药害死了公主，让公主难产而死。但也有学者反对此观点，指出"双童"是《左传》史料中藏在膏肓之间、让晋景公害重病的"二竖为祟"的改写，"秘药"是珍贵药材，认为公主是犯重病，即使有"秘药"也因回天无力而死。学界对公主之死众说纷纭，一如公主墓志铭中所言"千秋万岁何时晓"。

对于永泰公主之死，可能还有另外一种解释。根据《唐律疏议·断狱》，"妇人犯死罪，怀孕，当决者，听产后一百日乃行刑"，怀孕女子即使犯下死罪，也要在产子一百天后才能用刑。永泰公主在九月初三那天可能并未被处死，但丧夫之痛的打击让她痛不欲生，以致惊动胎气，导致第二天即九月初四流产而死。当然，也不排除是武则天在公主流产需要良药医治时，默许二张送上名为御药的毒药，趁公主病要其命，在毒药与流产的双重因素下，最终置公主于死地。

在李重润、武延基、永泰郡主被杀一事上，李显不敢救儿女，武承嗣更无法救儿子，因为他不可能从天而降复活人间，而武三思有很大可能是不想救侄子。在武家内部，武三思和武延基的利益并不完全一致，甚至存在潜在冲突的可能。武延基如若被杀，对武三思而言不一定是坏事，反而会是好事。毕竟在武家第二代中，武延基作为继承武家始祖武士彟的继魏王，其在宗法和政治地位上都要比武三思的长子武崇训高。武延基死掉，武崇训就成为武家第二代中地位最高者。将来武家如果能再次迁移唐鼎，他儿子武崇训就是问鼎大位的不二人选。

但武延基的被杀，也让武三思清醒了许多。他由此看清了二张对武家的真实态度，尽管他代表武家寡廉鲜耻地贴上去，但二张让他贴的却不是热脸而是冷屁股。二张既然能毫不留情对武延基动手，将来需要处理他武三思的时候也会毫不犹豫。而李显连儿子、女儿都能杀以自保的丢卒保车做法，也让武三思认识到李显已经在政治上日渐成熟，无法撼动其地位。况且武三思在扭转姑姑武则天心意上已经黔驴技穷，再想营求接班人地位，实属蚍蜉撼大树，不自量力。

武三思经过反复考虑，决定转变思路，放弃与李显争夺接班人的地位，而是寄希望于下一代，通过投奔太子妃韦氏向李显靠拢，为儿子武崇训铺路创造时机，幻想武崇训将来能够抓住机会改天换地，再次翻盘。

李显、李旦、太平公主在李重润被杀后，也开始感受到二张的巨大威胁，甚至重新定位与母亲武则天的血缘亲情和政治关系，准备有所行动。武三思在转变思路后，也开始在具体行动策略上不再刻意巴结二张，甚至对其有意疏离，进而与李显、李旦、太平公主在二张问题上结成共进退的政治联盟。

李重润、永泰郡主、武延基被杀前后，武则天开始有意让二张组建班子参与日常政务处理，打造与外朝宰相相抗衡的内朝政务系统，"政事多委易之兄弟"[1]，形成"易之兄弟专政"[2]的局面。前朝宰相等百官对日常政务的处置权被侵犯甚至被剥夺，更引起他们对二张的愤恨以及连带对武则天的不满。

二张的张扬、跋扈，前朝宰相等大臣的愤恨、不满，李武两家的担心、恐惧，狄仁杰生前的码牌、布局，叠加在一起，终于迎来了逼迫武则天退位的神龙政变的临门一脚。

---

[1] 《旧唐书》卷78《张行成传附族孙张昌宗、张易之传》。
[2] 《新唐书》卷104《张行成传附族孙张昌宗、张易之传》。

# 第五章 集结号吹响

大足元年（701）十月初三，武则天率领太子、相王、太平公主、武三思等皇亲国戚和文武百官从洛阳出发，西行进入潼关。武则天这次出行的方向，是阔别20年的长安。这不是一次普通的出行，而是有着意味深长的政治意义。洛阳本质上是武周神都，长安实质上是李唐京师。武则天回到长安，其意在进一步加强与李氏皇族的感情联系，回归李家媳妇的政治定位，为全面交权做准备。

十月隆冬，武则天一行在西返途中遭逢大雪，天寒地冻，太子李显亲自为母亲武则天暖脚。到达同州（今陕西省渭南市大荔县一带）时，刺史苏瑰组织了一场名为《圣主还京乐舞》的表演，舞曲明确以长安为京城，显示其向武则天还都长安的决定看齐的政治立场。武则天和李显等人一起观看，一幅母慈子孝的天伦之乐画面，丝毫看不到母子之间的任何隔阂。李显所为，与当年李旦两个爱妃被武则天杀死后饮食自若的政治表现如出一辙，可见兄弟二人确是知母莫如子。

经过近二十天的长途跋涉，武则天终于在十月二十二回到长安，宣布大赦天下，将年号由大足改为长安。十一月十一，武则天又将含元殿改回本名大明宫。

朝局似乎在按照既定的交班路线图向前发展，但平静水面下依然是暗流涌动，万里晴空背后仍然是波谲云诡。李重润、永泰郡主、武延基被杀的影响，并未因西返长安路上表面上的母慈子孝就能轻松消解，张易之、张昌宗问题也在进一步发酵。

## 元忠发难

作为李家和武家第二代的中心人物，李重润和武延基被杀后，李武两家均倒吸一口凉气。很显然，作为母亲和姑姑的武则天尽管年事已高，但在需要的时候还是会毫不犹疑地对他们痛下杀手。作为武则天的男宠，张易之、张昌宗尽管曾经在确立李家接班人地位上吹过枕边风，对武家的阿谀奉承、溜须拍马也是来者不拒，但根本不把他们两家放在眼里，一言不合就倾轧陷害。前朝宰相等大臣，也对武则天重用二张侵犯了他们对日常政务的处置权极其不满。

二张终于成为朝堂政治斗争的焦点，成为李武两家和宰相等大臣的共同敌人。李武两家和宰相等大臣与二张背后的武则天，也逐渐离心离德、渐行渐远，遂开始谋求试图通过推动武则天主动退位，打掉二张背后的保护伞，进而解决二张问题。

长安二年（702）五月，曾进言抨击李武并贵政策并劝武则天退位的苏安恒再次上疏，继续提醒武则天"天下者，神尧、文武之天下也"，神尧即唐高祖李渊，文武即唐太宗李世民。苏安恒意在提醒武则天，天下是高祖太宗一刀一枪打下来的；"陛下虽居正统"坐在帝位上，但"实因唐氏旧基"。武周基业的基础是李唐，这点是必须承认，也无法改变的。如今太子归位，"年德俱盛"，陛下不能再"贪其宝位而忘母子深恩"，否则将来有何颜面去见李家列祖列宗，有何脸面去见先夫高宗天皇大帝！苏安恒甚至直接批评武则天"何故日夜积忧，不知钟鸣漏尽"，要求她顺应天意人心，"还归李家"。否则武则天"虽安天位"[①]，但物极必反、器满则盈的客观规律是不以任何人的主观意志为转移的，警示武则天若继续赖在帝位上不主动下来，到时就有可能会被踹下去。

武则天接到苏安恒的奏疏后，虽然没有生气，亦未将其治罪，但也没有考虑提前传位之事。李显、李旦、太平公主意识到此计不行，赶紧向相反方向动作。

---

[①] 《资治通鉴》卷207。

八月二十三，李显、李旦、太平公主集体上疏，请求封张昌宗为王，意在安抚二张、亲近母亲，待到母亲与二张情绪稳定，再徐徐图之。在武则天的李武并贵政策中，只有李武两家才有资格封王。张昌宗尽管是男宠，但也不能封王，因此武则天拒绝了三个儿女的请求。李显兄妹三人为表示诚意，四天后即八月二十七，再次联合上奏请求封张昌宗为王。武则天对儿女的表现很满意，虽然终究没有给张昌宗封王，但赐爵邺国公，距离封王只有一步之遥。随着赐爵国公，二张已经达到了人臣所能达到的极限。

在二张问题上，李武两家可以从长计议，继续与其虚与委蛇，毕竟二张此时还奈何他们不得，构不成威胁。但在二张在内朝抢夺日常政务处置权的政治背景下，前朝文武大臣为保卫手中权力，却不能不与二张正面对抗。尤其是在魏元忠拜相后，以宰相为首的朝臣与"兄弟贵盛，势倾朝野"[1]的二张的矛盾急剧激化。

魏元忠是宋州宋城（今河南省商丘市南部一带）人，早年入太学为太学生，起点较高，但年轻气盛，"志气倜傥"[2]，不喜欢走人门路求官，故官运一直不顺，长年未获得一官半职，后追随一个名为江融的兵家学习兵法。高宗仪凤年间，吐蕃屡屡犯塞寇边，魏元忠到洛阳向高宗进献选将用兵之术。高宗读后，"甚叹异之"，任命其为负责点校图书的秘书省正字。魏元忠由此步入仕途，不久调到朝廷最高监察机关御史台任监察御史。

永淳元年（682）春四月，长安发生饥荒，米价直线上升，贞观之治时期每斗才三四钱的米，此时竟然卖到每斗三百钱。高宗为避免朝廷与百姓争粮，就率百官到洛阳吃粮。东行路上，高宗担心沿途会有绿林好汉盗窃财物，就让魏元忠负责防盗事务。魏元忠接诏后不去组建反盗卫队，而是直接到长安的监狱面试囚犯，找到一名"神采语言异于众"[3]的犯人，为其去掉枷锁镣铐、洗衣沐浴、穿戴华丽衣物冠带，让他和自己在东行路上同吃同住。原来魏元忠认定此人在盗界颇有威名，是个江湖大佬，要借助其江湖地位震慑其他小偷小

---

[1]《资治通鉴》卷207。
[2]《旧唐书》卷92《魏元忠传》。
[3]《资治通鉴》卷203。

摸。那犯人一笑许诺，帮助魏元忠在东行路上一路警戒。沿途盗匪见大佬出面，纷纷给足面子，不再打朝廷车队的主意。大队人马数万人到达东都洛阳时，"不亡一钱"。

武则天临朝听政后，魏元忠升任殿中侍御史。徐敬业扬州变乱时，武则天派魏元忠到前线监军。魏元忠力排众议，提出正确的用兵方略，顺利平定变乱，由此深获女皇芳心，升为洛阳令。

可惜好景不长，魏元忠因平定徐敬业变乱升官，不久就被徐敬业弟弟徐敬真污蔑与变乱集团通谋。永昌元年（689）八月，魏元忠和秋官尚书即刑部长官刑部尚书张楚金等人一起，被酷吏周兴、来俊臣打成谋反分子。拉至刑场准备问斩时，已经有三十多人死在面前，魏元忠毫不畏惧，只是吐出一句，"大丈夫行居此矣"①，十八年后又是一条好汉！

武则天念在魏元忠、张楚金等人往日有功，特赦免死流放岭南。当时宫中敕使凤阁舍人即中书舍人王隐客快马加鞭赶到刑场，大叫刀下留人。监刑官听闻，赶紧让跪着等待砍头的张楚金、魏元忠等人起立。张楚金等人"皆喜跃欢呼，宛转不已"②，魏元忠徐徐言道，"未知敕虚实，岂可造次"③，坚持跪着。王隐客到达刑场，亲自让魏元忠起立，魏元忠还是不肯，坚持等宣读旨意。直到王隐客宣旨免死，魏元忠这才站起谢恩，丝毫看不出有任何忧喜之色，当时围观的士民百姓"咸叹其临刑而神色不挠"④。

大致在长寿元年（692）稍前，武则天将魏元忠召回朝廷，复任侍御史，后升任御史台副长官御史中丞。长寿元年一月，酷吏来俊臣、侯思止等诬告魏元忠与狄仁杰等七大臣集体谋反，武则天将七人扔进大狱。侯思止负责审问魏元忠，魏元忠辞气不屈，侯思止大怒，命令手下将魏元忠五花大绑，然后用绳拉住其双脚，在地上拖来拖去。魏元忠嘲笑侯思止像头驴，"我薄命，譬如坠驴，足纼于镫，为所曳耳"⑤——我是个苦命之人，骑头驴都从驴背上栽下来，

---

① 《新唐书》卷122《魏元忠传》。
② 《资治通鉴》卷204。
③ 《旧唐书》卷92《魏元忠传》。
④ 同③。
⑤ 《资治通鉴》卷205。

两只脚挂在镫上,被驴倒拖着走。侯思止被讽刺得脸上一阵红一阵白,让手下加快拖拽速度,魏元忠骂道"侯思止,汝若须魏元忠头则截取,何必使承反也",即要杀要剐随你便,但我一定不会认下谋反这个罪名。

武则天反复考虑后,赦免魏元忠、狄仁杰等七大臣,于一月初四贬魏元忠为涪陵(今重庆市涪陵区一带)县令。来俊臣倒台后,有人为魏元忠鸣冤,武则天再次将其召回,复任御史中丞。圣历二年(699)腊月,魏元忠升任凤阁侍郎即中书省副长官中书侍郎并拜相,后多次兼任西北和北方边境军事大总管,防备突厥和吐蕃。魏元忠深知武周军队战斗力不如突厥、吐蕃,故老成持重,不主动出击,坚持以防御为重心,"虽无赫然功,而亦未尝败"。

魏元忠因遭酷吏诬陷多次被流放贬官,武则天有一次在宴会上问他:魏卿你流年不利啊,怎么一直被人诋毁攻击?魏元忠回道,有道是人为刀俎,我为鱼肉,臣好比一只鹿,那些酷吏好比猎人,非要剥臣的皮,抽臣的筋,吃臣的肉,"将杀臣以求进,臣顾何辜"[①],能怎么办!

想拿魏元忠这只鹿的肉做羹汤的,不只来俊臣等酷吏,还有宠臣张易之、张昌宗。大致在久视年间(700年中至701年初),魏元忠迁转左肃政台[②]长官御史大夫,并以宰相身份兼任首都洛阳所在的洛州长史,就此与二张兄弟结下梁子。

任职洛州长史时,魏元忠"政号清严"[③],"治号威明"[④]。当时二张弟弟张昌仪任洛州辖下洛阳县令,按照规矩,县令参见长史,需站在院子里听候指示。但张昌仪仗着两位兄长的势力,每次都是横冲直撞,直接闯进长史办公室。魏元忠到任后,当着众僚属的面,把张昌仪喝退到院子里。有一次张易之的家奴光天化日之下在洛阳街头公然行凶,魏元忠当场将其杖杀,即乱棍打死。

武则天回到长安后,京师长安所在的雍州成为重中之重,关系女皇能否掌

---

[①] 《旧唐书》卷92《魏元忠传》。
[②] 光宅元年(684),武则天改御史台为左肃政台,另增设右肃政台。左肃政台专管在京中央机关和军队监察,右肃政台专管京畿内外和地方州县文武官员监察。
[③] 同①。
[④] 《新唐书》卷122《魏元忠传》。

控朝局。武则天必须选择政治上绝对可靠的人掌握雍州，才能确保自身安全。负责雍州州府事务日常工作的长史，本由之前是武则天心腹的薛季昶担任，但薛季昶在李显复立为太子后，有向太子靠近的动向，武则天对他并不完全放心。如果让薛季昶继续控制雍州，武则天就等于把自己的政治生命交给了太子一党。长安二年（702）三四月间，薛季昶率军抵抗突厥进攻，虽然还挂着雍州长史的职务，但无法处置具体事务，这就给了武则天调整雍州官员的借口。武则天选来选去，还是觉得二张兄弟在政治上最可靠，绝对忠诚，准备提拔二张弟弟、岐州（今陕西省凤翔县一带）刺史张昌期为雍州长史。

武则天在雍州长史人选上的考虑不能说是过分敏感，后来薛季昶确实参加了把武则天赶下台的政变，并在其中起到重要作用。出于自保，武则天才会想用在她看来忠诚可靠的张昌期来替换太子阵营的薛季昶。毕竟张昌期是男宠张易之的弟弟，和自己也算沾亲带故。

如此重要的人事任命，要召集宰相们进行讨论，武则天不好直接提出具体人选，那样她为男宠谋福利的吃相就太难看了。武则天在会上问宰相：雍州长史的位置空出来了，大家看看谁比较适合顶上去？武则天意在让宰相们提出张昌期这个名字，那样她就可以顺水推舟，半推半从。谁料魏元忠故意犯迷糊，"今之朝臣无以易薛季昶"[1]，仍坚持由薛季昶留任雍州长史——人家正在前线杀敌，保卫武周保卫您，您却在后方撤掉人家的职务，这也忒不地道了，寒了人家的心，万一前线出幺蛾子怎么办？

武则天未能有效把握会议节奏、主导会议方向。她再不明确表达想法，她的领导意图就无法实现，只得图穷匕见：薛季昶确实干得不错，但他在京师地面待的时间太长，各方面人头都太熟悉，干起工作来抹不开面，不好推动工作，朕准备给他换个更好的位置。官员要动起来，不能长期待在一个地方，那样对个人的成长和朝廷的事业都没有好处。你们觉得张昌期这个人怎么样，他年轻有为，身强力壮，又有过岐州的历练，朕觉得他可以。

武则天一张嘴，其他宰相都赶紧举手表示同意：臣等恭喜陛下贺喜陛下，

---

[1] 《资治通鉴》卷207。

为雍州百姓选了一个好官。只有魏元忠一个人顶住了武则天的压力：张昌期此人不适合任雍州长史。

武则天让魏元忠说出个所以然，魏元忠掰开五个指头，一板一眼地敞开了谈："昌期少年，不闲吏事"，即张昌期过于年轻，政治上还不成熟，没有经受过急难险重工作的历练和重大政治斗争的考验；他在岐州就干得不怎么样，把岐州搞得一塌糊涂，当地的百姓用脚投票，都快跑光了；而且雍州是什么地方，那可是天子脚下，京师重地，首要任务就是为朝廷领导机关服务，"事务繁剧"，各方面矛盾复杂，臣恐怕张昌期的小肩膀扛不起雍州这么重的担子。他哥哥张易之、张昌宗在其他方面的能力很强，不代表弟弟张昌期的行政能力也很强。

听完魏元忠的事实分析加明嘲暗讽，武则天"默然而止"，只有停止了调张昌期为雍州长史的动议。但事情并没有就此结束，此事不久，魏元忠又当面向武则天陈奏，"臣自先帝以来，蒙被恩渥"，臣今天当着宰相，却"不能尽忠死节，使小人在侧"，让张易之、张昌宗兄弟两个小人祸乱宫闱，"臣之罪也"，还请陛下割爱远离二张。武则天听后不悦，二张对魏元忠"深怨之"，由此引发前朝大臣与后宫二张的一场大战。

## 张说反水

当时武则天的健康已经每况愈下，张易之、张昌宗认定魏元忠是他们的死对头，怕女皇驾崩后魏元忠对他们动手，就决定先发制人，趁女皇还在的时候，将魏元忠打成谋反分子弄死。

既然要定谋反，就要有个谋反集团，这么大个罪名只凭魏元忠一人无法成事。二张就把目光投向太常寺负责宗庙祭祀的官员司礼丞高戬，遂向武则天诬告魏元忠秘密与高戬商议："太后老矣"，女皇这艘船快沉了，你我兄弟得提前考虑换条船坐了，我看太子那条船不错，不如我们辅佐太子上位，如此才可保住荣华富贵。

高戬何许人也，那可是"太平公主之所爱也"[1]，是太平公主的得意情夫，

---

[1] 《资治通鉴》卷207。

其在公主心中的地位足以比肩张易之、张昌宗在女皇心中的位置。二张之所以选中高戬，估计是怕高戬威胁到他们的地位。毕竟当初是太平公主对张昌宗欣赏，才推荐给母亲武则天。如果太平公主故技重演，也要把高戬献给母亲，那二张就要面临强大对手的竞争了。有道是伴君如伴虎，虽说武则天是女人，但也是皇帝，即使对宠臣也是翻脸比翻书快，毕竟当年的薛怀义即冯小宝就是被女皇亲自下令处决的，二张可不想重蹈覆辙：既然下定决心要收拾魏元忠，那就将高戬一勺烩。

果不其然，武则天听闻魏元忠要和高戬一起拥立太子提前上位，勃然大怒，将二人抓进大牢。在武则天看来，魏元忠是太子派系，高戬是太平公主情夫，二人要拥立太子，意味着亲生儿女一起向母亲施压。武则天对此不能不做出严重反应，遂决定公开审理此案，让魏元忠、高戬与张昌宗在朝堂上当面对质。

张昌宗知道自己对魏元忠和高戬是诬告，心里有些发虚。毕竟当着百官的面行诬告之事，光靠自己这个内宫男宠的一面之词很难服众，就准备找人出面指证魏元忠有谋反言行。张昌宗找来找去，看中了张说。

张昌宗之所以选择张说，有这么几个原因。一是张说与他交往较多，早在一起编修《三教珠英》时，二人便已相识，方便递话；二是张说其人"巧诈"①，可以以利诱之；三是张说属于相王李旦派系，理论上乐得对太子李显和太平公主落井下石，方便帮助李旦争夺储位；四是张说是前朝文臣，出面指证魏元忠谋反，比他张昌宗作为后宫男宠有分量得多。

张昌宗认定张说会帮他作证，许诺如若张说依计行事，可让张说升官拜相。张说见利心动，当即允诺。但张昌宗千算万算，却忘记了张说为人"巧诈"的另一面，即"识通变"，能够根据形势变化迅速转换自身立场。

第二天，武则天召集太子李显、相王李旦、太平公主和宰相，让魏元忠与张昌宗对质。张昌宗指控，魏元忠辩护，两人言语间你来我往，谁也无法将对方一击毙命，对质陷入僵局。张昌宗亮出底牌：臣有证人，张说曾经听闻魏元

---

① 《唐会要》卷64《史馆下·史馆杂录下》。

忠口出大逆不道之言，请求让其上殿作证。武则天应允。

在大殿外旁听审案的百官见张说要上殿为张昌宗指证魏元忠谋反，纷纷劝张说莫要充当鹰犬，时任凤阁舍人即中书舍人的宋璟第一个站出来。宋璟是北魏吏部尚书宋弁七世孙，其人年少便"耿介有大节"[1]，博学多闻，工于文翰，弱冠之年便考中进士，经吏部铨选后步入仕途，多次迁转担任凤阁舍人。宋璟"当官正色"[2]，"居官鲠正"[3]，武则天对其相当看重。

宋璟大义凛然告诫张说：声名、正义乃我辈操守所在，天地鬼神对我辈一言一行都看在眼里，万不可投靠奸邪陷害忠良"以求苟免"；张兄若因今天正义之举遭贬官流放，必将流芳百世；张兄若有生死不测，我宋璟将在宫门殿门叩头流血保全张兄，大不了与张兄"同死"便是，黄泉路上能与张兄结伴而行，此生足矣！张兄，"努力为之，万代瞻仰，在此举也"！

宋璟说罢，张说心有所动。时任殿中侍御史的张廷珪接力劝言：你我寒窗十多载，饱受圣人教诲，岂不闻孔夫子所言"朝闻道，夕死可矣"，你张说今日若做下亏心事，那圣人书就是都读到狗肚子里去了！张说犹豫不决，负责史书修撰的刘知几上前一步说，"无污青史，为子孙累"，即昭昭青史俱在，不要让后世子孙在史书上看到你的骂名！潜台词是，你张说今日若为虎作伥，我刘知几将会在史书上写死你，让你遗臭万年！

张说拿定主意，进入大殿。武则天问张说事情真相到底如何，魏元忠到底说过什么大逆不道之言。张说还未来得及回答，魏元忠知道张说素来"巧诈"，就抢先问道："张说欲与昌宗共罗织魏元忠邪？"张说斥责道：你魏元忠堂堂宰相，说话的口气怎么和那些小人一样，你怎么会听信街头巷尾那些关于我张说"巧诈"的不实之言，我张说是那样的人吗！

张昌宗怕节外生枝，在一旁催促张说"使速言"，按照事先设计的脚本诬陷魏元忠。张说不予理睬，对武则天言道：陛下您睁开凤眼看看，当着您的面，张昌宗都这么逼臣，在外面更是气焰嚣张。今天当着满朝百官的面，臣不

---

[1] 《旧唐书》卷96《宋璟传》。
[2] 同[1]。
[3] 《新唐书》卷124《宋璟传》。

敢不说实话。臣从来没有听说过魏元忠有过什么谋反言论,这都是"昌宗逼臣使诬证之耳"。

张易之、张昌宗一见张说反水,连忙一起大呼:张说与魏元忠集体谋反!武则天忙问到底是怎么回事,二张言道"说尝谓元忠为伊、周",即张说曾经拍马溜须,吹捧魏元忠是当世伊尹、周公再生;伊尹、周公是什么样的人,大家都知道,伊尹曾经把商王太甲废黜,周公曾经代理成王王权,这两个是连皇帝都敢欺负的主儿;张说将魏元忠比作伊尹、周公,这不是想集体谋反是什么!

张说应该和魏元忠说过类似的话,所以二张才能在众目睽睽之下指证他们谋反。说人坏话要想做到真正有效,不能全部是造假诬陷,必须半真半假,用截取的部分真话印证捏造的全部假话,才能达到最大杀伤力。张说若否认自己说过此话,就是欺君;若承认说过此话,就是谋反。不管承认还是否认,都是必死无疑。

二张兄弟深谙诬陷之道,但比起张说的见招拆招还是差点火候。张说并未直接否认自己说过恭维魏元忠的话,那样就等于落入二张圈套,会被二张趁机将话题转移为自己欺君;但张说也没有直接承认将魏元忠比作伊尹、周公,那样就坐实了自己的谋反罪名。张说直击二张截取只言片语作为谋反论据的七寸,选择将事情全部细节一五一十说出。

张说跪禀武则天:"易之兄弟小人",不学无术,目不识书,最多只听过伊尹、周公之事,哪里明晓伊尹、周公之道;当初魏元忠刚当上宰相,臣作为属下郎官和百官一起前去道贺,魏元忠当着众人面谦虚,说自己何德何能,竟然无功受宠拜相,不胜惭愧,臣这时才说出"明公居伊、周之任,何愧三品"的话,当时是说魏相您担负着古代良相伊尹、周公的重任,绝对有资格坐在这三品宰相的位置上。这就是张易之、张昌宗说臣将魏元忠比作伊尹、周公的具体背景。伊尹、周公都是万古忠臣,古今景仰。陛下您用宰相,不让他们向伊尹、周公学习,还要他们向谁看齐,难道是王莽、曹操吗!

张说此言关键点有二:一是指出与魏元忠的所谓伊尹、周公之论,是在大庭广众之下公开说的,不是暗通款曲、暗地拥戴,是阳光下的事情,不是暗地里组建反朝廷谋反小集团，这就直接否认了二张诬陷他与魏元忠一起谋反的罪名；二是重新解释伊尹、周公之事，剥除伊尹、周公制衡皇权的表象，揭示二人忠诚谋国的内里，在武则天面前确立伊尹、周公的正面形象，从而最终否定了二张借伊尹、周公诬陷自己和魏元忠谋反的论据。既然伊尹、周公是臣子楷模，那他张说即使恭维魏元忠为伊尹、周公，也是劝魏元忠学习古人风范为今上效力，是替女皇给宰相打鸡血，更不是谋反了！

张说向武则天解释伊尹、周公之事属于防守，完成防守任务确保自己安全无虞后，又向二张发起进攻："且臣岂不知今日附昌宗立取台衡"——张易之、张昌宗的实力，陛下您知道，臣也清楚。臣今天明白，如果依附张昌宗，按照他教臣的去诬陷魏元忠，肯定会坐上火箭升官，甚至能当上宰相，而力证魏元忠清白，则会满门抄斩、诛灭九族。但臣还是有政治底线的，不敢欺君，且畏惧魏元忠地下冤魂半夜敲门，因此绝对不敢欺君诬臣。张说三言两语，打出了一个完美的防守反击战，果真不负"巧诈"之名。

张说之所以及时转变立场，调整站队，在于经宋璟、张廷珪、刘知几接力劝说，他已经看清形势。武则天春秋已高，张易之、张昌宗也蹦跶不了几天，今后肯定是李家太子的天下和眼前同僚的朝堂。他张说如果现在公然投靠二张诬陷魏元忠，那今后太子绝对饶不了他，同僚也不会放过他，昭昭青史更会将他钉在历史的耻辱柱上。孰轻孰重，已然明了！

武则天一见张说巧舌如簧，就知道自己的男宠被耍了，决定将张说一同处置，怒道"张说反覆小人，宜并系治之"，给了张说一个反复无常的小人的政治定位，下令将张说逮捕，和魏元忠一同惩罚。在武则天看来，事情发展到这个地步，已经不是魏元忠、高戬是否谋反的问题，而是宰相等百官能否服从自己的绝对权威问题。几天过后，武则天再次审问张说，意图诱使他翻供，谁料张说是王八吃秤砣，铁了心，仍然坚持原话。武则天盛怒之下，下令宰相会同河内王武懿宗共同审理张说一案，但张说仍然不松口。

朝中正直大臣见状，纷纷出面营救。之前批评武则天太过宠幸张易之、张昌宗的朱敬则，上疏为魏元忠、张说鸣冤，魏元忠素来忠诚刚正，张说的罪名简直是无稽之谈，如果陛下非要定他们的罪，就会"失天下望"。曾劝武则天及早传位的苏安恒也再次上疏，不留情面地批评武则天忘却初心，"陛下革命之初"、登基即位之时，大家都认为您是"纳谏之主"，能充分听取不同意见；如今老眼昏花，只能听进去阿谀奉承之言，"人以为受佞之主"。自从魏元忠下狱，大街小巷人声鼎沸，都指责陛下您宠幸奸佞，"斥逐贤良"；正直的大臣畏惧张易之等人的罗织陷害，只能在家里拍大腿一声叹息，毕竟即使犯颜进谏而死也弥补不了大局。苏安恒警告武则天：如今国家赋税多如牛毛，民生艰难，百姓不堪忍受，陛下您又听信奸臣谗言诬陷忠良，肆意实行严刑峻法，百姓人心不安，如果激起民变，"争锋于朱雀门内，问鼎于大明殿前，陛下将何以谢之、何以御之"，还能安闲地闭上眼善终吗！

张易之、张昌宗见到苏安恒奏疏，"大怒，欲杀之"，甚至要派刺客将其暗杀。幸亏朱敬则和凤阁舍人桓彦范、著作郎魏知古多方保护，苏安恒才幸免于难。而桓彦范和魏知古也将在随后的政治斗争和开元时期的历史进程中，发挥越来越重要的作用。

虽然朝臣多方求情营救，但武则天圣心已定，坚持严惩。长安三年（703）九月初九，武则天将魏元忠从宰相断崖式贬为高要县（今广东省肇庆市高要区一带）县尉，将张说、高戬流放岭南。

魏元忠离开京城时，向武则天当面辞行，对女皇临别赠言，臣已经是土埋半截的人了，如今一路向南，千里奔波，"十死一生"，想必就再也见不到陛下了；将来有一天，陛下您一定会想起微臣，后悔把微臣贬到岭南。武则天问其故，魏元忠指着正在武则天身边摇头摆尾的张易之、张昌宗说："此二小儿"不但能把陛下送到云端，更会惹出大乱，把您送上不归路。二张听闻，赶紧下殿跪下，叩头捶胸，大呼冤枉。武则天赶紧安抚两人不要再闹，"元忠去矣"，魏元忠已经走了，快来和朕一起散散心。

虽然大局已定，但有人仍不放弃，试图做最后一搏。御史台殿中侍御史王晙再次上疏，为魏元忠申冤。宋璟劝王晙：魏元忠现在至少已经保全性命，无甚大碍，王兄您再去犯女皇雷霆之怒，"得无狼狈乎"，说不一定会有不测之忧。王晙凛然回道：魏元忠忠心耿耿反而获罪，正义当前，我王晙无所回避，即使被打击报复，流放边疆颠沛流离，也绝不后悔。宋璟长叹道：我不能为魏元忠雪冤辩诬，愧对苍天，"深负朝廷矣"！

二张将魏元忠赶出朝廷后，仍不满足，还要牵连更多大臣。魏元忠出城时，东宫负责车马仪仗事务的属官太子仆崔贞慎代表太子李显，与另外八位朝臣一起为魏元忠饯行。张易之侦知此事，"诈为告密人柴明状"，即虚构了一个名叫柴明的人告状，举报崔贞慎与八人和魏元忠在郊外勾勾搭搭、嘀嘀咕咕，意图再次集体谋反。所谓"柴明"，估计是"现在才明白过来"的意思，即此时才明白魏元忠竟然组建了一个反朝廷谋反小集团。

武则天听闻，怒气冲冲地派监察御史马怀素审理此案，并对马怀素面授机宜：这件案子事实清楚，证据确凿，人证物证俱在，你简单走个流程就行，赶快结案了事。马怀素前去审案，才一会儿工夫，武则天就派了四拨人去督促他赶紧结案，并传武则天口谕：魏元忠、崔贞慎等人谋反情形昭然若揭，你马怀素为何还要拖延不结案？马怀素觐见女皇，要求让被告魏元忠、崔贞慎等人与原告柴明对质，武则天怒道：朕哪里知道他柴明到底在什么地方，你只需按照举报信中的事实断案就行，哪里还需要原被告对质。

马怀素根据他查明的魏元忠等人无谋反实情的结论奏报，武则天根本不认可，责问马怀素是不是要包庇魏元忠等叛逆。马怀素回道：臣哪里敢放纵叛逆，魏元忠以宰相的身份被贬官，崔贞慎等人以亲友的身份前去送行，如果硬将他们定性为谋反，臣无法做到。

说着说着，马怀素便给武则天讲起了历史，说西汉初年的时候，高祖刘邦攻灭起兵造反的彭越，将其人头悬挂在城门上；彭越旧部栾布在人头下大哭，并向彭越人头汇报工作。刘邦不但赦免栾布，反而给他升官。说罢，马怀素话锋一转：如今魏元忠的罪名和刑罚都没有彭越严重，陛下却要诛杀为他送行之人，天理何在！"且陛下操生杀之柄"，按照朝廷制度，最高司法权属于陛下您，您想杀谁就杀谁，以前也不是没有这样干过；"欲加之罪"，何患无辞，如果您非要定魏元忠、崔贞慎等人的罪，"取决圣衷可矣"，直接裁定就是，不用和臣商量；如果想借臣的手将冤案锻造成铁案，那对不起，臣没有当年来俊臣、周兴的本事，还请陛下您另请高明。

武则天听完马怀素的据理力争，语气有所缓和，问他是否打算将魏元忠、崔贞慎等人无罪开释。马怀素回道：臣愚钝，见识愚昧，真没有发现他们有什么罪过！武则天消解怒气，魏元忠继续贬官岭南，崔贞慎等人免于刑罚。

据《旧唐书》，魏元忠、张说被贬官流放前后，本是九月秋高气爽时节的长安，却出现大范围大雨冰雹灾害性天气，气温急剧下降，以致"人畜有冻死者"。天寒地冻，印证了朝堂上政局的肃杀。刚刚有所缓和的政治空气，再次转向紧张。

武则天明白，洛阳是武周政权的根据地，长安是李唐势力的集结地，她对长安的掌控力远远比不上洛阳，所以才一而再、再而三地压制不住朝臣对二张的攻击。而在女皇绷得越来越紧的政治斗争那根弦中，对二张的攻击就是对自己的攻击。女皇要反击，要回到对她绝对忠诚的洛阳城，才能确保政局的发展在自己的掌控之中。

就在朝堂上群臣明面上集体攻击二张，实质上是暗地里挑战武则天的权威不久，长安三年（703）九月十九，武则天任命娘家侄子武攸宜为西京即长安留守长官。冬十月初八，武则天离开长安东行。出发时，武则天最后回望了一眼长安城和大明宫，一股复杂情绪泛上心头。此时的她还不知道，这会是她在长安的最后岁月。她再一次回到长安时，将会是躺在灵驾中归来。十九天后即十月二十七，武则天抵达洛阳，再次将政治中心从长安东迁洛阳。

张说在魏元忠一事上首鼠两端，以致被贬，纯属咎由自取。当时人们就指出：如果张说当初不许诺二张诬陷魏元忠，就不会有之后的事，"乃是自招其咎"；"赖识通变，转祸为福，不然，皇嗣殆将危矣"[1]，即如果后来不及时掉头攻击张昌宗，李显、李旦都会被牵连进去。张说在玄宗开元年间拜相后，曾到史馆读《则天实录》，读到"论证对元忠事"时，请著作郎兼修国史吴兢"删削数字"[2]，对他在魏元忠一事试图作伪证的记录进行删改。吴兢不从，言道：我写的历史不是被人随便打扮的小姑娘，如果顾及情面不顾事实改来改去，"何名为直笔"，那还叫历史吗！

张说悻悻而去，后来他以宰相身份领衔编修史书时，就没有人可以阻止他

---

[1] 《唐会要》卷64《史馆下·史馆杂录下》。

[2] 同①。

了。张说遂将自己当初答应张昌宗作伪证诬告魏元忠的历史污点抹去，改为自己对张昌宗表面答应，实际反对，在朝堂上是主动反击张昌宗，而非受到宋璟、张廷珪、刘知几等人轮番劝诫才改变立场。

魏元忠也并不是完全清白无辜，他对女皇确实是忠心耿耿，毫无谋反之心，但对狄仁杰却多有辜负。正是他的一封密奏，完全打乱了狄仁杰推动武则天和平交班的计划。

## 监国构想与政变准备

狄仁杰老成谋国，在对武周、李唐政权交接路线图的政治考量中，他的方案是和平交班，在适当时机推动武则天提前传位给太子李显，以避免灵前即位时有不可测的政变风险，影响政局稳定。

对于和平交班方案，狄仁杰有过一次试探。据《旧唐书·魏元忠传》，"则天昔在三阳宫不豫，内史狄仁杰奏请陛下（即中宗李显）监国"。那是在圣历元年（698）九月十五李显复立为皇太子的一年半后，即久视元年（700）四月左右，武则天因病驾幸距离洛阳160余里的嵩山行宫三阳宫休养，朝中日常政务由狄仁杰、魏元忠等大臣打理。狄仁杰试图抓住武则天无心朝政的机会，奏请让太子李显监国，带领朝臣处理日常政务，以此走出交班传位路线图的第一步。

在中国古代政治生态中，太子监国一事可大可小。一般皇帝圣躬违和，或要举行封禅之类的重大典礼时，因无暇顾及日常政务，都会由太子出面监国，高宗时期就经常如此。但在武则天这种绝对权力那根弦绷得很紧的君主眼里，太子监国意味着大权旁落，意味着有人想抢班夺权。要想奏请武则天同意太子监国，狄仁杰必须想好方式方法。

当时朝中武氏势力甚大，如果公开奏请此事，不等武则天思考，就会被武氏势力搅黄。因此，狄仁杰采取了密奏的方式，一切请武则天自主考量决断。如果武则天批准，那就成为女皇决定的既成事实，武氏势力再反对也是回天无力。

但尽管是密奏，还是有人知道了此事，此人正是魏元忠。而魏元忠之所以得知狄仁杰奏请太子监国之事，根据学者杜文玉在《狄仁杰评传》一书中的推测，极有可能是狄仁杰主动告知①。狄仁杰与魏元忠同朝为官，应该早就认识。长寿二年（693）两人又曾被来俊臣诬陷共同谋反，可见两人应该私交不错。两人后来同时被贬，虽然无法保持日常交往，但共同的遭际也使得他们的政治感情更加相通。神功元年（697）九月，魏元忠回朝重新出任御史中丞，同年闰十月，狄仁杰回朝拜相，两人应该恢复交往。圣历二年（699），魏元忠也进入宰相班子。可能狄仁杰鉴于和魏元忠同为宰相重臣，加上之前私交颇厚，就在密奏武则天请求太子监国之前，和魏元忠通了气。

但让狄仁杰没有料到的是，他密奏请求太子监国后，魏元忠竟然也上了一封密奏，极力反对狄仁杰的意见（"密进状云不可"）。武则天最终没有应允太子监国之事，魏元忠的密奏应该起了重要作用。魏元忠之所以反对狄仁杰的主张，主要是因为与狄仁杰的政治立场不同。魏元忠没有自己独立的政治信念，一切以当权者的旨意为依归，并没有狄仁杰推动周唐禅代的历史自觉和宏大格局。武则天在位时，魏元忠拥戴武则天；其他人上位时，魏元忠同样会拥戴其他人，而不论当政者昏庸贤明与否。正是这种政治风格，造成魏元忠后来的晚节不保和时人对他人品的嘲讽。当然，这是后话。

早在神功元年（697）闰十月二次拜相时，狄仁杰就自感自己身体多病，而武则天还很健康，看来他是要走在女皇前面了。现在他关于太子监国的动议被否决，推动武则天提前和平传位的路线图更是无从实施。

显然狄仁杰的身体已经等不到李唐归位的那一天了。如果身后朝局有重大变化，狄仁杰生前的所有苦心孤诣都将付诸东流，他必须留下一个组织人事班底来推动武则天交权，并确保最高权力交接后全国局势平稳。

大致在久视元年（700）正月到九月间②，武则天和狄仁杰有过一次谈话："朕要一好汉任使，有乎"③（在《新唐书》中"好汉"作"奇士"，在《资治通鉴》中作"佳士"），要狄仁杰推荐一名"好汉"以备大用。狄仁杰问武则天：

---

① 杜文玉《狄仁杰评传》，三秦出版社，2000年。
② 王涤武《武则天时代》。
③ 《旧唐书》卷89《狄仁杰传》。

"作何任使"①，即不知陛下用此"好汉"作何用处？武则天答道：准备作为能够出将入相的重臣使用。

狄仁杰向女皇推荐了时任荆州长史的张柬之，其人"虽老"，年龄有些大，已经差不多75岁了，但"真宰相才也"；而且他"久不遇"，官场不顺，长年没能一展抱负；陛下"若用之"，为他提供用武之地，必能"尽节于国家矣"，为您创造出远超预期的政绩。狄仁杰所言"若用之，必尽节于国家矣"中的"国家"，很显然不是武周，而是李唐。而后来张柬之创造出的远超预期的政绩，足以让武则天刻骨铭心，到死都愤愤不平！

对于张柬之，武则天并不陌生，早在二十五年前就听闻其名。张柬之是个大器晚成的人，年少时便将经史通读，入太学补为太学生，时任国子祭酒、参与修撰《晋书》《周书》和太宗、高宗部分实录的令狐德棻对其相当看重。张柬之进士及第经吏部铨选后，先担任地方县丞，后调任高宗之子、郇王李素节王府仓曹参军。

李素节是高宗与萧淑妃所生，武则天在成为皇后前与萧淑妃、王皇后宫斗争宠，势同仇雠。武则天扳倒萧、王二人后，升为皇后，将二人软禁并杀害。武则天鉴于李素节"警敏好学"，对其尤为忌恨，撺掇高宗下旨，念在李素节身患旧疾、不便行走，让他"不须入朝"②进京拜见父皇。李素节实际上并无疾病，武则天只是以此为借口断绝李素节与高宗的联系。此时李素节生母已死，又无法觐见生父，悲愤孤苦之极，就写下《忠孝论》一文寄托心迹，抒发心志。

此时政治上还不甚成熟的张柬之看到《忠孝论》后，就建议李素节将此文秘密进献给高宗，试图感动父皇，允许他入朝觐见。李素节认为此言有理，就依张柬之所言进献《忠孝论》。没想到还没等高宗下旨召见李素节，此文就被武则天发现。武则天颇为生气，就指使大臣诬告李素节贪赃受贿，于高宗仪凤元年（676）十月，将李素节贬为鄱阳郡王。胡三省在注解《资治通鉴》时评价道"柬之封论以进，欲以感动帝心，岂知适所以速素节之罪乎"，认为张柬之实属好心办坏事。李素节被贬，张柬之亦长期沉沦，不得升迁。

---

① 《资治通鉴》卷207。
② 《资治通鉴》卷202。

永昌元年（689），朝廷开考贤良方正科目征召人才，报名投考的有一千多人，七十岁左右的张柬之"独为当时第一"[①]，一举夺魁，调任御史台监察御史，并大致在圣历初年（698年前后）升任凤阁舍人即中书舍人，后因反对与突厥和亲，被贬任地方刺史，又迁转荆州长史。在此期间，狄仁杰应该对张柬之有过逐步了解和深度考察，进而深信不疑。如王夫之在《读通鉴论》中所言，"狄公之与张柬之，皆有古大臣之贞焉，故志相输、信相孚也"，狄仁杰认定张柬之与自己志向一致，足以托付国之大事。

而武则天要狄仁杰推荐"好汉"的目的，亦是托付国之大事，即在保证政权从她手中向太子李显顺利交接的过程中，继续执行李武并贵政策，维持武家诸王政治地位和经济待遇不动摇。因此，这个"好汉"，本质上就是顾命大臣，而非一般将相。

学者王涤武在《武则天时代》中分析，武则天最初的顾命大臣人选是吉顼和狄仁杰，这两个人都力主立李氏子孙为接班人，且和武家有一定的交往：狄仁杰并未公开反对武氏家族在朝中保持相应地位，吉顼则将两个妹妹都送给武承嗣为妾。但吉顼虽赞同给予武氏家族一定的政治地位，却认为李武并贵并不十分得当，而且要求修改这一政策，因此被武则天放弃。而狄仁杰年老体弱，有可能走在武则天前面，故女皇只能请狄仁杰再推荐顾命大臣人选。

尽管武则天要狄仁杰推荐"好汉"和狄仁杰推荐人选的目标，都是托付国之大事。但二人对国之大事的定义并不一致，狄仁杰的国之大事是推动武周向李唐回归，武则天的国之大事是维持李武并贵。狄仁杰的老谋深算在于，他给武则天推荐了一个与女皇预期目标完全相反的人选。武则天对张柬之有些疑虑，没有立即用其为相，毕竟张柬之以前是死对头萧淑妃之子李素节的属官，与李唐子孙有深度交集，且反对武家子弟与突厥和亲，对武氏家族相当不感兴趣。武则天有些不明白狄仁杰葫芦里到底卖的什么药，狄仁杰到底姓唐还是姓周，她傻傻分不清了。但武则天还是本着对狄仁杰的信任，将张柬之从荆州长史提拔为神都洛阳所在的洛州司马。

---

[①] 《旧唐书》卷91《张柬之传》。

不久，武则天再次让狄仁杰推荐"好汉"人选。狄仁杰仍然推荐张柬之："前荐柬之，尚未用也"，怎么又要臣推荐人选！武则天表示，已经给他升任洛州司马了。狄仁杰不以为然，"臣所荐者可为宰相"，并非一介司马。武则天思考一番后，又将张柬之提拔为秋官侍郎即刑部副长官刑部侍郎。

除张柬之外，狄仁杰还举荐了姚崇、敬晖、桓彦范等十多人，武则天先后予以重用。敬晖与张柬之也有交集，据周其力的研究，张柬之任洛州司马时，敬晖极有可能任其直属上司洛州长史[①]。姚崇、敬晖等人的事迹，前文已经有所叙述。桓彦范祖父曾任雍王府谘议参军、弘文馆学士，桓彦范其人"慷慨俊爽"[②]，年少时依靠父祖地位从门荫途径入仕，补授禁军右翊卫，圣历年间升迁至司卫寺即掌管仪仗卫队的卫尉寺主簿。狄仁杰与桓彦范交往后，对其"特相礼异"，一见倾心，曾对他言"足下才识如是，必能自致远大"，认定他必将有一番大作为，遂将他调到御史台出任监察御史。

当时有人对狄仁杰说"天下桃李，悉在公门矣"，即狄公真是桃李满天下，你看看这满朝大臣，有不少是从你手上成长起来的。狄仁杰回答：我"荐贤为国"，是为朝廷的长治久安储备战略人才，"非为私也"。和推荐张柬之时所言一样，狄仁杰说的这个"国"，显然不是武则天的武周，而是李家的大唐。

久视元年（700）九月二十六，没能看到李唐王朝王者归来那一天的狄仁杰，带着无限的遗憾离开了人间。武则天仰天长叹："朝堂空矣！"此后一到有朝廷大事不能做出最终决断、无人敢下最后决定的时候，武则天又是指天望月，谓"天夺吾国老何太早邪"，埋怨苍天为何急匆匆将国老狄仁杰交于秋风！狄仁杰的在天之灵默默注视着武则天：我一直都在，从未远离，会陪你走完最后一程的。

## 政变集团的内部派系

与张柬之等人关系密切的唐人李邕曾为狄仁杰作传，是为《狄梁公传》，

---

[①] 周其力《唐睿宗政治势力的消长研究》，上海师范大学硕士学位论文，2021年。
[②] 《旧唐书》卷91《桓彦范传》。

书中认为崔玄暐、袁恕己等人也是狄仁杰发现并推荐的。但并无狄仁杰与崔、袁二人直接交往的记载,故司马光在《资治通鉴》中对《狄梁公传》所记一件颇具传奇色彩的事情很是怀疑。

据《狄梁公传》,狄仁杰有一次退朝后,将张柬之、桓彦范、敬晖、崔玄暐、袁恕己叫到家里,对五人言道:老夫年老体衰,"身先朝露",估计时日无多,不能见到五公将来盛举,深以为憾;"冀各保爱,愿尽本心"——愿五公能够永葆初心、不忘使命,将来大事,就托付五公了!张柬之等五人互相对视,心潮澎湃,体悟到狄仁杰深意。

狄仁杰病重时,张柬之等五人前去探病问候,狄仁杰与他们只是相对终日,一言不发。到了后来,狄仁杰竟然泪流满面,枕头都被泪水打湿,但仍然望着五人默默无语。

五人退出后,无法猜出狄仁杰到底有什么放不下的心事。袁恕己分析道:梁公两袖清风,家无余财,是不是现在"气力转羸",想将家事和几个孩子托付给我们?张柬之不以为然:狄公大贤,"未闻大贤废国谋家者也",没有听说过大贤之人将家事凌驾于国事之上的,都是国之大者,哪有什么家之大者!

五人议论时,狄仁杰叫张柬之、袁恕己、桓彦范三人入内,留敬晖、崔玄暐在门前守卫。狄仁杰对张柬之、袁恕己、桓彦范言道:刚才我之所以没有说话,是因为敬晖、崔玄暐在场。这两人"能断而不能密",即能断大事,但嘴巴不严,不善保守秘密;若与他们商议此事,定然会泄露出去,"一泄之后",那就是国破家亡。但是一旦时机成熟,如果不能与敬晖、崔玄暐合作,大事也无法办成。梁王武三思是武家势力的核心代表,手握重权,"可先收而后行也",举大事时要先做掉武三思,"不然,则必反生大祸"!说罢,狄仁杰含恨而去!

狄仁杰去世后一年有余,张柬之等五人到私密场合秘密聚会,遥想狄仁杰当年的临终交代,重申牢记狄公嘱托。五人饭后要商议具体行动方案,互相对视,又怕时机不成熟,而且提前定下具体方案可能会暴露行动目标;但时间如白驹过隙,日子一天天滑过,不筹划此事又对不住狄仁杰生前重托。五人三番五次欲言又止,犹豫不决,桓彦范实在忍不住,首先开口说话。

孰料桓彦范刚开口,只听天上一声炸雷裂开云际,刹那间风云变色,狂风大作，暴雨骤起，咫尺之间不辨人影，五人所坐席垫都被吹落在地。张柬之等人战栗惊恐，相顾言道，"此是狄公忠烈之至"，这是狄公在天显灵，要用这狂风暴雨提醒我等，时机未到，不可讨论此事。五人遂闭口不言，不一会儿便是"天清日明"，惠风和畅。

因《狄梁公传》中的这段记载怪力乱神之事颇多，司马光在《资治通鉴》中不予采信，认定"其言谲怪无稽，今所不取"；且认为张柬之、桓彦范、敬晖、崔玄暐、袁恕己只是偶然间"同时在位，协力立功"，狄仁杰并不能预知此事，只是后来因五人同"建兴复之功"，好事者遂"附会其事"，强行将五人认定为是狄仁杰举荐，受狄仁杰教诲嘱托才立下大功。

其实，司马光的考证并不完全正确。《狄梁公传》确实有很浓的小说家言的色彩，但并不妨碍书中神异记载背后的历史事实。狄仁杰生前应该对张柬之、姚崇、敬晖、桓彦范等人做过个别或集体的最终政治交代，至少有过"大唐王朝反正日，国祭勿忘告仁杰"之类的政治嘱托。张柬之等人也有可能在狄仁杰去世后聚会商议过政变之事，会上可能存在意见不统一的情况，正好有人假借那天风雨交加附会狄仁杰显灵警示，否定了当时尚不成熟的冒险计划。

狄仁杰确实与崔玄暐、袁恕己没有直接关联，但却有间接联系。虽然史料中没有狄仁杰与崔、袁二人关系的直接记载，但后来最终串联起崔、袁等政变队伍核心成员的，正是狄仁杰当初推荐的张柬之、桓彦范、敬晖和姚崇。而司马光关于五人"协力立功"只是因"偶同时在位"的判断，却有相当的政治眼光，因为张柬之、桓彦范、敬晖、崔玄暐、袁恕己虽然被统一视为五人集团，《旧唐书》《新唐书》将五人列入同一卷列传，但其背后却分属不同派系。

崔玄暐年少时便学业、品行俱佳，时任秘书省长官秘书监的叔叔崔行功对其相当看重。高宗龙朔年间，崔玄暐考中科举考试中的明经科目，经吏部铨选后步入仕途，多次迁转后调任兵部的库部员外郎。崔玄暐母亲经常教导他要修身洁己，他牢记母亲教诲，为官清正廉洁，小心谨慎，不久经天官即吏部郎中的过渡，升任凤阁舍人即中书舍人。

长安元年（701），崔玄暐被破格提拔为天官侍郎即吏部副长官吏部侍郎，手握选官用人大权。他依然"介然自守,都绝请谒"①,对上司乃至宰相递条子、打招呼一概拒绝,由此"颇为执政者所忌",得罪了某位宰相,被迫转任文昌左丞即尚书都省副长官尚书左丞。

仅仅过了一个月左右的时间,武则天就找崔玄暐谈话:自从把你调到尚书都省,吏部就一直出状况,选官用人工作一塌糊涂。朕还听说你从吏部调职的时候,那些中下级官员"乃设斋自庆",竟然烧香聚餐庆贺,简直是岂有此理,分明是发出了贪赃枉法、大干快上的明确信号。现在朕让你回吏部继续当侍郎,好好刹住这股不正之风。谈话后,武则天当即让崔玄暐复任吏部侍郎,并赐给他各色绸缎七十段。

崔玄暐在尚书都省的任职时间虽只有短短一个月,但却是他人生的重大转折。因为此时在尚书都省任尚书右丞的,正是狄仁杰举荐的敬晖。崔玄暐与敬晖两人共同处置尚书都省日常政务,联系紧密,交往颇多,应该就此结下了深厚的革命友谊。

长安三年(703),崔玄暐升任鸾台侍郎即门下省副长官黄门侍郎并拜相,兼任李显东宫的太子左庶子。崔玄暐太子左庶子的这一兼职非常重要,使张柬之等政变集团与太子李显建立了联系,能够争取太子支持以取得政变合法性。但崔玄暐进入太子东宫的时间较晚,未能与李显结下深厚感情,导致他在后来的滔天巨浪中未能独善其身。第二年即长安四年(704),崔玄暐改任凤阁侍郎即中书省副长官中书侍郎,并继续留在宰相班子。

崔玄暐属太子东宫一脉,而袁恕己则隶属相王李旦一脉。袁恕己于长安年间曾在司刑少卿即最高审判机关大理寺副长官大理少卿与右肃政台副长官中丞位置上迁转,并兼任李旦相王府司马②。将袁恕己拉进政变集团领导层的,正是狄仁杰推荐的桓彦范。长安三年(703)到四年(704)间,桓彦范在左肃政台副长官中丞和司刑少卿等职位上迁转,与袁恕己有同为大理寺副长官和肃政台副长官的人事交集,故能建立联系。桓彦范拉袁恕己入伙,其意义绝不限于袁恕己一人,更是争取相王积极站到政变集团一边,并在政变活动中发挥积极主动作用。

---

① 《旧唐书》卷91《崔玄暐传》。
② 《旧唐书》卷91《袁恕己传》。

同属相王李旦一脉的，不仅有袁恕己，更有姚崇。早在大足元年即长安元年（701），姚崇便以兵部尚书的身份兼任李旦相王府长史[①]，帮助李旦处理王府日常事务，并逐渐与李旦建立深厚的感情和政治信任。长安二年（702），李旦出任并州道元帅，姚崇跟随李旦任元帅府长史。

长安四年（704），时任宰相兼凤阁侍郎即中书省副长官中书侍郎的姚崇因母亲年老请求辞职尽孝。武则天虽然于六月初七同意姚崇辞去相位，但仍然让他继续担任相王府长史。此时姚崇还兼任兵部尚书，手握兵权，若继续担任相王府长史，会引起武则天和太子对相王的猜忌，那样不但会招来武则天的警惕，更会造成政变集团内部两杆大旗即太子与相王之间的分裂。姚崇就上疏武则天，表示身为相王府长史，"不宜典兵马"，不适合同时任兵部尚书掌握兵权，这样会给人造成不必要的联想；臣自己倒没什么，就是恐怕会对相王造成不利。武则天心知肚明，改任姚崇为春官即礼部长官礼部尚书，"余如故"，让他继续担任相王府长史，并对姚崇更加信任。

最终助力张柬之拜相的，正是姚崇。由于武则天的疑忌，狄仁杰生前没能把张柬之送上相位，最后临门一脚的重任历史性地落到姚崇身上。长安四年（704）九月，武则天任命姚崇为灵武道行军大总管，后又任命其为灵武道安抚大使。姚崇赴任前向武则天辞行，武则天让他举荐尚书六部官员中能够出任宰相的人才。姚崇当即推荐张柬之，评价张柬之"沈厚有谋，能断大事"，更重要的是"其人已老"，能为朝廷健康工作的时间有限，还请陛下您"急用之"，抓紧破格提拔使用。

听到姚崇的再次推荐后，武则天不由得想起四年前狄仁杰的力荐。武则天此时身体已经每况愈下，却迟迟没能选出能够肩负国之大事的顾命大臣，更是为日常朝务无人领衔处理而发愁。她必须尽快充实健全宰相班子，以确保政局稳定，遂在狄仁杰、姚崇的接力推荐下，于十月二十二任命已经八十余岁的张柬之为宰相，不久升任凤阁侍郎即中书省副长官中书侍郎。

随着张柬之的拜相，集结号正式吹响，政变不可逆转地进入倒计时。

---

① 《全唐文》卷993《唐太原节度使韦凑神道碑》，中华书局，1983年。

# 第六章　迎仙宫之变

作为狄仁杰亲自推荐的宰相人选，张柬之在刑部侍郎任上和拜相前后，处理日常政务的同时，将主要精力放在联络大臣、组建政变班底、争取太子和相王等皇亲重臣的支持等工作上，与桓彦范、敬晖、崔玄暐、袁恕己等人多次密谋商议具体行动策略。

在讨论中，张柬之、桓彦范、敬晖三人应该对崔玄暐、袁恕己二人隐瞒了推动武则天交权的最终目标。原因在于，一旦武则天退位，最高权力的归属和政治利益的重新分配，将会造成太子、相王之间的重大矛盾分歧。如果提前暴露逼武则天退位的战略目标，不但会打草惊蛇，而且不一定同时得到太子、相王的支持。

因此，张柬之、桓彦范、敬晖应该只向崔玄暐、袁恕己等人展示了打击张易之、张昌宗的方案，五人对此形成一致意见，并取得太子、相王对此方案的默许支持。

## 朝臣大战二张

张柬之等人制定的打击二张的首选方案，仍然是试图继续进行合理合法的政治斗争，通过反腐惩贪这一利器，将二张拉下马。二张的亲戚子弟平日里仰仗张易之、张昌宗的势力，作威作福，贪赃受贿，鱼肉百姓，根本不缺这方面的把柄，其中尤以张昌期为甚。

据《朝野佥载》，张昌期有一次骑马在长安万年县招摇过市，碰见一名女子戴着头巾在前面行走，丈夫抱着儿子在后面跟着。张昌期见女子身条不错，竟然用马鞭挑起女子头巾，要看看容颜如何，肆意调戏。女子见状大骂，张昌期竟然让手下直接将女子绑上马抓到自己府上。女子丈夫多次告状，不但未能救回爱妻，反倒被张昌期五花大绑到万年县县衙，罗织罪名处死。

很快，长安四年（704）七月十二，桓彦范、袁恕己所在的监察机关和审判机关拿到证据材料，向武则天报告张易之、张昌宗的兄弟司礼少卿张同休、汴州刺史张昌期、尚方少监张昌仪贪污敛财，将他们都抓进大狱。武则天下令肃政台进行调查。案件调查过程中，牵出张易之、张昌宗"作威作福"的贪腐线索，武则天虽然要力保二张过关，但也不能置国家大法于不顾，该走的过程也必须走，就下令一并调查二张贪腐之事。

桓彦范、袁恕己虽然都曾在司刑寺即大理寺任职，但大理寺实行"法官"独立办案，因此他们对下属"法官"的掌控力并不是很强。司刑正即大理寺"法官"大理正贾敬言很能体会武则天的圣意，于七月十八上奏：张易之贪赃证据不足，只查到张昌宗曾经强买百姓田地，依律应罚二十斤铜。贾敬言意在秉承女皇圣意，放过张易之，对张昌宗罚酒三杯即可。女皇对贾敬言的结案报告很是满意，"制'可'"，直接圈阅同意。

桓彦范见从张易之、张昌宗身上打不开缺口，只能从张同休那里侧面进攻。经过四天的反复查证，七月二十二，桓彦范会同御史台长官李承嘉共同上奏：张同休兄弟的贪赃总额竟然达到四千余缗钱，当初是张昌宗举荐他们为官，应负连带责任，依法免去所任官职。当时选官制度中，确实有举荐者若举人不当须连坐的规定。但张昌宗对此不服，表示微臣对国家既有功劳又有苦劳，这么一点罪过不能免臣的官。

张昌宗到底有什么功劳，武则天心里清楚。对她自己而言，张昌宗确实功劳很大，但却不好往外说。张不开口的武则天，无法理直气壮地让桓彦范撤回判决结果，就把问题踢给宰相：你们说说，张昌宗的功劳大不大，应不应该以功抵过、无罪释放？宰相杨再思心领神会，赶紧站出来回话。

杨再思"为人巧佞邪媚"[①]，以拍马溜须、逢君之恶见长，能十分精准地捕

---

① 《旧唐书》卷90《杨再思传》。

## 第六章 迎仙宫之变

捉武则天的心思:"主意所不欲,必因而毁之",即武则天不喜欢的人,杨再思一定千方百计诋毁;"主意所欲,必因而誉之",即武则天喜欢的人,杨再思一定会挖空心思将其夸成一朵花,比如张昌宗。当时有人夸赞张昌宗貌比潘安、玉树临风,称"六郎(即张昌宗)面似莲花",杨再思表示不同意。张昌宗不解其故,问杨再思是不是看不起他张昌宗。没想到杨再思的马屁功夫更上一层楼,"人言六郎面似莲花;再思以为莲花似六郎,非六郎似莲花也"。《旧唐书》对杨再思的评价如下:"其倾巧取媚也如此"。

杨再思不仅对张昌宗逢迎谄媚,对张易之哥哥张同休亦是一并溜须。有一次张同休请公卿大臣到司礼寺宴饮,酒过三巡,在座者都喝得酩酊大醉。张同休借着酒劲,竟然调戏杨再思,说杨再思"面似高丽",长得如高丽人一般。在中国古代以华夏为贵、以夷狄为贱的政治语境中,张同休说杨再思"面似高丽"是极大的侮辱。杨再思投之以桃奉承张昌宗"莲花似六郎",不料张同休却报之以李调戏自己"面似高丽",在座诸人都等着看杨再思怎么将自己的脸面捡起。

没想到杨再思欣然接受"面似高丽"的长相定位,说同休老弟这个评价再贴切不过了,我杨再思本来就长得像高丽人。说罢,杨再思还自己动手用剪刀剪了顶纸帽子戴在头上模仿高丽衣着服饰,然后反穿紫袍官服,当众跳起高丽舞蹈,踏着节拍,举手投足,销魂之至,在场官员"满座嗤笑"。

有人实在看不下去,就问杨再思,"公名高位重,何为屈折如此"——杨公您是当朝宰相,为何如此作践自己。杨再思总算说出实话,"世路艰难,直者受祸"——这世道不好混啊,说实话办实事的直肠子,都一个个上了断头台;我如果不这样做,能保住这卿卿性命吗?

行事一贯如此的杨再思,面对女皇关于张昌宗"有功乎"的提问,立刻做出了唯一正确的回答:张昌宗曾经为陛下炼制仙丹,陛下您服用后青春焕发,去年八十,今年十八,简直是逆生长;陛下的健康,是我大周最重要的,是国之大者,张昌宗为陛下您永远健康操碎了心。如果说这都不是功劳,臣就不知道什么才是功劳了!

武则天听后凤心"甚悦",当即赦免张昌宗,让其官复原职,时人由此

"贵彦范而贱再思也"。左补阙戴令言写了一篇《两脚野狐赋》，讽刺杨再思是两只脚直立行走的狐狸。杨再思"闻之甚怒"，将戴令言贬为长社县（今河南省许昌市长葛市一带）县令。

武则天保下张易之、张昌宗后，于七月三十将张同休贬为岐山县（今陕西省宝鸡市岐山县一带）县丞，将张昌仪贬为博望县（今河南省南阳市方城县一带）县丞，算是给御史台和大理寺一个交代；但也是在警告他们，案子到此为止，不要再牵连他人。

眼见御史台和大理寺都无法将张易之、张昌宗定罪，宰相韦安石再次上奏，弹劾张易之等人犯罪。武则天见宰相出头，玩起了两面手法：一边指使韦安石会同另一宰相唐休璟审理此案；一边于八月初一任命韦安石兼任扬州刺史，八月初七任命唐休璟兼任幽（州）营（州）都督、安东都护，让二人离京赴任，意在调虎离山。张易之等犯罪一案，又不了了之。

唐休璟赴任前，向太子李显辞行，秘密报告太子：张易之、张昌宗仗着你母亲的宠幸，愈发张扬跋扈，将来一定会闹出乱子，还望殿下提前做好应变准备。李显心领神会，开始授意张柬之等人考虑转换斗争思路，另换斗争方式。张柬之拜相后，更加努力搜集二张的其他方面罪证。既然贪赃罪名都无法将二张拉下马，那就找找有没有谋反之类的犯罪事实。毕竟女皇最忌讳的就是谋反之事。

八月之后，朝臣对二张的攻击暂告一段落，朝局呈现胶着状态，天气也异常起来。从九月到年底，日日不明，浓云密布，又有"大雨雪"。洛阳城中甚至有人饿死冻死，武则天让官府开仓放粮，赈济灾民。

与天上异常天象相对应的，是人间武则天的病势愈发严重。年底女皇"寝疾"，居住在洛阳宫长生院即长生殿中。病重期间，宰相等大臣几个月都见不到女皇。武则天也不见亲生儿子李显、李旦和武三思等武家子侄，甚至不让唯一的女儿太平公主侍候汤药，整日只是和张易之、张昌宗厮混在一起，让二人为自己调理身体。

经过休养，武则天病情有所好转。崔玄暐赶紧上奏女皇：太子、相王都是陛下的亲儿子，您把他们培养得宽仁明理、孝顺友爱，足以为您端汤送药；皇宫大内是陛下起居的机密之处，最好不要让外姓人随便出入。崔玄暐的言外

## 第六章 迎仙宫之变

意是，万一武则天不幸晏驾，太子又不在宫中，保不齐会有人趁机作乱。武则天对此心领神会，不久就让太子李显到洛阳宫城北门即玄武门居住，以便随时听召进宫。

张易之、张昌宗见武则天气息奄奄，朝不保夕，心中忧虑万分，毕竟武则天是他们唯一的依靠。据《朝野佥载》，二张兄弟张昌仪曾对人言，"丈夫当如此，今时千人推我不倒，及其败也，万人擎我不能起"，意思就是：我们张家大丈夫的一生应该这样度过，武则天在时，是千人推我不能倒，等到武则天不在的那一天，就是万人擎我不能起。

可见，二张对他们与武则天的一损俱损、一荣俱荣关系，有着相当清醒的认识。他们恐怕朝臣在武则天去世后对他们进行反攻倒算，就暗中结交党羽，积蓄力量，准备应变。屡屡有人在洛阳街头发放传单甚至张贴大字报，匿名举报"易之兄弟谋反"，孰料武则天一概不予理会。

虽然武则天不追究二张兄弟所谓"谋反"之事，但二张却听闻风声，惶惶不安。尤其是张昌宗，心中大惊，脸色大变。他知道，那件事可能被人发现了。

那是在几个月前，张昌宗找了一个叫李弘泰的江湖大师看相。李弘泰刚见张昌宗，就吓得赶忙下跪，说臣冲撞了天子，死罪死罪。张昌宗问他为何如此这样说，李弘泰言张昌宗有天子之相，他日必能荣登大宝。李弘泰还建议二张兄弟在老家定州建造佛寺，如此"则天下归心"。二张兄弟乐不可支，马上将建造佛寺之事向定州官府布置下去，并奏请武则天迁移京城十名高僧大德到定州，以提高定州佛寺的知名度，进而提升自身影响力，巩固权力根基。

京城高僧不愿到定州去，就向当时还在朝中的姚崇诉苦，请求姚崇做主让他们继续留在京城。姚崇"断停"①——以宰相权力驳回了张易之等人的要求，阻止了高僧大德迁移定州之事。张易之多次要求姚崇高抬贵手，姚崇始终不改其衷。张易之恼怒之极，向武则天进谗言将姚崇外放。姚崇之所以外任灵武道大总管，就是此事所致。

---

① 《旧唐书》卷96《姚崇传》。

可能是李弘泰给张昌宗看相之后，为提高知名度曾私下向外界炫耀此事，说女皇的宠臣都找我看相，本大师真的很灵吧。由此，张昌宗有天子之相此等天机不可泄露之事，就慢慢传开了。十二月二十，许州（今河南省许昌市一带）百姓杨元嗣实名向朝廷举报张昌宗自认有天子之相，意图谋反。武则天不敢怠慢，命宰相韦承庆和司刑卿即大理寺长官大理卿崔神庆、御史中丞宋璟共同审理此案。

三名主审官中，韦承庆、崔神庆逢君之恶，竟然上奏武则天，说张昌宗自称找李弘泰看相之后，就把李弘泰那些大逆不道之言向女皇原原本本报告了。既然张昌宗有自首交代行为，就不应该再追究，更不能处以刑罚。李弘泰妖言惑众，请立刻处死，以儆效尤。

韦承庆、崔神庆此言，意在帮张昌宗过关，既然张昌宗之前已经向女皇承认此事，并痛心悔过，那就无须追究。也有可能是李弘泰神神道道说张昌宗有天子之相后，张昌宗心理高度紧张，小小身板承受不了上天如此厚爱，就向武则天坦白认罪。武则天明白张昌宗根本无篡位的野心和能力，就将此事当成笑话一听了之，恕其无罪。由于史料缺乏，到底有没有张昌宗自首此事，已无法考证。关键是如果按照韦承庆、崔神庆的建议，直接处死李弘泰，那张昌宗看相谋反之事，就将死无对证。面对韦承庆、崔神庆这两个佞臣，另一个主审官宋璟站了出来。

宋璟和张易之、张昌宗早已是死对头。当初宋璟被提拔为左肃政台副长官后，武则天有一次在宫中设宴招待朝中贵臣，张易之、张昌宗兄弟都坐在宋璟上座。张易之素来忌惮宋璟，这次想讨好宋璟一番，改善其在以宋璟为代表的清正朝臣心目中的形象，就起身给宋璟让座：宋公您"方今第一人"——是当世天字第一号大才，不能坐在我后面，请上座，请请请！宋璟不为所动，说：我本是才能低下、地位卑微之人，"张卿以为第一，何也"——有何德何能竟被张卿评为天下第一？

官场饭局的潜规则是，有人可以对宠臣或高官不屑一顾，有人亦会抓住时机对这些不屑一顾之人猛踩一脚以显示忠心。如此便是公然与宠臣或高官的反对者作对，更能获取宠臣或高官的欢心。时任天官侍郎即吏部副长官吏部侍郎

## 第六章 迎仙宫之变

的郑杲就是这样的人，他见张易之被宋璟"怼"得面红耳赤，连忙出来打圆场，并替张易之指责宋璟：你宋璟是什么货色，有几斤几两，竟敢唤我们五郎为张卿？

在当时的社交礼节中，君王、长官一般唤大臣、下级为卿，门生、晚辈称呼主人、长辈为郎。郑杲称张易之为五郎，自比张易之门生晚辈，可谓寡廉鲜耻；又指责宋璟不和他一起尊张易之为五郎，可谓不以为耻，反以为荣。宋璟正色言道："以官言之，正当为卿"，即我乃本朝最高监察机关副长官，他张易之只不过是一个小小的后宫奉宸令，女皇陛下的男宠，整天哄女皇开心而已，我怎么就不能叫他张卿？"足下非张卿家奴，何郎之有"，即你郑杲是张卿家奴吗，怎么连五郎都能叫出口；堂堂吏部侍郎，竟然自我作践去当别人的家奴，你知道"羞"字有几笔几画吗？

宋璟一席话让参加宫宴之人皆大惊失色，毛骨悚然。当时满朝文武都对张易之兄弟毕恭毕敬，即使看不惯也是小心谨慎应对，只有宋璟态度倨傲横眉冷对。二张党羽被宋璟"怼"出内伤，经常找机会陷害他。武则天知道后，对宋璟多加保护，才让其免遭毒手，最终为开元盛世留下一擎天巨擘。

张昌宗谋反案发生后，宋璟联合大理寺法官大理丞封全祯上奏武则天：陛下您对张昌宗那叫一个掏心掏肺，他张昌宗上辈子不知积了什么德，得到陛下您如此宠幸，他竟然还要去找大师看相，问问前程还能不能再进一步，这是何居心？简直是欲壑难填，贪心不足蛇吞象。据李弘泰招供，他给张昌宗卜卦时，卜出纯乾之卦，这可是至纯至阳的"天子之卦"①。张昌宗如果认为李弘泰是妖言惑众，为何不将他移送司法机关处置？就算他在案发前已经主动向陛下报告，但终究是包藏祸心，依法应当以谋反罪斩首抄家，还请陛下您下旨将他逮捕收监，让臣等详细审查他的罪行。

宋璟所言，句句在理，武则天听后理屈词穷，无法反驳，"久之不应"，只能默默无语。宋璟见状，又言：如果不立即逮捕张昌宗，恐怕社会上关于他有天子之相的谣言会越传越广，以致"摇动众心"，蛊惑人心。武则天再装哑巴，

---

① 《资治通鉴》卷 207。

张昌宗就真的难以脱罪了，遂强行打断宋璟：此事先不进入审判程序，等进一步搜集相关证据再说。

宋璟无奈，只得暂且退下。当时负责就朝政得失提出意见建议的左拾遗李邕继续进言支持宋璟，说宋璟所言全是为了江山社稷的长治久安，而非为自己考虑，忠言逆耳，还请陛下批准他的奏请。武则天"不听"。

宋璟坚持审判张昌宗，武则天又拾起几个月前对付宰相韦安石和唐休璟的故智，下旨让宋璟先去扬州办案，再赴幽州调查都督屈突仲翔贪污一案，意在将宋璟调离朝廷，让二张案件再一次不了了之。

宋璟的政治斗争技巧明显比韦安石和唐休璟高出一筹，他直接搬出朝廷制度把武则天的旨意"怼"了回去：按照御史台运作规则，地方州县官犯罪，高级官员由侍御史前去调查，低级官员由监察御史前去查办，臣身为御史中丞，除非遇到军国大事，否则不应到地方亲自查案。武则天一计不成，又生一计，让宋璟给宰相李峤当副手，到甘肃、四川巡视。宋璟还是不从，说幸赖陛下英明神武，天下太平，甘肃、四川百姓安居乐业，不知陛下派臣到那里有何公干，臣不敢奉诏！

武则天碰了一鼻子灰，只得作罢。张易之等人本想等宋璟出京，就指使人上疏对其弹劾诬陷，见宋璟死活不出京，就趁宋璟家里举办婚礼，派刺客前去行刺杀之事。有知情者暗中告诉宋璟，宋璟躲藏起来，"刺不得发"[1]，这才逃过一劫。

## 李显下定决心

事已至此，张柬之、桓彦范、崔玄暐等人该出马了。时任司刑少卿即大理寺副长官大理少卿的桓彦范上疏，认为张昌宗于朝廷没有任何功劳却享受莫大恩宠，竟然包藏祸心，这次是他自己找死，皇天降怒；有道是自作孽不可活，陛下仁慈宽厚，不忍处以极刑，但却违反了天意，这可是不祥之兆。桓彦范更是指出张昌宗险恶用心之所在：就算他张昌宗当初是主动交代此事，也不应该

---

[1] 《新唐书》卷124《宋璟传》。

继续与李弘泰往来，还让李弘泰教他祈福消灾之法，这分明是毫无悔改之心。现在看来，张昌宗之所以主动交代，只不过是首鼠两端，一旦案发会用主动交代作为免罪的借口。如若无人举报平安无事，他就抓住机会大干快上。如今案情已经大白于天下，陛下还是不管不问，要将他无罪释放，这会让张昌宗越来越自命不凡。愚夫愚妇也会认为张昌宗有天命在身，定能遇难呈祥，认定张昌宗有天子之相，如此则大事去矣。这一切都是陛下您一手造成的。如果此等逆臣都不杀，那下一步便会是国破家亡，还请陛下您下令鸾台即门下省、凤阁即中书省会同御史台、刑部、大理寺共同审理此案。

桓彦范奏疏上报后，武则天继续装聋作哑，不予理会。崔玄暐接力"屡以为言"，反复劝武则天兹事体大，必须严办。武则天这才下令司法机关就张昌宗罪名问题进行讨论。崔玄暐之弟崔昪时任司刑少卿即大理寺副长官大理少卿，判处张昌宗大辟即斩首。

宋璟奏请将张昌宗逮捕下狱，武则天再次拿出张昌宗已经先行主动交代的论调为其辩护。宋璟不依不饶，说张昌宗那是被街头的大字报吓破了胆，被逼无奈才向陛下您交代，并不是主动自首；而且他所犯乃谋反罪，罪不容赦，如果这样严重的罪行都不处死，那要国法何用！

眼看宋璟一幅怒气冲冲的模样，武则天"温言解之"，即和颜悦色地劝宋璟莫要动气，试图化解僵局。没料宋璟反倒声色愈发严厉，说臣知道张昌宗"分外承恩"，是您的宠臣，臣也知道有些话一旦说出口便是祸从口出，大难临头，但为国除奸是臣的本分；"义激于心"，臣即使被千刀万剐，也在所不惜。

武则天不悦，宰相杨再思怕宋璟再口无遮拦，说出什么不中听的话，赶紧代女皇宣旨让宋璟下去。宋璟怒道，陛下圣明，不劳杨相您擅自揣摩圣意，陛下都没让我走，您怎能"擅宣敕命"，假传圣旨。武则天无奈之下，"乃可其奏"，让张昌宗到御史台接受调查审问。

宋璟立刻将张昌宗押赴御史台，在台署衙门向张昌宗问话。刚问几句，武则天就派人宣旨特赦张昌宗，并召张昌宗即刻进宫见驾。此时面对武则天的特赦诏书，宋璟只能长叹一声：早知如此，不如刚开始就"击小子脑裂"，即将张昌宗的脑袋敲碎，如今悔之晚矣！张昌宗在武则天的贴心保护下，再次躲过一劫。武则天让他到宋璟府上当面表达谢意,修复关系。宋璟拒而不见,表示"公事当公言之,若私见,则法无私也"①——有公事到御史台去谈,我宋璟和你张昌宗没有私事可聊!

在以"贪腐""谋反"等罪名对张易之、张昌宗进行合法政治斗争的同时,桓彦范、崔玄暐等人也积极推动武则天解决武周革命以来的历史遗留问题,平反冤案,为当事人雪冤。

长安四年(704)十一月左右,武则天让宰相推荐尚书六部中级官员员外郎的合适人选。宰相韦嗣立推荐广武县(今河南省郑州市荥阳市一带)县令岑羲,又遗憾地说:可惜陛下您十三年前把他伯父岑长倩打成谋反分子给杀了,虽然那是一桩冤案,但您至今还没给岑长倩平反;作为罪人之后,岑羲可能不太适合到朝廷工作。韦嗣立意在探武则天口风。武则天没有把历史旧账放在心上:如果岑羲有真才实学、能力突出,就卸掉历史包袱吧。最终,武则天启用岑羲为吏部员外郎。更重要的是,借着岑羲这股东风,"诸缘坐者始得进用",武则天改朝换代前后冤案当事人的后代全部得以解放,并根据能力所长逐渐得到任用。

还是在长安四年(704),崔玄暐联合宰相李峤共同上奏,"往属革命之时,人多逆节"②,即当年陛下革唐命改唐为周时,好多人的思想还没转过弯来,没能跟上陛下您的伟大步伐,领会陛下您的深谋远虑,因此犯了一些政治上的错误。由此给那些酷吏递刀子提供机会制造冤狱,之前周兴等酷吏屈打成招,办过不少冤案,还请陛下您一并平反昭雪!

武则天一时未做决断,毕竟为那些反对她称帝的政治犯平反,意味着对之前政策的否定。桓彦范又接力上疏,奏请将文明元年(684)废黜李显之后的一切政治犯,除参与扬州、豫州、博州叛乱和谋反的集团头领外,"一切赦之"③。此举等于对之前的恐怖政策进行了大面积的否定,武则天仍然犹豫不决。桓彦范前后连续上了十多道奏疏,"辞旨激切",武则天这才"允纳",于

---

① 《旧唐书》卷96《宋璟传》。
② 《资治通鉴》卷207。
③ 《旧唐书》卷91《桓彦范传》。

第二年正月宣布改元，大赦天下，允许按照桓彦范所提建议，开展大规模的冤狱平反工作。

无论是对张易之、张昌宗开展斗争，还是平反冤狱，张柬之等人的目的都是在不遗余力地营造和平交接权力的政治氛围。武则天虽然是被动接受平反冤假错案的建议，但也表明她开始对政策进行根本性修正，要为和平交接权力营造宽松的政治氛围，这可以视为武则天想把最高权力和平移交太子李显的政治信号，可"想"并不等同于"能"，二张问题的存在，使得和平交接权力成为几乎不可能之事。张易之、张昌宗虽然没有掌握朝政决策权、兵权等核心权力，但由于他们整天围着武则天，保不齐会闹出偶然性的乱子，比如假传圣旨诱杀李显之类。更重要的是，二张完全依附武则天，被武则天死死保住，张柬之等朝臣根本无法使用常规手段清除他们。毕竟此时二张已与武则天深度绑定，在事实上几乎成为一体，要动二张，就不得不触怒武则天。在政治上投鼠忌器的张柬之等人，只有采用肉体消灭的暴力手段解决二张问题。

最先提出对张易之、张昌宗进行肉体消灭的，是太子李显的女婿、安定郡主夫君王同皎。据王同皎墓志[①]，桓彦范、崔玄晖、宋璟等人试图以谋反罪名处死张易之、张昌宗未果后，王同皎忧心朝局，"坐虑倾夷"。神龙元年（705）正月的一天，王同皎邀请桓彦范到家中做客。寒暄过后，王同皎面容凄楚地对桓彦范道，"其如王室何"，说罢两人"相对潸然"落泪，抱头痛哭。哭完后，王同皎与桓彦范决心携起手来匡复皇室，再造大唐。

当时武则天已经明显注意到，朝中拥戴太子李显的大臣与张易之、张昌宗的矛盾越来越深，就提点张易之：我孙子李重福与你外甥女的婚事该提上日程了，让张易之通过和太子联姻，缓和与太子派系朝臣的关系。张易之赶紧将外甥女嫁给李重福，让二人举行婚礼。王同皎决定趁张易之送亲的时候，派遣刺客在婚礼上将其刺杀。

王同皎布置完毕后，静待张易之出现。谁料张易之不知是因为听到风声，还是意识到太子派系大臣对其的敌对态度，觉察到了潜在危险，竟然"不出"，

---

① 于志刚《新见〈唐王同皎墓志〉考释》，见《唐史论丛》第二十八辑。

没有参加外甥女和李重福的婚礼。由于张易之没有露面，暗杀之事只能不了了之。

既然刺杀不成，张柬之、桓彦范等人立即调整斗争方向，组织拉拢军队，准备开展军事斗争。从唐太宗玄武门之变到武则天废黜李显政变等历史经验看，决定唐朝宫廷政变成功与否的关键，是驻防北门的军队即玄武门禁军这一京城战斗力最强部队的人心向背。因此，张柬之等人的主要工作，便是对禁军将领李多祚进行攻心。

李多祚是唐朝靺鞨族名将，其祖上世代担任靺鞨族酋长，因头发为黄色，被称为"黄头都督"，归附唐朝后受赐国姓李。李多祚"骁勇善射，意气感激"，感恩图报，能以义气动之。李多祚先后参加唐朝对黑水靺鞨、室韦、契丹孙万荣、突厥默啜等周边部族的战争，屡立奇功，升任右羽林卫大将军，"领北门卫兵"①，驻屯玄武门，掌握保卫皇城安全的主要军事力量。要发动政变，必须争取李多祚的支持。

张柬之等人遂与李多祚共议此事，问李多祚：李将军掌控北门禁军多少年了？李多祚回道"三十年矣"。张柬之又问：李将军"击钟鼎食，金章紫绶，贵宠当代"，今日富贵已经"位极武臣"，即达到历代武将的天花板，这份富贵应该是大帝即高宗皇帝的遗泽之恩吧？李多祚表示同意："然"。张柬之再问：李将军既然能牢记大帝恩泽，今日能否回报？大帝之子太子李显目前尚在东宫，历史你也都知道，我就不多说了。眼下张易之、张昌宗兄弟祸乱朝廷，国家和太子都危在旦夕，社稷安危全都系于将军一人之身。李将军若想报大帝厚恩，正在今日！李多祚斩钉截铁：如果能匡复大唐皇室，李多祚唯张相之命是从，"终不顾妻子性命"，定能抛家舍业，赴汤蹈火在所不惜。李多祚说罢，当即对天地神灵发誓，"词气感动，义形于色"——豪气冲天，壮志凌云！张柬之遂将计划向李多祚和盘托出，李多祚表示将全力支持。

拉拢李多祚这一最重要的实权将领后，张柬之着即在李多祚的支持下，对禁军中高级将领进行改组。当初张柬之从荆州长史赴任洛州司马时，与继任长

---

① 《旧唐书》卷109《李多祚传》。

史杨元琰交接工作。杨元琰是东汉太尉杨震十八代孙，出生数年还不会说话，有看相大师认为"语迟者神定"，说话晚之人定力强，此儿必成大器。杨元琰步入官场多次迁转后接替张柬之出任荆州长史，有一次二人在江中坐船观光，到中流击水处，张柬之见四顾无人监听，遂与杨元琰谈起武周革命、改唐为周的历史，杨元琰听完，愤恨不已，"慨然有匡复之志"，乃至"悲涕慷慨"①，给张柬之留下深刻印象，张柬之认定此人可用。

张柬之拜相后，将杨元琰从荆州调到朝廷，委任为右羽林卫将军。任前谈话时，张柬之颇有深意地对杨元琰道，元琰可能还记得当日你我"江中之言乎"，今日之任命正为全你当日之志。杨元琰听后心领神会。

除杨元琰外，张柬之还任命桓彦范、敬晖和右散骑侍郎李湛等人为左、右羽林卫将军，"委以禁兵"。李湛是当年拥立武则天为皇后的得力干将李义府之子，张柬之对李湛的这一任命对武则天来说颇具迷惑性。当时左、右羽林卫各设大将军一人，将军两人，主要将领共六人，李多祚、杨元琰、桓彦范、敬晖、李湛五人已经加入政变集团，张柬之等人在禁军军事力量对比上由此占据绝对优势。

羽林军系统主要将领的大规模变动，引起张易之、张昌宗兄弟二人的警惕。自从上次遭受桓彦范、宋璟等朝臣以"谋反"罪名为武器的打击后，二张家族已成惊弓之鸟。政变前夕，张昌仪新修成一座府第，"甚美"，比皇子公主的宅第都要豪华壮丽。有人趁夜在其门上写下一句话，"一日丝能作几日络"，"丝"即丝线，"络"即丝线织成的网，这句话的字面意思是只有可用一天的丝线，你用来织络能织几天？或只有可用一天的丝线，你能织出几天的络？"丝"和"死"同音，"络"和"乐"发音近似，"一日丝能作几日络"的真实意思就是"你张家就要死翘翘了，还能快乐几天？"，意在讽刺张家是秋后的蚂蚱，蹦跶不了几天。

张昌仪看到这句话后，让人擦掉。结果夜里又被人写上，张昌宗再擦，那人又写，来来回回反复了六七天。张昌仪受不了了，就提笔在"一日丝能作几

---

① 《新唐书》卷120《杨元琰传》。

日络"下写上"一日亦足",意即"本人知足常乐,快乐一天就够了",这事才算了结。

张柬之见张易之、张昌宗暗中调查禁军将领调整之事,为安其心,就任用二张自认是己方党羽的武攸宜为右羽林卫大将军。二张见到武攸宜的委任状,这才放下心来。二张对武攸宜政治向背的自以为是,将让他们在不久之后悔之晚矣,毕竟此时武氏家族已经站到了他们的对立面。二张在朝中的耀武扬威、飞扬跋扈,让他们失去了起码的政治判断力,将几乎所有人都推到了反对自己的阵营。武家子弟已经把二张视为敌人,但二张却没有意识到武家态度的转变,反而继续认为武家和自己属于统一阵营,故张柬之任命武攸宜为右羽林卫大将军才能稳住二张之心。武攸宜在李显二次即位后,官位并没有被贬黜,由此亦可反推其并非二张真正党羽,至少不是二张死党。

不久,姚崇从灵武回到洛阳。张柬之、桓彦范听闻姚崇归来,相顾大喜道:"事济矣!"张柬之、桓彦范将政变主要计划告诉姚崇,请他与相王商议,姚崇应该代表相王同意了张柬之他们的政变计划。当时太子李显为方便进宫伺候武则天服汤药,居住在玄武门。桓彦范、敬晖找准时机秘密晋见李显,请李显审阅政变计划,"太子许之"。桓彦范素以孝母著闻,政变前告诉母亲自己将要为朝廷以死相搏。母亲深明大义,表示自古忠孝不能两全,儿可放心去做,"先国后家可也"。

## 五方各怀鬼胎

张柬之完成朝臣组织人事和禁军力量布置后,针对二张问题发动武装政变已经是势在必行。但要确保政变成功,并在政变过程中取得头功进而主导政变后政治局势的发展,张柬之还面临两个问题:一是对外,如何对武则天封锁消息;二是对内,如何处理政变集团内部关于政变目标的分歧,并牢牢掌控政变过程的主导权。

从二次进宫打怪升级,取得与王皇后、萧淑妃宫斗的胜利成为皇后,到日月凌空成为一代女皇,武则天夺取历次斗争胜利的一个重要手段就是对皇宫"宫人"集团即宫女、女官的掌控,通过她们传递消息,使之成为自己强大的情报来源。有学者研究认为,"武后在宫中的纵横捭阖,实与其长期与王皇后、萧淑妃争宠时,所费心经营的宫人关系有密切的关联"①。

当年高宗因欲把武则天姐姐韩国夫人及其女儿魏国夫人贺兰氏母女一并纳入后宫,与武则天发生感情危机。遭武则天废黜的原太子李忠旧臣宰相上官仪,趁机劝高宗废黜武则天的皇后之位,并为高宗起草废后诏书。孰料上官仪起草的诏书墨迹未干,左右宫女就飞奔向武则天告密。武则天当场将高宗和上官仪抓了个现行,粉碎了高宗废后的图谋,还将上官仪处死。正如学者研究成果所言,"武后之所以能够长期掌握宫中的势力,与其和宫人集团势力的联合,应该有着不可忽略的关系"②。

张柬之可以联络持共同政治立场的朝臣,联合对武则天封锁政变消息,但他的手伸不进后宫。并且当时宫人多在城内有住宅,经常外出居住与朝臣互通消息,难保不会发现蛛丝马迹,进而报告武则天。要想取得宫人集团对政变行动的谅解乃至支持,非武则天的小棉袄太平公主出马不行。可能经过太子李显和相王李旦的劝说,太平公主同意出面,毕竟她的情人高戬就是因被二张诬告而流放岭南,其与二张亦是势同水火。太平公主虽然可以相对较为自由地出入后宫,但与宫人集团毕竟没有直接的长期联系。这时,上官仪的孙女上官婉儿的作用就凸显出来了。

上官仪被杀时,还在襁褓之中的婉儿"随母配入掖庭"。婉儿长大后,"辩慧善属文,明习吏事。则天爱之",由此从钦犯后代逆天改命为女皇心腹,"百司表奏多令参决",即对朝廷各部门上奏的事务有参谋决策之权。婉儿有一次"忤旨",依律当诛,武则天"惜其才不杀,但黥其面而已"。在当时的后宫政治格局中,上官婉儿事实上取得了宫人集团首领的地位。但随着张易之、张昌宗的崛起,武则天试图以二张为中心打造新的内朝政务处理班子,在事实上分割了上官婉儿"参决""百司表奏"的权力。因此,上官婉儿与二张是有着权力争夺上的矛盾的。

太平公主出生于麟德二年(665),与出生于麟德元年(664)的上官婉儿

---

① 耿慧玲《从神龙宫女墓志看其在政变中之作用》,载于《唐研究》第三卷。
② 同①。

年岁相仿，共同语言较多。并且太平公主与上官婉儿同在宫中长大，接触交往频繁，想必关系应如闺蜜般亲密。应该是在太平公主的游说下，上官婉儿决定代表宫人集团站在太平公主和政变集团这边，对武则天封锁了外朝和禁军异动的消息。当然，上官婉儿与太平公主的深厚闺蜜感情，也为后来命运的悲剧走向埋下了伏笔。上官婉儿香魂飘逝后长期未能盖棺定论，其政治评价被反复涂抹与重塑，也和此深度相关。此为后话。

近年来出土的神龙年间宫人墓志中，至少14方墓志上有"弼谐帝道，复我唐业，畴庸比德，莫之与京""遂使有唐复命，我皇登极。大庇黔黎，辉光宇宙"之语，从中可以看出这些宫人在政变中发挥了重要作用，她们不但集体屏蔽了武则天的消息来源，甚至有过帮助政变军队进宫的举动。有学者依据这些出土的墓志认为，"可以推论，在神龙元年的政变中，宫女有相当程度的参与""确实是有一批宫人在神龙政变的时候，对五王（即张柬之等五人）拥立中宗的行为予以支持，为政变添加了一些助力"①。

解决完对武则天封锁消息的问题后，张柬之等人面临的最大问题就是如何妥善处理政变集团内部关于政变目标的分歧。太平公主、上官婉儿等女性势力加入政变集团后，政变集团实际上由五方势力组成：（1）太子李显；（2）相王李旦、袁恕己、姚崇；（3）太平公主、上官婉儿；（4）张柬之、桓彦范、敬晖、崔玄暐等；（5）武三思等诸武势力。

五方势力分工不同。太子李显负责居中号令，授予政变合法性。相王李旦、袁恕己承担预备队角色，控制外围形势；姚崇主要参与谋划。太平公主、上官婉儿负责内应，保证宫人集团对武则天封锁消息，并接应政变部队入宫。张柬之、桓彦范、敬晖、崔玄暐等人承担第一线的冲锋角色，负责直接动手打头阵。

囿于史料缺乏，诸武在政变中的具体作用不详，但不代表其对政变没有贡献。政变后张柬之等人要求驱逐诸武势力，中宗李显以诸武对政变有功为由反对，在《答敬晖等请削武氏王爵表敕》中明确表示，武三思等武氏子弟"皆悉

---

① 耿慧玲《从神龙宫女墓志看其在政变中之作用》，载于《唐研究》第三卷。

预告凶竖，虽不亲冒白刃，而亦早献丹诚"。中宗摆出此事实后，没见张柬之否认，可见诸武确实参与了政变，至少在政变谋划阶段有较为深度的参与，至少对政变持支持态度，至少没有反对政变。武三思等诸武势力应该是与太子李显共进退，在当时李唐皇族的男性成员中，太子李显因女儿与武氏子弟的联姻关系，成为和诸武关系最密切者。

五方势力虽然在政变策划中各有分工、密切配合，但不代表在政变的最终目标和目标推进程度上意见完全一致。五方在政变究竟达到什么程度、实现什么目标上一直没有达成共同意见，主要分歧是要不要在诛杀二张后逼武则天退位进而传位太子。

诸武因二张建言立李显为太子和进谗言杀害武延基等事，对二张颇为愤恨，认同诛杀二张，但强烈反对逼迫武则天退位。毕竟武则天目前是他们政治地位和经济利益的最大保障者，若武则天下台，诸武将失去最大的政治庇护。

相王李旦并没有完全放弃对皇位的觊觎之心。武则天在位，他还有可能等来改换太子的机会。如果武则天被逼退位，皇位只能顺位传给已经是太子的李显，他李旦理论上就再无登上皇位的回天之术，因此也反对逼母亲退位。

太平公主囿于和武则天的母女感情；上官婉儿鉴于和武则天的君臣感情，以及武则天对她的信任重视和知遇之恩，在感情上也不能接受逼迫武则天退位。在实际政治利益上，武则天在位更有利于她们作为女性扩展权势、扩充利益。

太子李显在逼迫母亲退位问题上犹豫不决，无可无不可。从唐朝前期政治斗争的历史经验看，皇太子在一脚踏进东宫的同时，也一脚踏进了鬼门关，李显当过皇太子的哥哥、伯父、伯祖父们，几乎没有几个善终的。高祖立的皇太子李建成被太宗李世民做掉；太宗立的皇太子李承乾，在与魏王李泰的争斗中被废黜；高宗立的第一个皇太子李弘死得不明不白，第二个皇太子李贤被武则天指使人杀掉，第三个皇太子也就是李显自己即位后，眼看着生米终于煮成了熟饭，还是被母亲废掉另立新君，直接把煮饭的锅给摔了。

从圣历元年（698）被立为太子，到神龙元年（705），李显在东宫已经待了七年。七年之痒是古今通例，人同此心，心同此理。作为太子的李显在变，当过皇帝、皇嗣的弟弟相王李旦也在变,身为女皇的母亲武则天更是在变。七年后的武则天已经不是七年前的武则天,七年后的李显、李旦也已经不是七年前的李显、李旦,七年后的朝局更不是七年前的朝局。李显难保将来有一天不会因为这样那样的原因,触怒母亲导致再次被废。即使没有这么一天,弟弟李旦也保不齐会向他发起夺位斗争。

李显二次入主东宫后即被母亲牢牢掌控,与外界朝臣接触不多,迟迟没能形成自己的势力。而李旦却趁武则天将注意力集中在哥哥李显身上,屡屡出任安北大都护、天兵道元帅、并州牧、安北道行军元帅、并州道行军元帅、知左右羽林卫大将军事等中央和地方军政要职,与各派朝臣打得火热,逐渐形成强大的相王府集团,连张柬之最终拜相都要靠属于李旦阵营的姚崇举荐。如若李旦真的与李显展开夺位之争,李显几乎毫无胜算。尽管李旦性格"谦恭孝友",明面上不一定有夺位的心思,但只要他有这个能力,就会让李显如坐针毡。因此,为避免有朝一日局势恶化,不可收拾,李显有提前上位的心思。

但就胆量而言,李显又有些胆气不足。他清楚母亲的手段,明白母亲的无情。经过在房州十五年的折磨,武则天已经将李显身上的锐气几乎消磨殆尽。如果在诛杀二张后逼迫母亲退位不成,反被母亲强力镇压,他连在房州那种担惊受怕、朝不保夕的日子都不能再有,只能是直接跌入万劫不复的深渊。从李显的角度分析,对他最有利的形势格局,是相王、太平公主-上官婉儿、武三思等诸武、张柬之等人四方最好互相牵制,他自己居中掌控政变进程。但他一无班底,二无军队,根本无法有效控御四方,只能充当四方的旗帜。因此,在是否逼武则天退位的问题上,李显相当犹豫不决,迟迟下不了最后的决心。

面对无法下定孤注一掷最后决心的太子李显,最为焦急的莫过于张柬之等人。如果仅仅是诛杀二张,继续维持武则天的皇帝地位不动摇,那即使政变成功,张柬之等人也只是从二张手中夺回本就属于外朝大臣的政务处置权,无法触动最高权力格局,仍然没有完成狄仁杰返周为唐的政治嘱托。更重要的是,为他们政治生命的进一步发展考虑,只有逼迫武则天退位,辅佐李显提前登基,他们才能立下拥立新皇的头功,同时赢得"再造大唐"的不世之功,依靠拥立和再造的政治名号,捞取足够的政治资本。因此,张柬之等人的政变目标，只能而且必须是在诛杀二张之后赶武则天下台，这是他们与武三思等诸武、相王李旦、太平公主-上官婉儿三方的根本分歧所在。

如果太子、相王、太平公主-上官婉儿、诸武四方只诛杀二张，不逼迫武则天退位，四方面临的最大危险只是在诛杀二张后，武则天是否会对他们进行惩处。在亲生儿女和娘家子侄都对诛杀二张持共同态度且木已成舟的结果面前，武则天不会有足够的政治力量同时惩罚他们。如果武则天将他们全部惩处，那她自己将变成真正的孤家寡人。法不责众，这是太子、相王、太平公主、诸武四方确信作为母亲、姑姑的武则天，最终会无可奈何地接受诛杀二张既成事实的政治底气。

## 女皇黯然销魂

由于政变五方只是对动用禁军力量暴力诛杀二张的行动方案达成一致，而对如何解决政变后的局势尤其是在是否逼迫武则天退位上存在重大分歧，因此迟迟未能确定政变发动时间。在中国古代政治生态中，武装政变这种事急不得，更拖不得。尤其对张柬之等人而言，如果拖的时间过长，不但会导致政变流产，更会造成个人的不测之忧。武则天可以谅解亲生儿女、娘家子侄诛杀二张，但对张柬之等外朝官员和外姓人员绝不会姑息轻饶。鉴于此，张柬之等人决定撇开对反对逼武则天退位最强烈的诸武势力，抢先发动政变。为保证政变绝对保密，一击必中，张柬之等人甚至可能没有提前告诉太子、相王诸人具体行动时间。

神龙元年（705）正月二十二，张柬之、崔玄暐、桓彦范与左威卫将军薛思行等人率左右羽林军五百军士发动政变，到达玄武门下。众人整军列队，意气风发，但刚到玄武门下，就被守卫玄武门的田归道拦下，进退两难。政变队伍此时面临两个问题，一是去哪找军马，二是如何进入玄武门。这两个问题的解决，都要归结到此时已经转任殿中省长官殿中监兼掌管禁军精锐骑兵的将军田归道身上。

张柬之等人发动的禁军多是步兵，骑兵不多，于是派敬晖找田归道"就索千骑"①，要求田归道派骑兵参与讨伐二张，同去同去。田归道因事先没有参与

---

① 《旧唐书》卷185《田仁会传附子田归道传》。

张柬之、敬晖等人的谋划，对政变毫不知情，不知敬晖他们究竟要搞什么鬼，遂拒绝发兵，要求必须向皇帝打报告，见到兵符和圣旨才能行事。正搞政变呢，千钧一发，万分危急，你死我活之时，谁有心情和功夫去请示报告。而且敬晖他们要反的就是皇帝武则天，无论如何也拿不出合法的兵符和圣旨。

事情眼看就要陷入死循环，敬晖要田归道发兵和他同去逼皇帝退位，把皇帝逼退位才能拿到兵符和圣旨，让发兵行为合法；田归道要敬晖拿出兵符和圣旨，先取得合法性才能发兵。双方争执后，最终达成妥协，只要太子李显出面，田归道可以不要武则天的圣旨就交出兵权，放政变队伍进宫。

张柬之于是派李多祚、李湛、王同皎等人去请太子李显。此时武则天病情已经稳定，太子李显就从玄武门搬回东宫居住。李多祚、李湛、王同皎等人到东宫后，请太子出面主持大局，招呼李显：革命了，革命了，太子同去同去！

李显事先并不知道张柬之今夜就要动手，且发现到东宫请他的只有张柬之所部之人，没有发现相王和武氏家族尤其是武攸宜的军事力量。观察到这一切后，李显立马明白，张柬之这是要突破原先制订的政变计划，抢功硬上。政变进程可能会脱离他的控制，走上按照张柬之剧本演出的逼母亲武则天退位的轨道。

面对脱离预定方案的紧急情况，太子李显"疑不出"——犹豫徘徊起来。如果真按照张柬之的计划，逼母亲武则天退位，万一不成功，以老娘的性格，只能让他李显成仁。李显不出来扛旗，张柬之他们就被架在火上烤。

王同皎说话了：太子殿下，岳父，您还记得二十三年前吗？当年您爹把天下交给您，您君临天下壮志豪情，刚要甩开膀子干事业，就无缘无故被人给赶下台，"横遭幽废，人神同愤"[①]，举国同悲，到现在都二十三年了。现在幸好有祖宗上天保佑，朝廷的正气又回来了，兵权又掌握在咱们手中，官员们也都站到咱们这边，大家都表示要同去参加革命，"复李氏社稷"。还请殿下您为将士们扛起革命大旗，带领我们进攻玄武门，剁了张昌宗、张易之，夺了皇位，恢复李唐天下。

---

① 《资治通鉴》卷 207。

李显还是不愿被裹挟上阵，拿出孝顺母亲当挡箭牌：张昌宗、张易之是该剁掉，可他们此时此刻就在我母亲床头。母亲又生着病，病得很重，万一惊着了她老人家怎么办？咱们不要搞得白刀子进红刀子出的，还是要从长计议。散了吧，先都散了吧！李显的潜台词是，政变做掉张易之、张昌宗可以，但不能将矛头对准母亲，逼武则天退位，要按照之前既定的剧本进行，不能临时加戏。

李湛急了：殿下，现在已经是箭在弦上不得不发。参加政变的大臣、将士家都不要了，脑袋都别在裤腰上了，拎着头跟着您干革命，您不能说撤就撤，把我们往油锅里扔。殿下您快出来，再不出来我们就撞门了。李湛的潜台词是：现在是剑已出鞘，拔刀就要见血，禁军已经发动起来，如果现在停止行动，参与政变的禁军都会被以逆贼的罪名论处。那不但李湛、王同皎他们会被愤怒的将士撕碎，李显也不能自保。所以李湛告诉李显，要想停止政变，"请殿下自出止之"——你李显自己出来和将士们说明白！

李显无奈，只得现身。王同皎一手把年过半百已经50岁的岳父抱上马背，跃马扬鞭奔赴玄武门。应该是在路上的时候，李显或张柬之派人通过袁恕己，告知相王李旦和太平公主政变已经发动的消息。太平公主立刻联络上官婉儿，要求宫人集团做好接应准备。相王李旦带王府司马袁恕己赶到宰相所在的南衙办公场所，凭借着自己曾担任"知左右羽林卫大将军事""左卫大将军"的资历，率领南衙禁军稳住外朝局势，亲自登场督战，"以备非常"，保证政变集团彻底掌握洛阳绝大部分军事力量，以确保政变进展顺利。

到玄武门后，李显与张柬之等人会合。田归道见太子李显到来，立刻对政变的合法性有了明确而深刻的认识，交出骑兵部队，打开玄武门，放李显、张柬之等人进宫。

李显、张柬之进入玄武门后，"士皆鼓噪"[①]，即所率禁军立即高呼军号，喊打喊杀，发起冲锋。在上官婉儿率领的宫人集团接应下，禁军将士进入武则天居住的迎仙宫，诛杀张昌宗、张易之。然后李显在张柬之等人的簇拥下，带

---

[①] 《新唐书》卷120《桓彦范传》。

着一队禁军来到武则天的寝殿长生殿,将已经风烛残年的老太太,自己82岁的母亲保护或者包围起来。

武则天受惊,赶紧起身,问道:"乱者谁邪"①——今天是谁谋反,你们要干吗?张柬之回答:陛下,张昌宗、张易之密谋发动反朝廷政变,所幸您有个好儿子,太子李显带领我们粉碎了他们的阴谋,剁了这两个坏小子,挽救了朝廷和国家。臣怕惊扰到您老人家,就没事先汇报,"称兵宫禁,罪当万死"。

一生经历过无数腥风血雨的武则天,还算镇定,还想反击翻盘,就没理张柬之的茬儿,扭头转向李显。武则天懂得柿子要拣软的捏,眼前这帮人中,最软的莫过于她最了解的儿子李显。

武则天直接对李显说:原来是你干的好事啊!既然杀了张昌宗、张易之两个反朝廷分子,辛苦了,回东宫去吧。武则天的策略是先缓一缓,眼下保住皇位要紧,等喘过这口气腾出手来再收拾这帮混账东西。有道是知子莫如母,李显果然腿肚子发软两腿发抖,就要朝外走。

可武则天真是老糊涂了,人家都已经开弓了,还能有回头箭吗?武则天心眼转得快,张柬之他们也不傻。桓彦范赶紧拦住李显,上前说道:"太子安得更归"——陛下,太子怎么能再回去呢,回去洗干净脖子等着您砍啊?当初高宗把太子托付给您,让您这个当妈的好好辅佐儿子当皇帝。谁知道您后来竟然干出那样的事,虽然您的吃相很难看,但都过去了,我们也不算旧账。现在太子都50岁的人了,早已经长大成人,老是住在东宫不即位也不是个事。朝廷、国家、军队都是当年太宗、高宗一手创立的,"天意人心,久思李氏",即大家的心都在李家,所以太子才能振臂一呼,我们都同去"诛贼臣"。今天事情都到这个份上了,陛下您就把权力交出来,"传位太子,以顺天人之望"吧。

武则天见恐吓儿子不成,就转变策略,要对政变集团进行分化瓦解,找一个与自己交集最大、历史渊源最深的人作为突破口。武则天又把目光投向李湛:你李湛也是诛杀朕的宠臣的英雄好汉吗!朕以前对你们父子俩真是太好了,才有了今天的报应!

---

① 《资治通鉴》卷207。

## 第六章　迎仙宫之变

当年李义府作为高宗东宫旧部，坚决支持高宗立武则天为皇后，之后也得到武则天的赏识。李义府拜相封爵，担任中书令、御史大夫、吏部尚书等职，都有武则天的助力因素。李义府在任时卖官鬻爵、招权纳贿，多行不法之事，高宗、武则天念在他旧日功劳，对其多有宽宥。直至后来李义府吃相实在太难看，引起众怒，高宗才将其贬官流放。李义府去世后，高宗、武则天赦免了他的子女。武则天即位后，想起当年李义府的拥戴之功，还追赠他为扬州大都督，多次为李湛升职。因此，武则天对李义府、李湛父子俩确实都有厚恩。李湛听到武则天的明嘲暗讽，羞愧得低下头，"溧不能对"，但也没像武则天期待的那样转变立场。

武则天见无法分化李湛，又把目光转向崔玄暐：别人都是走他人的门路才当上高官，你崔玄暐可是朕一手提拔起来的；你当年在吏部工作不顺利，是朕亲自出手挺你，帮你打开局面，你这个没良心的，难道都忘记了！

武则天毕竟老了，她忘记在此时长生殿空间密闭的特殊情势之下，政变集团就是铁板一块，她根本没有任何机会对包括李湛、崔玄暐在内的任何人进行分化。在每个人都在场的情况下，任何人都不敢违背事前达成的逼武则天退位共识，否则必定当场血溅三尺。因此，崔玄暐的回答很是意味深长："此乃所以报陛下之大德"——臣只有这么做，才能真正报答陛下的大恩大德。

武则天懂得兵权的力量，尤其是她看到当年的铁杆支持者李义府的儿子李湛，还有她一手提拔起来的崔玄暐也无法被说服时，彻底知道了什么叫大势已去。张柬之随即下令逮捕张昌期、张同休、张昌仪等二张的兄弟，在洛阳者全部拉到洛阳西南洛水桥即天津桥斩首，将他们的人头与张易之、张昌宗的人头一起，悬挂在桥头示众。百姓见状，"士庶欢踊"，争抢着剐张氏兄弟的肉吃，张氏兄弟之肉当天便被吃完。相王李旦得知政变队伍得手，立即下令逮捕依附二张的宰相房融、韦承庆和司礼卿崔神庆等人，将他们一起抓进大狱。

正月二十三天一亮，武则天下诏太子监国，大赦天下。正月二十四，武则天传位给太子。第二天即正月二十五，太子李显正式即位，是为中宗。因当年年号为神龙，张柬之等人发动的这次政变就被称为神龙政变。

神龙政变的发生，是武则天一手造成的必然结果。

盛世前夜

武则天在圣历元年（698）九月册封李显为皇太子时，已经是75岁的古稀之年；当时李显43岁，也早已四十不惑。从年龄上看，李显完全可以上台执政，加上狄仁杰、吉顼等老臣还在，亦足以辅佐。武则天当时没有选择传位，可能有缓和李武两家矛盾的政治考虑，要为推行李武并贵政策、将李武两家融为一体提供相对较为稳定的政治环境。

武则天的这一政治顾虑在当时是有必要的。但是数年之后，武则天仍然不想退位，甚至在病重期间都不愿让太子监国，就引起了包括狄仁杰在内的很多大臣的不满。当年苏安恒连续上书，要求武则天及早传位于太子、颐养天年，实际上代表了朝野中很大一部分声音。长安年间，武则天已经八十左右，早已不是当年年富力强、精力充沛之时，反而是常年患病，根本没有足够的精力和能量去处理朝政、决策军国大事。

在这一政治背景下，武则天之所以不选择传位，不是因为不想把江山交给太子李显，她一直在为传位营造各种政治氛围；也不是因为李武两家的矛盾没有完全消除，因为武则天明白两家是不可能如她所愿真正融为一体的。武则天不想传位的根本原因只有一个，那就是贪恋大宝，不愿意放弃手中的绝对权力①。

武则天是一名政治女性，手中的权力是支撑她身体的唯一力量源泉。改唐为周登基称帝后，她的权欲一直相当强烈，致力于将大小权力全部收揽手中，不仅牢牢控制对军国大事的决策权，更是想将日常政务的处置权也操诸手中。

武则天曾经亲自批准一名太学生请假回乡探亲的报告，被狄仁杰一顿狂批，说她不知抓大放小，但武则天仍没有省悟。有一次武则天问宰相陆元方外朝鸡毛蒜皮之事，陆元方回道：臣作为宰相，凡涉及军国要务的重大事件一定会及时向陛下汇报请旨；但是外朝和民间那些琐碎小事，根本就没必要件件都上报奏请陛下裁决。陆元方此言深知为政之道，劝武则天莫要过多干涉宰相百官的具体政务和事务处置权，但"由是忤旨"，激怒了权欲强烈的武则天，被罢去相位贬为司礼卿即太常寺长官太常卿。

---

① 杜文玉《狄仁杰评传》。

## 第六章 迎仙宫之变

武则天权欲如此之强,自然不会自动放弃皇位,退出政治舞台。她对臣下深深的猜忌心理和对政敌的铁腕手段,又让她和太子及拥护太子的大臣互相之间产生了很大的猜疑隔阂。在武则天不愿传位,太子又无法确保自身安全的政治态势下,采用政变这一非常手段提前登基,几乎成了推动政权交接的唯一手段。如陈寅恪先生在《唐代政治史述论稿》一书中所言,"中宗虽复立为皇太子,其皇位继承权实非固定,若全国俱认为必能终继武曌之位,无有可疑者,则五王等更将何所依藉,以为号召之口实耶?"

武则天晚年对二张的宠幸放纵,又让恃宠弄权的二张成为矛盾的焦点和政变的导火索。有道是船到码头车到站,不愿意主动退位的武则天,只能被动地让人踹下台。正如孟宪实老师所言,"在有生之年把权力传递给中宗,实现权力的平稳过渡,这或许是女皇最为稳妥的政治安排。这点有人认真地提出过建议(即本书前文所言狄仁杰关于太子监国的奏请),但女皇没有同意,更没有做出让权的动作,终于迎来'神龙政变'即政治'硬着陆'"[1]。

神龙政变发生时,相王李旦、太平公主-上官婉儿两方,虽然因张柬之没有事先知会,没能在政变发生的第一时间参加,但在政变发生后及时参与到政变进程中,并按照事先的部署发挥了"以备非常"和接应政变队伍入宫的作用。李显和张柬之吃肉,总算让相王李旦、太平公主-上官婉儿喝了口汤。

而武三思等武家子弟,则彻底被排除在政变大局之外,不但政变时连口热乎的都没吃上,而且他们最大的保护伞武则天也被逼退位,成了神龙政变最大的输家和利益受损方。迫于形势,武三思等人可以接受武则天退位的政治现实,但绝不能容忍武家势力就此被连根拔起,他还要垂死挣扎,争取逆袭。因此,武三思听闻政变超出了预定计划,竟然把姑姑武则天赶下台,不免惊恐。但他很快就镇定下来,他想到了一个女人,这就是中宗的爱妻韦氏,他将通过这个女人重新崛起。

张柬之等人撇开诸武抢先发动政变的行为,虽然完全按照他们的设想主导了政变进程,夺取了拥立李显提前登基的头功,让政变过程和政变初期的局势

---

[1] 孟宪实《武则天研究》,四川人民出版社,2021年。

完全处于他们的控制之下，但也致使中宗即位后的政局更加复杂多元，并最终造成他们个人的灭顶之灾。

神龙政变不是中宗主导的，张柬之等力量立下头功，相王、太平公主深度参与，他们的政治势力都有很大的发展，中宗面临着势单力孤、皇权旁落的局面，一如他第一次登基时的危局。中宗如何破局，不仅考验他的政治智慧，也将深度影响神龙政变之后政治形势的演变。

# 第二部 景龙政变 中宗屠子

神龙政变成功，中宗反正，大唐归来，一切似乎都在朝着好的方向发展。但政变后的朝局并没有天朗气清，而是继续波谲云诡，甚至再次引发电闪雷鸣般的武装政变。

二次登基的中宗，并没有掌握皇位赋予他的皇权。在外朝，中宗面临张柬之等相权的压力，如芒在背。在皇族内部，中宗面临相王李旦、太平公主势力崛起形成的挑战。

面对皇权事实上已经旁落的危局，中宗苦心孤诣地辗转腾挪，采取一系列措施巩固皇位、加强皇权。中宗的努力取得部分成效，但个别动作也推动政局朝着更加不可控的深渊滑落。当他把主要注意力集中在外朝和相王、太平公主身上时，却没想到祸起萧墙，亲生儿子走上了和他兵戎相见的不归路。

# 第七章　中宗巩固皇权

神龙政变后政局的诡异之处在于，虽然武则天于神龙元年（705）正月二十三下诏让太子李显监国，但此时掌握最高权力的似乎不是监国太子李显，而是相王李旦。

当时禁军主要力量由驻屯皇城北门和南门的两支军队组成，张柬之等人发动政变依靠北门禁军。在正月二十二夜的政变过程中，李旦和相王府司马袁恕己率领南门禁军"以备非常"，充当了政变队伍预备队的角色，不但确保了政变最终取得成功，而且顺利依靠南门禁军的力量，掌握了对宰相办公场所南衙的控制权。

根据唐朝和武周的政务处理法规，皇帝并不直接介入具体行政事务，必须通过宰相才能处理朝政。皇帝和监国太子的权力必须通过宰相执行，宰相对圣旨有副署之权。皇帝诏书必须经中书省起草、门下省审核通过并签字副署同意后，才能生效。如果宰相不在圣旨上签字，那无论是皇帝还是监国太子，都无法行使最高皇权。也就是说，在政治生态健康的前提下，如果宰相不同意，皇帝什么事都做不成。

正月二十三当天，武则天已经被剥夺了全部权力。太子李显只有一个名义上的监国身份，还没来得及和南衙宰相班子建立起深度联系；对不听招呼抢先发动政变且裹挟自己参与逼迫母亲武则天退位的张柬之等人，更是谈不上任何政治信任。这时，掌握了南门禁军、控制了南衙宰相办公场所的相王李旦，俨然成了事实上的皇帝。

而且当时的李旦对正月二十二夜政变的具体过程应该并不知情，他并不知道哥哥李显是被迫参与逼迫母亲退位。在李旦此时的观念中，李显和张柬之等人是一体的，是他们共同抛弃了自己。提前发动政变，赶母亲下台，就是为了让李显提前登基，彻底打消自己夺位的念头。哥哥李显一旦即位，肯定将自己这个当过皇帝，后来还以"皇嗣"身份作为接班人的弟弟，当成首要打击对象。为避免将来遭到残酷斗争的无情打击，他必须提前准备筹码，在宰相班子中安插自己的亲信力量。

于是，正月二十三在颁布李显以太子身份监国的诏书的同时，也下发了另一道圣旨，任命袁恕己为凤阁侍郎即中书省副长官中书侍郎并进入宰相班子。当时包括在政变中立下头功的冲锋一线张柬之等人在内，还没有任何人得到政治酬劳，袁恕己作为政变后方的预备队负责人，却能抢先升官拜相，无疑是依靠相王李旦的支持。因此，袁恕己的任命，肯定不是出自李显的旨意，而是李旦的心意。中书省具有皇帝诏书的起草权，李旦让袁恕己出任中书侍郎，无疑是想借助中书省的诏书起草权和朝政处置建议权，制衡哥哥的皇权，保住并扩展自己的既得利益。

正月二十五，李显即位，搬进皇宫，压力不仅没有因登基而缓解，反而更添一层。因为宫中卧榻之侧的宫人集团，并不和他一条心，而是处于妹妹太平公主通过上官婉儿的深度影响之中。身处妹妹借助宫人集团形成的包围圈，中宗李显焉能安睡！

## 封赏弟妹　酬答功臣

中宗在房州圈禁多年，旧日势力早已被母亲武则天摧残殆尽。复立为太子后又是小心翼翼，如履薄冰，根本无法建立班底。而相王李旦作为旧日皇帝，且长期居于"皇嗣"的准太子地位；太平公主作为武则天和高宗仅剩的女儿，亦是炙手可热。此时的中宗，根本没有与根基深厚的弟弟妹妹叫板的力量，只能捏着鼻子承认现状。

就在登基的神龙元年（705）正月二十五当天，中宗下诏为相王李旦加封号安国相王，拜其为太尉、宰相；为太平公主加封号镇国太平公主，在政治待遇上给足给到位。这是自有唐以来，亲王、公主从未有的封号。可见中宗为安抚弟弟妹妹，可谓煞费苦心。在为弟妹加封号的同时，中宗积极在本家弟妹之外寻找其他皇族支持力量，在诏书中同时要求将李姓皇族中被母亲流放各地甚至发配当奴婢者，全部恢复宗室户籍待遇，并根据个人能力授予相应官位，加封爵位。这既是新君继位、新朝莅临的常规之举，又是中宗恢复皇族元气进而壮大皇族力量，以与弟妹抗衡的重要手段。

当年武则天为改唐为周，对李唐宗室大加屠戮，高祖、太宗的儿子和高宗非武则天所生的儿子，几乎被屠戮殆尽，有才有德、威望颇重的诸王更是首当其冲。只有太宗之子、高宗之兄吴王李恪的儿子，即中宗的堂兄弟郁林侯李千里，因性格偏激暴躁，一无才学二无能力，且多次向武则天献上吉兆祥瑞，大肆吹捧女皇，才侥幸躲过一劫。中宗即位后，立即封李千里为成王，任命其为左金吾大将军。中宗对李千里的封王任职，无疑是想让其成为自己的左膀右臂，却没想到随着后来朝局的变动，李千里竟然会反戈一击。当然，这是后话。

启用李千里只是第一步，中宗还有大手笔。被武则天杀害的李唐诸王、王妃、公主、驸马等无人掩埋，尸骨几乎无存，遗留的子孙或被流放岭南，或长年累月被关押在监狱，甚至有人匿名改姓到百姓家当奴仆。中宗下令各地方州县将已亡的诸王、王妃、公主、驸马一一以礼改葬，恢复原有官职爵位，寻找其子孙，让其承袭父母爵位；没有子孙的，将其他李氏子孙过继到他们名下为后，以示香火不绝。李千里之后，宗室子弟陆陆续续到达洛阳，中宗一一接见抚慰，按照血缘亲疏远近，全部赐予相应官爵。宗室子弟悲喜交加，痛哭流涕，手舞足蹈。

由此，中宗赢得了李唐宗室的支持，收揽了皇族绝大部分人心，取代弟弟相王李旦成为皇族重心所在。不久，相王李旦坚决辞去太尉和宰相职务。中宗立即批准，同时又册封李旦为皇太弟，表示兄弟齐心，其利断金，要在百年之后把皇位传给弟弟而不是儿子，让兄弟俩轮流坐庄——既然之前我们是轮流做皇帝，如今也要继续让风水轮流转。

中宗此意，明显是试探李旦有无觊觎皇位之心。经历过无数腥风血雨的李旦岂能不知，他再三上疏，坚决辞让，反复表示当年在母亲的逼迫下"既冒储贰，又尘尊极"而继立为帝，已经是大逆不道，"正名罚罪，合当万死"。李旦向中宗一再剖白，他当年在皇位上是"冒罪假息，忍死苟全"，如今幸得哥哥英明神武，反正即位，他"得退保先朝所命，归死藩邸之下，则虽灰灭，良无遗恨"①。中宗得到了他想要的答案和态度，遂停止封李旦为皇太弟的动议。

安抚完弟妹，中宗的下一个酬答对象就是张柬之等人。没有张柬之等人提前发动的政变，中宗便无法提前登基。张柬之等人作为政变的领导者，在拥戴中宗复辟和李唐皇族重掌政权的过程中发挥了极其重要的作用。但张柬之等人的政变行为，无论在动机上还是事实上，都不完全是为扶中宗上位，而是有抢功贪功之嫌。他们裹挟中宗参与逼迫武则天退位，使政变脱离预定轨道的行为，更是让中宗记忆犹新。他们此时对禁军实权和宰相班子的掌控，亦是让中宗芒刺在背。

更重要的是，中宗和张柬之等人没有很深的关系渊源，他们虽然支持中宗上台，却并非中宗心腹。张柬之、敬晖、桓彦范和中宗几乎没有任何政治上的交集，他们主要是受狄仁杰提携，靠狄仁杰组织。而狄仁杰当初劝武则天召回李显，主要是考虑要壮大李唐皇族力量，而非明确提出确立李显为储君。在李显与李旦之间，狄仁杰并没有明显的倾向性。张柬之等人受狄仁杰影响，在李显、李旦谁上位问题上恐怕也是无可无不可。只是因为后来武则天经过反复的考虑，决定复立李显为太子，张柬之等人才会支持已经是太子的李显提前登基。张柬之、敬晖、桓彦范之外，袁恕己更是相王李旦的支持力量。只有崔玄暐担任过中宗在东宫时的太子左庶子，但也没见中宗和他有什么特殊的关系；相对于和中宗的简单名分，崔玄暐和张柬之等人的关系更深。

张柬之等人拥戴中宗上位，在很大程度上只是想借助他当时的太子身份主持大局，为政变取得政治合法性。中宗与张柬之等人在政治上交流不足，必然导致隔阂产生和互相不信任。政变发生时张柬之派人去请中宗，中宗很是犹豫动摇，徘徊不出，态度消极，就是这种不信任所致。

政变成功后，中宗和张柬之等人的政治不信任和情感隔阂仍然存在，但必须

---

① 《全唐文》卷 273《崔沔：为安国相王让东宫第三表》。

给他们以相应的政治酬劳。这不仅是张柬之等人立下大功使然,更是他们控制禁军和外朝的政治现实所需。政变成功后,张柬之等人以拥戴功臣的身份积累了雄厚的政治资本,几乎可以左右朝局,以至中宗也必须按照他们的意志行事。

张柬之等人掌握外朝实权后,开始继续完成神龙政变未完成的使命,推动李唐从"实"到"名"的回归。中宗二次即位后,事实上已经完成了政权从武家到李家的转移。但名义上,此时的国号还是大周而不是大唐。中宗继承的是武周天下,而非李唐江山。

对中宗而言,他虽然提前登基当上皇帝,再也不用过提心吊胆的太子日子,但却面临两个问题:一是他是哪家人,是武家人还是李家人;二是他是哪朝的皇帝,是武周的君主还是李唐的天子,这是武周的天下还是李唐的天下。从监国到即位的这段时间里,中宗继续认同并坚持大周国号,没有将改国号为唐提上日程。

从中宗的角度考虑,他继承武周政权更具合法性,对稳固皇权更为有利。如果国号为周,他就是以武周太子身份合法继承武周江山,张柬之等人最多在政变中立下支持他提前登基之功,而不会立下帮他夺位的拥戴之功,更不会拿下拥护李唐复辟的不世之功。只有坚持武周天下颜色不变,他才能依靠以太子身份顺位登基的合法性压制张柬之等人的权力,进而重塑政治权威。因此,中宗监国后,依然"告武氏之庙"[①],在武氏宗庙向武周列祖列宗报告即位登基之事。

而从张柬之等人的角度分析,只有推动武周回归李唐,才能给他们不经当时太子李显和相王、太平公主的同意,为抢功而提前发动政变,披上最终的政治合法性外衣,才能方便他们进一步确立政变的功臣地位,进而掌握政权,清洗朝廷武家派系。因此,他们必须改变中宗"告武氏之庙"的政治现实。

中宗祭拜武氏宗庙时,多日阴云密布。在古代天人感应的天象政治学中,这是上天对天子所为不认可的表现。张柬之等人抓住天气阴沉的时间窗口,指使侍御史崔浑上奏:如今政变成功,李氏当朝,应当顺应天心民意,复国号为唐,为何还要继续祭祀武氏宗庙,应该"复唐鸿业",如此"天下幸甚"!中宗

---

① 《大唐新语》卷2《极谏第三》。

无奈，只有"深纳之"，下诏不再祭祀武氏宗庙。诏书刚下，"阴云四除，万里澄廓，咸以为天人之应"，人们纷纷赞叹天气也讲政治。但中宗还留有余地，并没有立即将国号改回大唐。

正月二十九，中宗在即位的第四天，下诏封赏政变功臣。任命张柬之为夏官尚书即兵部长官兵部尚书并拜相，崔玄暐为内史即中书省长官中书令，袁恕己为宰相，敬晖、桓彦范同时为纳言即门下省长官侍中①，五人全部赐爵郡公。李多祚封辽阳郡王；王同皎为右千牛卫将军，封琅琊郡公；李湛为右羽林卫大将军，封赵国公。其余人等，依据功劳大小，各有封赏提升。

根据这一任命，张柬之为兵部尚书，且和袁恕己同为宰相，崔玄暐手握中书省，敬晖、桓彦范掌握门下省。在三省六部中，政变功臣掌控了朝廷政务运行最核心的部门中书和门下两省，且拿下了六部中最重要的兵部，并继续在禁军系统中担任要职。也就是说，政变集团获得了圣旨的起草权、否决权，拿到了政务处理的发令权和批驳权，占据了兵权，等于将朝廷最重要的决策权、否决权、兵权和禁军统领权，都纳入囊中。中宗除了皇帝的外衣，几乎所有皇权全部旁落张柬之等人之手。

在张柬之等人的推动下，二月初四，中宗最终下诏改国号为唐。李唐江山王者归来，武周政权黯然落幕。诏书将"郊庙、社稷、陵寝、百官、旗帜、服色、文字"等诸项制度，全部"皆如永淳以前故事"，改回到高宗永淳以前的时期。武则天在位时长住洛阳，洛阳实际上成为武周政权的首都。中宗此次下诏将洛阳由神都改为东都，恢复其本来地位。武则天将出生地并州改为北都，诏书将北都改回并州。李唐皇族自命老子李耳后人，高宗为老子上尊号玄元皇帝，武则天登基后改玄元皇帝为老君，诏书复改为玄元皇帝。以上这些政策，等于否定了武则天走向政务处理前台之后的一切制度建设成果。诏书还免除各州百姓当年租税，以示普天同庆；免除当年中宗所住房州之地百姓三年赋税，以示不忘本。

三月，中宗又启动平反冤假错案，惩治酷吏。三月初五下诏除徐敬业、裴

---

① 唐代中书省、门下省各有长官两名，即中书令两名、侍中两名。

炎外，将武则天夺权以来被打成反朝廷分子的官民百姓，一律平反，子孙按照规定恢复相应官爵待遇。三月初八，中宗又下诏剥夺周兴、来俊臣等已死酷吏的官爵，将还存活于世的酷吏唐奉一、李秦授、曹仁哲等流放岭南烟瘴之地。两道诏书一平反、一惩恶，一派新朝气象！

当然，中宗不能坐视张柬之等人势力坐大。正如他在安抚弟弟妹妹的同时留有一手，中宗也在禁军系统中打进了一个楔子，这就是田归道。

张柬之等人发动政变时，田归道忠于职守，拒不交出军队和玄武门。政变成功后，张柬之、敬晖等人虽没把田归道打成二张同党，但也要治他不听调遣贻误军机之罪，将其处死。田归道不服，写奏章上诉说明情况，这才逃过一死，但也被罢官。

中宗明白，一心可以事百主，百心不可事一君。田归道能在强大的军事压力下忠于职守，也能忠诚于他。田归道被张柬之、敬晖罢官，双方结下梁子，正好为己所用制约功臣。中宗遂认定田归道有功无过，不但不能惩处，还要表彰奖励，就"嘉其忠壮"，指示表彰田归道忠于职守的爱岗敬业精神，将其召回授任太仆寺副长官太仆少监（从四品上），负责皇宫车马事务；不久又将其提拔为殿中省副长官殿中少卿（从四品上），负责宫中乘舆服御，即为皇帝衣食住行提供服务，之后又使其回到军队任右金吾卫将军（正三品）。

中宗给田归道的这几个职位都和皇帝人身安全密切相关，这样的任务只有交给张柬之等人的对头田归道，才最能让中宗放心。只可惜田归道命薄福浅，一年多就病逝了。中宗亲自给他写了追悼词，还追赠为辅国大将军，追封为原国公。虽然中宗未能料到后事，但他当时褒奖重用田归道，不失为试图控制局势的一个重要举措。

中宗按照张柬之等人的意见将国号从周改回唐，并对功臣大加封赏酬答后，立刻推出多重措施，力图重振皇权。

## 起用旧部　推出皇后

在加强皇权方面，李唐列祖列宗尤其是中宗父皇高宗那里，有着大量可让中宗借鉴的成功历史经验。

高宗即位初期，面对顾命大臣长孙无忌、褚遂良等人以相权压迫皇权的强大政治压力，其破局经验是通过外朝、内宫并举，打破长孙无忌、褚遂良的包围圈。在外朝，高宗起用李义府、许敬宗等东宫旧部，分化瓦解前朝大臣；在内宫，高宗通过废黜与长孙无忌派系渊源深厚的王皇后，改立武则天为皇后，将武则天推向前台争权，最终罢免长孙无忌、褚遂良，夺回属于自己的最高皇权，成为真正的皇帝。中宗有样学样，一板一眼地推出向父皇致敬的多项举措。

中宗的首要举措是重用东宫旧部，建立自己的班底。中宗刚即位，就派人到高要县快马加鞭接魏元忠回朝。四月十八，魏元忠回到洛阳，被任命为主管军械事务的卫尉卿并拜相。四月二十五，中宗对宰相班子进行大规模的调整充实，任命魏元忠为兵部尚书、韦安石为吏部尚书、李怀远为右散骑常侍、唐休璟为辅国大将军、崔玄暐代理益州大都督府长史、杨再思代理扬州大都督府长史、祝钦明为刑部尚书。诸人"并同中书门下三品"[①]，同时进入宰相班子。不久，中宗擢升魏元忠等人本官官位，任命魏元忠为门下省长官侍中、韦安石为中书省长官中书令，与张柬之等人争夺对中书、门下两省的控制权。

以上诸人经历各异，但有个共同的特点，即都是中宗为太子时的东宫僚佐。其中魏元忠曾兼任太子左庶子，韦安石曾兼任太子左庶子并任侍读，李怀远曾任太子左庶子并兼太子宾客，唐休璟曾任太子右庶子，崔玄暐曾任太子左庶子，杨再思曾任太子右庶子，祝钦明曾任太子率更令、太子少保兼侍读。故《资治通鉴》明确指出，"元忠等皆以东宫旧僚褒之也"，胡三省亦批评道，"史言中宗命相，非以德授"。

其实，胡三省误会了中宗的良苦用心。在当时相王、太平公主争权及张柬之等人环伺的政治背景下，中宗必须有自己的班底才有振作皇权的可能。而与朝臣关系渊源不深的他，只能从与自己有过名义上的君臣关系的东宫僚佐中挑选人选。但中宗起用东宫僚佐组建班底的努力，并没有取得良好效果。

在神龙元年（705）四月任命的这一批宰相中，魏元忠能力较强，且之前对中宗多有保护，对张易之、张昌宗进行过坚决的斗争。但魏元忠和相王李旦

---

① 《资治通鉴》卷208。

也关系颇深。长安元年（701），时任安北大都护、天兵道元帅的相王李旦，与时任灵武道行军大总管的魏元忠曾一起防御突厥，多次互通消息。长安二年（702）五月，相王出任并州牧兼安北道行军元帅，魏元忠担任副手，二人成为上下级。当年九月，相王改任并州道行军元帅，魏元忠仍然任副职。同时与中宗、相王兄弟有深度交集并同时受到他们信任的魏元忠，被夹在了中间，进退两难，很难完全支持中宗打压相王势力的举动。

唐休璟曾劝中宗及早做好解决二张问题的准备，中宗召他回朝拜相前后，曾回忆这段往事：爱卿你当初的密奏直言，"朕今不忘"①，最终必有回声；动手前朕曾想召你回来具体商议，无奈路途太远，道阻且长，而且你还肩负着边防线上的边防重任，就没让你直接参与政变。但你仍然是有功劳的，你在北边护好边境安全，朕才能在洛阳放手去干。中宗此番抚慰，意在对唐休璟进行拉拢，让他担负起重任。但此时的唐休璟已经年届八十，心力不足，不久就改任位高尊隆但无太大实权的尚书省副职左仆射。

其他诸人中，除韦安石能力品行俱佳外，均无可称道。祝钦明主要成就在礼仪制度建设方面，具体政治才干不足，且为人谄媚。有一次中宗宴请近臣，祝钦明为祝酒兴，主动要求表演《八风舞》。只见他"摇头转目，备诸丑态"，哄得中宗一阵阵大笑。祝钦明"素以儒学著名"，即平日主要人设是儒学大师，为博君王欢笑竟然如此下作，以至吏部副长官吏部侍郎卢藏用看不下去了，私下对修文馆学士言"祝公《五经》，扫地尽矣"。至于李怀远，其人"久居荣位，而弥尚简率"，没见有什么政见，且年事已高，神龙二年（706）就去世了。杨再思如前文所言，更是只会拍马溜须，逢迎阿谀。故胡三省评价"中宗命相，非以德授"，亦是实情。

不论实际效果如何，中宗将东宫旧部推上相位的动作本身就表明，他要从张柬之等人手中拿回自己的皇权，要向相王、太平公主展现皇帝的用人权。虽然魏元忠等人和中宗当年在东宫时只有名义上的君臣关系，不完全是中宗的亲信之臣，但他们都任相多年，在朝廷中威望高、资格老，有人还与张柬之等人

---

① 《旧唐书》卷93《唐休璟传》。

有矛盾过节。因此，中宗拜他们为相后，就在事实上牵制住了张柬之等人，打破了后者独霸相权的局面。而魏元忠等东宫旧部不堪大用的政治现实，也让中宗觉得有必要继续寻求支持力量，遂把目光投向同床共枕的枕边人韦皇后。

中宗和韦皇后是一对苦命鸳鸯、苦难夫妻。韦皇后为京兆长安人，是中宗第一次任太子时所娶太子妃，在中宗首次登基后被立为皇后，共生下邵王李重润和永泰、永寿、长宁、安乐公主一男四女。

中宗被废黜的直接导火索，是他那句将天下让给韦皇后之父韦玄贞的荒唐话或者玩笑话，而韦氏家族也因为中宗被废遭遇灭顶之灾。光宅元年（684），韦家被流放到钦州（今广西钦州市一带），韦玄贞在那里去世。当地蛮族酋长宁承基兄弟见韦家虎落平阳，一众女眷颇有姿色，竟打起歪主意，要强娶韦玄贞女儿、韦皇后妹妹韦七娘等人。韦皇后母亲即韦玄贞妻子崔氏誓死"不与"，宁承基兄弟竟然将崔氏四个儿子韦洵、韦浩、韦洞、韦泚全部残忍杀害。

韦家人在钦州承受血雨腥风时，韦皇后与中宗一同颠沛流离，在去房州的路上生下安乐公主。到房州后，中宗、韦皇后"同幽闭，备尝艰危，情爱甚笃"①，长期艰难的共同羁押生活，让他们的感情历久弥坚。中宗在房州惶惶不可终日，生怕被母亲一纸诏书夺去性命。每次听闻有朝廷敕使到房州，都惊恐得要自杀了断。

韦皇后每次都夺下夫君手中的匕首、白绫，温言劝慰夫君：咱们李家皇族的老祖宗老子说过，"祸兮福之所倚，福兮祸之所伏"，福祸互相依存，彼此转化，这世上"何常之有"；你我已然到了这般田地，还会少了一死吗；死有什么大不了的，人早晚都会死，夫君"何遽如是也"②！

在那段暗无天日的艰难岁月里，韦皇后成了中宗唯一的精神支柱和意志支撑，让他忍受住精神的摧残和心理的挤压，劝他在苦难中忍耐，在忍耐中等待，最终等到重见天日的那天。在房州，中宗曾对韦皇后许下承诺：如果将来有一天我能重登大宝，"复见天日"，爱妻你喜欢什么就有什么，想做什么就做什么，"惟卿所欲，不相禁制"，即我完全对你放权！发下重誓、许下大愿的中

---

① 《资治通鉴》卷208。
② 《旧唐书》卷51《韦庶人传》。

宗，当时并没有想到后果有多严重。

中宗是个重情的人，在你死我活的权力斗争关系之外，任何人只要对他好，他都会不遗余力地回报。他在房州时，前任刺史对他"制约甚急"，严加看管。后任刺史张知謇、崔敬嗣对他以礼相待，各项物资供应充足。中宗对他们相当感激，即位后将张知謇从贝州刺史提拔为左卫将军，赐爵范阳公。此时崔敬嗣已经去世，中宗欲重用崔敬嗣之子报恩，遂找到其子崔汪。可惜崔汪嗜酒如命，是个"万事不如杯在手"的酒鬼，根本不能担任领导职务。中宗无奈，只得给了崔汪一个五品散官的非领导职务，让他享受相应级别的政治生活待遇，不处理具体政务，免得贻误衙门事务。从这点可以看出，中宗此人不但重情，头脑也并不糊涂，在选官用人上还是有底线的。

中宗对当年看管他的刺史都如此报恩，遑论一起经受磨难的结发夫妻。因此，中宗二次登基后，很快于二月十四重新册封韦氏为皇后。为补偿被自己殃及的韦家人，中宗还追赠韦玄贞为上洛王，崔氏为上洛王妃。时任左拾遗的贾虚己上疏反对，提出异姓不得封王是古今通制，中宗"先王后族，非所以广德美于天下也"。贾虚己警告中宗：当初你母亲改唐为周行革命之事，就是从封父亲武士彟为太原王开始，提醒中宗"殷鉴不远，须防其渐"，不要忘记历史教训。贾虚己还帮助中宗制定解决方案：如果因为诏书已下不可收回，陛下还可以让皇后推让封王之事，如此则平添谦让美德。中宗"不听"，执意封韦玄贞为王，还按照当年太原王武士彟的规格，改葬上洛王韦玄贞。中宗此举，简直是说他胖他还喘上了。

不仅如此，中宗还动用国家武装力量，下令广州都督周仁轨率领两万大军讨伐宁承基兄弟，为韦家人报仇雪恨。宁承基兄弟抵挡不住，逃亡到大海之上。周仁轨穷追不舍，最终"追斩之"，用其首级祭奠韦皇后母亲、韦玄贞妻子崔氏，并将其部落几乎杀得一干二净。中宗看到战报大喜，加封周仁轨为镇国大将军，封号与妹妹的镇国太平公主一样，并任命其为岭南五都督府大使，赐爵汝南郡公。周仁轨回朝谢恩，韦皇后隔着纱帘向他拜谢，并按对待父亲的礼节态度对待周仁轨。

而中宗对患难爱妻韦皇后最大的报答，就是兑现当年"惟卿所欲，不相禁制"的感情承诺，放手让韦皇后去做一切想做的事，包括给他戴绿帽子。中宗当年对韦皇后的承诺是感情承诺，但兑现承诺虽然是从感情出发，却不完全是感情因素，还有政治考虑。当年父皇高宗就是借助把武则天推向前台，从长孙无忌、褚遂良等前朝宰相手中夺回皇权，如今他要制衡弟弟相王、妹妹太平公主，震慑张柬之等宰相，也需要韦皇后的助力。

而韦皇后，也是个政治欲望很强的女人。在中宗的支持下，她"遂干预朝政，如武后在高宗之世"①。中宗上朝时，就在身后设一道帷帐，让韦皇后坐在帷帐后面听政，参与决策朝政。桓彦范就此上表，用"牝鸡司晨，惟家之索"的那套说辞，提出"未有与妇人共政而不破国亡身者也"，请求中宗"览古今之戒，以社稷苍生为念"，让韦皇后专心在后宫母仪天下，勤修女德，"勿出外朝干国政"。中宗不纳。

桓彦范让中宗"览古今之戒"，深刻吸取历史教训。但在中宗看来，他借鉴的就是父皇高宗成功的历史经验，和桓彦范所说只是"一个历史，两种表述"而已。中宗和韦皇后的夫妻关系，在表面上几乎复制了父皇高宗和母亲武则天的相处模式，这可以说是另一种原生家庭对子女婚姻关系和情感模式的影响。

之所以说这种复制是表面上的，是因为中宗韦皇后和高宗武则天的关系模式，有着主导关系上的本质不同。高宗在世时，绝大部分时间能牢牢掌控武则天，将武则天的权力控制在适当范围内，武则天始终无法插手前朝官员任命，直到高宗去世前最后几年才将手伸进宰相班子。而中宗无论是出于报恩的心态，还是重振皇权的政治需求，都让他无法如父皇高宗能够严控武则天一样，有效控御韦皇后。中宗因此在史书上一直被抹黑倒还是其次，关键是韦皇后一走向前台，就将手伸进官员任命中。

当时胡僧慧范靠着旁门左道在京城权贵之家东游西逛，很是吃得开，是张易之、张昌宗兄弟的座上宾，和韦皇后关系也不错，韦皇后对他很是看重。等到二张伏诛，慧范本应在被清洗的二张余党之列，没想到韦皇后却拍胸脯打包票说慧范深度参与了诛杀二张的政变谋划，在诛杀二张中充分发挥了内应作

---

① 《资治通鉴》卷208。

用，要求中宗给其封赏。中宗随即以慧范立有大功为借口，擢升其为银青光禄大夫，赐爵上庸县公。

慧范由此更是如鱼得水，将皇家宫苑看成自家私宅，拐个弯就去了。中宗也经常到慧范家微服私访，与慧范打得相当火热。毕竟慧范作为权贵之家的座上宾朋，实际上充当了各家消息源的角色。中宗经常驾幸其家，既是恩宠，也是根据慧范在各权贵之家收集到的情报信息，判断朝廷人心的动向，方便出手平衡，力图实现自己独揽大权。桓彦范对此也是心知肚明，又上表要求以左道乱政的罪名，将慧范诛杀。中宗"不听"。

在慧范的示范带动作用下，其他玩弄怪力乱神的大师被中宗信任，也是自然而然的事情。江湖术士郑普思和主管宫内服饰事务的尚衣奉御叶静能，都靠着旁门左道被中宗信任并重用。神龙元年（705）四月，中宗"墨敕"，即不经过中书省提议、门下省审核的决策程序，直接发文任命郑普思为秘书省长官秘书监（从三品），叶静能为国子监长官国子祭酒（从三品）。

国子监是中央教育机关，主要招收三品以上贵族的子弟入学；秘书省掌管宫廷图书事务。这两个机构虽然相对而言没有中书省、门下省、尚书省、御史台等部门重要，但长官品级都是三品高官。尤其是秘书监，当年太宗朝魏徵就曾任此职。中宗重用郑普思、叶静能，其意亦是在培养私人班底。中宗将二人级别提拔到位后，如有需要就可以让他们转任其他重要岗位，甚至可以直接进入宰相班子。而且中宗通过"墨敕"，不和宰相班子打招呼就下发这道人事命令，是意欲绕过张柬之、桓彦范、崔玄暐等人掌控的相权独立行使人事权的重要动向。如果这次得手，肯定会有下一次。

因此，桓彦范、崔玄暐对中宗的这项任命表示强烈反对，要求中宗收回成命。中宗答道：命令已经下发了，朕的金口玉言，怎么能说改就改。桓彦范回道：陛下初即位的时候，曾下发诏敕说"政令皆依贞观故事"——所有政令朝务，一律按照太宗贞观年间的规矩办。贞观时期是什么情况，那是魏徵、虞世南、颜师古这些重臣才能当秘书监，孔颖达这些大儒才能当国子祭酒，郑普思、叶静能这两个小人能和他们比吗？中宗还是"不听"。

而桓彦范上疏提到的"政令皆依贞观故事"，则透露出中宗即位后短短时间内,在政治路线上的重大变化。而这一变化的背后,是上官婉儿和武三思两个人的联手。

## 婉儿三思　强势崛起

对中宗而言,相比于弟弟相王的腹心之疾,妹妹太平公主与上官婉儿的亲密联盟更是他的肘腋之患。毕竟相王及其势力远在外朝,上官婉儿近在宫中。因此,中宗登基后的一个重要任务,就是瓦解太平公主与上官婉儿的联盟关系,将上官婉儿拉到自己这边。太平公主能给上官婉儿的,作为皇帝的中宗更有能力给,更能名正言顺地给。

上官婉儿能被中宗和太平公主兄妹同时看中,与其一身才学密不可分。毕竟本人只有才学到位,才能让旁人有足够的动力去拉拢。婉儿才学极佳,身前身后社会上都流传着不少关于她的传奇轶事。据传婉儿母亲郑氏怀有身孕时,曾梦到一个神人递给她一杆秤,声称郑氏腹中胎儿可以持此秤称量天下文士。郑氏料定腹中胎儿必定是男儿,将来可以拜相封侯,选拔天下人才,遂将此梦广而告之。

没想到十月分娩,郑氏诞下一女,众人皆嗤笑不已,郑氏亦闷闷不乐。婉儿满月时,郑氏一边抚弄一边叹息道:你一个女孩将来怎么能称量天下,看来老娘是被那个神人耍了,没想到神人也会扯谎。襁褓之中刚满月的婉儿却咿咿呀呀应声道"能"——神人说得没错,你女儿就是那个称量天下的人!

婉儿在襁褓中时,因祖父上官仪之事被牵连,进入宫中"随母配入掖庭"。上官家族虽是书香门第、久居高官,但由于当时婉儿过于幼小,根本不可能接受家庭教育。她后来的一身才学,都只能是跟随母亲或者是在宫中接受系统教育习得的。婉儿在武则天时期的作用凸显和在中宗时期的强势崛起,既有她个人的努力,更有组织的培养和历史的进程使然。

在中国古代,皇帝皇权与宰相相权争夺朝政决策主导权的一条重要路径,就是在宫中组建内朝,通过严重依附于皇权的内朝决策取代宰相外朝的相权决策。宫廷内朝供驱使者,多是皇帝信任的男性文士。武则天以女性身份日月凌空成为至尊红颜,这就带来内朝决策的身份不便问题。载初元年(689),武则天正在做改唐为周的最后准备工作,尤其是要为女皇登基带来的性别身份问题所引起的内朝群体性别改变问题做准备，未雨绸缪。

当年，武则天下诏天下"求诸女史"①，征求有才学的女性入宫掌管诏敕起草，参与机密决策，守寡九年、"誉重寰中"的才女李氏由此迎来人生重要转折。她正是通过这次征召进入宫中十三年，承担起大量的日常文书行政工作，并同时参与机密处理，"墨敕制词，多夫人所作"。

在征求天下有才学女子的同时，武则天还大力在宫中开办教育培养女性人才。据《唐六典·掖庭局》，局内有宫教博士二人，负责教授宫人和官奴婢书法、算术、诗词歌赋等技艺。据《新唐书·百官志》，内文学馆也选聘儒生担任学士教育宫人、官奴婢。依靠宫廷发达教育体系的系统培养，本就聪慧的婉儿不但很快学有所成，而且"明习吏事，则天爱之"，进入女皇视野。

长安二年（702）六月，李氏在宫中去世。根据历史学者仇鹿鸣的推测②，上官婉儿大致开始从这时起接过宫中文稿起草的重担，逐步参与朝政决策事务，进而凭借武则天的信重成为宫人集团首领，在神龙政变中起到了内应作用。中宗即位后，进一步拉拢婉儿，在父皇高宗任命其为才人（正五品）的基础上，直接提升婉儿为九嫔中排名第二的昭容（正二品）③。根据历史学者仇鹿鸣、郑雅茹等人的研究，上官婉儿曾任的才人、婕妤、昭容等，都不是嫔妃，而是和嫔妃同等品级的女官。

婉儿曾是武则天的心腹，其父上官庭芝又是中宗当年封周王时的旧臣，和太平公主亦情同闺蜜，因此能成为中宗、太平公主、武氏等各方势力接受的人物。中宗让她"专掌制命，益委任之"，进而"用事于中"，婉儿遂成为宫廷核心决策圈的重要人物。

中宗对婉儿的重用，在婉儿与太平公主的关系中打进了楔子，让婉儿至少在中宗与太平公主之间保持中立，而非像之前那样完全偏向太平公主。由此，中宗在与太平公主对宫人集团的争取中取得了一定的主动权，占据了部分优

---

① 张红军《唐司马慎微墓志考》，载于《中国国家博物馆馆刊》2012年第10期。
② 仇鹿鸣《碑传与史传：上官婉儿的生平与形象》，载于《学术月刊》2014年第5期。
③ 《资治通鉴》等史料记中宗即位后任命上官婉儿为婕妤（正三品），据新出土上官婉儿墓志，应为昭容。

势。在此基础上，中宗又引入一股重要力量，以制衡相王李旦和张柬之等人，这就是以武三思为首的诸武势力。

早在神龙政变前夕，武三思等诸武势力就已经无奈追随武周回归李唐的历史大势，逐步向中宗靠拢，试图通过韦后影响中宗，保持武氏家族在武则天退位乃至归天之后政治地位不动摇。当年武则天让中宗女儿与武家儿郎联姻，也有让中宗成为武家势力保护人的用意。因为儿女亲家的关系，中宗、韦后与武三思等人早就来往频繁。故在神龙政变成功、中宗复位不久，武三思就通过韦后进入宫中，获得中宗深度信任。

因为婉儿与武则天的关系，武三思与婉儿的情谊也相当友好，以至《旧唐书》《新唐书》《资治通鉴》众口一词地认为婉儿"与武三思淫乱"[1]，进而推荐武三思"遂与后通"，继续爬上韦后的凤床，"由是武氏之势复振"。这些史籍也大多认为中宗起用武三思等诸武，是受到韦后和上官婉儿的影响，这无疑是传统红颜祸国无稽之谈的论调，忽略了中宗在起用诸武势力上的良苦用心与无可奈何。

中宗要压制张柬之等人的相权，进而重振皇权，就必须从张柬之等人的对立面寻找支持力量，而当时朝堂上与张柬之等人矛盾最为尖锐、最有深仇大恨的，莫过于以武三思为首的诸武势力。神龙政变发生前，武三思等诸武参与谋划，但因反对逼武则天退位而被撤下。张柬之等人为抢功撇开诸武提前发动政变，不但让诸武失去在政变中发挥作用以影响政变进程和事后政局的机会，更是最终图穷匕见逼武则天退位，让诸武失去最大的政治靠山。

武三思等诸武也有争取中宗支持的需求，他们"以则天为彦范等所废，常深愤怨"[2]，恨不得将张柬之、桓彦范等人扒皮抽筋、挫骨扬灰。武三思等诸武与张柬之等人势同水火、互为仇雠，迫切需要借助中宗皇权的力量，至少借用皇权的名义除掉张柬之等五人。中宗有情，诸武有意，双方很快一拍即合。

中宗与诸武有合作的意向，诸武也有足够的政治资本打动中宗，让中宗将政治砝码压向他们。神龙政变虽然达到了张柬之等人逼武则天退位的目的，但

---

[1]《旧唐书》卷 51《上官昭容传》。
[2]《旧唐书》卷 91《桓彦范传》。

## 第七章 中宗巩固皇权

政变的主要任务是打击张易之、张昌宗的势力，而不是诸武势力。政变发生时和政变结束后，诸武势力几乎毫发无损。如时任监察御史的崔皎密奏中宗时所言，"国命初复，则天皇帝在西宫，人心犹有附会；周之旧臣，列居朝廷"，因为武则天的存在和武三思等人的长期经营，诸武势力并未遭到削弱，在朝中仍然有大量的依附者。而中宗一直未能建立起完全忠于自己且强而有力的政治班底，只能借助诸武的力量去抗衡张柬之等人的相权。

在诸武有意又有力的政治态势下，中宗"遂与三思图议政事"，开始就朝廷重大方针政策问题征求武三思的意见，迅速和他打成一片。按照《资治通鉴》《旧唐书》等史籍的观点，中宗此举很有成效，"张柬之等皆受制于三思矣"。中宗与武三思"图议政事"的一个重要后果，就是对政变后政治路线的重大修正，即从回归贞观转向回归永淳。

根据前引桓彦范的上疏，"陛下自龙飞宝位，遽下制云：'军国政化，皆依贞观故事'"①，即中宗在正月二十四即位的当天，下诏要求在朝廷政治制度和政治规矩上，回归到太宗贞观时期。但短短十天左右，即二月初四，中宗就下诏将此政治路线进行重大调整，改为"皆如永淳以前故事"。这意味着中宗的政治路线，从学习爷爷太宗，转向致敬父皇高宗。

从"贞观故事"到"永淳故事"的修正，不是因为中宗更爱父皇不爱爷爷，更不是文字游戏，而是有着意味深长的实际政治意义。这是武三思、上官婉儿等窥破了韦后强烈的权欲，摸清了中宗将韦后推向前台以压制张柬之等人的政治需求后，建议中宗进行的路线调整。中宗的需求和韦后的欲望要想实现，需要有历史先例提供历史支持。太宗贞观时期，长孙皇后几乎没有干预过政事，更遑论陪同太宗听政。而早在永淳元年（682）之前的麟德时期，武则天就已经开始和高宗一起听政。中宗要想让韦后走向政务处理前台，并无"贞观故事"先例可以援引，只能从"永淳故事"中寻求历史论据。

有"永淳故事"的历史经验撑腰打气，上官婉儿、武三思等人就可名正言顺地"劝韦后袭则天故事"，处处向婆婆武则天致敬。韦后也效仿当年武则天

---

① 《旧唐书》卷91《桓彦范传》。

建议高宗调整政策方针的"建言十二事","上表请天下士庶为出母服丧三年"[①]。按照古代礼制,母亲去世后,子女服丧三年;但母亲如果在去世前与父亲离婚或被休掉,子女为其服丧一年即可。韦后为提高女性地位,要求士人百姓在已经与父亲离婚或被休的母亲去世后,同样服丧三年。韦后还要求将百姓中成年男子为国家承担劳役的时间,从21岁推迟到23岁;将百姓免除劳役的时间,从60岁提前到59岁。在这一增一减之间,韦后等于为百姓免除了三年服劳役的时间,其意在通过改革制度收买人心,让大唐人民都知道韦皇后慈母仁心。和当年父皇高宗恩准武则天的"建言十二事"一样,中宗对韦皇后的改革方案也是"制皆许之"。

武三思对中宗重振皇权这一需求和韦后走向前台这一欲望的支持,让他收获了丰厚的政治回报。无论是在政治上还是在情感上,中宗对武三思都是谜之信任,让其自由出入皇宫甚至后宫。有时中宗还让武三思和韦皇后玩一种名为"双陆"的赌博游戏,中宗在一旁充当荷官发牌整理筹码,计算输赢。

双方礼尚往来,有来有往。武三思能自由出入宫禁,中宗也经常微服驾临武三思家做客。监察御史崔皎密奏中宗,劝中宗顾及自己的九五之尊身份,如若屡屡"轻有外游",恐怕将有不测之祸。中宗不但不听,还将崔皎密奏泄露给武三思等人。"三思之党切齿",对崔皎痛恨之极。

在中宗的信任下,"武氏之势复振"。二月十六,中宗下诏任命武三思为司空并拜相。二月十七,中宗任命武攸暨为司徒,并从安定王改封定王。在中国古代王侯分封制度中,王爵名号从两字"安定"缩减为单字"定",意味着名分地位的提高。虽然十天后,武攸暨和武三思可能是鉴于相王李旦辞去太尉、宰相等职且坚决推让皇太弟,迫于政治压力也上表辞去新任司徒、司空官爵和宰相职务,但中宗在批准他们辞职申请的同时,"并加开府仪同三司",将他们的散官即非领导职务级别拔擢到从一品。

武三思一顿操作猛如虎,在不长的时间里便搞了一拨逆袭,迅速逆转了局势。随着武三思这捧死灰再次燃起火花,张柬之等人也即将走上英雄末路。

---

[①] 《资治通鉴》卷208。

# 第八章　五王英雄末路

张柬之等人发动政变成功，手握相权后，首先把主要力量投射到张易之、张昌宗余党身上，不遗余力清除二张余毒。

武则天晚年，曾以张昌宗领衔编撰《三教珠英》，"引文学之士李峤、阎朝隐、徐彦伯、张说、宋之问、崔湜、富嘉谟等二十六人"参与其中。张柬之等人上台后，崔神庆、崔融、李峤、宋之问、杜审言、沈佺期、阎朝隐等，全部被以党附张昌宗、张易之的名义贬逐。其中李峤、崔融等人仅仅是与二张有所交集，并非死党，亦一同被贬。宰相韦承庆、房融等人也被打成二张集团重要成员，或贬官外地或除名流放。

相比于清洗二张党羽的痛快淋漓，张柬之等人却没有及时把剪除武家势力提上日程，且在这一问题上顾虑重重，未能痛下决心，最终导致自己被痛下杀手。而张柬之等人在武三思等诸武问题上的犹豫反复，不能完全视为政变成功后志得意满、骄傲轻敌，其迟疑背后有着复杂的政治诱因。

## 为何不杀诸武

据李邕所作狄仁杰传记即《狄梁公传》，狄仁杰临终前在对张柬之等人的最终政治交代中，特意叮嘱要"先收三思"，在政变中将铲除武三思作为重要乃至首要目标。虽然司马光因《狄梁公传》多有怪力乱神之事，如书中认为狄仁杰能预知中宗复位的具体日期等，因此在《资治通鉴》中否定了狄仁杰留有遗言的观点，认为是无稽之谈，但唐人大多对狄仁杰"先收三思"的遗言深信不疑,宋人包括欧阳修在内,也相信狄仁杰遗言。当代历史学者杜文玉在《狄仁杰评传》一书中,亦认为狄仁杰要求杀死武三思的遗言是可信的。

而张柬之等人之所以未能在政变中和政变后除掉以武三思为首的诸武势力,并非要违背狄仁杰遗言,亦非不愿为之,而是不能为之,无力为之!

要落实狄仁杰"先收三思"的遗嘱,前提条件是张柬之等人在军事力量对比上要形成对武三思等诸武的绝对优势。政变中,张柬之等人虽然掌握了禁军系统六个将军中五个将军的所属部队,但武氏家族的武攸宜却正担任右羽林卫大将军。按《唐六典》,唐代左右羽林军各设大将军一人、将军二人。武攸宜任右羽林卫大将军,下辖两名将军,也就是说张柬之等人麾下至少有两名将军是要听从武攸宜指挥的。在武攸宜任右羽林卫大将军的前提下,张柬之等人只完全掌握了左羽林卫大将军麾下军队,双方力量对比实际上是1:1,张柬之等人在禁军力量对比上并不占绝对优势。并且在政变集团中,至少中宗李显和太平公主因与诸武的婚姻关系,应该是反对一并诛杀诸武的。

武攸宜在不知张柬之等人要逼武则天退位的前提下,可以默认他们诛杀二张。但如果张柬之等人要在政变时先行对诸武下手,武攸宜肯定会率麾下部队拼死血战。若如此,不但胜负未可知,而且会严重妨碍张柬之等人诛杀二张逼武则天退位的行动。如果武则天在宫中听闻张柬之等人与诸武对战,肯定会下诏,让洛阳城内其他军队联合诸武讨伐张柬之贼党,政变铁定会失败。

神龙政变发动时,张柬之等人在与诸武的军事力量对比上并不占据绝对优势,无法在当夜乘乱诛杀武三思,只能试图在政变成功后寻机诛杀。但在政变成功的第二天中宗已经以太子身份监国,又过一天武则天便传位,再过一天中宗已即位。在中宗已经有名义上的合法皇权的态势下,他们再想诛杀武三思等人,必须通过奏请中宗同意的合法斗争手段,否则就是逼迫君父的乱臣贼子。

而此时,无论是张柬之、桓彦范、敬晖,还是属于相王势力的袁恕己,都痛苦地发现,中宗有拉拢诸武对抗张柬之和相王等人的动力和动向,他们必须在中宗与诸武形成牢固联盟之前,极力劝说中宗下诏诛杀诸武。袁恕己首先搬出狄仁杰遗言,"昔有遗言,使先收三思,岂可舍诸",要求快刀斩乱麻除掉武三思。时任洛州长史的薛季昶也劝张柬之、敬晖:张易之、张昌宗"二凶虽除"，但武三思还在，"去草不去根，终当复生"。

张柬之、敬晖不以为然，认为如今"大事已定"，武三思等人现在就像案板上的鱼等着被杀，还能干什么，让他们多喘几天气吧；且政变时杀人已经太多了，还是收收手吧，毕竟上天有好生之德。薛季昶听罢长叹一声："吾不知死所矣！"时任朝邑县（今陕西省渭南市大荔县一带）县尉的刘幽求也对桓彦范、敬晖言道：只要武三思还在人间一天，"公辈终无葬地"——你们的人头就随时会落地；"若不早图"先发制人，将来有你们后悔的那天。

刘幽求性情豪迈，不肯降节事人。年轻时考中科举考试中的制举科目，获任阆中县（今四川省南充阆中市一带）县尉。上级刺史不知何故对他不以礼相待，甚至颇为轻视，刘幽求直接辞官而去，后来获任朝邑县县尉。当年一言不合就挂印而去的刘幽求，此时如此苦口婆心地反复劝桓彦范、敬晖诛杀武三思，已经充分说明事态的严重性，可惜张柬之等人还是不从。

张柬之、桓彦范、敬晖之所以没能及时劝中宗贬抑诸武，和他们胜利后自觉不自觉地产生骄傲情绪有重大关联。张柬之等人虽然沉厚有谋，能断大事，但缺少政治上的远见和气度，在自身政治势头上升强劲的有利态势下，未把其他高级官员团结在自己周围，甚至对自身之外的政变集团成员屡加排斥。这一点，尤其突出表现在他们对姚崇、朱敬则等人的处理上。

中宗即位的第二天即正月二十六，武则天迁居上阳宫，李湛负责宿卫工作。正月二十七，中宗率领百官到上阳宫，为武则天上尊号"则天大圣皇帝"。女皇之所以被称为武则天，正是从此而来。二月初一，中宗又率领百官到上阳宫向武则天请安，此后每十天问安一次。武则天迁居时，王公重臣欢欣鼓舞，欢庆不已，即使是跟随中宗去请安也是满脸笑容，毕竟改朝换代和清洗朝堂给他们提供了更多机会和上升空间。只有姚崇一人痛哭流涕，眼泪止不住地往下流。

张柬之、桓彦范看不下去，对姚崇责备道，如今万方同庆，"岂是啼泣时"[①]——姚崇你政治立场不坚定啊，你哭哭啼啼的，到底是支持我们还是支持武则天？张柬之、桓彦范还威胁姚崇：你再这样立场不坚定，恐怕不久就要

---

[①] 《旧唐书》卷96《姚崇传》。

倒霉了！在当时张柬之等人以相权压迫皇权的态势下，能让姚崇倒霉的，无疑只有他们自己。

姚崇听完张柬之等人的威逼利诱，回道：我在则天皇帝身边工作时间比较长，今天眼睁睁看着她进了上阳宫，实在心里难受，"情发于衷，非忍所得"；昨夜我跟着你们发动政变诛杀二张，是尽我作为臣子的职责，哪有什么功劳可言。今天我告别则天皇帝时涕泣交加，亦是我作为臣子的气节大义，我要有始有终，如果因此而获罪，"实所甘心"。

姚崇是神龙政变的重要组织者之一，当时他从灵武回到洛阳时张柬之的那句"事济矣"，便是对姚崇作用的最大肯定。但姚崇就是因在武则天移宫时的涕泣表现，惹怒了张柬之等人，于是就和二张党羽一起被处理。

神龙元年（705）二月初五，张柬之等人贬宰相、中书侍郎韦承庆为高要县（今广东省肇庆市高要区一带）县尉；免去宰相、正谏大夫房融官职，流放高州（今广东省茂名市信宜市一带）；将司礼卿崔神庆流放钦州（今广西钦州市一带）。姚崇在这天也一同被贬为亳州（今安徽省亳州市一带）刺史。

其实张柬之等人看错了姚崇，姚崇之所以涕泣交加，正是想要激怒张柬之等人以贬官外放，远离朝堂是非之地。姚崇判断，神龙政变只是诛杀二张、逼武则天退位，并没有清洗以武三思为首的诸武势力。随着张柬之等人掌控前朝相权，与中宗的矛盾必然会逐步加深。中宗为摆脱张柬之等人的制衡，必然会向武三思等诸武靠拢。张柬之等人与诸武的矛盾是你死我活的斗争，不可能缓和。功高震主的张柬之等人又让中宗有如芒刺在背之感，将来一定会被中宗联合武三思收拾。到了那时，自己作为政变集团重要成员肯定会受到牵连。不如今日就故意惹怒张柬之等人，让他们将自己贬官外放。一则与张柬之等人撇清政治干系，二来到地方州府远离朝廷庙堂，不会受到太大冲击。故胡三省在评注《资治通鉴》时认为，"此姚元之所以为多智也"（姚元之即姚崇）。王夫之在《读通鉴论》中亦认为，"早知五王之命县（通'悬'）于诸武之手，固不欲以身试其戈矛，以一涕谢诸武而远引以出，故其后五王骈戮而元之安"①。

---

① 《读通鉴论》卷21《中宗伪周武氏附于内》。

## 第八章 五王英雄末路

当然,姚崇之哭,也不完全是虚情假意。他是武则天一手拔擢的,在武则天被废移宫之时伤心落泪也是人之常情。且如王夫之所言,姚崇之哭何尝不是"悲五王之终穷而唐社之未有宁日",即预见到张柬之等人将来会被清洗,朝廷因此争斗不断不得安宁,故是对江山社稷的忧患之哭。不论姚崇涕泣的主客观原因如何,他后来确实因为这次外贬而躲过一劫,这是历史事实。

如果说张柬之等人外贬姚崇,是姚崇故意用计,那朱敬则的遭遇,则充分说明了张柬之、敬晖的心胸狭窄。据《中宗实录》,长安后期,时任冬官侍郎即刑部副长官刑部侍郎的朱敬则[①]见张易之、张昌宗兄弟权宠日盛,恐二人会有异图,就指点时任羽林卫将军的敬晖"假太子之令",争取当时太子李显的政治支持,以取得政变合法性,然后"举北军诛易之兄弟",如此简单之事,两个禁军骑兵快马加鞭就能办到!

朱敬则无疑提出了政变的核心方案,敬晖最终采纳其策略。后来神龙政变正是按照朱敬则的这一方案进行。但政变成功后,敬晖竟把提出政变路线图的功劳揽到自己身上,抹杀了朱敬则的一切功劳,"赏不及于敬则"。朱敬则不但没有得到任何封赏,反而不久被赶出朝廷,外放为郑州刺史。

当然,就政治派系的角度而言,姚崇、朱敬则的外贬,和他们与相王李旦的关系也有深度关联。姚崇与相王的渊源前文已经详述,兹不赘言。朱敬则与相王的关系史料中没有明确的记载,但据《旧唐书》,相王二次登基成为睿宗后,有一次和心腹吏部尚书刘幽求谈话。刘幽求告诉睿宗,长安年间,朱敬则曾对他言道,"相王必膺期受命"[②],即这天下将来肯定是相王的,兄弟你要认清形势,辨清方向,"尽节事之",正确下注。刘幽求正是因为朱敬则的这句话,才选择加入相王阵营,从此鞍前马后任驱驰。

由此看来,即使朱敬则与相王没有私下的交往,但他在中宗和相王之间,政治立场更倾向于相王,则是无可置疑的。因此,中宗为打击相王势力考虑,也乐见张柬之等人将姚崇、朱敬则这些属于相王派系的大臣赶出朝廷。当然,

---

① 司马光在《资治通鉴》中认为此朱敬则非彼朱敬则,为库部员外郎朱敬则重名。但雷家骥《武则天传》等研究均认为司马光观点没有确切证据,应就是冬官侍郎朱敬则。
② 《旧唐书》卷 90《朱敬则传》。

也有学者认为,刘幽求在长安年间只是基层县尉小官,根本无缘和六部大员朱敬则结交,他们这次没头没脑的谈话是经不起推敲的。睿宗与刘幽求的对话是君臣二人合演的一出双簧,是讲给天下人听的,是要用"相王必膺期受命"那句话,为自己的即位创造合法性①。

## 张柬之的进攻

将姚崇、朱敬则等政变集团成员排挤出朝廷后,张柬之等人独揽大权,但圈子也越来越小,其他朝臣和他们也渐行渐远,对他们与武三思的斗争开始持中立态度。等到张柬之等人感觉"武氏之势复振"且势头已经不可遏制,才开始慌了神,于是多次试图采取合法政治斗争的方式,劝中宗诛杀武三思等武家子弟,然中宗"不听"。

既然不能杀之,张柬之等人还幻想贬抑诸武,于是上疏中宗:"革命之际,宗室诸李,诛夷略尽",指出当年武周革命几乎将李唐宗室子孙杀得一干二净,试图激起中宗的愤慨之心;"赖天地之灵",如今大唐归来,陛下再登大宝,而武家子弟还是官照当、舞照跳、马照跑,这难道是咱们冒死发动政变的本意?还请陛下贬损武家子弟的官爵禄位,以安慰天下人心!中宗"又不听"。

面对中宗多次言不听、计不从,张柬之等人"抚床叹愤",甚至"弹指出血",但已经无法扭转圣意,只能长叹一声,为他们不能铲除诸武的困局自我辩护道,"主上(即中宗)昔为英王,时称勇烈",我们当初不去杀武家子弟,不是因为不能杀、不敢杀,而是想让陛下自己动手诛杀,通过杀人立威"以张天子之威耳"。

张柬之等人此言似是而非,他们认为中宗当年是英王时勇于决断,性格刚烈,应该是听说了算命大师明崇俨那句话。当时李贤还是太子,中宗为英王。明崇俨为帮助武则天扳倒李贤,就说出"英王类太宗"的话,宣称英王和当年的太宗李世民一样威武,为武则天谋废李贤提供舆论支持,但史料中并未见英

---

① 许超雄、张剑光《武周宰相朱敬则被贬与平反原因探析》,载于《乾陵文化研究》(九),三秦出版社,2015年。

王有何勇烈表现。如前文所分析,在不占据禁军军事优势,且无法争取到中宗政治合法性支持的前提下,张柬之等人根本没有诛杀诸武的任何可能性,只能叹道:"事势已去,知复奈何!"

神龙元年(705)五月,中宗下令将武周太庙七位祖先的牌位迁到长安武士彟的崇尊庙,继续消除武周政治痕迹,但同时下诏要求群臣在上疏奏事时,必须避开武氏三代祖先名讳,这又是对武周政治的保留,显示出中宗要继续保留武周政治遗产的政策走向。在人事上,中宗也着意将个人班底、诸武势力与政变集团同等看待,下诏宣布张柬之、武攸暨、武三思、郑普思等十六人都是神龙政变、大唐反正的重要功臣,一同赐给他们可饶恕十次死刑的免死铁券。

中宗的这一决定,表明他要彻底消除张柬之等人力图在皇帝脑中打上的诛杀诸武的思想钢印的念头。张柬之等人再不行动,就必须与武三思等人在朝堂上共存了,那样他们日后必定会被反攻倒算,遭受武三思等人的残酷斗争、无情打击。

五月十五,张柬之等政变功臣与武三思等诸武势力的决战正式开始。敬晖等人率领百官上表,提出"五运迭兴,事不两大"①,即金木水火土五运五德风水轮流转,李武两家不能并存;当年武周革命,大唐宗室子孙几乎被斩尽杀绝,几乎没有封王者,"岂得与诸武并封",即如今怎么能再让武氏子弟与李家子孙并肩封王?如今大唐归来,而武氏诸王还保留王爵称号,"并居京师",这简直是盘古开天辟地到如今从未有之事;请求中宗"为社稷计",贬抑武氏诸王爵位,顺应天下人心。敬晖等人此奏,仍然和之前一样,拿李武两家的旧日恩怨说事,矛头直指武三思等诸武的权力合法性和王位问题。

张柬之等人采用百官集体上表的方式向中宗施压,向武三思进攻,说明他们在外朝有很大的影响力,但他们对百官的掌控力却明显不行。他们找人起草贬削武氏诸王的奏表,但众人畏惧武三思的权势,都推辞文笔不行不愿起草,只有前文提到的被平反重用的时任中书舍人的岑羲挺身而出,提笔就写,倚马千言,"辞甚切直"②。但表文进呈中宗过目前,要先在朝堂上当着文武百官的

---

① 《资治通鉴》卷208。
② 《旧唐书》卷70《岑羲传》。

面朗读，是为口头进表。张柬之等人征求读表人选，又是无人敢读。终于另一个中书舍人毕构担当大义，为中宗和百官读表。毕构读表时"声韵朗畅"，还一字一句分析起来，头头是道，让中宗和百官听个明明白白。

中宗对敬晖等人的奏表既能听明白，也能看明白，但朝堂政治格局的现实却不允许他按照奏表削除诸武王爵，否则他面对功臣集团时更是势单力孤。上朝接到奏表后，中宗并未表态。如果中宗直接否决奏表的话，会面临张柬之等人撺动百官的集体压力，故中宗只是说兹事体大，容朕慢慢思量，从长计议。退朝后，中宗就让上官婉儿起草了一封驳斥敬晖等人奏表的敕书，是为《答敬晖请削武氏王爵表敕》。

在这道敕书中，中宗将敬晖等人要求削除诸武王爵的理由一一驳斥。敕书极力称赞武则天的历史功绩，认为武则天对中宗而言是慈母，对百姓而言是明君，在将近五十年的时间里"内辅外临"，为天下殚精竭虑，夙夜在公，稳住了朝廷大局并将朝廷事业向前推进了一大步，对其做出了相当高的政治评价。

针对敬晖等人在奏表中提出的武则天对李唐皇族实行肉体消灭的恐怖政策，中宗敕书极力为母亲开脱，指出被杀的霍王李元轨、韩王李元嘉、越王李贞、琅琊王李冲等人全都是乱臣贼子。这就改变了中宗在二月即位诏书中为上述诸王平反的政治判断，说明中宗开始回归武周路线。他需要强调武周与李唐原本一体，自己承继李唐即是继承武周，具有承接大位的天然合法性，以此压制相王李旦在政治名分上的潜在挑战。

针对敬晖等人奏表中"事不两大""岂得与诸武并封"的问题，中宗敕书特意举出李千里的例子，指出李千里没有参加霍王、韩王等人的谋反之事，故能继续代表李唐皇族与诸武一起封王。这等于是以偏概全，用李千里一人指代整个李唐皇族，以堵住敬晖等人的悠悠之口。

针对敬晖等人在奏表中要求削去武三思等诸武王爵的问题，中宗搬出大汉高祖的历史经验，指出当年汉高祖刘邦提三尺剑定天下后，还大规模地分封异姓王；武氏诸王是朕的舅家，和刘邦分封的异姓王在亲疏关系上更是有云泥之别，如今朕重登大宝，怎么可能贬损舅家爵位？

更关键的是，敕书特别强调武三思等诸武在策划诛杀张易之、张昌宗中的参与贡献,"攸暨、三思,皆悉预告凶竖",即武三思、武攸暨等人早就深度参与政变谋划工作,虽然因为敬晖你们撇下他们提前动手,使得他们没能"亲冒白刃"地赴汤蹈火、身先士卒,直接投身到政变进程的伟大事业中去,但他们也"早献丹诚",即早就在政治上对朕表示完全支持。对你们的功劳,朕都一一加官进爵,赏赐到位;武三思、武攸暨等诸武也都是政变有功之臣,你们对他们有功不赏、有劳不录倒也罢了,现在还想剥夺他们的王爵,良心难道不会痛吗!

中宗敕书下发,将敬晖等人驳得哑口无言。他们劝不动中宗,只有动用非法手段刺探武三思的行动计划,以便未雨绸缪。却没想到,在这些下三烂手段的运用上,武三思明显比他们技高一筹。

## 武三思的反杀

张柬之等人见中宗连贬抑诸武王爵都不允许,已经明白武三思在中宗心中的分量和信重程度。他们"畏武三思之谮"①,迫切需要知晓武三思下一步的行动计划,就暗中结交太宗贞观朝宰相崔仁师之孙、时任吏部考功员外郎即负责官员考课事务的崔湜,让崔湜充当耳目,了解武三思的动静。

张柬之等人此计本就出于无聊,更没想到崔湜见中宗信任武三思,疏远猜忌张柬之等人,竟然反水,将他们的谋划全部告诉武三思,"反为三思用"。武三思见崔湜投诚大喜过望,举荐他任中书舍人。随后,另一个叫郑愔的官场无赖,加入武三思集团。

郑愔先前任殿中侍御史,因"谄事二张"被张柬之等人清洗,贬为宣州(今安徽省宣城市宣州区一带)司士参军。到任宣州后,郑愔又因贪赃被免官通缉,逃亡到东都洛阳。郑愔实在受不了这种东躲西藏、没有出头之日的日子,又凭借独特的政治敏锐性嗅出朝廷政治风向的微妙转向,就决定在武三思身上赌一把,遂"私谒武三思"。

郑愔见到武三思,先是放声大哭,哭得那叫一个惨绝人寰,好像爹死娘嫁

---

① 《资治通鉴》卷208。

一般；既而又放声大笑，笑得那叫一个春光灿烂。武三思其人一向威严谨重，见郑愔又哭又笑，还以为是精神异常，"甚怪之"。郑愔收拾好情绪，脸一抹，对武三思解释道：我之所以刚见到大王您就哭，是因为哀痛您不久就会身死族灭，就提前给您哭丧来了；后来又哈哈大笑，是因为认定大王一定会重用我，有了我郑愔在您身边护法，一定能担保您逢凶化吉、遇难呈祥，所以才笑得不亦乐乎！

说罢，郑愔为武三思分析累卵危局：三思大王您现在是被架在火上烤啊，虽然您得到皇帝的深度信任，但军队和宰相的实权却掌握在张柬之、敬晖、桓彦范、崔玄暐、袁恕己他们五人手中，这五人胆略过人，当初废黜您姑姑武则天简直易如反掌，何况您的权势地位与武则天根本不可同日而语；这五人天天想着剥大王的皮，吃大王的肉，喝大王的血，必欲将您满门抄斩，诛杀九族，"大王不去此五人，危如朝露"，但大王您现在却觉得自己的生命安全似进了保险箱般稳如泰山，整天不思进取，优哉游哉，"此愔所以为大王寒心"！

武三思听罢，"大悦"，请郑愔一起登临私人高楼会所，支走身边随从，防止隔墙有耳，随后详细向郑愔询问自安之策。不久，武三思也举荐郑愔为中书舍人，让他进入中书省工作。唐代中书舍人共有六名，是仅次于长官中书令、副长官中书侍郎的高级官员，是辅佐中书令、中书侍郎处理政务的主要助手。崔湜、郑愔成为武三思爪牙前，中宗调整中书省班子，让袁恕己、张柬之共同担任长官中书令。但武三思一下子安插进崔湜、郑愔两个中书舍人，极大地分散了张柬之、袁恕己对中书省的控制权。崔、郑也由此成为武三思的心腹谋主。

在崔湜、郑愔的策划下，武三思再次从韦皇后处打开缺口，整天与韦皇后一起在中宗那软磨硬泡，抓住中宗重振皇权的政治心理，反复向中宗进言张柬之等五人"恃功专权，将不利于社稷"。

关键时刻，武则天也为武三思送上神助攻。武则天在位时善于化妆养生，保养极好，肌肤极嫩，即使是成群子孙于膝下承欢的奶奶了，也没人能看出她有任何衰老的迹象。等到被废黜迁居上阳宫，失去权力支撑的武则天一下子垮了，再也不梳妆打扮，整天抑郁叹息，形容枯槁，憔悴不已。

中宗有一次去上阳宫问安，见到亲妈大吃一惊，几乎认不出来了，短短数日怎么老成这个样子。武则天哭着对中宗言道，你这个没良心的不孝子，当初我把你从房州接回来，"固以天下授汝矣"；而"五贼贪功"，都是张柬之等五人为抢夺拥立之功搞政变，才"惊我至此"——把为娘吓成如今这副模样。

武则天此话半真半假。前半句是虚情假意，如果武则天果真确定不移让中宗接班，当时就应该允狄仁杰之请以让中宗监国作为过渡。关键在后半句，武则天用张柬之等人抢功发动政变的事实，将他们定性为贼党，再次警醒中宗，张柬之等人不可控！中宗听后"悲泣不自胜，伏地拜谢死罪"。

司马光在编撰《资治通鉴》时认为中宗这个人"顽鄙不仁"，没心没肺，他母亲武则天就算是毁容哭泣，也"未必能感动移其意"，所以没有采纳这条史料。其实不然，武则天此话的关键点不在于打动中宗转变对张柬之等五人的心意，而是让中宗看到张柬之等五人的能量。当初他们连武则天都敢废黜，何况今日一个实力手腕远不如母亲武则天的儿子中宗？中宗听罢，不免倒吸一口凉气，最终下定决心解决五王相权过大问题。

武三思为中宗献上明升暗降之策：册封敬晖等为王，提高其政治待遇以示尊崇酬答，而"罢其政事"，免去其宰相职位，剥夺其相权，如此"外不失尊宠功臣，内实夺之权"。

中宗听后深以为然，神龙元年（705）五月十六，中宗下诏封敬晖为平阳王，桓彦范为扶阳王，张柬之为汉阳王，袁恕己为南阳王，崔玄暐为博陵王，同时"罢其政事"。因政变功臣五人同日封王，神龙政变也被称为五王政变。张柬之等五人封王后，表面上风光无限，但被免去侍中、中书令和宰相实职，只保留每月一日、十五日上朝觐见的待遇，权力几乎丧失殆尽。

为安抚五人，中宗赏赐他们黄金绸缎、雕鞍御马，又赐桓彦范姓韦，令其与韦皇后同宗。桓彦范很快就感受到人情炎凉，他有个大舅子叫赵履温，时任易州（今河北省易县一带）刺史。桓彦范为让大舅子更进一步，就上奏中宗说赵履温参加了诛杀二张计划的制订工作。中宗虽然不信，但碍着桓彦范的面子，还是提拔赵履温到朝中任司农寺副长官司农少卿。赵履温为答谢桓彦范，将最为喜爱的两个婢女拱手相送。等到桓彦范罢相，赵履温竟然将两个婢女索回。都说人走茶凉，这人还没走呢，他大舅子这杯茶就凉了。赵履温索回婢女，不仅是看人下菜碟，更是要划清与桓彦范的界限，以求自保。

上天似乎也在警示崔玄暐前途不妙。崔玄暐封王不久就被中宗外放为益州（今四川省成都市一带）都督府长史，主持府内日常工作。崔玄暐到任后，让礼仪部门制作与他王爵相匹配的车辆冠盖，不料刚制作完毕就被大风吹折，"识者以为不祥"①。

崔玄暐被上天警告才发觉事情不妙，而政变集团中的杨元琰早已看破世情。他见武三思权势日益看涨，就屡屡上书要求辞去官职，到寺庙出家当和尚，中宗不准。杨元琰胡子特别多，有点像胡人。敬晖以为杨元琰是故作姿态，就打趣他道：要是我早知道你有出家为僧的想法，我就劝皇上剃光你这个胡人的胡头，岂不妙哉！杨元琰没心思和敬晖开玩笑，严肃地说道，我们如今已经是"功成名遂"，正当高风亮节急流勇退，却还赖在位置上不退休，功高震主，早晚有一天会被当成眼中钉肉中刺，紧接着就是被踹下去；出家为僧，青灯黄卷，是我真正的想法，不是什么以退为进！敬晖听罢，当即拉下了脸。等到后来政变集团被清洗，杨元琰"独免"。

张柬之等五人被明升暗降后，武三思在中宗的支持下独揽大权，"令百官复修则天之政"，即全面恢复武则天时期的政治路线。在人事任免上其更是排除异己，大肆清洗，将不依附武系势力的全部贬黜出朝廷，被五王贬逐的挨个召回重用，由是"大权尽归三思矣"。

武三思"既得志"，将为五王起草剥夺诸武王爵奏表的岑羲从中书舍人（正五品上）改任秘书省副长官秘书少监（从四品上），宣读奏表的毕构则被外贬为润州（今江苏省镇江市一带）刺史（正四品）。岑羲和毕构的品级虽然提高，但从实权部门调任闲差，从京官外放地方，在唐代前中期"重内轻外"的官场风气中实属贬官。

不久，中宗鉴于朝中人言汹汹，百官对武氏仍然封王议论不已，迫于舆论压力，于神龙元年（705）五月二十五下诏"降诸武"，将武三思从梁王改封德

---

① 张鷟《朝野佥载》卷6。

静王，定王武攸暨改封乐寿王，二人均从郡王降级为县王；河内王武懿宗等十二人更是从王降级为公，"以厌人心"。

张柬之等五王被罢相后，武三思并未能完全填补其留下的权力空白。在"降诸武"的第二天，中宗下诏拔擢唐休璟、韦安石等东宫旧僚。唐休璟任尚书省副长官左仆射，豆卢钦望任另一副长官右仆射。唐朝尚书省长官尚书令几乎一直空缺不设，左右仆射实际上就是尚书省的负责人。六月十五，中宗又任命韦安石、杨再思为中书省长官中书令，魏元忠为门下省长官侍中，掌握中书、门下两省大权，后又将魏元忠、杨再思对调。这样，最为核心的政务决策、审核、执行机关即中书省、门下省、尚书省全部被中宗夺回。中宗并没有放任武三思去前朝攻城略地，他还是致力于独立掌握政务大权。

虽然武三思的权力还远远没到一手遮天的地步，但相对于被封王罢相的张柬之等五王而言，他已经居于绝对优势。在朝廷布局妥当的武三思，开始磨刀霍霍向五王。

## 五个人的惨死

张柬之在封王罢相后，明白大势已去，开始考虑退路。神龙元年（705）七月，汉阳王张柬之上表请求辞官回襄州（今湖北省襄阳市一带）养老。七月十八，中宗下诏任命张柬之为襄州刺史，但不处理实际政务，只享受刺史级别俸禄等生活待遇。在五王日落西山的同时，武三思也在极力拉拢魏元忠等中宗旧部，力图使他们在自己与张柬之等人的斗争中，不要站在张柬之等人一边，至少保持中立。

神龙元年（705）十一月二十六，武则天在上阳宫驾崩，终年82岁，留下遗诏取消帝号，使用"则天大圣皇后"称号，归葬高宗乾陵，终究做回李家媳妇。武则天去帝号、与高宗合葬的遗嘱，显然是对身后事深思熟虑长远考虑的结果。只要和高宗合葬，恢复高宗皇后的身份，武则天就不会被李唐宗室后世子孙彻底打倒，不仅不会被踏上一万只脚，更不会被剖棺戮尸。武则天在遗诏中还赦免她当初的政治死敌王皇后、萧淑妃、褚遂良、韩瑗、柳奭等人及其家族成员，最终展颜消宿怨，一笑泯恩仇！

武则天遗诏中尤其引人注目的一项内容，就是为袁恕己增加实封，同时复武三思所减实封。神龙政变后，袁恕己凭借功劳实封五百户，武则天遗诏为其加二百户，加至满七百户。武则天知道袁恕己是四子李旦心腹，此举意在抬高李旦的地位，提醒李旦注意提防来自中宗、韦皇后的伤害，也是警告中宗莫要伤害弟弟。武三思被降为德静王时，实封数从一千户减至八百户，武则天遗诏恢复武三思实封数至一千户。武则天临终关照武三思，意在继续保持武氏的政治势力，督促中宗执行"合同李武"的政治路线，维持李武两家并贵、同时掌握最高皇权的政治格局。

由此可见，武则天即使在生命的最后岁月，头脑依然十分清醒，对朝中态势洞若观火。武三思受到姑姑的临终鼓励，更是大干快上。

武则天驾崩后，中宗亲自治丧，依照礼制不能处理国事，就让魏元忠"摄冢宰"，即全权处理军国重事三天。魏元忠"素负忠直之望，中外赖之"，在武则天时期就以直言敢谏著称，回朝后人们对他期望很深，盼望他能清理积弊、扭转时局。武三思"惮之"，既怕魏元忠，又想拉拢他，就篡改武则天遗诏，在遗诏中大肆表扬魏元忠，给他增加一百户的实封采邑。

唐代采邑一般都是"虚封"，即在明面数目的基础上打折扣，而武三思借武则天遗诏给魏元忠的却是实打实的一百户实封。魏元忠接诏后，手捧武则天遗诏感激涕零、呜咽流泪，感念女皇对他的知遇关照，如此厚爱又让他不忍心再对诸武下手。百官见魏元忠如此情状，皆云"事去矣"。胡三省在给《资治通鉴》作注时就此事评论道，"知其不敢复论武氏事也"，认为有识之士都知道魏元忠因为感念武则天，不会再对诸武有任何不利言行。

武三思拉拢魏元忠等中宗旧部完毕，开始对政变集团成员展开全面的进攻，尤其是将尚在京师居住的敬晖、桓彦范、袁恕己作为头号打击对象。神龙二年（706）闰正月初十，在武三思的撺掇下，中宗将三人外放，分别任命为滑州（今河南省滑县一带）、洺州（今河北省邯郸市永年区一带）、豫州（今河南省汝南县一带）刺史。

张柬之、敬晖、桓彦范、袁恕己相继被外贬后，王同皎日夜忧惧，生怕下一个就轮到自己。王同皎明白，政变集团如今的处境，都是武三思和韦皇后一手造成的。他经常与亲信一起私下痛骂武三思、韦皇后所作所为,骂到痛处那叫一个咬牙切齿。但骂是不能将武三思骂死的,王同皎不能坐以待毙,决定先下手为强除掉武三思。

王同皎秘密联络了张仲之、祖延庆、冉祖雍、周憬、王琚等人,组成刺杀武三思的行动小组。几人中,冉祖雍是抚州(今江西省抚州市临川区一带)司仓参军,周憬是武当县(今湖北省丹江口市一带)县丞,张仲之、祖延庆是洛阳人。王琚当时只有二十余岁,是王同皎的忘年交。王同皎对他是"甚器之",二人相处"益欢洽"①。诸人大都出身底层,官职低微,代表社会下层中拥李反武的一股力量。

神龙政变前,王同皎曾试图在张易之外甥女与谯王李重福的婚礼上刺杀张易之。这次对武三思动手,他选择了武则天的葬礼,看来借红白事动手是王同皎的惯用招数。武则天驾崩后,灵柩要从洛阳运到长安,与高宗合葬乾陵。据两唐书王同皎本传,王同皎与王琚等人料定武三思作为武则天最宠信的侄子,必然一路护送灵柩西归,遂准备在西行路上刺杀武三思。

但历史总会押着相同的韵脚,上次张易之没有参加外甥女婚礼,这次武三思也没在武则天葬礼上露面。王同皎的刺杀计划功败垂成,只能再生一计。据两唐书姚绍之本传,新计策由张仲之、祖延庆负责实施。二人在长袖中藏弓弩,互相配合,伺机"谋衣袖中发调弩射三思"。但这个计划还在构思当中,尚未制定出具体行动方案时,就不幸泄密了。

而具体的泄密原因,史籍记载不一,但总体都与著名诗人宋之问与其弟宋之逊有关。宋之问之前任职少府监,宋之逊任兖州司仓参军,兄弟二人是张易之、张昌宗兄弟的党羽。神龙政变后,宋之问、宋之逊均被流放岭南。兄弟俩后来逃回洛阳,无处藏身,只能投奔旧日好友,这就是时任光禄卿、驸马都尉的中宗女婿王同皎。王同皎虽然看不惯宋氏兄弟诣媚二张的行径,但念在旧日交情,还是收留了他们,将他们藏在自家小房内,每天好吃好喝招待着,却没想到上演了一出中国唐朝版的农夫与蛇故事。

---

① 《旧唐书》卷 106《王琚传》。

据《朝野佥载》，王同皎经常在家中大声对武三思、韦皇后骂骂咧咧，即使是商议如何刺杀武三思时也是声如洪钟，一点也没有保密意识。宋之问、宋之逊见武三思再次掌权，而政变集团却是江河日下，就有心搜集王同皎等人反对武三思的黑材料，试图献给武三思作为东山再起的投名状。有一次宋之逊在门帘外听到王同皎的刺杀计划，就赶紧派儿子宋昙到朝廷告发。

但据《旧唐书·王同皎传》，是刺杀集团内部出了叛徒。冉祖雍承受不了心理压力，竟然反水，将王同皎的刺杀计划一五一十地告诉了武三思。而《新唐书·王同皎传》则认为问题出在负责用弓弩刺杀武三思的张仲之、祖延庆身上。宋之逊为巴结祖延庆，将妹妹嫁给他。祖延庆有意推辞，但宋之逊表示妹妹非祖延庆不嫁，祖延庆这才笑纳。与宋之逊妹妹成婚，宋之逊就成了祖延庆的大舅子。祖延庆觉得两人已是姻亲关系，就不再对宋之逊及其家人设防。宋之逊的儿子宋昙偶然间得知了祖延庆的刺杀计划，并告诉了父亲。而宋之问有一次去张仲之家小住，也在偶然间听到了刺杀方案。宋之问、宋之逊兄弟商量妥当后，决定一起反水，派宋昙和外甥、时任校书郎的李俊向武三思密报此事。

由于史料记载不一，目前已经无法判定王同皎的刺杀计划到底是如何泄露出去的，但王同皎事机不密总归是历史事实。武三思得到密报后，分析此事认为，鉴于王同皎的驸马身份，中宗不一定舍得将女婿处死。要将王同皎一刀毙命，必须把案子往韦皇后身上扯。据《资治通鉴》，武三思派宋昙、李俊、冉祖雍集体上书，告发王同皎与王琚等人"潜结壮士，谋杀三思"。这本是王同皎的既定计划，武三思的阴毒之处在于，他在王同皎的计划上添油加醋，"帮助"王同皎制订出诛杀自己后的下一步行动计划，即诬陷王同皎试图带兵进宫"废皇后"，言外之意是说不定连中宗都一起弑杀。毕竟不经皇帝允许就废皇后，就要做好连皇帝都一起废掉的思想和军事准备。这是中宗非常明白并刚刚亲身经历的政治事实。张柬之他们发动的神龙政变就是诛杀二张后进而废黜武则天，而王同皎就深度参与了这次政变，他熟悉这种操作方式。

果然，中宗接到武三思奏报后大怒，命令御史台长官御史大夫李承嘉率监察御史姚绍之审理此案，又命宰相杨再思、李峤、韦巨源等人一同会审。五人中，李承嘉是武三思党羽，杨再思、李峤、韦巨源虽是宰相重臣，却相当滑头。张仲之受审时，"言三思罪状，事连宫壶"①，破口大骂武三思与韦皇后长期保持不正当两性关系，让皇帝受辱。杨再思、韦巨源、李峤等人竟然闭上眼睛装着打瞌睡，一句话也不听。张仲之、祖延庆见状大呼喊冤，痛骂"宰相中有附会三思者"②，无人理会。

诸人中，只有姚绍之刚开始出于职业正义感要把事情原委搞清楚。但他人微言轻，在五人中官职最低，根本左右不了大局，且政治立场很不坚定。李峤见姚绍之想秉公审案，就与李承嘉耳语几句，让李承嘉对姚绍之威逼利诱。姚绍之见风头不对，立即转变立场，对张仲之、祖延庆一顿大刑伺候。

张仲之、祖延庆尽管遭酷刑，仍拒绝签字画押，姚绍之将二人反绑双臂送回监狱。张仲之回头大骂不已，姚绍之命令手下猛击张仲之胳膊，打断其一只手臂。张仲之忍住剧痛，大呼道：就算我被你打死，将来也"当讼汝于天"，即到天上继续告你！

神龙二年（706）三月初七，中宗下令将王同皎等人斩首抄家。周憬逃到商纣王时期的忠臣比干的庙中，大哭道："比干古之忠臣，知吾此心"，苍天可鉴！他诅咒道："三思与皇后淫乱，倾危国家"，武三思以后定然会被满门抄斩，只可惜我等不到那天了！说罢，周憬在比干庙中自刎而死。

此举可谓周憬横刀向天笑，去留肝胆两昆仑。周憬自杀，王琚则逃过一劫，为完成未竟使命积蓄力量，并将在后来的先天政变中发挥重要作用。借用王同皎等人的脑袋，宋之问、宋之逊、宋昱、李悛、冉祖雍都升迁为京官，俱加朝散大夫衔。

武三思先诬陷王同皎图谋废黜韦皇后，又替韦皇后将王同皎除掉，自然更得其欢心。王同皎被杀后，武三思与韦皇后的政治联盟关系更加密切，共同向五王展开进攻，整天在中宗跟前诋毁五王。中宗下诏改任敬晖为朗州（今湖南省常德市一带）刺史，崔玄暐为均州（今湖北省丹江口市一带）刺史，桓彦范为亳州（今安徽省亳州市一带）刺史，袁恕己为郢州（今湖北省钟祥市一带）

---

① 《资治通鉴》卷208。
② 《旧唐书》卷186《姚绍之传》。

刺史。当初与敬晖等一同发动政变的立功诸人，也被认定为敬晖同党，一同被贬。

武三思对这个结果还是不满意，又要把五王往王同皎谋反案上扯，指使郑愔诬告敬晖、桓彦范、张柬之、袁恕己、崔玄暐是王同皎谋反集团的重要成员。六月初六，中宗再次下诏，贬敬晖为崖州（今海南省海口市琼山区一带）司马，桓彦范为泷州（今广东省罗定市一带）司马，张柬之为新州（今广东省新兴县一带）司马，袁恕己为窦州（今广东省茂名市信宜市一带）司马，崔玄暐为白州（今广西玉林市博白县一带）司马，且都以员外即非正式编制身份任用，永不调动，并剥夺诸人实封，收回对桓彦范的赐姓韦，使其改回原来的桓姓。

张柬之等五王已然从功臣宰相断崖式下跌到如此境地，武三思还不满足，必欲置之死地而后快，遂放出一个大招。神龙二年（706）七月，武三思贼喊捉贼，派人到东都洛阳天津桥张贴字报，"疏皇后秽行"，揭发韦皇后淫乱后宫，面首成堆，要求废掉其中宫之位。武三思布置完此事，反倒打一耙诬告是张柬之等五人所为。

天津桥是横贯洛阳城的洛河上的一座桥，始建于隋朝大业年间营建东京时。当时人们认为洛河横贯东京，有天河即银河之象，就称此桥为天津桥。天津桥地理位置重要，地处东都交通枢纽，从洛阳皇城南面的端门出发，要想渡过洛河到达百姓聚集、市集繁荣的西坊，必须经过天津桥。因此，天津桥不但风光无限，而且车水马龙，是官方信息向民间传播的重要通道，也是一些重大政治事件的发生地。前面提到的武则天将阎知微凌迟处死，神龙政变后张柬之将张昌期、张同休、张昌仪等二张亲族斩首，都发生在天津桥上。

武三思选择到天津桥张贴韦皇后淫乱后宫的字报，一是想让洛阳乃至全国官民都知道此事，极力扩大政治影响，二是想彻底激怒中宗。果不其然，"上大怒"，下令李承嘉彻查此事。李承嘉是武三思心腹，自然按照主子心意捏造事实，向中宗汇报道：陛下您英明神武、圣明烛照、明察秋毫，这事果然是"敬晖、桓彦范、张柬之、袁恕己、崔玄暐使人为之"；而且臣进一步查明，他们表面上说的是废皇后，实际上却是造谣生事、营造舆论，要谋反弑君，臣请

## 第八章　五王英雄末路

将张柬之等五人满门抄斩，诛杀九族！

在授意李承嘉上奏的同时，武三思还让儿媳妇安乐公主"潜之于内"，进宫去父皇那添点油；指挥御史台侍御史郑愔"言之于外"，在朝堂上继续加把柴。暴跳如雷的中宗下诏让大理寺结案定罪。

诏书下到大理寺后，大理寺大理丞李朝隐立刻提出反对意见：认为此事一未经调查，真相未明；二未经审判，于法无据，不能论罪定刑。时任大理卿的裴谈作为大理寺长官①，直接将李朝隐的意见打了回去：究竟你李朝隐是长官还是我裴谈是长官？是你懂法还是我懂法？皇帝的命令比法大，知道不？！皇帝都下令杀了，你还要查明什么真相！裴谈代表大理寺做出裁断：敬晖等人的事，不需要再调查审判了，不仅要杀还要抄家。因为此事，李朝隐一下子栽了。

中宗得知李朝隐作为一个小小的大理丞竟敢顶撞上司、对抗皇命，下令将其贬到岭南烟瘴之地，接接地气，体验生活，改造思想。李峤听说李朝隐之事后上奏中宗：李朝隐这个人历来清正廉洁，刚直不阿，所以这次说话办事有些过于固执；他在大理寺审理案件也没出过什么大错，执法向来公正公平，一直是朝廷宣传的法官模范；现在将他贬到岭南那么远的地方，倒显得朝廷气量太小，容不下提出不同意见的大臣。听完李峤的劝解，中宗怒气消了一些，重新下诏给李朝隐挪个地方，下放到闻喜县（今山西省运城市闻喜县一带）当县令。而李承嘉则加封金紫光禄大夫衔，进爵襄武郡公，裴谈升迁为刑部尚书。

经过李朝隐的拼死进谏，中宗暂且摁下雷霆之怒。他登基之初确实对张柬之等人用相权压制皇权极度不满，但此时已经将五王收拾得服服帖帖，没有必要再赶尽杀绝，且神龙元年（705）五月，他曾赐给张柬之等人可免十次死罪的免死铁券，刚过一年就将他们诛杀，皇帝颜面也过不去，就不再听武三思等要求诛杀五王的意见，而是将敬晖流放琼州、桓彦范流放襄州、张柬之流放泷州、袁恕己流放环州（今广西环江毛南族自治县一带）、崔玄暐流放古州（今越南谅山一带）。五人家族中十六岁以上的子弟，全部流放岭外。

---

① 《旧唐书》卷100《李朝隐传》。

五王虽被流放，但毕竟还留着一口气，万一将来中宗要起用五王去制衡武三思，那就真够武三思喝上一壶的了。崔湜看出这层危险，就向武三思言道，"晖等异日北归，终为后患"，劝武三思假传圣旨诛杀五王。武三思问谁可办此事，崔湜推荐五王的仇人大理寺官员大理正周利贞。

周利贞之前曾因事得罪五王，被贬到嘉州（今四川省乐山市一带）任司马，五王失势后才回到大理寺任大理正。武三思遂听从崔湜建议，举荐周利贞为右台侍御史出使岭外。

周利贞磨刀霍霍去杀人，先是在路上遇见桓彦范。仇人见面分外眼红，周利贞用削尖的竹子做成竹刺，将桓彦范放在竹刺上拖来拖去，使其身上的肉被竹刺一片片撕下，骨头都漏了出来，然后将其乱棍打死。抓住敬晖后，周利贞用刀子将敬晖身上的肉一片片割下来，活活剐死。最后周利贞抓到袁恕己，逼他喝下毒药野葛汁，这种毒汁喝下去就如同铁钩钩住喉咙一样。袁恕己喝了几大升，却没有死，疼得在地上爬来爬去，双手抓地，指甲全部抓掉，最后被周利贞乱锤锤死。只有张柬之和崔玄暐，在周利贞到来之前，已经去世，算是得了个善终。而薛季昶多次被贬官，最终贬任儋州（今海南省儋州市一带）司马。五王死后，薛季昶在任上服毒自杀。五王归西，周利贞回长安复命，武三思提升他为御史台副长官御史中丞。

张柬之等人发动神龙政变，固然有抢功因素，但在实质上却促成中宗提前安全登基，推动了李唐回归，于再造大唐确实功不可没。五王立下震主之功，几乎独揽相权，必然让欲重振皇权的中宗如芒刺在背。在当时的情势下，五王若如杨元琰一样不贪权位，及时急流勇退，中宗必然会报之以李，保其荣华富贵，让五人逍遥晚岁。只可惜五王过于恋栈，甚至有用相权压制皇权、视中宗如傀儡的倾向，只能招来中宗联合韦皇后、武三思的反击，落得如此下场。

值得注意的是，就在中宗多次贬黜五王、武三思矫诏诛杀五王时，相王李旦却有着不同寻常的动向。神龙二年（706）七八月间，中宗下诏派相王李旦离开洛阳，到河南偃师缑山之巅造升仙太子碑。八月二十七碑成，李旦在碑上落款题名。五王中的袁恕己和相王关系最为密切，在神龙政变中和相王一起统率南衙禁军应对不测，在政变成功后率先拜相，代表相王进入宰相班子。八月下旬是五王性命最为生死攸关之时，中宗此时派相王出京赴缑山造碑，无疑有排除相王干扰的政治考虑，否则时间当不会如此巧合。

在五王被害的问题上，太子李重俊起到了一定的为虎作伥作用。只是李重俊没想到，他刚帮助武三思除掉五王，武三思立刻就把主要进攻矛头转向他李重俊。随着五王的彻底败亡，武三思与韦皇后日益合流，沆瀣一气。作为韦皇后女儿、武三思儿媳的安乐公主，更是成为进攻李重俊的急先锋。而李重俊，则被逼走向了上梁山的不归路。

# 第九章　重俊起兵犯阙

武三思等人在陷害诛杀张柬之等人的过程中，将韦皇后与自己深度绑定。中宗神龙后期朝局的主要问题，就是韦皇后、武三思在中宗的支持放纵下，肆意干涉朝政。

神龙元年（705）六月二十，洛水泛滥，两千多户百姓受灾。七月，河南河北十七个州发生洪灾。八月初一，中宗下诏"以水灾求直言"。在中国古代的灾害政治学中，万方有罪，罪在朕躬。一切自然灾害都可以归结为皇帝德不配位、施政无方，这是中国古代政治学中为数不多的可以制约皇权的意识形态因素。故中宗在屡发水灾的情况下，要求群臣就朝政得失提出意见，以禳灾去祸。

时任右卫骑曹参军的宋务光见到诏书后上疏，借水灾直言五个问题：一是后宫干政，认为水为阴，代表后宫，大水泛滥成灾，意味着后宫的手伸向了前朝，要牝鸡司晨干涉朝务，还请陛下防微杜渐；二是发挥宰相作用问题，认为大雨不止，有关部门不思排水救灾，反而按照迷信说法关闭洛阳坊市北门以祈求上天放晴，而理阴阳、调风雨，本来是宰相职责所在，以致民间百姓笑称坊门就是宰相；三是太子问题，建议中宗"宜早择贤能而立之"；四是武三思外戚问题，认为"外戚太盛"，要求解除武三思等外戚所任职务，保留其丰厚俸禄即可；五是用人不当，连郑普思、叶静能等小人都能爬上高位，真把朝廷当菜市场了。

宋务光奏疏提出的问题，直指韦皇后干政，武三思乱政，太子国本缺位等朝局症结，可谓字字珠玑、针针见血。中宗却没有认真理会，最终造成朝局不可挽回地朝着再次政变的方向发展。

## 大踏步回归武周

中宗默许武三思矫诏诛杀五王巩固皇权后，并没有事必躬亲、朝乾夕惕、夙夜在公地为国操劳，而是将皇权交给韦皇后、武三思甚至安乐公主代理。

中宗之所以如此，在客观上是因为心腹不多，最信任的只有和他在房州同患难的韦皇后、安乐公主，还有一根绳上的蚂蚱亲家武三思；在主观上，则是享乐心理作祟。在房州度过将近十五年囚禁岁月的中宗，似乎要加倍补偿往日的忧惧艰辛，经常率领群臣登山临水、品宴会赏歌舞。各种游宴名目繁多，花样翻新，连日不断。在这种情况下，中宗也乐得将朝政托付给韦皇后、武三思等人，武三思的势力由此急剧膨胀起来。

五王死后，武三思权倾人主，放言说我武三思粗人一个，不知道这世上"何者谓之善人，何者谓之恶人；但于我善者则为善人，于我恶者则为恶人耳"！此言一出，天下人皆侧目！当然，也有更多人贴附上来。据《资治通鉴》，兵部尚书宗楚客、将作大匠宗晋卿、太府卿纪处讷、鸿胪卿甘元柬皆为武三思羽翼。

诸人中，其母是武则天同族姐妹的宗楚客是武家的天然支持者，他虽然与武懿宗多有过节，但和武三思关系很好。正是在武三思的帮助下，宗楚客才坐到兵部尚书的高位。宗晋卿是宗楚客弟弟，早在武则天垂拱后期，就受到信任和重用，他为女皇大兴土木，广建楼堂馆所，深得女皇欢心。封禅中岳，建造明堂，铸造九鼎，这些让女皇兴奋不已的大工程背后，都有宗晋卿的身影。

纪处讷是武三思连襟，娶武三思妻子的姐姐为妻，却"纵使通三思"[①]，积极主动、心甘情愿地让妻子与武三思通奸，主动戴绿帽子。武三思见纪处讷对自己如此贴心，就举荐他出任太府寺长官太府卿。神龙元年（705）夏天大旱，粮食价格急剧上升，中宗心急如焚，召见纪处讷询问救抚百姓之策。

武三思知道此事后，授意负责观察天象的太史令伽叶志忠上奏中宗：臣夜

---

① 《新唐书》卷109《宗楚客传附纪处讷传》。

观天象，见摄提星进入太微星怀抱，与帝星邻接，这是天子慧眼发现忠臣的吉兆，陛下您最近召见的那个大臣，就是天象示意的忠臣。中宗"信之"，下诏褒奖纪处讷的忠君爱民之心，还赐给御衣一件、绸缎六十段。不久，纪处讷就升任门下省长官侍中并拜相。

史料中没有关于甘元柬的太多记载，只知他是鸿胪寺长官鸿胪卿。他能成为武三思羽翼，应该也和武三思的举荐或与武家的渊源有关。除宗楚客、宗晋卿、纪处讷、甘元柬四羽翼外，武三思还有所谓"五狗"替他咬人：御史中丞周利贞、侍御史冉祖雍、太仆丞李俊、光禄丞宋之逊、监察御史姚绍之。这五人皆为武三思耳目。他们都在陷害张柬之、王同皎等政变集团功臣的过程中发挥了重要的撕咬作用，时人称他们为"三思五狗"。

此外，司农寺副长官司农少卿赵履温即桓彦范的大舅子、中书省中书舍人郑愔、长安县县令马构、吏部司勋郎中崔日用、御史台监察御史李悛等人皆依托武三思的权势，"熏炙内外"[1]。其中崔日用、冉祖雍、郑愔"尤干政事"，天下百姓编成政治段子道"崔、冉、郑，乱时政"。他们在武三思的带领下，利用用人权打击政敌、提拔亲信，屡兴大狱陷害忠良，"天下为荡然"。

韦皇后的政治影响力也在逐步提升。神龙元年（705）十一月，百官给中宗上尊号应天皇帝，给韦皇后上尊号顺天皇后。第二年即神龙二年（706）二月，韦皇后又在宰相班子中拉拢一人。

这年二月十一，中宗拜刑部尚书韦巨源为宰相，"仍与皇后叙宗族"。韦巨源是武周老臣，与韦皇后只是同姓韦，但不是同一族属。根据史料推算，韦巨源比韦皇后至少大30岁左右，年龄和韦皇后父亲韦玄贞差不多。但韦皇后竟然将韦巨源"附入韦后三等亲"[2]，以兄弟的名义把韦巨源编入宗谱属籍，还认韦巨源为兄长，此举无疑是要增加朝中的韦氏家族势力。四月，中宗又改封韦皇后去世的父亲韦玄贞为酆王，四个弟弟韦洵、韦浩、韦洞、韦泚也全部追赠郡王。

在以武三思为代表的武氏势力重新崛起和韦皇后后宫干政的政治背景下，

---

[1]《新唐书》卷206《武三思传》。
[2]《旧唐书》卷92《韦巨源传》。

中宗朝政治路线更加大踏步地向武周回归。神龙政变后，中宗下令停止使用外公即武则天父亲武士彠的昊陵、外婆即武则天母亲杨氏的顺陵名称，废除武则天所造的天地日月等新字，即武周新字。在天下广建中兴寺、中兴观，以示武周篡位李唐后，大唐中兴复兴，王者归来。武则天驾崩后，中宗又下令废除武周太庙崇恩庙。

武三思矫诏诛杀五王后，撺掇中宗将以上政策一一改易，允许武周新字继续流通，将中兴寺、中兴观改为龙兴寺、龙兴观，不再提大唐中兴复兴之事。神龙三年（707）二月，长安周边春旱，长时间未下雨，中宗让武三思、武攸暨到乾陵求雨，没想到真的就下起了贵如油的春雨。中宗大喜，恢复昊陵、顺陵称号，重建崇恩庙。

崇恩庙复建后，要挑选斋郎充当祭祀人员。在武三思的影响下，中宗要求从五品以上官员的子弟中挑选斋郎。负责礼仪的太常寺博士杨孚上奏反对，认为李唐太庙斋郎按制度只从七品以上官员的子弟中选拔，如今崇恩庙斋郎却从五品以上官员的子弟中选拔，这岂不是崇恩庙的规格等级要高出太庙！中宗表示太庙斋郎可以与崇恩庙斋郎一样，都从五品以上官员的子弟中选拔。杨孚还是反对，指出"崇恩庙为太庙之臣，太庙为崇恩庙之君"[①]，如今"以臣准君"，将臣子的规格拔高到和君主一样，"犹为僭逆"，况且"以君准臣"，将君主的规格降低到和臣子同等，更会让"天下疑惧"，不知这天下是大唐江山还是武周时代！中宗听后，最终停止了提高崇恩庙斋郎家庭出身品级规格的动议。

上述回归武周政治路线的措施，表面上是武三思在搞鬼，"皆三思意也"[②]。实际上是得到了中宗的默许，甚至是由中宗推动、武三思在执行。中宗此举，是要改变神龙政变后张柬之等人否定武周、否定武则天的历史定位。中宗即位合法性来源是武则天重新册立他为太子，张柬之等人发动的政变虽然促成他提早安全登基，但在传统政治逻辑中，政变得来的皇位合法性，毕竟比不上先皇传位的合法性。

中宗明白，否定武则天和武周，就是否定他的皇权合法性。一味强调神龙

---

① 《旧唐书》卷 25《礼仪五志》。
② 《旧唐书》卷 183《武三思传》。

政变的作用，就会让他的帝位和皇权一直笼罩在相王、太平公主乃至张柬之等政变功臣的阴影下，毕竟他们对自己有拥立之功。只有肯定武则天和武周，淡化神龙政变，才能重新解释并强化自己登基的政治合法性，进而打压张柬之等人的残余势力，消除相王、太平公主的潜在威胁，以重塑权威，强化皇权。

中宗的这一心理，突出表现在改中兴寺、中兴观为龙兴寺、龙兴观的政治操作上。所谓"中兴"，就是指朝代中间有阻断、隔断，以"中兴"为名，暗喻否定武周和武则天，认为正是因为武周和武则天的横插一脚，李唐才会被分成前后两段。中宗将"中兴"改为"龙兴"，则不再有隔断、阻断之意，显示出李唐武周一体、实属同根正统的政治色彩。

如胡三省在注解《资治通鉴》时所言，中宗下令"自今奏事不得言中兴"①，其意即在"示袭武氏后，不改其政也"。从中兴到龙兴的改动，表面上是承认武则天的帝位和武周的存在，实际上却是将武周与李唐合二为一，宣言周唐一体，既破解了中宗二次登基后对武周的定性与定位难题，又最大限度地肯定了中宗子承母业、继位登基的政治合法性。

在武三思和韦皇后的推动下，中宗神龙朝政治呈现出鲜明的武周色彩，激起了民间拥护李唐势力的强烈反对。神龙二年（706）四月左右，隐士韦月将实名举报武三思与后宫嫔妃长期保持不正当关系，包藏祸心，"必为逆乱"②。

中宗头顶绿帽子，只要没人说，他也不以为意，现在韦月将竟然把事实说了出来，揭了皇帝的丑，这下可捅破了天。"中宗大怒"，脸上挂不住了，下令不准审问，立刻将韦月将给杀了，免得从他嘴里再出是非。解决不了老婆与他人通奸问题的中宗，解决提出问题的人的能力还是有的。这也是中国古代朝廷处理问题的惯用手法。

中宗的命令刚下，宋璟就出来抗旨了。中宗二次登基后，看重宋璟的忠诚正直，多次提拔后让其担任门下省副长官黄门侍郎。武三思曾找宋璟走后门，宋璟严词拒绝道：如今已经是换了人间，是大唐天下，你武三思作为武家子弟，应该自觉地自贬爵位回府中闭门思过，大门不出，二门不迈；如今却还想

---

① 《资治通鉴》卷208。
② 同①。

走后门干预朝政，回去读读历史吧，看看西汉吕后的娘家人吕产、吕禄是怎么死的！

宋璟作为黄门侍郎，手中握有封驳之权，如发现皇帝诏书不符合法律规定可以打回去要求重拟。因此，宋璟看到中宗诏书后，马上"奏请推按"，要求交由大理寺审问后再依律定罪。接到宋璟的奏疏，中宗怒气更加冲天，连头巾都来不及整理好，鞋都没提上去，就拖拉着鞋，一路小跑去向宋璟咆哮：朕已经下令砍下韦月将的人头，怎么还磨磨蹭蹭不动手？你竟然还要求审问，这种事怎么能审呢？万一再审出什么东西来，朕这张老脸往哪放，皇家颜面何在，这不是让天下人看我老李家的笑话吗！

说罢，中宗下令立即行刑。宋璟继续争辩：您亲家公武三思和您老婆韦皇后那点事，天下人都知道，私下议论纷纷，就您不知道，真不清楚您到底是真不知道还是装不知道；现在韦月将把这事给明明白白捅了出来，陛下您不加审问就要杀人，"臣恐天下必有窃议"，这不是越描越黑吗！

宋璟坚持要求将韦月将移交大理寺审讯发落，"上不许"。宋璟火了：陛下您如果非要砍韦月将，那么就先把臣的脑袋给砍了。要不然，臣宁可头断血流，也愿不在这诏书上签字。按照唐代行政制度，皇帝诏书不经门下省长官侍中和副长官黄门侍郎签字，不能生效执行。中宗在发怒，宋璟在发火，君臣俩看谁拧得过谁。

中宗、宋璟僵持不下之际，大理寺长官大理卿尹思贞出面了，换个思路继续斗争。尹思贞提出，就算皇上您非要杀人，现在也不是时候，当下正是春夏之时，是"发生之月"①，万物生长时节，根据咱们大唐法律，不能在春夏杀人，这有违天时法度。的确，按照唐律规定，除了恶逆和奴婢谋杀主人等罪行，从立春到秋分时节，对其他罪犯都不能执行死刑。

在尹思贞和宋璟等人的再三劝阻下，"上怒少解"，中宗的雷霆之威暂时收了回去，将韦月将由死刑改为杖刑，打一顿后流放岭南。韦月将暂时解除了生命危险，但武三思仍然抓住此事不放，指示其他部门暗下杀手，法外杀人。尹

---

① 《旧唐书》卷100《尹思贞传》。

思贞听到风声后,要再次进宫请求中宗彻查此事。御史台长官御史大夫李承嘉坚决执行武三思意旨,借口其他事情弹劾尹思贞,不准他面圣见驾。

尹思贞"不得谒",即见不到中宗,只有当面抨击李承嘉:你身为朝廷大员司法大臣,手握宪章,"为天子执法"①,却"擅威福,慢宪度,谀附奸臣"②,为了拍武三思的马屁,竟然肆意践踏朝廷律法,你们把忠良一个个除掉,是为了将来更方便地图谋不轨造反叛乱吗?李承嘉被批得面红耳赤,恼羞成怒,再次弹劾尹思贞,将其贬到青州(今山东省青州市一带)任刺史。而武三思也因此对宋璟恨得牙痒痒,将他外贬为代理贝州(今河北省清河县一带)刺史。

只可惜,在混乱的朝纲之下,宋璟、尹思贞付出贬官的代价也无法保住韦月将的性命,只是暂且推迟了受死之日而已。就在当年秋分的第二天,太阳刚露出一点红脸,天刚蒙蒙亮,广州都督周仁轨就把韦月将拖出牢房"斩之"③。此时中宗已经有所醒悟,意欲赦免韦月将,但传递赦免诏书的官员虽快马加鞭也来不及刀下留人。

对于武三思种种"令百官复修则天之法"④的行为,当时人们"皆言其阴怀篡逆",即认为武三思有篡位之心,将其比作当年分别意图篡夺东汉江山和曹魏江山的曹操、司马懿,可谓司马昭之心路人皆知。据《朝野佥载》,武三思改封德静郡王时,有好事者还拿"德静"这一封号编派他。"德"谐音近九鼎的"鼎","静"谐音国贼的"贼","德静"即"鼎贼",窃国大盗也,故时人评价武三思"貌象恭敬,心极残忍。外示公直,内结阴谋,弄王法以复仇,假朝权而害物",果真"有窥鼎之志"。

其实,时人这种观点实在是高看了武三思。武三思在中宗神龙年间的权势,根本比不上他在武则天时期的权势,更与当年的武承嗣不可同日而语。武三思的政治才能远远比不上武承嗣,当年武则天改唐为周的很多政治举措都是

---

① 《新唐书》卷128《尹思贞传》。
② 《旧唐书》卷100《尹思贞传》。
③ 《资治通鉴》卷208。
④ 《旧唐书》卷183《武三思传》。

武承嗣在殚精竭虑代劳，武三思只会对女皇拍马溜须，更多的是引导女皇大兴土木、寻欢作乐。

在李唐反正、中宗皇位逐步稳固的历史大背景下，武三思本人根本没有能力再次改变历史轨道。他将希望寄托在下一代身上，这就是儿子武崇训和儿媳安乐公主。

## 公主要当皇太女

安乐公主是中宗和韦皇后最小的女儿，也是一个被父母宠坏的孩子。安乐公主出生在中宗和韦皇后流放房州的路上，刚生下来时，路上没有褓褓，中宗就脱下衣服把小女儿裹起来，遂给她起小名裹儿。因这层缘故，中宗对安乐公主异常宠爱。安乐公主长大后，"姝秀辩敏"，韦皇后对她亦是"尤爱之"。武则天晚年为化解李武两家的矛盾，让李武两家亲上加亲，亲自主持了李家公主与武氏子弟的联姻。安乐公主就在这次联姻中，由奶奶武则天做主嫁给了武三思之子武崇训。

安乐公主下嫁武崇训时，中宗在东宫为皇太子，武三思在前朝辅政。身为皇亲国戚的两家亲上加亲，必然会大操大办，"欲宠其礼"。当时安乐公主和身为太子的父亲一同居住东宫，武崇训和父亲武三思居住天津桥南宅院。武三思亲自到重光门迎接公主儿媳，将安乐公主接到自家宅院。太子嫁女，外戚娶亲，可喜可贺，李峤、苏味道、沈佺期、宋之问、徐彦伯、张说、阎朝隐、崔融、崔湜、郑愔等人赋诗《花烛行》"以美之"。

中宗二次登基后，安乐公主作为最受父皇宠爱的公主，更是"光艳动天下"。她倚仗父皇的宠爱，"恃宠骄恣，卖官鬻狱，势倾朝野"。很多中高级官员都是走了她的门路，拜码头交银子才升的官，"宰相以下多出其门"。安乐公主有时甚至自己写好诏书，用手盖住内容，不让父皇看到底是怎么回事，只是让中宗签字。中宗也只是哈哈一笑，就把皇帝的大名签上，把朝廷的大印盖上，看也不看女儿到底要干什么事。

插手朝政的公主，不只安乐一人。神龙二年（706）闰正月，韦皇后"欲宠树安乐公主"，就撺掇中宗给公主们"开府，置官属"，方便公主们参与朝政处理。太平公主作为中宗皇妹，开府规格最高，等同亲王。韦皇后的亲生女儿长宁、安乐公主的规格略低，不设置处理府内日常事务的长史，但明显高于官属规格"各减太平之半"的宜城、新都、安定、金城几个非韦皇后亲生女儿。

在诸位公主的大肆干预下，朝政极其混乱，一片乌烟瘴气。一些对现状不满的基层官员不能直达天听向中宗建言献策，只能谏言宰相魏元忠等人匡复国策，而魏元忠却仿佛换了个人似的。

史载，魏元忠回朝拜相后，再也不像武则天时期那样敢于批龙鳞、逆龙鳞，而是"与时俯仰"①，随世浮沉，随波逐流，"竟不能赏善罚恶，勉修时政"②，甚至要与世无争，躲进小楼成一统，管他冬夏与春秋。在王同皎、韦月将等人被杀之事上，魏元忠"依违无所建明"③，以致"中外失望"。

基层官员酸枣县（今河南省新乡市延津县一带）县尉袁楚客对魏元忠的做派实在看不下去，就"致书元忠"，指出当下正是百废待兴之时，应当"进君子，退小人，以兴大化"，批评魏元忠"安其荣宠，循默而已"，只想安享荣华富贵，对丛生弊政沉默不语。

袁楚客指出魏元忠尤其应该向皇帝劝谏十个方面的朝政失误：一是没有及时册立太子，并挑选良师辅佐；二是放纵各位公主大肆开府；三是和尚道士出入权贵之家，"借势纳赂"；四是被皇室宠幸的戏子，竟然能进入官府当官；五是吏部等部门选拔官员时不看能力高低，只看送钱多少和背后靠山是否过硬；六是宠信宦官，破格提拔宦官达上千人之多，将来必成大乱；七是王公贵戚奢靡成风；八是肆意设置员外官，"伤财害民"；九是允许上官婉儿等女官、宫女搬到宫外居住，纵容她们与外界朝臣勾连，交结权贵，干涉朝政和人事任免；十是旁门左道之人蛊惑皇帝，竟然一个个升官封爵。

袁楚客所言朝政十失，件件不虚。以第十项为例，就在当年二月二十二，中宗加封慧范等九个和尚五品官阶，赐爵郡公、县公；加封道士史崇恩等人五品官阶，且不经中书门下宰相审议，就任命史崇恩为国子监长官国子祭酒，还

---

① 《资治通鉴》卷208。
② 《旧唐书》卷92《魏元忠传》。
③ 《新唐书》卷122《魏元忠传》。

加封叶静能为正三品级别的散官金紫光禄大夫。

魏元忠对朝廷存在上述问题亦是心知肚明,对袁楚客的批评只能照单全收,表示"愧谢",后来在个别时刻对朝政有所匡正,尤其是在郑普思问题上力谏中宗。江湖术士郑普思倚仗中宗信任任秘书省长官秘书监,为保荣宠将小女儿送进后宫,被中宗宠幸。后郑普思因事犯罪,御史台监察御史崔日用上疏弹劾,中宗不听。孰料,本应感激皇恩浩荡的郑普思,竟然在长安附近聚集党羽,图谋作乱。阴谋败露后,长安留守长官苏瑰将郑普思及其党羽逮捕入狱,深入调查此事。郑普思的妻子第五氏,也凭借旁门左道深获韦皇后信任,中宗就令苏瑰先不要审问郑普思之事,这事就被暂时按下了去。

神龙二年(706)十月二十八,中宗从洛阳还都长安。苏瑰再次奏请中宗严惩郑普思,中宗继续偏袒郑普思,不听苏瑰进言。在一旁的御史台侍御史范献忠看不下去,当即奏请中宗"请斩苏瑰"。中宗大惊,问范献忠:为何出此狂言?范献忠回道:苏瑰作为京师留守大臣,全权负责处置长安附近所有事务,在郑普思问题上应当先斩后奏,如今还让郑普思好好地活着,用妖言迷惑陛下,他的罪过还不够大吗!

范献忠此言是正话反说,是从另一个角度劝中宗听苏瑰之言。因此,范献忠不但奏请中宗处死苏瑰,还要求赐死自己:郑普思谋反证据确凿,陛下却对他谜之信任;臣听说有句话叫"王者不死",那些命中注定的天子是不会被凡人杀死的,难道郑普思就是那个天选之子吗?要不然陛下怎么会如此袒护他!如果真是如此,还请陛下您赐臣死,臣生是陛下的人,死是陛下的鬼,宁死也不愿做他郑普思的臣!

范献忠已经是拼死力谏,中宗还是犹豫不决。君臣僵持不下之时,魏元忠发话了:苏瑰其人忠厚,有长者之风,论刑定然不会出错,陛下应当按苏瑰的意见,依法处死郑普思。中宗无奈"不得已",于十一月十八将郑普思流放到海南儋州,将其他党羽全部诛杀。魏元忠在郑普思问题上转圜了中宗心意,在太子问题上更是据理力争。

中宗共有四个儿子,分别是和宫人所生长子李重福,与韦皇后所生嫡子即二子李重润,与宫人所生三子李重俊,与宫人所生四子李重茂。其中李重润早在武则天长安元年（701）九月就因张易之缘故被处死；李重福因娶张易之外甥女，被韦皇后打成张易之派系，于神龙元年（705）年初贬到均州任挂名刺史，被当地官员严加看管，等同软禁，事实上失去了皇位继承权。于是，中宗的选择范围，只剩三子李重俊和四子李重茂。而这两个儿子，都不是韦皇后所生，都不受待见。

面对韦皇后和安乐等诸位公主权势无边的态势，江湖庙堂都强烈感受到了"女主政治"回归的势头。他们绝不想再来一次武则天般的女主当政时代，纷纷谏言中宗册立太子，以正人心。神龙元年（705）七月，宋务光就上书请求早立国本。神龙二年（706）袁楚客在给魏元忠的信中，也明确指出"安天下者先正其本，本正则天下固，国之兴亡系焉"，而"太子天下本"，好比大树，无本则枝叶凋零，所以"国无太子，朝野不安"，如今"皇子既长，未定嫡嗣，是天下无本"，犹如"树而亡根，枝叶何以存乎"，建议魏元忠建言中宗及早确立太子，选择良师辅佐。

据相王李旦后来回忆，他也多次劝中宗"择贤而立之"[①]。但中宗听后相当"不悦"，李旦为此"忧恐，数日不食"。李旦此举，纯属咎由自取，毕竟国本之事不是当过皇帝的他所应置喙的。但太子国本之事已经到了李旦也必须多嘴的地步，可见此事已经成为当时朝廷政局的核心难题。

中宗之所以不能在太子问题上及早下定决心，可能与李重润之死给他和韦皇后的打击过大有深度关联。作为他和韦皇后唯一的嫡子，中宗对李重润寄予重望。可惜在自己都无法保全的情况下，中宗只能牺牲李重润以换取自己平安落地。在中宗和韦皇后的内心深处，对李重润恐怕更多的是愧疚。神龙元年（705）四月二十九，中宗下诏追赠李重润为懿德太子。在《邵王赠皇太子制》中，中宗让大臣极为动情地写道，"故邵王重润，渐履云霄，分辉日月……爱敬尽于宫闱，仁孝闻于区宇"，用浓墨重彩塑造了李重润谦恭、忠顺、爱敬、仁孝的正面形象，爱子之情溢于纸上。在中宗和韦皇后看来，现在册立太子就是对当年李重润牺牲生命保全他们的背叛。因此，太子之事迟迟无法提到应有

---

① 《资治通鉴》卷210。

的议事日程中。

　　不想当皇帝的皇子不是好皇子。按照正常的继承次序，既不是嫡子又非长子的李重俊本无任何接班的可能。但大哥即中宗长子李重福被软禁，二哥即中宗嫡子李重润被杀的残酷现实，却给他提供了问鼎九五的政治机遇。在中宗剩余的两个儿子中，李重俊的母亲和弟弟李重茂的母亲均没有太高地位，出身相仿，没有高低之分。而李重俊的优势在于年龄比李重茂大很多，由此成为中宗为数不多的选择对象中优势较为突出的那一个。面对未来，李重俊充满信心，他满怀将来能从中宗手中接过大位的丰满理想，然而骨感的现实却让他一次又一次垂头丧气。

　　神龙元年（705）二月，中宗册封时任义兴王的李重俊为卫王，但同时册封北海王李重茂为温王，从中没看出对兄弟二人的厚此薄彼。虽然中宗同时任命李重俊为洛阳地区最高长官洛州牧，但这个任命只是因为李重俊年龄较大、李重茂年龄太小，中宗并没有对李重俊特别看重，这点尤其体现在当年的再一次任命中。当年十一月，中宗下诏任命卫王李重俊为左卫大将军，遥领扬州大都督；任命温王李重茂为右卫大将军，遥领并州大都督。两人分任左右卫大将军，分领并州、扬州两个大都督，更是齐头并进，连李重俊的年龄优势都被有意无意忽略了。

　　李重俊由此认识到，幸福不会从天而降，太子之位等不来。虽然父皇眼下只有他和弟弟两个选择对象，但不代表东宫自动就会为他敞开大门，开放怀抱等他进驻。要想入主东宫，他还需经营，找人替他说话。当时朝中影响力最大的有这么几个集团，相王、太平公主、张柬之等人、韦皇后、武三思。

　　李重俊分析认为，相王、太平公主虽然是自己的叔叔和姑姑，但已经被父皇收拾得差不多了，且在立太子这事上，让相王、太平公主出面给自己说话还会适得其反。张柬之等人更是父皇的眼中钉、肉中刺，想靠他们经营太子之位只能是缘木求鱼，还有可能引起父皇的猜疑，怀疑他是不是要联合张柬之等人逼宫。而当时对父皇影响最大的，只有后宫的韦皇后和前朝的武三思，只有他们说的话父皇才爱听。而韦皇后和武三思是一体的，只要取得一个人的支持，就会形成两个人的集体助力，至少另外一个不会太过反对。

在韦皇后和武三思两人中，武三思显然更适合沟通。毕竟韦皇后因为儿子李重润惨死无法入主东宫，连带仇视一切想要当太子的皇子。因此，李重俊只能向武三思诉说衷肠，试图取得武三思的支持。而武三思此时正全力对付张柬之等人，也乐得有人向自己靠拢，与自己结成政治同盟。武三思与李重俊经过充分的沟通，迅速达成合作意向：武三思支持李重俊成为太子，李重俊支持武三思对付张柬之等人。

经过武三思的政治运作，加上当时朝野要求早立太子的政治舆论压力，韦皇后同意李重俊入主东宫。中宗也由此在神龙二年（706）七月初七，下诏册立卫王李重俊为皇太子。李重俊通过与武三思建立政治同盟，如愿以偿地拿到了太子之位。但在二人的同盟关系中，身为大臣的武三思处于主导地位，身为皇太子的李重俊却处于附属地位。李重俊的太子之位由武三思经营所得，武三思并不在意此时谁为皇太子。毕竟在唐朝乃至中国古代历朝历代的政治规则中，不但皇太子可以废，就连皇帝也可以废。关键问题不在于是否立皇太子、立谁为皇太子，而在于掌握废立皇太子的权力。武三思只要通过影响韦皇后和中宗，就能在实质上拥有废立之权，那李重俊就是他的掌中之物，无论怎么折腾，也蹦跶不出他的手掌心。

武三思投之以桃，助力李重俊登上太子之位。李重俊需要报之以李，帮助武三思彻底打垮张柬之等人。神龙二年（706）七月，武三思撺掇中宗将张柬之等人流放后，又让身为皇太子的李重俊上奏中宗，要求诛杀张柬之、敬晖、崔玄暐、桓彦范、袁恕己等人三族。中宗虽然"不许"，但后来默许武三思矫诏诛杀敬晖等人，无疑也有李重俊态度的影响。

消灭张柬之等人的势力后，武三思的权势已扩展到中宗所能允许的最大范围，他又开始做起恢复武周江山的春秋大梦。武三思明白，以他的政治能力，要在中宗复位的历史进程中开历史倒车，无异于螳臂当车。因此，他将希望寄托在下一代身上，要在李重俊身上做文章，首先就是消磨李重俊的心志。

李重俊"性虽明果"[①]，即明断果敢，但年纪较轻，只是相对于李重茂年长

---

[①] 《资治通鉴》卷86。

而已，绝对年龄仍然不大，其品行养成需要名师贤傅严加调护。而他的东宫僚佐多是贵族子弟，"未有贤师傅"，故"举事多不法"，即经常做一些不合政治规矩之事。不久，武三思又成功劝说中宗派武崇训和杨慎交充当太子宾客。

武崇训是武三思儿子、安乐公主丈夫、中宗女婿，时任太常寺长官太常卿。杨慎交也是中宗女婿，娶长宁公主为妻。但杨慎交更重要的一个身份，是隋朝观德王杨雄之子杨恭仁的曾孙，而武则天的母亲杨氏之父杨达，正是杨雄的弟弟。无论是杨慎交还是武崇训，都是武系势力的重要代表人物。武三思将他们两个派到李重俊身边任太子宾客，是有着意味深长的政治考虑的，其目的便是对李重俊进行政治洗脑，引导他在政治立场上偏向武系人物。如果李重俊不为所动，还是坚持李唐皇族本位政治立场不动摇，则将李重俊往另外一个方向即流连声色犬马的方向引导，制造攻击他的政治口实，为将来将其废黜提供证据支持。

李重俊性格"明果"的特点，决定了他在偏向李唐皇族的大是大非政治立场上是不糊涂的，是有政治明断的。武三思见武崇训和杨慎交无法对李重俊有效进行 PUA（精神控制），不能给其打上亲近武系的思想钢印，就指示二人发挥奢靡享乐的特长，将李重俊拉下水。武崇训和杨慎交所任太子宾客的职责，是"掌侍从规谏，赞相礼仪"①，即对太子行事得失进行劝谏，教导太子朝廷礼仪等。武崇训和杨慎交却反其道而行之，不但不匡正李重俊，反而整天拉着李重俊一起踢球为乐，甚至观看一些少儿不宜的风流剧目，"竟无调护之意"②。

时任太子左庶子的姚珽实在看不下去，多次上疏劝谏李重俊：一劝他多与品行高尚、学识渊博之人交往；二劝他以节俭为美，抑制奢靡，不要兴建楼堂馆所；三劝他注意身边的人，对经常出入东宫之人严加安检查访，避免东宫隐秘之事泄露，给政敌递刀子；四劝他"留意经书"③，广纳学士，与饱学之士一起读书交流，修身养性。时任太子右庶子的平贞慎也撰写《孝经议》《养德传》等文章献给李重俊，暗示他要注意涵养厚德，与中宗、韦皇后搞好关系。李重

---

① 《唐六典》卷 26《太子三师三少詹事府左右春坊内官》。
② 《旧唐书》卷 89《姚璹传附弟姚珽传》。
③ 《旧唐书》卷 86《李重俊传》。

俊虽然表面上对姚珽、平贞慎的建议很认可，但听归听、做归做，仍然是马照跑、舞照跳、戏照看。姚珽的奏疏虽然没有被李重俊采纳，但却为他后来的幸免于难埋下伏笔。

武三思通过武崇训、杨慎交把李重俊的声望贬损到位后，开始图谋将其废黜，大开脑洞要用儿媳安乐公主取李重俊而代之，让儿子武崇训撺掇安乐公主向中宗提出要求，"自请为皇太女"①——要求父皇立自己为接班人皇太女。武三思的完美计划是，如果安乐公主成为皇太女接过中宗大位，将如武则天一样成为女皇。安乐公主当上女皇，丈夫武崇训作为女皇之夫，有极大的可能通过一系列政治运作成为新的皇位继承人。如此，李唐的皇位将再一次落入武家人手中。

中宗本质上并不昏聩，他懂得安乐公主要当皇太女背后的政治利害，因此虽然没有明面上批评爱女狼子野心，但也"不从"。为彻底堵住安乐公主的嘴，也避免父女之间撕破脸皮，中宗决定借魏元忠之嘴一用。中宗找来魏元忠，就安乐公主要当皇太女之事和他商议。

魏元忠一眼就看出这是武三思和武崇训在背后捣鬼，一语道破武三思父子心思，"公主而为皇太女"②，那丈夫武崇训按照朝廷礼制要放到什么位置呢？那我大唐还容得下他武三思父子吗？岂不是要再来一次改朝换代吗！

在场的安乐公主听后勃然变色，大骂魏元忠：你这个榆木脑袋、不开窍的山东老汉，懂得什么朝廷礼制？我奶奶武则天都当上了天子，我为什么不可以？

安乐公主这是把自己抬到和奶奶武则天一样的高度，直接与武则天相提并论！魏元忠这次没有后退，"固称不可"，安乐公主"自是语塞"，这才悻悻而去。

## 太子被逼上梁山

李重俊听闻妹妹安乐公主竟然要当皇太女，作为男性和太子的他被彻底地激怒了。如果是弟弟李重茂要夺他太子之位倒也罢了，毕竟兄弟夺位是历朝历

---

① 《资治通鉴》卷208。
② 《新唐书》卷122《魏元忠传》。

代的保留剧目,在他大唐更是稀松平常,即使是被兄弟拉下马也不丢人。但如今却是公主妹妹要夺东宫,简直是滑天下之大稽,前无古人,后无来者,伤害性极大,侮辱性更强。

李重俊明白父皇当前不会昏聩到真要废黜自己,改立安乐公主为皇太女。但父皇身边都是坏人:韦皇后"以太子重俊非其所生,恶之"[1],因为亲子李重润英年被杀不得立为太子的缘故,本来就对李重俊抱有深深的敌意;上官婉儿"以三思故",因与武三思深度绑定,借助手中的起草诏书之权,"每下制敕,多因事推崇武氏而排抑皇家"[2],即婉儿排抑的皇家主要人物无疑就是李重俊,故李重俊对上官婉儿"深恶之";中宗的亲家武三思、女婿武崇训更不用说,那是必欲将李重俊拉下马而后快;更有甚者,安乐公主还经常伙同武崇训肆意对李重俊进行霸凌,甚至"呼为奴"。

在李重俊看来,总有小人想害本太子,而父皇身边尽是小人。尽管父皇眼下没有做出立安乐公主为皇太女的荒唐事,但保不住将来有一天在韦皇后、上官婉儿、武三思等人的洗脑下改变主意,那样他不但太子之位不保,更会因为被妹妹踹下台而永远钉在中国古代太子榜的耻辱柱上。

年轻气盛的李重俊"不胜忿恨""积不能平",决定不在沉默中爆发,就在沉默中灭亡,他要铤而走险,拼死一搏,发动政变,突出重围!

在李重俊所处的时代,给他留下印象最为深刻的政变就是张柬之等人发动的神龙政变。那场政变成功的关键因素之一,就是控制了禁军,而掌控禁军的前提是争取在禁军系统中树大根深的李多祚的支持。因此,李重俊也像张柬之一样,重点拉拢李多祚。

前文已经提到,李多祚在神龙政变后封辽阳郡王,地位上升很快。当年中宗要到太庙祭拜,欲让李多祚和相王李旦共同登上御辇,在左右侍候,在中国古代这是一项极为尊崇的政治礼仪。监察御史王觌上疏劝谏中宗,说李多祚是夷人,虽有大功于国,但给他高官厚禄即可,万万不能让他与您的弟弟相王和您一起登上御辇,这成何体统!中宗不悦,对王觌言道:李多祚虽然是夷人,

---

[1]《资治通鉴》卷208。
[2]《旧唐书》卷51《上官昭容传》。

但却为朕顺利登基立下汗马功劳，是朕的心腹之臣，所以特意让他在御辇中侍候朕，这件事朕意已决，"卿勿复言也"①！由此可见，当时李多祚地位之尊崇。

但很快，随着张柬之、崔玄暐等政变功臣挨个被清洗，李多祚也成为武三思、韦皇后等人的重点进攻对象。他惧怕下一个被无情打击的就是自己，于是在表面上迅速向韦皇后靠拢，这才侥幸暂时安全过关。但在李多祚内心深处，那种政治上的不安全感还是很强烈，他能躲过初一，不一定能躲过十五。要想彻底安全，只有把给他带来不安全感的所有不安全因素一并消除。

因此，在李重俊找到李多祚，请他为了大唐江山社稷再搞一次政变时，他欣然答应。不仅如此，李多祚还利用自己在禁军中的关系网络，拉拢在禁军中任职的下属，主要有高宗朝宰相李敬玄之子、时任左羽林卫将军的李思冲，左羽林卫将军独孤祎之，多次率兵与突厥、契丹作战的禁军将领沙吒忠义等人，请他们一同助拳，参与政变。

武三思大肆恢复武则天时期的各项制度，韦皇后则重演后宫干政，这自然激起刚刚夺回天下的李唐宗室的强烈反弹。如果武三思、韦皇后得势，无论是武周回归，还是韦氏当政，李唐皇族当年被武则天血洗的惨痛经历都会重演。那种暗无天日的日子，李唐皇室不想重来一次。李重俊表明要发动政变的意向后，时任左金吾卫大将军的皇叔成王李千里，宗室成员、时任右羽林卫将军的李承况决定听从太子召唤，为保卫李唐皇族荣誉而战。

在李多祚和李千里等人看来，对政变功臣和李唐皇族威胁最大的，莫过于武三思和韦皇后。在李重俊看来，对他太子之位威胁最大的，是安乐公主；平时对他霸凌最深的，莫过于武崇训；上官婉儿勾结武三思，狐媚父皇，对他李重俊多加打压，也必须一同铲除。因此，李重俊政变集团经过商议，决定将安乐公主、韦皇后、武三思、武崇训、上官婉儿等人作为政变的重点诛杀对象。

经过一系列的准备，神龙三年（707）七月初六，政变开始。李重俊带领李多祚、李思冲、李承况、独孤祎之、沙吒忠义等人，假传中宗要求清君侧诛杀武三思、安乐公主等人的圣旨，带领羽林军千骑骑兵三百余人发动政变，前

---

① 《旧唐书》卷109《李多祚传》。

往位于皇城之西的休祥坊武三思宅第，准备在此将安乐公主、武三思、武崇训三人一并诛杀。李重俊居住在位于皇城东面的东宫，要从东宫出发进攻武三思宅第，就要控制沿途皇城城门，避免守卫城门的驻军干扰。因此，李重俊进行了分兵，派李千里及其子天水王李禧分兵控制沿途皇城诸门。

李重俊等人到达休祥坊武三思宅第后，这才发现安乐公主当天并没有在武家，而是在宫里居住，休祥坊只有武三思、武崇训父子在家。李重俊等人遂将武三思、武崇训及其亲戚党羽十余人杀死，然后出休祥坊，极有可能是准备前往位于皇城西南的群贤坊，试图诛杀居住在此的上官婉儿，否则无法解释李重俊后来从皇城南门进攻宫城，而非北门。

李重俊等人攻进群贤坊后，不料上官婉儿和安乐公主一样，当天也没有在宫外宅第，而是在宫中居住。李重俊、李多祚遂会同李千里等人直奔皇城南门而去。

李重俊从皇城南门进攻，接连拿下永安门等要地。大约与此同时，李重俊可能是为避免武三思在前朝的党羽救援，再次进行分兵，派李千里、李禧父子进攻右延明门，试图从此门攻进太极宫、太极殿，斩杀在此值班的武三思党羽宗楚客、纪处讷等人①。宗楚客得报，紧急关闭太极宫宫门、太极殿殿门，与同时值班的宰相杨再思、李峤、苏瑰、纪处讷等人带领南衙禁军两千人固守。李千里虽然进攻不利，无法攻进太极殿，但也牵制住了南衙禁军，使得宗楚客、纪处讷等人无法分兵救援。

在李千里、李禧父子进攻宗楚客、纪处讷的同时，李重俊、李多祚率领政变军队主力进攻皇城南面的肃章门，随即攻进中宗寝宫和内殿，要求中宗交出韦皇后、安乐公主和上官婉儿。李重俊的本意只是铲除这三个同唱一台霸凌太子戏的女人，根本没想对父皇下手，心机颇深的上官婉儿则适时把矛头引向中宗。上官婉儿对中宗言道："观其意欲先索婉儿，次索皇后，次及大家"——我看太子不仅是要杀我和皇后，还要对陛下您动手！

上官婉儿此言相当恶毒，导致不论李重俊到底有没有弑君的心思和胆量，

---

① 《旧唐书》卷 76《李千里传》。

中宗都认定儿子会弑父。毕竟他当年亲身经历的神龙政变，就是走上了废黜母亲武则天的不归路。上官婉儿的适时诬陷和添油加醋，使中宗对太子李重俊弑父弑君的狼子野心更是深信不疑，遂与韦皇后、安乐公主、上官婉儿一路向北逃去，最终登临宫城北门玄武门避险，号令北门禁军护驾。

长安城皇城在南，宫城在北，从南向北地势逐级抬升。李重俊由南向北进攻，将中宗、韦皇后、安乐公主、上官婉儿等人逼到玄武门上，但自身也陷入由低向高仰攻的不利态势。而北门禁军一百多人，也在右羽林卫大将军刘仁景的率领下，在玄武门下排兵布阵，对抗李重俊，保护中宗。

政变集团事先并没有将中宗列为打击对象，故在看到中宗和韦皇后、安乐公主、上官婉儿三名政变铲除对象在一起后，不能临机应变，不知如何处理。李多祚到达玄武门下后，竟然要登楼向中宗解释，被护驾禁军拦住。李重俊赶来后，同样是狐疑不定，"按兵不战"，甚至幻想中宗主动问话，询问他们为何如此。他们准备好说辞期待说服中宗，让中宗允许他们清君侧，斩杀韦皇后、安乐公主、上官婉儿等奸佞之人。但中宗一言不发，政变陷入僵持态势。

中宗身边的贴身侍卫杨思勖决定用行动打破僵局，请求中宗趁政变军队立足未稳，让他主动出击。中宗准奏，杨思勖下城楼与政变军队对决。当时李重俊部队中，李多祚女婿羽林中郎将野呼利为前锋总管，此人战斗力爆棚，是政变队伍的武力担当。只见杨思勖翻身上马，手起刀落，将野呼利挑翻马下。政变军队士气大挫，护驾禁军高呼万岁，士气大振。杨思勖凭借此次功劳，升任银青光禄大夫、内常侍，不久被授勋上柱国。

中宗当机立断，扶着玄武门城楼的栏杆冲着跟李重俊造反的禁军喊话："汝辈皆朕宿卫之士"，吃我的喝我的，干吗要跟着李多祚干造反这种死全家的事？朕念在你们昔日的功劳，现在给你们指条活路，只要能干掉李多祚这群叛贼，"勿患不富贵"，朕不但既往不咎，还保你们全家都富贵发财。

跟着李重俊、李多祚一起造反的禁军本来就是想富贵险中求，加上听信李重俊的矫诏忽悠。现在中宗站在玄武门城楼，等于现身说法否定了政变的合法性，且给政变军队许诺了改过自新的富贵前程。政变禁军千骑王欢喜等人赶紧抓住机会，马上反水倒戈，调转矛头，当场把李多祚、李思冲、李承况、独孤祎之、沙吒忠义等人杀掉。在右延明门进攻太极宫、太极殿的李千里、李禧父子"不克而死",后被开除宗室属籍,改姓为蝮氏。

李重俊在一百多个死党的保护下,向终南山逃亡,中宗命令长上果毅将军赵思慎率领轻骑兵追击。李重俊逃到鄠县(今陕西省鄠邑区一带)时,跟随他的部属只剩十来人。李重俊见天色已晚,便下马在树下休息,结果"为左右所杀",一同参与政变的同党也全部被诛杀。因为年后改元景龙,故李重俊发动的这次政变被称为景龙政变。

李重俊景龙政变的失败,有着深刻的内在原因。在争取禁军支持上,李重俊确实在很大程度上做到了向神龙政变看齐,但在政治组织上却存在明显的先天不足。政变发动时,李重俊20岁左右,没有太多的政治斗争经验。当上太子后身边又都是武崇训、杨慎交等纨绔子弟,他们不但没有给他正面的帮助,反而将他往沟里带。在他组织起来的政变队伍中,禁军将领李多祚等人是武将出身,虽深度参与过神龙政变,但主要是作为外围军事力量发挥作用,没有参与到具体的政变进攻方向制定等核心决策中,对政变可以说是只知其然而不知其所以然。宗室成员方面,成王李千里本来就"褊躁无才",不具备组织政变的政治能力;李承况在两唐书中均无传,可以推测其政治能力也相当一般。而神龙政变的具体组织者张柬之、桓彦范、敬晖、崔玄㬢等人都在地方州县和中央各部门有过多重历练,政治斗争经验相当丰富,组织神龙政变时进攻宫城、诛杀二张、逼宫退位等动作如砍瓜切菜般行云流水、一气呵成。

反观李重俊政变集团,其缺少张柬之等人这般的政治人物加持,在很大程度上只是依靠部分禁军将领和宗室成员的一时激愤和蛮干盲动。失去政治组织的大脑指挥,政变队伍就像无头苍蝇一样乱撞,无法正确确定政变的首要目标对象。李重俊、李多祚等人只是因为个人愤恨,把对自身利益威胁最大的安乐公主、韦皇后、上官婉儿和武三思、武崇训父子定为政变首要目标人物,却忘记了这些人背后都有一个更重要的权力来源——皇帝中宗。如果不能抢先诛杀或者至少控制中宗,逼中宗退位,扶持李重俊提前上位夺取皇权,他们根本就不可能将安乐公主、韦皇后、上官婉儿和武三思、武崇训父子一网打尽,反而会被中宗以皇权的名义清算。张柬之等人发动神龙政变时的目标很明确,那就是废黜武则天，推动中宗提前登基，如此便取得政变的合法性，以中宗的合法皇权名义将二张党羽逐一清洗。

李重俊在确定政变首要目标对象上出现重大误判，直接导致政变进攻路线的选择失误。李重俊之前的政变，无论是唐太宗的玄武门之变还是张柬之等人的神龙政变，都是首先夺取长安或洛阳战斗力最强的北门禁军，从皇城北门即玄武门进攻宫城。这是一条至少被两次成功政变证实的成熟政变路线，而李重俊因为要首先诛杀武三思、武崇训父子和安乐公主、上官婉儿等人，率领军队从东向西折向北先至休祥坊，又向南再到群贤坊，最终辗转到皇城南门肃章门进攻宫城，反而将中宗、韦皇后、安乐公主、上官婉儿等人逼到玄武门上，使对手能利用皇城北高南低的地理优势，形成居高临下向下俯冲的态势，自己却失去地利。

故陈寅恪先生在《唐代政治史述论稿》中评论景龙政变时有言，"李多祚以一人之身，二次躬率禁军预闻中央政治革命之役，然而前后成败互异者，以神龙三年七月辛丑之役韦后、安乐公主等犹得拥护中宗，及保有刘仁景等一部分之北门卫兵，故能据守玄武门楼之要地，及中宗亲行宣谕，而多祚等所率之禁军遂倒戈自杀，一败涂地矣。然则中央政治革命之成败与玄武门之地势及守卫北门禁军之关系如是重大，治唐史者诚不宜忽视之也"。

李重俊景龙政变失败的第三个原因，是军事力量较为薄弱。张柬之等人发动神龙政变时，争取到了北门禁军六个羽林卫将军中的五人支持，南门即南衙禁军也全在相王李旦和袁恕己的控制之下。而李重俊仅仅掌握了北门禁军中的三个羽林卫将军，使得保护中宗的刘仁景手中还有相当禁军兵力足以护驾，南衙禁军更是全掌握在对手宗楚客等人手中。更严重的是，李重俊在手中仅有靠矫诏发动起来的三百多名禁军士兵的情况下，还多次分兵把守宫门，进攻太极宫、太极殿，犯了分兵的兵家大忌，无法集中优势兵力各个歼灭对手，反而被对手分割牵制。更加上李重俊事先情报不准，没有发现安乐公主和上官婉儿并不在休祥坊和群贤坊，而是在宫中居住。一系列的失误叠加，最终导致李重俊景龙政变功败垂成、一败涂地。

政变平息后，对李重俊最为愤恨的，莫过于他最想杀死的安乐公主。在安乐公主的强烈要求下，中宗下令在朝堂上砍掉已经死去的李重俊的脑袋，先呈献给皇家太庙，报告列祖列宗后世子孙中出了弑父弑君的败类；然后摆到武三思、武崇训灵前祭祀，告诉他们大仇已报，可以闭上眼安息了；又挂到朝廷各部门在南衙的办公场所示众，震慑朝臣。

太子惨死，东宫僚属无一人敢靠近李重俊尸身致哀，只有到长安出差的永和县（今山西省临汾市永和县一带）县丞宁嘉勖脱下衣服，包裹着李重俊头颅大声号哭，算是为李重俊收尸，"时人义之"[1]，百官百姓见状虽不至高山仰止，景行行止，但也是心向往之，纷纷为之点赞。宗楚客见有人竟敢给反贼收尸，"闻之大怒"，先将宁嘉勖扔进大狱，然后将其贬到平兴县（今广东省肇庆市高要区一带）任县丞，"因杀之"，以儆效尤。

李重俊政变失败，朝廷的重要任务之一就是要在太子东宫清除余毒，看看究竟是谁把太子引上了弑父弑君的邪路。中宗下诏查抄东宫所有来往文书，发现当初姚珽劝谏太子的奏疏。中宗读后，"嘉其切直"[2]，不久就提升其为右散骑常侍，一年后升任秘书省长官秘书监，而东宫其他官员"皆贬黜"。

李重俊发动政变时，沿途所经皇城、宫城诸门几乎没有抵抗甚至无人向中宗、韦皇后通风报信，毕竟他们当时还不知道究竟胜负在谁手，不敢贸然下注。景龙政变失败后，防守诸门的官兵成为重要清洗对象。中宗下诏依律治罪，将他们全部流放。圣旨刚下发还未执行，韦皇后党羽密奏中宗，要求将诸门官兵全部诛杀。中宗要求司法部门重新审理此案，大理寺长官大理卿郑惟忠劝谏道：眼下大案刚刚审结，人心还未完全平复安定，如果更改原有判决，再次大兴牢狱，臣担心会人心惊骇，人人自危，恐怕会再次祸起萧墙。中宗"乃止"[3]，最终仍然按照流刑处理诸门官兵。

郑惟忠劝中宗不要株连过多，有人却偏偏往火坑里跳，送上自己的脑袋，递上捅死自己的刀子。此人不是旁人，正是当初多次上疏，批评武则天李武并贵政策，要求确立李家儿子为接班人并及早传位的苏安恒。

---

[1]《旧唐书》卷183《武三思传》。
[2]《旧唐书》卷89《姚璹传附弟姚珽传》。
[3]《资治通鉴》卷208。

神龙政变武则天退位中宗反正后，苏安恒被提拔为习艺馆内教，负责教授宫人读书写字，练习才艺。苏安恒之前上疏尽管是为了江山社稷，但也暴露出其人"矜高好奇"，即喜欢空发议论、好出大言、说话不过脑子的弱点。可能是一直以来不喜欢武三思等武家子弟的缘故，苏安恒在李重俊景龙政变诛杀武三思之后，竟然放言"此我之谋"：人是太子杀的，事却是老夫教的，太子只是依老夫之计而行。景龙政变被粉碎清除余毒时，有人将苏安恒此话作为罪状揭发出来。

按照唐律"口陈欲反之言，心无真实之计，而无状可寻者，流二千里"的规定，苏安恒只是口出狂言，根本没有参加李重俊的谋反计划和政变行动，最多只能流放两千里。可武三思党羽恨屋及乌，撺掇中宗法外加刑，最终将苏安恒处死。真是天作孽犹可违，自作孽不可活。

景龙政变失败，李重俊兵败被杀，但余震仍在。

遭遇亲生儿子发动政变威逼后，中宗的不安全感更加强烈，对弟弟相王李旦和妹妹太平公主的猜疑防范更上一层楼。

武三思、武崇训被杀，武氏宗族失去领头羊，原先依附武三思的势力开始寻找新的依靠对象。

韦皇后、安乐公主大难不死，气焰更加嚣张，手伸得更长，而上官婉儿却在心有余悸的震动中悄然转换政治立场。

在哥哥中宗忌惮目光的威逼下，相王李旦更加小心翼翼。李旦的几个儿子，在父亲的小心庇护下，迅速茁壮成长起来。而长势最为喜人的，莫过于三郎李隆基。

第三部

唐隆政变　睿宗上位

景龙政变的主要任务，是完成神龙政变没有完成的历史任务：一是清洗朝堂上的武系势力；二是结束女性政治，重建李唐皇族对朝政的主导权。但不幸的是，由于政变组织者的能力问题，这两个任务都没有彻底完成。

景龙政变虽然直接杀死了武三思、武崇训父子，让武氏宗族失去领头羊，但原先依附武三思的朝臣势力还在，且几乎没有伤筋动骨。这股势力在政变后迅速向中宫靠拢，转而成为韦皇后的支持力量，形成韦武外戚势力合流的态势。中宗为继续打压相王李旦和太平公主，也有意继续放纵韦皇后、安乐公主干政，导致朝堂上的女性政治因素更加强盛。

中宗驾崩后，韦氏势力几乎形成一手遮天的政治架势，武则天改唐为周将李唐子孙几乎杀得干干净净的历史，似乎要再来一次。李唐皇族被迫挺身而出，为保生命安全和皇族荣耀而战，让四方万民试看今日之域中，竟是谁家之天下！

# 第十章　武韦合流

李重俊政变失败后，中宗朝景龙年间政局的突出表现，就是武韦合流，即韦皇后、安乐公主的势力通过吸纳武系势力强势崛起，以至形成顶起半边天和中宗分庭抗礼之势。

但在韦后、安乐公主势力崛起势头形成之前，她们还需要进一步清除李唐宗室尤其是相王李旦和太平公主的势力。而中宗也深度怀疑弟弟相王和妹妹太平公主可能参与了李重俊的政变行动，在中宗的默许甚至支持下，有人开始借清除政变余毒之机，试图陷害相王和太平公主。

## 中宗清除李重俊余毒

中宗是一个内心深处极度缺乏安全感的皇帝。他第一次即位不到三个月就被废黜，随后圈禁在房州近十五年，在暗无天日的折磨中几近丧失生活勇气，走向自杀边缘。这种长期的精神紧张和生活压抑，形成了他精神上几乎根深蒂固的不安全感。依靠张柬之等人发动的神龙政变二次登基后，中宗的不安全感仍然没有消除。在他看来，张柬之等人既然能把他扶上去，说不定将来也会如母亲武则天一样将他废黜，因此他才会不遗余力地联合武三思，启用韦皇后，必欲将张柬之等人贬逐乃至诛杀，方才确信权力已经牢牢掌握在自己手中。

中宗贬黜五王牢牢掌握皇权后，确实度过了一段较为安全悠闲的时光，但景龙政变的发生打破了中宗心里的安全幻想。李重俊作为自己的亲生儿子，竟然和自己拔刀相见。不管李重俊有没有将中宗列为政变主要对象，在中宗看来，这场政变就是针对他的，李重俊就是要弑父弑君夺取皇位提前登基。如果李重俊得逞，他性命必然不保。政变的第二天，中宗上朝时竟然当着满朝文武百官的面"涕数行下"①，泪流满面，对百官痛苦地言道：要不是上天和祖宗神灵保佑，朕"几不与公等相见"！即使不是亲眼所见，人们也能想象当时中宗与群臣会见的凄惨景象。

当年被废的经历，如今差点被弑的现实，让中宗的不安全感陡然提升、急剧放大。中宗确信必须手中掌握绝对权力才能确保自身绝对安全，他必须进一步清除在他看来威胁皇权的一切不稳定因素。在中宗眼中，这种不稳定因素的首要源头，就是当过皇帝的弟弟安国相王，以及父皇母后仅剩的女儿镇国太平公主。

从中宗的立场出发来思考，李重俊一个二十来岁的年轻人，如果背后没有人支持唆使，断然不敢发动弑父弑君的政变。即使李重俊有这个胆量，以他的能力，也组织不起这场还算像样的政变。李重俊要想寻求靠山，诸武和韦后势力肯定不会支持他，因为他的主要打击对象就是武三思、韦皇后，他只能向李唐宗室寻求支持。而李唐宗室中地位最高、最具力量的，莫过于弟弟相王李旦和妹妹太平公主。

中宗粉碎景龙政变后，派右御史台大夫苏珦审理李重俊谋反一案，"治太子重俊之党"。案件审理过程中，有囚犯在供述中将相王李旦牵连进去。识大体、顾大局的苏珦在完完整整汇报囚犯供词的同时，密奏中宗详细为相王辩护，中宗这才暂且不问。但中宗的疑心并没有消除，他之所以没有借机绳治相王，只是因为线索来自一名囚犯。如果单凭一名微不足道的囚犯的供词，就给弟弟相王打上谋反的标签，则显得他也太没有天子气度，他需要分量更重的朝臣帮他出面指证相王。因此，苏珦的密奏并没有让相王顺利过关。不但如此，太平公主很快也被盯上了。

随后，安乐公主和宗楚客携手出场了，二人充分发扬996式的能吃苦能战斗精神，"日夜谋谮相王"，不停找寻相王参与李重俊谋反的证据，指使御史台侍御史冉祖雍"诬奏相王及太平公主"，指证他们与李重俊通谋，是李重俊谋

---

① 《新唐书》卷118《韦凑传》。

反的大靠山和总后台，要求将相王、太平公主扔进大狱，详细审问。中宗得报，大喜过望，连忙召见吏部副长官吏部侍郎兼御史台副长官御史中丞萧至忠，让他全权审理相王、太平公主谋反案。

没想到萧至忠却为李旦、太平公主极力说情开脱。萧至忠哭着启奏中宗：当年高宗皇帝和则天大帝育有四子二女，眼下只剩下您和相王、太平公主兄妹三人。陛下您富有四海，竟然不能容下一弟一妹，放任外人对他们罗织陷害！您当年被废为庐陵王，圈禁在房州，相王身为皇嗣，相当于正统的接班人。可他为了"以天下让陛下"①，苦苦哀求武则天取消他的皇嗣地位，为此几天不吃不喝，这件事"海内所知"，天下人都看在眼里、记在心里。您如果相信冉祖雍的一面之词而怀疑相王和太平公主的一片忠心，天下人会怎么看您！岑羲也一同"密申保护"②，向中宗剖白相王断不会参与李重俊谋反之事。

在萧至忠和岑羲之外，时任右补阙、负责对朝政得失提出意见的吴兢听闻冉祖雍欲罗织相王、太平公主，也上疏极力辩白，条分缕析，认为相王与陛下同气连枝，不可能做出如此大逆不道之事，如果任由奸臣污蔑，"陷之极法"，那么"祸乱之根，将由此始"。吴兢苦口婆心地劝中宗：自古以来，将权柄交给异姓外戚而猜忌骨肉兄弟导致亡国亡家者，不知有多少人！而且经过大唐建国以来历次残酷政治斗争的清洗，尤其是武则天的大肆屠戮，李唐宗室本就枝叶凋零，尤其是陛下您登基以来，一个儿子谋反被杀，一个儿子犯错远贬，一个儿子年幼，只剩一个弟弟、一个妹妹能够朝夕陪伴在您身边，您如果还对他们下手，那可就真成孤家寡人了！

随着景龙政变案件审理的深入，在李重俊的政变组织中，没有发现相王和太平公主的任何亲信。中宗见朝中有相当多的朝臣不支持在没有明显证据的情况下株连相王、太平公主，加上经过一段时间的思考，也倾向于认为相王和太平公主参与李重俊谋反之事的可能性不大。毕竟如果李重俊若真有相王和太平公主的支持，政变行动不会就这么轻易失败。在多方面因素的综合作用下，中宗不再要求继续追查此事。

---

① 《资治通鉴》卷208。
② 《旧唐书》卷70《岑羲传》。

当然，相王李旦恭敬小心的作风、宽厚谨慎的性格，也有助于他洗清嫌疑、安全过关，故《资治通鉴》言，"相王宽厚恭谨，安恬好让，故经武、韦之世，竟免于难"。

中宗虽然默许甚至支持韦后势力将相王李旦和太平公主往李重俊谋反案上牵扯，但在魏元忠问题上，却表现出鲜明的主见和主动性，反复力保魏元忠，避免其遭到陷害。

和相王、太平公主只是有嫌疑不同，魏元忠在景龙政变中有明确的政治污点。据《旧唐书·魏元忠传》，早在政变前，魏元忠就已经对武三思相当不忿，见其"专权用事，心常愤叹，思欲诛之"。李重俊进行政变准备工作时，魏元忠与李多祚"皆潜预其事"。政变开始后，李重俊率军攻进宫里时，在永安门遇到魏元忠的儿子魏升，遂将魏升裹挟进政变队伍。李重俊顿兵于玄武门下"犹豫不战"时，魏元忠"又持两端"，做出首鼠两端之态，导致政变最终失败，其子魏升也被乱兵所杀。

景龙政变后，朝廷还没对此事进行大是大非的政治定性时，魏元忠公开发声道：武三思罪大恶极，其死是罪有应得；此次能够铲除元凶，即使将我魏元忠下油锅，我也在所不惜，"但惜太子陨没耳"！景龙政变被定性为谋反事件后，中宗念在魏元忠是自己的东宫旧部，且当年被父皇高宗、母皇武则天信重，故对其不加追究。

中宗可以赦免魏元忠，但武三思的铁杆狗腿子宗楚客、纪处讷却死死咬住魏元忠不放，共同指证魏元忠与"太子同谋"，要求诛杀其三族。中宗可以放任韦后势力攻击对他皇位有潜在威胁的相王、太平公主，但要力保自己的基本盘和支持者魏元忠等人，故"制不许"，驳回宗楚客、纪处讷的奏请。而魏元忠也因此"惧不自安"，要求辞去官爵，"以散秩还第"，只保留非领导职务待遇。景龙元年（707）八月二十一，中宗批准魏元忠辞去尚书省副长官右仆射职务，以特进、齐公的身份退休回家，每月初一、十五进宫朝见。

虽然魏元忠已经退出权力中心，但宗楚客并没有罢休。此时已经拜相的宗楚客，举荐右卫郎将姚廷筠任御史台副长官御史中丞，让他上疏弹劾魏元忠。姚廷筠在弹劾奏疏中回顾了太宗朝和高宗朝的谋反案件处理情况，指出太宗时期,社稷元勋、出将入相的侯君集参加太子李承乾谋反案,太宗向群臣请求留下侯君集一命,但群臣要求按国法处置,太宗无奈,只有挥泪斩君集;高宗朝房玄龄之子兼驸马房遗爱、大将薛万彻、齐王李佑等人谋反,虽然都是皇亲国戚,但都以法律的名义被处决。今日魏元忠的功劳没有侯君集大,其人又非皇亲国戚,却深度参与李重俊、李多祚谋反之事,儿子魏升更是明火执仗直接加入叛乱队伍攻进宫里,如此罪过,必须满门抄斩、株连九族!可是魏元忠在朝中门生故吏众多,这些党羽编造堂皇理由为魏元忠开脱,蛊惑圣听。陛下您宅心仁厚,想要将其赦免。臣之所以要忤逆圣意,冒犯龙鳞,不是为了一己之私,而是为了祖宗社稷才请求将魏元忠明正典刑。中宗无奈,只能把魏元忠交付大理寺,案件审理完毕后将其贬为渠州(今四川省达州市渠县一带)司马。

宗楚客仍然要继续痛打落水狗,指使冉祖雍上奏:魏元忠犯下大逆之罪,任渠州司马都是抬举他了,陛下不能将他高高举起、轻轻放下,言外之意还是要求诛杀魏元忠。为向中宗施加压力,宗楚客还串联了宰相杨再思、李峤,二人也表示支持宗楚客、冉祖雍所请。中宗怒了,对杨再思等人发话道:魏元忠跟着朕的时间长了,养只小猫小狗都会有感情,何况是个老臣,故"朕特矜容",顾念往昔君臣之情,要特赦宽恕,朕意已决,诏书已下,君子一言都驷马难追,难道要朕朝令夕改吗?"轻重之权,应自朕出"。这天下事究竟是朕说了算,还是你们说了算?你们一而再、再而三地"怼"朕,是想上天吗!朕作为真龙天子若再不发威,就真被你们当成蚯蚓玩弄于股掌中了!杨再思等人听完中宗一通怒吼,"惶惧拜谢"。

但事情还没完,宗楚客等人和中宗玩起了车轮战,又指使监察御史袁守一上表弹劾魏元忠:"重俊乃陛下之子",可还是按照国法明正典刑;"元忠非勋非戚",怎么能逃脱法网的制裁!中宗不胜其烦,只能将魏元忠贬为务川县(今贵州省遵义市务川县一带)县尉。

宗楚客见袁守一的话起到了作用,又让袁守一继续添柴加火,上奏中宗:当年您母亲武则天在三阳宫避暑的时候,身体健康出了大问题,狄仁杰奏请武则天让您监国,如果这一建议被采纳,那陛下您就会直接和平接班,犯不着来神龙政变那一出才登基上位,导致您儿子李重俊也有样学样,照葫芦画瓢也给您来了这么一出。只可惜魏元忠密奏武则天,严厉驳斥狄仁杰让您监国的建议,这说明魏元忠此人心怀谋逆之心不是一天两天了,必须让他尝尝朝廷法律铁拳的厉害!

中宗明白袁守一反复上奏,是受人指使,就没有理会袁守一,而是对宰相宗楚客、杨再思等人发话:当年的事朕想了又想,得出一个重要政治观点,"人臣事主,必在一心",臣子对待君主首先要在政治上绝对忠诚,一心可以事百君,百心不可事一君,岂能因为君主偶感风寒、打个喷嚏,就让太子监国取而代之,这分明是篡位夺权!就当年三阳宫之事而言,那是狄仁杰想在朕这里卖好,魏元忠的做法是对的,没有任何过失。如果今天朕也头疼脑热的,你们是不是也想换新天子?!做人要厚道,不要这山望着那山高!袁守一翻旧账要陷害魏元忠,在朕这里就通不过。宗楚客听罢"乃止"。

中宗虽然再三替魏元忠挡住了宗楚客等人的狂吠撕咬,但魏元忠的人生路也即将走到尽头。魏元忠从长安出发到务川上任,一路万水千山、千沟万壑,七十多岁的人无法消受颠簸旅途、艰难路途,走到涪陵(今重庆市涪陵区一带)"而卒,年七十余"。远离庙堂之后,魏元忠最终也没能过上桃源芳草的逍遥晚岁。

宗楚客等人欲置魏元忠于死地而后快,有着深刻的政治原因,并不完全是要为武三思报仇,更多的是为了向韦皇后纳上投名状。毕竟除武三思外,李重俊景龙政变的主要对象之一是韦皇后;对魏元忠参与李重俊谋反之事恨得牙痒痒的,也有韦皇后。

景龙政变后,原先依附武三思的势力群龙无首,经过短暂观察后,几乎是集体倒向韦皇后,打压魏元忠正是他们向韦皇后转换门庭的投名状。权欲旺盛的韦皇后,也乐得接盘武三思的势力,进一步壮大麾下队伍。宗楚客等人之所以敢逆着中宗的意志反复攻击魏元忠,正是因为有韦皇后在背后撑腰。中宗之所以未能保住魏元忠,在很大程度上也是韦皇后的压力所致。

## 韦皇后接盘武系势力

景龙元年(707)八月十三,为庆祝中宗亲手粉碎景龙政变,打退一小撮反朝廷分子的猖狂进攻,韦皇后和皇亲国戚、朝廷百官给中宗上尊号应天神龙皇帝，将玄武门改名为神武门，玄武门楼改名为制胜楼，以纪念中宗在玄武门城楼上的英明神武和出奇制胜。给中宗脸上贴金到位后，韦皇后也需要化化妆。宰相宗楚客又率领百官，给韦皇后上尊号顺天翊圣皇后。中宗"并许之"。这和上元元年（674）八月十五高宗称天皇、武则天称天后，简直如出一辙。

　　景龙政变后，韦皇后势力急剧崛起的重要标志，就是其党羽纷纷跃居高位甚至拜相。景龙元年（707）九月初二，中宗调整宰相班子，除吏部副长官吏部侍郎萧至忠改任门下省副长官黄门侍郎并拜相外，兵部尚书宗楚客改任左卫将军，与太府寺长官太府卿纪处讷共同成为宰相。不久，门下省长官杨再思改任中书省长官中书令，韦巨源与纪处讷同时改任侍中。景龙二年（708）七月初三，左屯卫大将军、朔方道大总管张仁愿拜相。景龙三年（709）二月十五，韦巨源改任左仆射，杨再思改任右仆射，同时拜相。同年三月初一，宗楚客改任中书省长官中书令，萧至忠改任门下省长官侍中，太府寺长官太府卿韦嗣立改任中书省副长官中书侍郎，三人同时拜相，中书省副长官崔湜、赵彦昭亦进入宰相班子。三月二十一，礼部尚书韦温改任太子少保，太常寺长官太常卿郑愔升任吏部尚书，二人同时拜相。同年八月初一，中书省长官中书令李峤拜相，户部尚书韦安石改任门下省长官侍中，萧至忠改任中书省长官中书令。九月十五，苏瑰任尚书右仆射并拜相。

　　以上诸人中，韦温是韦皇后的堂兄，宗楚客、纪处讷、郑愔是从武三思阵营投奔到韦皇后石榴裙下的铁杆亲信。李峤、韦巨源、张仁愿、杨再思四人在中宗、韦皇后之间持摇摆中立态度，但韦巨源曾与韦皇后编入同一族谱。韦安石、韦嗣立、萧至忠、苏瑰的立场相对倾向中宗[①]，中宗曾驾幸韦嗣立在长安郊区的别墅庄舍，赐爵逍遥公；萧至忠"颇存正道"，受到时人看重赞赏，中宗甚至曾言"诸宰相中，至忠最怜我"[②]。但韦嗣立、萧至忠和韦皇后也有若干关系，韦嗣立是韦皇后远方同族，中宗"由是顾赏尤重"[③]，也就是说，中宗看重韦嗣立和他与韦皇后同族有关。萧至忠的两个女儿都与韦皇后家族联姻，

---

[①] 杨孟哲《唐代神龙政变至玄宗初年的政局演进》，上海师范大学博士学位论文，2018年。
[②] 《旧唐书》卷92《萧至忠传》。
[③] 《资治通鉴》卷209。

一女嫁给韦皇后舅舅崔从礼之子崔无诐为妻,成婚之时,中宗当萧家主婚人,韦皇后则当崔氏主婚人,时人言道"天子嫁女,皇后娶妇";另一女儿早亡,与韦皇后亡弟韦洵缔结冥婚合葬。崔湜因为与上官婉儿是情人关系,故婉儿"引以为相",但崔湜也同时属于从武三思派系转投韦皇后阵营之人。

由此可见,在这几次宰相班子调整中,韦皇后安插进韦温、宗楚客、纪处讷、郑愔、崔湜五个铁杆亲信,中宗虽有萧至忠、韦安石、韦嗣立、苏瑰四人,但萧至忠、韦嗣立都和韦皇后有若干联系。只有李峤、韦巨源、赵彦昭、杨再思四人立场相对中立,在中宗与韦皇后之间取投机摇摆态度,但韦巨源与韦皇后关系相对密切。在宰相等高官队伍中,韦皇后派系不仅撑起半边天,更有凌驾于中宗势力之上进而效仿当年武则天的态势。祥符瑞兆是武则天夺取政权的重要工具,韦皇后也是有样学样。

景龙二年(708)二月十七,宫中传出重大喜讯,众人纷纷言传韦皇后衣帽间的一件裙子上竟然"有五色云起"①,即呈现出五彩祥云,冉冉升起。在今人看来,衣裙之上出现五彩祥云并不科学,不符合气象规律,但在中国古代祥瑞政治学中却是大吉大利之兆。中宗也选择相信,命令宫中画师将此图景画出,让百官瞻仰画作。

宰相韦巨源逢君之恶,提出不但要让朝中百官知晓皇后淑德感动上天,还要让全国百姓都知道上天垂怜皇后。中宗"从之",在昭告百姓韦皇后衣裙之上冉冉升起五彩祥云的同时,还宣布大赦天下,普天同庆。当然,这年还出现流星坠落大地声音如震雷、野鸡在都城外嘶叫②等不祥征兆,但这些都被韦巨源选择性忽视,向中宗隐瞒。

五彩祥云事件还在发酵之时,负责观察天象的太史令伽叶志忠生怕吃不着一口热乎的,赶紧再上一道奏疏,论证韦皇后淑德早已是人心所向,与高祖、太宗、高宗、武则天、中宗一脉相承:"昔神尧皇帝未受命,天下歌《桃李子》"——当年高祖李渊未得天下时,有民谣《桃李章》唱道"桃李子,得天下","桃"谐音"陶",是上古尧帝别名,因封到唐地,故称陶唐,李渊姓李,

---

① 《资治通鉴》卷209。
② 《旧唐书》卷92《韦巨源传》。

爵位又是唐国公，故"桃李子，得天下"是其受命之兆；"文武皇帝未受命，天下歌《秦王破阵乐》"，太宗李世民未登基时，天下已经传唱《秦王破阵乐》，意在秦王李世民当得天下；"天皇大帝未受命，天下歌《堂堂》"，高宗李治未登基时，天下已经传唱《堂堂》，高宗登基后，此曲被定为朝廷典礼法定曲目；"则天皇后未受命，天下歌《武媚娘》"，则天女皇还是皇后时，百姓已经歌咏《武媚娘》；"应天皇帝未受命，天下歌《英王石州》"，陛下您还在潜邸时，民间已经高歌《英王石州》，而英王正是您的封号；"顺天皇后未受命，天下歌《桑条韦》"，早在您父皇高宗永徽年间，百姓已经传唱《桑条韦也》《女时也》，这正是韦皇后母仪天下"主蚕桑之事"的预兆。由此可见，韦皇后的天命是对高祖、太宗、高宗、武则天以及您的天命的继承和发展，是一以贯之的。臣现已搜集《桑韦歌》十二篇，请陛下下令列为乐府法定曲目，在皇后主持养蚕典礼时演奏。负责祭祀典礼的太常寺长官太常卿郑愔"又引而申之"，专门撰写文章，详细阐述十二篇《桑韦歌》所蕴含的韦皇后受命思想。中宗"悦"，给伽叶志忠和郑愔以丰厚赏赐。

当然，中宗在极力抬高韦皇后地位的同时，也不忘为抬高自己添砖加瓦，以确保无论在实际权力上还是在意识形态上，都将韦皇后的后权控制在皇权允许范围之内。时任右补阙的赵延禧窥破中宗心思，上言"周、唐一统，符命同归"，武周和大唐一脉相承，国名虽异实则同归，所以当初您父皇高宗曾封陛下您为周王；武周时期，有姓唐名同泰之人献上洛水图；圣人孔子也曾说，"其或继周者，虽百代可知也"；陛下您继承高宗和则天皇帝的皇位，"子孙当百代王天下"。中宗听后，更"悦"，提拔赵延禧为谏议大夫（正五品上）。

在中宗的默许和韦皇后的接盘下，韦、武两派势力急剧合流。中宗景龙朝政治礼仪的一个突出现象，就是韦武两家在韦皇后的支持下，无论是实际权力还是礼仪规制，都几乎与李唐皇族平起平坐。武则天父亲武士彠昊陵、母亲杨氏顺陵的守陵百姓户数，与唐太宗昭陵相同。武三思、武崇训的守陵百姓户数，竟然多出李唐亲王五倍。景龙元年（707）修建的韦皇后之父韦玄贞的褒德庙的守护卫兵竟然比李唐太庙还多。

这种状况引起武家部分人的恐惧，毕竟他们连续经历过以武家子弟为主要对象的神龙政变和景龙政变,枝叶凋零,不想在残酷的政治斗争中再次被冲击。武家子弟,时任修文馆直学士、起居舍人的武平一上疏中宗要求贬损外戚权力,奏疏中不敢指斥韦氏,只敢要求抑制武家。中宗"不许"。朝中一些大臣也对韦武两家凌驾于皇族之上颇为不满,历经高祖、太宗、高宗三朝的重臣唐临之孙唐绍,上表中宗要求裁减韦武两家陵墓守陵户数和卫兵人数,中宗仍然"不听"。

韦皇后势力急剧抬升到几近与中宗分庭抗礼的标志性事件,是景龙三年(709)的长安南郊祭天礼仪之争。南郊祭天即在京城南郊祭祀天神,以示承受天命,彰显皇权正统和执政合法性来源,在一定程度上可以认为是中国古代帝王最高规格的祭祀典仪,一般在每年冬至举行。

按照唐代典礼制度,皇帝亲自参加国家重大祭祀活动,一般是由皇帝初献即第一个向祭祀对象敬献祭品,太尉亚献即第二个敬献祭品,光禄寺长官光禄卿终献即第三个敬献祭品[1],但有人却试图在景龙三年(709)改变这种祭祀政治规矩。当年八月,朝廷开始为冬至南郊祭天进行礼仪准备。国子监长官国子祭酒祝钦明"诏悦中宫"[2],与副手国子司业郭山恽,上疏中宗请求以韦皇后为亚献。

中宗"颇以为疑"[3],就找其他负责礼仪制度的官员咨询。太常寺博士唐绍、蒋钦绪驳斥祝钦明、郭山恽之见,认为三国两汉魏晋到南朝宋齐梁陈、北朝周隋,都没见过皇后亚献祭天之事;祝钦明所说的皇后亚献,在宗庙祭祀时才有,并不是祭祀天地的礼仪,"皇后不当助祭南郊"。国子监另一副长官国子司业褚无量,不顾得罪长官和同僚,也上疏反对,认为"皇后不应预祭"。

两方意见相持不下,中宗又不愿出面反对韦皇后,就把球踢给宰相韦巨源。但韦巨源也是圆滑之极,既然中宗都不愿得罪老婆,他更不会忤逆皇后。韦巨源遂在确定礼仪方案时,要求按照祝钦明的意见办。中宗最终"从之",让韦皇后亚献。以前太尉亚献时,一般由高级官员子弟充当斋郎传递祭品。现

---

[1] 《唐六典》卷4《尚书礼部》。
[2] 《通典》卷43《礼三·沿革三·吉礼二》。
[3] 《旧唐书》卷189《祝钦明传》。

在皇后亚献，如若仍由儿郎担任斋郎，不太方便，就改由宰相女儿充当斋娘，帮助传递祭品。

祝钦明攀附韦皇后成功后，又想更进一步搭上安乐公主，竟然提出由安乐公主负责终献，这简直滑天下大稽！唐绍、蒋钦绪据理力争，坚决反对，韦巨源也不能一味倒向韦皇后、安乐公主，否则就丧失了他作为中间派的政治立场，就和稀泥，毛遂自荐由自己以代理太尉的身份负责终献，从而化解了祝钦明与唐绍、蒋钦绪的争执，继续保持在中宗与韦皇后之间的中立态度。

景龙三年（709）十一月十三，中宗正式在长安南郊举行祭天大典，宣布大赦天下，连十恶不赦的罪行都予以赦免；流刑犯全部解除流放状态，允许返回故乡；担任斋娘的女子的夫君有官位者，一律升迁。

大赦诏书下发后，流刑犯全部释放回家，只有一个人有家不能回，这就是遭韦皇后谗言被发配到均州任刺史的谯王李重福。他上表父皇：陛下您祭祀上天仁厚为本，连普通百姓都能赦免，为何偏偏将您的爱子摒弃在外，这对我难道公平吗？天下人听说儿臣的遭遇，都在为儿臣鸣不平。况且父皇您慈悲为怀，难道要眼睁睁看着儿臣忧苦惶恐吗？儿臣不求父皇给予特殊关照，只愿与天下臣民同沾雨露。奏疏可能是被韦皇后压下，如石沉大海一般没有回声。李重福只能在沉默中继续忍耐，直到两年后在沉默中来了一次总爆发。

同样在忍耐的还有另外一个李姓皇族成员。此人从外地回京参加祭天大典，在典礼结束后就住下不走了。两年后，这个皇族成员将在长安掀起滔天巨浪，逆天改命，再造天地。

景龙三年（709）南郊祭天礼仪之争，不只是中宗和韦皇后夫妻俩在掰手腕，从祝钦明要求安乐公主负责终献的动议中，可以看出安乐公主的势力也在扩张。和母亲韦皇后一样，安乐公主也在网罗武家派系力量。

## 安乐充当武家代言人

在韦皇后接盘武三思力量的同时，安乐公主也在极力充当武氏势力的新代言人，这点突出表现在她要求高规格下葬武崇训和选择新婚对象的方向上。

景龙政变武三思、武崇训父子被杀后，为安抚诸武势力，中宗在安乐公主和韦皇后的要求下，追赠武三思为太尉、梁宣王，武崇训为开府仪同三司、鲁忠王。但安乐公主仍然不满足，要求遵照当年提升永泰公主墓为陵的先例，也提高武崇训的墓葬等级，以墓为陵。

安乐公主此举，明显是抬着死人压活人，表面上是为亡夫武崇训争夺政治待遇，实际上是试图以武崇训未亡人的身份，抬高自己身价。中宗下旨同意，负责审核诏书的门下省给事中卢粲将圣旨驳回，指出当年以永泰公主墓为陵，本就是出于皇帝特别的恩典，是不循常规的特例，不能引以为据，援以为例。

中宗不准，特地下手敕道：安乐公主和永泰公主都是朕的女儿，手心手背都是肉，朕对她们一视同仁，武崇训作为安乐公主的丈夫、朕的女婿，和永泰公主一样以墓为陵，有何不可！况且以后安乐公主还要和武崇训夫妻同穴呢，当然要以陵的规格修墓！

卢粲继续反对，不是反驳安乐公主和永泰公主政治待遇应该一样的事实，而是指出驸马和公主的区别：公主是公主，驸马是驸马，两人虽是夫妻，但在礼制规格上有明显的区别，陛下您怎么能将对女儿的宠爱推恩到驸马身上，这样就君臣不成体统，上下就乱了套！中宗经过考虑，最终采纳了卢粲的意见。安乐公主"怒"，将卢粲贬为陈州（今河南省周口市淮阳区一带）刺史。

安乐公主不但要为武家亡夫争名分地位，还要在新婚对象的选择上继续与武家绑定。公主的新欢，就是当初被派去与突厥和亲却遭默啜可汗拘押，之后被释放回来的武延秀。

武延秀与武崇训是堂兄弟关系，由于当初在突厥羁留甚久，学会了突厥语言和歌舞。和安乐公主结婚后，武崇训经常带堂兄武延秀到府上宴饮玩乐。宴会无以为乐，武延秀就为安乐公主和驸马武崇训唱突厥歌，跳后来安禄山为唐玄宗、杨贵妃跳的胡旋舞。武延秀本来就"有姿媚"[1]，"美姿仪"[2]，又"善歌舞"，点亮了突厥歌和胡旋舞的技能树，因此颇得安乐公主欢心，安乐公主对他是"甚喜之"。《新唐书》甚至认为在武崇训活着的时候，安乐公主就"素与

---

[1] 《旧唐书》卷183《武承嗣传附子武延秀传》。
[2] 《资治通鉴》卷209。

武延秀乱"[1]，二人有不正当关系。故武崇训被杀后，安乐公主顺理成章嫁给了武延秀，继续充当武家人的儿媳，而武家人也继续保有中宗驸马的身份。

景龙二年（708）十一月二十一，安乐公主与武延秀举行盛大的结婚典礼，仪式中使用了皇后才有资格使用的仪仗。中宗为让女儿的婚礼更加庄重威严，还特意调拨禁军承担部分仪式的表演工作。婚礼车驾将安乐公主从宫中送到武延秀宅第，中宗与韦皇后则驾临安福门观礼送行，当时兼任雍州长史的窦从一担任礼会使，弘文馆学士担任伴从，安国相王李旦亲自障车。障车是唐代婚俗之一，新娘子车驾到来时，人们在街头巷口进行阻拦，索取钱财酒食，以为戏乐，营造喜庆气氛。史载，相王亲自障车，"捐赐金帛不赀"[2]。当夜举行大型灯火表演，烛光照得长安城如同白昼一般。第二天，中宗宣布因安乐公主大婚大赦天下，雨露同沾，任命武延秀为太常寺长官太常卿，授右卫将军、驸马都尉衔，改封恒国公，赐实封五百户。安乐公主亡夫武崇训之子当时只有几岁，也被加封金紫光禄大夫、太常卿同正员、左卫将军，赐爵镐国公，赐实封五百户。

十一月二十三，安乐公主回门，中宗又是大张旗鼓，在太极殿大宴群臣，安乐公主穿着翠服盛装拜见天子，又向南拜见公卿大臣，"公卿皆伏地稽首"。宴会上，太平公主与丈夫武攸暨一同起舞，祝贺中宗嫁女。中宗赐给群臣布帛数十万匹，又驾临承天门，让全国百姓大吃大喝三天，内外官员普遍加官赐勋，负责安乐公主婚礼的官员更是直接晋级。回门仪式结束后，中宗又派禁军万骑仪仗和宫中音乐鼓吹，送安乐公主回夫家。

为让爱女住得舒心，中宗废弃了之前安乐公主与武崇训居住的休祥坊住宅，另外在金城坊为公主营建新宅，将临近的住户房屋全部拆毁以扩建公主宅第，连唐太宗之女临川长公主的府宅也未能幸免，拆毁后成为安乐公主新宅不可分割的重要组成部分，以致"怨声嚣然"，民怨沸腾。安乐公主金城坊新宅修建得极为奢华壮丽，国库几乎被掏空。

婚后不久，安乐公主生下一男孩。外孙满月时，中宗和韦皇后驾幸安乐公

---

[1] 《新唐书》卷83《安乐公主传》。
[2] 同[1]。

主金城坊新宅，在新宅中宗又当场宣布再次大赦天下，派宰相李峤以及文士宋之问、沈佺期、张说、阎朝隐等数百人写诗作赋为公主唱赞歌。

在韦皇后、安乐公主的护佑下，其党羽作威作福，简直视朝廷法度如无物。长安圣善、中天、西明三座寺庙的主持慧范是韦皇后的心腹，中宗和韦皇后"皆重之"，拜其为上庸公、银青光禄大夫，以致慧范"势倾内外，无敢指目者"，一时炙手可热。慧范在长安任三座寺庙的主持仍不满足，还要在洛阳另建圣善寺，在长安长乐坡修建大型佛像，让佛光光照长安、洛阳两京。建造佛寺、佛像的所有开销全部从国库和长安、洛阳府库中化缘，以致"府库为之虚耗"。

景龙元年（707）九月十三，御史台监察御史魏传弓上疏揭发慧范在营建佛寺、佛像的过程中贪墨公帑四十余万，要求依律将其处死。中宗试图赦免慧范，魏传弓劝谏道：刑罚和赏赐是国家大事，陛下对慧范的赏赐已经超过法度，怎么连对他的刑罚也要宽容得如此离谱。中宗仍然坚持死罪可免，只是罢黜慧范的爵位官职，将其罢官"放于家"而已。

左监门大将军薛简和内常侍辅信义等人，是安乐公主的宠臣心腹，倚仗有安乐公主罩着，"纵暴不法"。魏传弓再次上疏，要求将诸人诛杀，以正国法。魏传弓义正词严，屡次三番对准韦皇后和安乐公主的党羽开火，吓坏了上司御史台长官御史大夫窦从一。

窦从一原名窦怀贞，是高宗封禅泰山时的封禅使、后任左丞相的窦德玄之子。窦怀贞"少有名誉"①，年轻时还是有一些声望的，他"折节自修，衣服俭素"，历任地方县令、都督、大都督府长史，都"治有能名"，颇为干练，"所在皆以清干著称"，相当清廉。中宗将他调到朝中任最高监察机关御史台长官御史大夫，也是看中他的"清干"。但有时候清廉不等于正直，更不等于能够顶住政治压力坚持原则。

窦怀贞升任御史大夫后，见韦皇后和安乐公主等干预朝政，不但不进行斗争，反而换了一副模样，对其拍马溜须，"谄顺委曲取容"。韦皇后父亲名韦玄

---

① 《旧唐书》卷183《窦怀贞传》。

## 第十章 武韦合流

贞，窦怀贞见自己名字中亦有"贞"字，怕触犯了皇后父亲名讳，竟然主动改名为窦从一，"以避后父之讳"，从此之后声望名誉江河日下。窦从一不仅对韦皇后、安乐公主谄媚不已，对"用权"的宦官集团也是溜须有加。赴御史台办理诉讼事务的人，只要嘴上没毛，窦怀贞就一定小心翼翼地伺候着，唯恐怠慢。原因无他，只因见人家没有胡子，误以为是宦官而已。

薛简、辅信义等人既是宦官，又是安乐公主心腹，窦从一更是逢迎不已，生怕自己被手下魏传弓拉下水。按照唐代御史台弹劾制度，监察御史弹劾官员，无须事先报请长官御史大夫同意。但窦从一不知从何处听闻魏传弓要弹劾薛简、辅信义，赶紧找魏传弓谈话：小魏你眼瞎了吗？不知道辅常侍、薛将军"深为安乐公主所信任，权势甚高"吗？我这个御史大夫都得让他们三分，何况你一个小小的监察御史！你不知道什么叫祸从口出吗？嘴巴是用来吃饭的，不是用来弹劾达官贵人的！

魏传弓驳斥道：当今王道不行，朝纲崩坏，小人道长，君子道消，正气不行，歪风肆虐，正是因为薛简、辅信义这帮人为非作歹。如果我今天能用一封奏疏将他们掀翻在地，将他们依国法处置，就算我"明日受诛"，也死无所恨。窦从一被驳得哑口无言，虽然讲道理讲不过手下魏传弓，但身为上司，他手上的权力还是足以压制魏传弓的，遂最终阻止魏传弓弹劾薛简、辅信义等人。这不是窦从一最后一次本色出演什么叫恬不知耻，以后他还将有更多粉墨登场的机会，而且表演更加卖力。

韦皇后接盘武三思旧部，安乐公主继续下嫁武家，充当武家代言人，在一定程度上是中宗默许甚至部分推动的。中宗需要用自己的心腹填补武三思留下的权力空白，防止弟弟相王李旦和妹妹太平公主趁机扩充势力，进而继续打压相王和太平公主，而他最信任的人，莫过于妻女韦皇后和安乐公主。只是中宗没有预料到，野心的升腾与权力的扩充是正相关的。

随着韦皇后和安乐公主的势力大增，中宗的皇权也成为她们的觊觎对象。传世史籍甚至认为，韦皇后和安乐公主为得到更大的权力，不惜将夫君、父亲送上不归路。

# 第十一章　中宗之死

从景龙元年（707）开始，韦皇后、安乐公主等人在将手伸进宰相班子的同时，也极力在中下级官员中扩充势力，纷纷将自己的党羽安插进朝廷各部门和地方州县衙门。

面对官僚队伍中的乌烟瘴气，萧至忠忧心忡忡，于景龙二年（708）二月二十四上疏中宗，指出那些受到君主特殊宠幸之人，让他们富有即可，"不可以公器为私用"，不能让他们担任各级官吏，这样就真把大唐官员队伍当成大车店了，想来就来，想走就走。何况如今已经是十羊九牧，卖官鬻爵之风愈刮愈盛。朝廷中三品官员多如狗，四品五品满地走，陛下必须下决心整顿了！

中宗虽然欣赏萧至忠的忧国忧民之心，但最终没有采纳萧至忠的意见整顿吏治，以致选官用人失误愈演愈烈，形成斜封官弊政，进而放纵韦皇后和安乐公主利用斜封官壮大势力。

## 放纵妻女

按照唐代正常的选官制度，五品及以上中高级官员和拾遗、补阙、监察御史、部分县令等中低级官员，由宰相或吏部根据资格条件举荐人选，提交中书省、门下省审核通过后用黄纸向皇帝进拟；皇帝同意后用朱笔圈阅，交有关部门办理。六品及以下的其他中低级官员，则由吏部根据候选人资格条件进行铨选即任命。这是一种由下而上的选官方式和健康的吏治生态。

景龙年间，吏部和中书省、门下省正常的选官秩序受到冲击。安乐公主、长宁公主和韦皇后妹妹郕国夫人，上官婉儿及其母亲沛国夫人郑氏，以及受到中宗、韦皇后信任的宫中女官尚宫柴氏、贺娄氏，女巫第五英儿、陇西夫人赵氏等人纷纷看中了卖官发财之道。她们"皆依势用事"，说人情，递条子，打招呼，即使是贩夫走卒之人、杀猪屠狗之辈，只要上交三十万钱就可以买官，导致宰相以下官员多出自安乐公主之门。

景龙年间唐朝的粮价没有记录，但根据开元十三年（725）的粮价数据，东郡一斗米 10 钱，青、齐一斗米 5 钱，取中间数一斗米 7.5 钱。唐代的一斗米相当于现在的 12.5 斤，则 30 万钱在唐代可以买 4 万斗米，相当于现在的 50 万斤米。2022 年 6 月 9 日全国大米均价为 1 斤 2.58 元，则 30 万钱在唐代的购买力相当于 50 万斤米的价格，即 129 万元。

这种花钱买的官在选任程序上，不经宰相或吏部举荐提名、中书省和门下省审核进拟，而是"别降墨敕除官"，即直接由安乐公主等皇亲国戚和柴氏、贺娄氏等宫中女官以中宗的名义，从宫内发敕书给中书省、门下省，要求任命某人为官。因不是正常的自下而上的进拟，皇帝无法在黄纸上用朱笔批示，只能用黑墨画敕下诏；也不能以正常规格用方方正正的信封封发，而是改用折叠起一角的斜封，故称为"斜封墨敕"。通过非正式程序任命的官员，就被称为斜封官，名目有"员外、同正、试、摄、检校、判、知官"等，数量达几千人之多。仅神龙二年（706）在朝廷各机构和地方州县中就补充了两千多名员外官，宦官中升迁到七品以上的员外官又有将近千人。

如此一来，官员数量大幅增加，选任、管理等工作量急剧上升，朝廷在长安和洛阳各设置两个吏部侍郎，一年分四次遴选官员，应选者达数万人。

在这种不健康的选官生态中，"斜封官皆不由两省而授"，中书省、门下省失去了应有的进拟审核作用。只要打着中宗名义的"斜封墨敕"一下发，中书省、门下省"莫敢执奏"，便即刻交付吏部等有关部门办理任命程序，使得吏部成为堵住选官用人工作漏洞的最后一道关口。时任吏部员外郎的李朝隐对不符合官员选用资格条件的斜封官严加审核，或搁置任命事宜，甚至罢免其官员身份，涉及人数达一千四百余人，搞得"怨谤纷然"，官不聊生，官场沸腾。斜封官纷纷写诬告信对李朝隐进行诽谤，李朝隐"一无所顾"——虽千万人吾往矣!

李朝隐用实际行动从出口处对付斜封官,时任左拾遗的辛替否则试图用笔杆子的力量,从源头上遏制斜封官。辛替否上疏中宗,指出上古选官讲究宁缺毋滥,总会存在一定的编制空缺,而今陛下您千方百计地添桌子加凳子,官员总数比上古十倍还多,国库中的金银连刻官印都不够用,那些富商豪贾都摇身一变成为高官,走江湖卖艺、耍戏法跳大神的也都混进官员队伍,这成何体统,还请陛下严加裁汰。中宗不听。

安乐公主、上官婉儿和后宫女官大部分时间在宫中居住,而向她们买官的人无法进入宫中交易,卖官业务开展得不是很顺畅。她们就要求中宗特令批准其在宫外修建宅第,居住期间,"出入无节",如此需求和供给对接终于顺畅起来。朝廷在职官员和尚未进入官员队伍的士人为求一个晋升机会或谋取一官半职,恨不得把她们家的门槛踏破,甚至有些朝廷重臣也要走后宫女官的门路。

已经退休的尚书右仆射唐休璟,都八十多了,还"进取弥锐",简直是三国曹操"老骥伏枥,志在千里,烈士暮年,壮心不已"那老而弥坚的精神在中宗朝的深刻践行者,誓要继续在宦海中搏击大风大浪,重返岗位继续发光发热,献身于朝廷。唐休璟让儿子迎娶后宫女官贺娄尚宫的养女为妻,与贺娄尚宫结成儿女亲家。借助婚姻关系的绑定和贺娄尚宫的上下打通,景龙三年(709)十二月初十,中宗下诏让唐休璟返岗,任命为太子少师并拜相。

由于斜封官大量挤进朝堂,"滥官充溢""政出多门",不乏一个人干、两三个人指挥观看的情形。时人编排政治段子言"三无坐处,谓宰相、御史及员外官也",即宰相、御史和员外官多得连坐的地方都没有。韦嗣立上疏中宗,批评员外官比正式员额官员多出数倍,让具体办事的工作人员无所适从,朝廷的俸禄开支也大幅增加,国库几乎入不敷出;地方刺史、县令作为父母官,大都品行能力不佳,不利于朝廷根基稳定。中宗"弗听"。

在中宗的一再放任下,吏部的选官工作越发乌烟瘴气。负责用人的宰相、中书侍郎兼吏部侍郎崔湜,宰相、吏部侍郎郑愔"俱掌铨衡",依附于韦皇后、安乐公主,将手中的用人权发挥到了极致,只要是经他们之手任命的官员,必须拿钱开路。有钱人多,现有的官员编制少,就在一个正式员额官员之外,增设大量候补官员；甚至寅吃卯粮，把三年乃至更长时间之后可能因为退休等原因而空出的编制都提前安排上人选，由是"选法大坏"。崔湜不仅自己收钱，还让父亲崔挹代理卖官业务。

崔挹时任国子监副长官国子司业，有一次收了人钱财，可能是因为记忆力下降，竟然忘记交代儿子办事。崔湜在不知情的情况下，没有给行贿人安排官职。行贿人见崔家收了钱竟不办事还不退钱，坏了卖官鬻爵的规矩，就跑到吏部去闹，大骂崔湜：崔大人你亲戚收了我买官的钱，为何不按照价码给我相应官职，你这买卖也太不公平了，想黑吃黑啊！

崔湜大怒：你莫要诬告本官，本官一向严加约束家人，家风严，官风正，严格制止家人打着我的旗号，借助我的权力和影响牟取私利。你告诉我是哪个亲戚收了你的钱，看我不立即将他擒拿归案，活活打死！行贿人冷笑一声：崔公您千万不能动怒，要是您将那个收我钱财的亲戚给打死了，您这官也当不成了，要回家丁忧，守丧三年。按照唐代礼制，父亲去世，官员需离职守孝三年。崔湜这才明白是自己父亲收钱忘记办事，"大惭"。

御史台侍御史靳恒与监察御史李尚隐听闻此事，立即上书在朝堂上当着中宗的面弹劾崔湜、郑愔。人证物证俱在，中宗将崔、郑二人抓进监狱，命令监察御史裴漼审理崔湜受贿卖官一案。安乐公主和裴漼打招呼，要求裴漼从宽处理，没想到裴漼不为所动，并在朝堂上继续弹劾。景龙三年（709）五月十一，在中宗的宽恕下，郑愔免除死刑，流放吉州（今江西省吉安市一带），崔湜贬任江州（今江西省九江市一带）司马。

中宗如此处理已经是法外开恩，崔湜情人上官婉儿还要继续搞小动作，通过安乐公主和驸马武延秀向中宗求情，要求从宽处理。第二天即五月十二，中宗改变原判，将崔湜贬为襄州（今湖北省襄阳市一带）刺史，郑愔则贬为江州司马。景龙三年（709）十一月十三中宗南郊祭天时，又将崔湜、郑愔召回"入陪大礼"，陪同祭祀。

除卖官外，安乐公主、长宁公主等人还利用朝廷的审批权，大肆出卖僧尼资格。唐朝时寺庙僧人、尼姑作为化外之人，可以不交国家赋税，不承担国家徭役，成为热门职业，故国家对剃度出家者严格限制。毕竟若百姓都遁入空门，朝廷的税源就会随之枯竭。安乐公主等人利用朝廷的编制限制和百姓的需求之间的矛盾，竟然开售僧尼编制，只要花钱三万即相当于现在12.9万元左右的价格，便可买到剃度为僧人、尼姑的资格，得到一份皇家出具的僧人、尼姑身份证明。不管是否真的出家为僧为尼，都一律免除钱粮赋税徭役，简直是护身铁券。

卖官鬻爵和售卖僧尼资格得来的钱，则全部用于大刮奢靡之风。安乐公主与长宁公主"竞起第舍"，大兴土木，竞相比谁家的宅第更奢华，甚至在规制上向皇宫看齐，内部装修则比皇宫更为精巧。安乐公主有百鸟裙，用细如发丝的针线绣制而成，上面的花卉鸟兽图案虽然小得如粟米粒一般，但眼鼻口皆备，栩栩如生。在不同颜色的装点下，此裙让人眼花缭乱，从正面看是一种颜色，从侧面看又是另一种颜色；日光下是一种颜色，月光下又是另一种颜色。如此精工细作，价值高达一亿。

大致在景龙二年（708），安乐公主看上了昆明池这块地，要将其开发成私家园林。昆明池是汉武帝时开凿的人工湖泊，长安城很多百姓都靠着这片湖水打鱼以维持生计。中宗不同意，理由是很多老百姓要靠在昆明池打鱼才能活下去。中宗虽然昏庸，但也懂得，要是连京城的百姓都没饭吃，这大唐就真的要完了。考虑到这一层利害关系，中宗就劝女儿：这昆明池自古以来就是长安百姓的公共财产，咱们不能搞私有化，不能将它扒拉进皇家的钱袋子。

安乐公主才不管这个。父皇你不给我百姓捕鱼的昆明池，那我就再从百姓手里抢块地，建个比昆明池还大的园林。安乐公主新建的园林面积广阔，用假山堆成华山之貌，园内水道纵横，宛如天河。园林建成后取名"定昆池"，简直是与昆明池打擂台对着干，势必要压过昆明池一头。

定昆池建完，安乐公主请父皇去视察，心想：你当初非不给我昆明池，我今天玩个大的给你看。景龙三年（709）八月二十一，中宗带着文武百官赴定昆池一游，随从官员还要作诗一首以示留念。诗的内容不用想都能猜出来，几乎每个大臣都是在赞美定昆池的如画美景，这么好的地方留给那些老百姓简直是浪费，看看咱们敬爱的安乐公主多么慧眼独具，多会规划设计，寥寥几笔就创造出这么个大工程。如此才干放到政治上也是绰绰有余，如果公主能更进一步那将是我大唐万民莫大的福分。

只有大臣李日知作诗"独存规诫",诗中写道"所愿暂思居者逸,莫使时称作者劳",有识之士纷纷为其点赞。相王李旦二次即位后,还专门就此事表扬李日知:"向时虽朕亦不敢谏,非卿亮直,何能尔!"胡三省在注解《资治通鉴》时就此点评道,"睿宗之言,盖谓当时畏安乐公主之势也",可见当时安乐公主炙手可热,连相王李旦也要惧其三分。

安乐公主、长宁公主等人不但抢夺百姓田地大兴土木,甚至放纵手下家仆掠夺百姓良家子女充当奴婢。御史台侍御史袁从之擒获为非作歹的公主家仆,将其关进监狱,欲依法惩治。公主向中宗哭诉求情,耳根软的中宗竟然下诏将公主家仆无罪释放。袁从之劝谏中宗:有道是"民为邦本,本固邦宁",公主家逼良为奴,纵奴行凶,已经是涉及朝廷执政合法性的原则性问题,陛下您如此行事,有何颜面面对苍生治理天下!中宗不听,"竟释之"。

中宗放纵韦皇后、安乐公主等人祸乱朝政只是表层现象,更深层的内里是他要将皇权交给自己最为信任的妻子、女儿代理,防范弟弟相王李旦的觊觎之心。至于乱政祸国,这只是授权韦皇后、安乐公主代理皇权的副产品而已,中宗对此并不十分在意。毕竟在古代君王看来,乱政祸国只是纤芥之疾,大权旁落才是心腹之患。将皇权交由妻女代理,在中宗看来并不会构成大权旁落之势,他也乐得如此。人生苦短,他要用更多的时间及时行乐。

## 耽于玩乐

中宗的爱好丰富多样,娱乐活动很多,有观泼水、打马球、看拔河等。唐代京师长安和东都洛阳都是繁华的国际大都市,有很多来自中亚、西亚乃至欧洲的域外人士居住。每年十一月左右,中亚西域胡人有泼水祈寒的游戏,顾名思义就是人们以互相往身上泼水为乐,在鼓声中迎接寒冷天气的到来。

神龙元年(705)十一月十三,还在东都的中宗登临洛阳宫城洛城门内洛城殿南楼,观看胡人的泼水祈寒游戏。清源县县尉吕元泰听闻此事,上疏中宗:节气本是自然变化,只要朝廷不出乱子,让百姓安居乐业,国泰民安,大自然自然就会按照规律降临寒冷天气;何必让人在都城街头跳大神一般跳来跳去，用泼水迎接寒冷天气！奏疏递上去后，中宗"不纳"。

中宗喜欢打马球，上有所好，下必甚焉，"由是风俗相尚"，引领了唐朝后来的打马球运动潮流。当时皇亲国戚逢君之恶，在练就高超球技的同时，也在球场上做文章，甚至"洒油以筑球场"，即用珍贵的油料建造马球球场。

除引领打马球风尚外，中宗还自创娱乐节目，经常在宫里让宫女举行拔河比赛。景龙三年（709）二月初二，中宗驾临玄武门，不是亲自检查玄武门防务，防止再来一次宫廷政变，而是"与近臣观宫女拔河"。可能是觉得指挥宫女拔河无法充分彰显君主权威，中宗又在驾临太极宫西梨园球场的时候，命令三品以上的文武官员"抛球及分朋拔河"①。韦巨源和唐休璟年迈不堪，衰老之极，也得为博君王一乐亲自上阵，结果随着拔河绳索的拉动跌倒在地，长时间都无法爬起来。中宗、韦皇后和妃子、公主们在一旁观看，"大笑"。

观看纤弱的宫女和老迈的功臣拔河还不算，中宗又让公卿大臣与宫女同乐，玩角色扮演游戏，令宫女扮作商人，在宫内划定市场经营店铺，公卿大臣则充当顾客，与宫女做生意。买卖交易之时，双方本色出演讨价还价、吵嘴漫骂，简直把大内当成了大市场。而中宗和韦皇后"临观为乐"，要的就是这个效果，要的就是这个乐和。

万事不如杯在手，一年几见月当头。中宗最主要的保留节目还是饮酒作乐、大摆筵席，可谓荒唐至极。景龙二年（708）腊月二十九除夕之夜，中宗"敕中书、门下与学士、诸王、驸马入阁守岁"，宫内"置酒，奏乐"。酒酣耳热之际，中宗对御史台长官御史大夫窦从一言道：听说爱卿夫人去世多年，你一个人孤苦伶仃，朕很是心疼；今天是大年除夕，朕亲自为你保媒，不知爱卿可有意乎？

窦从一连连答应，内侍从后宫引出一头戴花束金钗的盛装打扮的女子。中宗让女子和窦从一并排坐下，又命窦从一"诵却扇诗数首"。

唐代婚礼上，新娘卸妆去掉花钗后，要用扇子遮住芳容。新郎需吟诗才能让新娘挪开扇子，是为"却扇"和"却扇诗"。窦从一吟罢"却扇诗"，女子拿

---

① 《资治通鉴》卷209。

## 第十一章 中宗之死

开金丝团扇，摘下花束金钗。众人定眼一看，原来是韦皇后年迈的老乳母王氏，"上与侍臣大笑"。中宗当即下诏封王氏为莒国夫人，嫁给窦从一为妻。唐朝人称乳母夫婿为"阿𦐇"，窦从一每次进宫，都自称"翊圣皇后阿𦐇"，时人亦呼其为"国𦐇"，窦从一"欣然有自负之色"。

除在宫里自导自演娱乐节目外，中宗还经常流连于宫外，以至忘返。景云元年（710）正月十四晚，即元宵节前一天，中宗和韦皇后微服出行，到长安街头观看花灯。在"火树银花不夜天"的景致下，中宗不由得发出"独乐乐不如众乐乐"之感。如此美景只有自己和皇后观看，宫中宫女却无缘得见，只能深宫望月。中宗心里实在不是个滋味，就下令赐给宫女们一个恩典，"纵宫女数千人出游"①。中宗没料到自己"原本将心向明月，奈何明月照沟渠"。那些宫女在宫里整天不得自由，劳累不堪，一遇到机会就像鸟儿出笼，很多人如鱼儿归海一样竟然一去不复返！四月初五，中宗又率文武官员到皇家芳林园中游玩，"命公卿马上摘樱桃"，以示君臣同乐。

面对中宗耽于享乐的荒唐行为，不是没有大臣予以劝谏。景龙三年（709）二月间，中宗和近臣及昭文馆学士一起饮酒作乐，并让在场爱卿献上技艺、表演节目以助酒兴。在座大臣忙不迭地拿出看家本领，以防错过这个难得的献媚机会。工部尚书张锡跳《谈容娘》，负责工程建造事务的将作大匠宗晋卿跳《浑脱》，左卫将军张洽跳《黄獐》，左金吾卫将军杜元琰诵《婆罗门咒》，中书舍人卢藏用则是来了一段模仿秀，模仿道士呈献奏章给上天时的奇怪动作。只有国子司业郭山恽别具一格，说臣没有什么表演才能，就给陛下背诵几首古诗吧。说罢，郭山恽诵读起《诗经》中的《小雅·鹿鸣》和《唐风·蟋蟀》。郭山恽之所以要诵读这两首诗而非其他篇章，实则大有深意。《小雅·鹿鸣》劝人君听取贤臣逆耳之言；《唐风·蟋蟀》劝人享乐要适度，要把主要精力用在勤勉做事上。中宗看破郭山恽心思，第二天赏赐他一套衣物，以"嘉美其意"。

郭山恽只是借诗言事，没有直接劝谏，没有触犯中宗颜面，故中宗还能宽容赏赐，但对李景伯就摆脸色了。有一次中宗宴请群臣，喝得酩酊大醉，让在

---

① 《资治通鉴》卷209。

座大臣现场作《回波辞》。这是一种六言绝句，均以"回波尔时"四字起句。谏议大夫李景伯独为箴规语，作诗曰：

> 回波尔时酒卮，微臣职在箴规。
> 侍宴既过三爵，喧哗窃恐非仪。

李景伯劝中宗酒要不过三巡，寻欢作乐时要注意天子身份。中宗当即拉下脸，"不悦"。萧至忠对李景伯此举相当佩服，赞道"此真谏官也"。

既然中宗不听劝，依旧我行我素，那遭灾遭难的只能是普通百姓。景龙元年（707），中宗为标榜自己将仁爱之心施于万事万物，就派使臣到长江、淮河一带购买百姓捕捞的鱼虾龟鳖，然后放生。中书舍人李乂劝谏中宗：江南百姓本就靠打鱼维持生计，鱼虾鱼鳖都是可再生资源，渔民打捞不尽。您与其担心江河里的鱼虾龟鳖的生死，倒不如担忧黎民百姓的生计，将所花费用用于增进百姓福祉。

中宗的仁爱不只体现在放生上，还表现在对佛祖的虔诚和母亲的孝心上。景龙三年（709）正月初九，中宗下令扩建东都洛阳圣善寺，以进一步为母亲武则天祈福。中宗的虔诚和孝心是表达到位了，但买单的却是普通百姓。洛阳圣善寺周围数十家百姓家宅因此被强拆，流离失所，而长安百姓的苦难则更为深重。

这年关中大面积受灾，出现饥荒，物价尤其是粮价直线上涨，一斗米涨到一百钱，而太宗贞观时期一斗米不过三四钱。朝廷从山东、江淮一带紧急调粮进京，但运力不济，运粮的牛十之八九都累死了。按照往常惯例，长安地区出现饥荒，皇帝要带领朝廷百官到洛阳居住办公，通过缩减长安的人口规模减少粮食需求，避免与百姓争夺口粮，让有限的粮食尽可能吃到百姓肚子里。

景龙三年（709）长安发生饥荒后，朝中大臣请求中宗按照往年惯例搬迁到洛阳办公。韦皇后家在长安杜陵，不愿意东迁洛阳，就让江湖术士彭君卿等人忽悠中宗：臣等掐指一算，今年流年不利，陛下最好不要东去洛阳。中宗竟因此下令停止东迁动议。有大臣哀民生之艰难，继续上奏要求东迁，中宗大怒道"岂有逐粮天子邪"——这天下哪有跟着粮食跑的皇帝！东迁救民之事，最终不了了之，长安百姓只能继续生活在饥荒的水深火热之中，硬生生扛过了这一年。

只是中宗没有料到，长安百姓在扛过饥荒之年后还能再播种，而他却再也吃不上第二年的新麦了。中宗更没有料到，虽然景龙三年（709）不利于东行洛阳，但第二年即景龙四年（710）也不利驻留长安。正是在这年，他最终将生命交代在长安。

## 打压弟妹

中宗虽然把很大一部分精力用在践行享乐主义上，但并没有放弃对最高皇权的掌控。大理寺官员大理正王志愔曾上疏中宗，指出"刑赏二柄，唯人主操之"①，中宗御览后"嘉之"，很是认可。

景龙二年（708）十二月，御史台副长官御史中丞姚廷均上奏中宗：近期发现朝廷各部门官员不遵守办事章程，无论大事小情都不敢做主，而是逐级上报，最终全都要求圣上亲自裁决；臣认为，君臣的权力界限应该划分明确，君主的职责是任用大臣，臣子的职责是依照法令理政；朝廷政务纷繁芜杂，怎么能一一请示陛下御览圣裁！难道连修一条水渠、砍一棵枯树这样的小事，都要请旨吗！姚廷均请求中宗：从今以后，只有军国重事和法令没有明文规定由具体部门负责的事务才能请陛下圣裁，其他都要依照规定由各部门依法处理；如果有人故意撂挑子、溜肩膀，不敢承担该承担的责任，就由御史台御史出面弹劾。中宗"从之"。这一史料从反面说明当时中宗有意在收揽权力，将尽可能多的政务处置权掌握在自己手中。

对朝廷不同派系之间的矛盾，中宗也能及时处理，保持各派势力之间的平衡。

景龙二年（708），宗楚客、纪处讷收受西域突骑施部落重臣阙啜忠节贿赂，联合阙啜忠节发兵攻打突骑施可汗娑葛，激起娑葛反叛犯塞，酿成边患。

---

① 《旧唐书》卷100《王志愔传》。

243

景龙三年（709）二月初九，御史台监察御史崔琬在朝会上当众弹劾宗楚客、纪处讷"潜通戎狄，受其货赂，致生边患"。按照大唐政治礼仪，朝廷高官在受到弹劾时，应该低头弯腰退出朝堂，返回办公场所听候处置。可宗楚客不但不低调退出，反而战斗精神爆棚，脸红脖子粗地和崔琬杠上了，反复申辩：自己对朝廷一片忠心，苍天可见，崔琬诬陷忠臣，其心可诛！

据《资治通鉴》，中宗竟然不辨是非，要宗楚客和崔琬看在自己的面子上捐弃前嫌，结拜为兄弟，就不要计较此事了，从此你好我好大家好，岂不快哉。此事传出，时人给中宗加绰号为和稀泥的"和事天子"。

其实，中宗对其中原委心知肚明。他明白宗楚客在突骑施问题上的处置失误，更知晓崔琬背后站的是太平公主，知道崔琬敢在朝堂上公开弹劾宗楚客的原因是，"时太平尤与宗不善，故讽琬以弹之"。中宗明白，这次朝堂纷争表面上是崔琬和宗楚客对决，实际上是自己的妹妹太平公主与妻女韦皇后、安乐公主在掰手腕。此事过在宗楚客一方，他表面是和稀泥当"和事天子"，强令崔琬与宗楚客和解，本质上是在力挺妻女，帮助她们击退妹妹太平公主的进攻。

除太平公主外，中宗和韦皇后继续打压的皇族成员还有相王李旦。据史料记载，张嘉福"神龙初为吏部尚书兼相府长史"[①]。可以推测，神龙二年（706）袁恕己被贬后，接替他任李旦相王府长史的，应有张嘉福。而此张嘉福，正是在武则天天授二年（691）置当时身为皇嗣的李旦于不顾，撺掇王庆之等数百人上表请立武承嗣为皇太子的中书舍人张嘉福。从张嘉福的行事做派看，他即使身为相王府长史，也几乎不可能和相王一条心同进退。而张嘉福也确实对韦皇后有依附攀缘的举动，导致后来被赐死。

神龙初年，韦安石在张嘉福前后也兼任过相王府长史。如前文所言，韦安石是中宗的东宫旧僚，不会对相王有太多帮助，但其人较为正直，亦不会对相王造成伤害，这应该是后来相王二次登基后继续重用韦安石的原因所在。

根据升仙太子碑记录的相王府成员名单，在张嘉福、韦安石之后接任相王府长史的，还有和中宗、相王都有密切关系的豆卢钦望。此人原是中宗当太子

---

① 《册府元龟》卷172《帝王部·求旧第二》。

时的宫僚旧臣，中宗即位后，任命他为尚书左仆射并拜相，还让其兼任安国相王府长史。中宗此番任命，无疑有让与自己有深度交集的豆卢钦望去监视制约相王李旦的深长意味。但豆卢钦望和相王的关系也很不简单，他是相王爱妃豆卢氏的伯父。于是，豆卢钦望就被夹在了中间，左右为难。

豆卢钦望的为官做派也是明哲保身、独善其身，颇为圆滑。豆卢钦望从武则天时期就开始担任宰相，历相两朝，前后十余年，面对张易之兄弟和武三思父子先后专权的政局，他"独谨其身，不能有所匡正，以此获讥于代"[1]。面对中宗竭力打压相王的政治态势，豆卢钦望以个人的政治判断并不能预料到相王后来的王者归来，只能站队中宗，远离相王。据出土的《豆卢贵妃墓志》，神龙初年，"伯父左仆射平章事兼相王府长史，芮国元公钦望，以妃久处宫闱，特乞出内"[2]。豆卢钦望为侄女做主，让她申请离开相王府，搬回娘家豆卢家居住，这就在事实上与相王解除了婚姻关系。

有学者推测豆卢钦望此举，是因为在以相王府长史身份和李旦接触的过程中，觉察到了侄女与李旦关系失和；豆卢钦望为侄女的长久未来打算，建议侄女主动请辞回娘家，认为夫妻失和是相王与豆卢氏分开的原因[3]。但以当时的政治态势推断，夫妻不睦恐怕不是豆卢氏回娘家的原因，至少不是主因。

无论是从豆卢钦望的政治嗅觉来看还是从其行事作风来看，他都不难判断出因为中宗对相王的猜忌，他的侄女可能会成为政治斗争的牺牲品。而以他中宗旧日东宫僚佐、相王爱妃伯父的身份，在中宗与相王的斗争中根本不可能左右逢源，两不相帮。他必须做出明确的政治表态，以夫妻感情失和的理由，让侄女与相王脱离事实上的夫妻关系。这既是保全侄女，也是在政治上与相王划清界限，以保全自己和豆卢家族。只是豆卢钦望的政治判断力还是差点火候，在究竟是中宗还是相王能笑到最后的根本问题上，没有得出正确的政治结论。

中宗对相王的打压是全方位的，不仅有对其相王府势力的清洗，还有对其儿子的力量压制。据市井传说，在武则天时代，居住在长安城东的百姓王纯家

---

[1] 《旧唐书》卷 90《豆卢钦望传》。
[2] 冉万里、倪丽烨《〈唐故贵妃豆卢氏志铭〉考释》，载于《文博》2003 年第 2 期。
[3] 陈丽萍《唐睿宗豆卢贵妃史事考证》，见《唐史论丛》第十三辑，三秦出版社，2011 年。

中的一口水井，忽然向外大量溢水，竟然流出一个水面面积达数十公顷的湖泊，被称为隆庆池。其实，隆庆池的出现并非天工，而是人力，是长安修渠从浐水中引水进城所致，如《资治通鉴》所言，"实引浐之力也"①。长安城中出现水面面积如此大的湖泊，形成难得的水色天光美景，达官贵人纷纷在此修建湖景房居住。相王李旦的五个儿子并列居住在隆庆池北侧，号称五王宅。

后人认为隆庆池水起是"玄宗受命之祥"，但在当时却给李旦五子几乎带来杀身之祸。景龙四年（710）四月，有会看风水的江湖大师密奏中宗，说隆庆池蕴藏着一股帝王气，近几日这股气息愈发浓烈，深吸一口就让人觊觎大宝，陛下不得不防！

中宗决定用天子身份对隆庆池的帝王气进行降维打击，就于四月十四驾临李旦五个儿子在隆庆池的五王宅大宴宾客，张灯结彩。宴席上还表演了内容丰富的杂耍节目，"泛舟戏象以厌之"。中宗亲自到隆庆池划船，用天子之身压制隆庆池的帝王气。不但如此，可能是怕自己的分量不够，中宗还牵来大象一同压制。中宗在隆庆池泛舟之举，不只是压制帝王气，也有应验帝王气的考虑。既然隆庆池有帝王气，那身为天子的中宗临幸隆庆池，就在名义上应验了这股帝王气，其他人就不能再借助所谓的帝王气的名义兴风作浪、图谋不轨了。

中宗在打压相王及其王府臣僚势力的同时，却忘记了他和弟弟的下一代的力量对比已经发生了不可逆转的变化。弟弟有五个儿子，而中宗只剩下两个，其中一个只有十来岁，另一个圈禁在均州。在兄弟俩第二代的政治角逐中，中宗一脉已经明显落于下风。从这个意义上说，多生儿子广播种似乎是在古代政治斗争中笑到最后的不二法门。而中宗已经没有机会再生儿子，他的身体状况已经不允许他再怀柔天下、播撒龙种。

## 死因迷离

在中宗继续打压相王和太平公主的同时，地方上的百姓和基层官员也在一股力量的推动下，屡屡上书反对韦皇后。景龙四年（710）四月末五月初左右，

---

① 《资治通鉴》卷209。

## 第十一章 中宗之死

定州（今河北省定州市一带）百姓郎岌上书，揭发韦皇后和宗楚客有不臣之心，定会发动谋反政变。中宗不听，并在韦皇后的撺掇下"杖杀之"。

杀了一个郎岌，许州（今河南省许昌市一带）司兵参军燕钦融又站了出来。景龙四年（710）五月十七，燕钦融再次上书，直指"皇后淫乱，干预国政，宗族强盛"，外戚干政，牝鸡司晨等事；举报韦皇后与安乐公主、武延秀、宗楚客等人结成乱朝联盟，试图倾覆大唐宗庙社稷。燕钦融如此妄议朝政，被杀自然顺理成章。而被杀的经过和中宗对此事的处理态度，《旧唐书》《新唐书》《资治通鉴》的记载有明显不同，显示出各书不同的人物价值判断取向。

据《旧唐书》，燕钦融上书后，中宗"怒"[1]，当即将其召到宫廷痛骂一番，然后"扑杀之"，即做出处死燕钦融决策的是中宗本人。《新唐书》则记载"怒"[2]的是韦皇后，是韦皇后劝中宗将燕钦融抓到宫廷，随后"扑杀之"；在扑杀的过程中，可能中宗心存怜悯，让侍卫手下留情，而宗楚客私下命令侍卫往死里打，这才把燕钦融活活打死。

《资治通鉴》的记载则更绘声绘色一些。司马光在书中写道"上召钦融面诘之"，即燕钦融上书后，中宗将他召到宫廷，亲自审问，斥责燕钦融道听途说，不从大局看待韦皇后走向前台处理朝政之事，不理解君王的良苦用心。面对中宗的龙颜大怒，燕钦融继续不折不挠地争论，简直是要触中宗的逆鳞。中宗被燕钦融驳得哑口无言，"默然"不语。这时宗楚客出场了，他竟然矫制代替中宗让飞骑卫士将燕钦融扑杀。飞骑卫士提起燕钦融，将他头前脚后地猛扔到殿庭前的石头上，致使他"折颈而死"。宗楚客见状"大呼称快"——拍手叫好，干得漂亮！中宗虽然没有追究宗楚客当着他的面矫诏杀人之事，但"意颇怏怏不悦"，即已经表现出明显的不愉快甚至生气。司马光在《资治通鉴》如此描摹扑杀燕钦融的场景，让人如身临其境，简直是沉浸式体验。

从五代后晋《旧唐书》到北宋前期《新唐书》，再到北宋中期《资治通鉴》的不同记载，可以看出，成书时间越早的史书，情节越简单；成书时间越晚的史书，细节越丰富，几乎是顾颉刚先生"层累地造成的中国古史"学说的生动

---

[1] 《旧唐书》卷7《中宗本纪》。
[2] 《新唐书》卷191《王同皎传》。

体现。事件描述情节愈加丰富的过程，也是事实逐渐失真的过程。而最符合当时实际情况的，无疑是成书最早的《旧唐书》。

从《旧唐书》到《新唐书》，再到《资治通鉴》，可以看出扑杀燕钦融的主导人物从中宗一变为韦皇后，再变为宗楚客，呈现出皇权逐级下移乃至被篡夺的叙事逻辑。在《旧唐书》中，中宗能够完全行使皇权中的生杀大权，乾纲独断，是独立下令扑杀燕钦融。在《新唐书》中，韦皇后虽然在扑杀燕钦融上对中宗有极大的影响，但必须经过中宗的同意，通过中宗下令来实现诛杀燕钦融的目的。而在《资治通鉴》中，中宗的皇权竟然受到了韦皇后党羽宗楚客的压制，皇帝被权臣左右，被迫承认宗楚客矫诏诛杀燕钦融的既成事实。

司马光的《资治通鉴》之所以如此书写扑杀燕钦融之事，主要就是为了顺理成章地得出"由是韦后及其党始忧惧"的政治结论，即韦皇后及其党羽经过燕钦融事件，开始担心中宗对他们进行政治清洗。如胡三省在注解《资治通鉴》时所言，"为韦后弑逆张本"，即为中宗被韦皇后弑杀埋下伏笔。

在以近乎小说家语言的春秋笔法书写完燕钦融被杀之事后，《资治通鉴》顺理成章地描述了中宗被弑的经过。散骑常侍马秦客凭借医术高超，光禄寺副长官光禄少卿杨均凭借厨艺精湛，经常往来宫中，为中宗和韦皇后或是把脉问诊，或是做羹汤。时间长了，马秦客和杨均一来二去，眉来眼去，就被韦皇后看上，成为皇后面首。

杨均能成为韦皇后面首，除了厨艺精湛，还有更深层的政治原因。杨均虽然此时只任职光禄少卿这个边缘闲差，但出身高贵，来自隋唐时期赫赫有名的弘农杨氏家族，其四代祖正是观王杨雄之弟杨贵，而杨雄的另一个弟弟杨达是武则天的外公。武则天因母亲杨氏是杨达之女，一直视弘农杨氏为母家。也就是说，从杨氏家族的血缘谱系来看，杨均是武则天的母家侄子辈。韦皇后将其招为面首，也有拉拢朝堂上武系势力的特殊政治意味。

杨均家族和李唐皇室多有联姻。杨贵之子杨誉有个女儿嫁给了太宗之子吴王李恪为妃，杨誉儿子杨崇敬生子杨均、杨洄等人，其中杨洄曾迎娶中宗女儿新都郡主。中宗第一次登基被废后，杨洄与新都郡主离异。中宗二次登基后，新都郡主进封新都公主，下嫁武延晖。弟弟杨洄曾迎娶中宗女儿，哥哥杨均得

## 第十一章 中宗之死

幸于中宗皇后，也算肥水不流外人田。

韦皇后和马秦客、杨均三人，均怕中宗发现他们的奸情从而引来杀身之祸。安乐公主认为只有母亲韦皇后临朝听政乃至登基成为女皇，自己才有可能实现皇太女的梦想。四人"乃相与合谋"弑君，由韦皇后决策，安乐公主指挥，马秦客、杨均具体执行。杨均负责给中宗烤制馅饼并下毒，马秦客作为医生为杨均烤制的馅饼提供健康背书。一番操作猛如虎后，中宗吃下毒饼，于景龙四年（710）六月初二在神龙殿毒发身亡，终年55岁。

《资治通鉴》关于中宗之死的书写看起来顺理成章，实际上似是而非，疑点颇多。首先，《资治通鉴》中记载的诸人尤其是韦皇后弑君理由并不成立。早在房州时，中宗就给韦皇后许下"异时幸复见天日，当惟卿所欲，不相禁御"的承诺，招面首满足生理需要应该在中宗承诺的范围之内。中宗对韦皇后有着深沉的爱意滤镜，感恩当年的患难与共，不会轻易对她痛下杀手。而安乐公主的皇太女野望也不一定非得借助母后韦皇后临朝才能实现，也可以继续在父皇中宗那里软磨硬泡。毕竟当年反对安乐公主当皇太女最强烈的魏元忠已死，朝堂上直言之臣已经所剩无几，且中宗所立皇太女的合法性要远远高于韦皇后所立。

其次，在当时的政治态势下，韦皇后和安乐公主并没有毒死夫君、父皇的政治需要，她们对朝政的掌控还没达到足以独揽大权的临界点。保持她们容易施加政治影响的中宗在位状态，更有利于她们在中宗的放纵和掩护下，逐步扩充权力，一如武则天在唐高宗后期所为。

再次，韦皇后和安乐公主如要毒死中宗，必定制订周密计划，筹划好弑君之后该如何应变。而中宗驾崩后，韦皇后、安乐公主完全是一副手忙脚乱的样子，根本不是一板一眼地出招，这说明她们事先并没有做好中宗驾崩的心理准备，也就谈不上有计划地毒杀。

最后，史料中最早关于韦皇后和安乐公主毒死中宗的记载，出自后来唐隆政变中政变发动者为争取人心所进行的政治宣传，本身就是政治鼓动需要的产物，具有极大的政治迷惑性，在很大程度上并不足为据。因此，中宗突然驾崩的真正原因有很大可能并不是被韦皇后、安乐公主毒死，而是另有隐情。发掘隐情的关键，可能隐藏在中宗驾崩时的年龄里。

李唐皇族似乎是个不甚长寿的家族，唐朝正常去世的几个皇帝中，太宗52岁驾崩，高宗56岁归西，睿宗55岁撒手，肃宗52岁归天，代宗54岁驾鹤，德宗64岁弃世，只有高祖李渊活到70岁，玄宗高寿78岁。根据学者研究，李唐皇族有心脑血管疾病方面的家族病史。太宗和长孙皇后、儿子高宗都有"气疾""风疾"，发病症状类似今天的心脑血管疾病。

中宗55岁去世，比爷爷太宗、孙子肃宗都多活了几年，和弟弟睿宗年龄相当，在李唐皇族中属于很正常的年岁。心脑血管疾病的一般规律，也都是突发疾病，迅速转重以致生命衰竭，造成暴毙。中宗极有可能是突发心脑血管疾病而亡。马秦客可能参与到最后的抢救中，杨均可能负责中宗最后时刻的膳食，但最终还是回天无力，但二者却被指为毒死中宗的凶手。

# 第十二章　临淄王在行动

不管是被发妻爱女毒死，还是突发心脑血管疾病病死，中宗总归是突然龙驭宾天了。大唐的核心权力瞬间出现巨大真空，韦皇后、安乐公主苦心孤诣要填补这个权力真空，终究力不从心。面对巨大变局，宫中的上官婉儿在思考何去何从，宫外的闺蜜太平公主正焦急地等待她的消息。

而那个在南郊祭天大典后就留在长安不走的李氏皇族年轻成员，更是为等待这一刻进行了长久的准备，正摩拳擦掌，跃跃欲试！

这个年轻的王子，就是临淄王李隆基。

## 少年王子

李隆基是相王李旦的第三个儿子，出生于武则天垂拱元年（685）八月初五，母亲是窦妃。李隆基出生前两年，爷爷高宗李治驾崩。出生前一年，伯父中宗李显被奶奶武则天废黜，父亲李旦登上皇位。3岁时，李隆基被封为楚王。5岁时，奶奶武则天革唐命建立武周，父亲李旦降为皇嗣，李隆基和兄弟们一起被关进皇宫大内，不能自由活动。

李隆基7岁时，事情出现一点转机。如意元年（692）八月二十四，武则天宣布炼成绝世神功，返老还童，长出了两颗新牙。武周上下"喜大普奔"，武则天心情愉悦，于九月初九宣布改年号为长寿，大赦天下。奶奶的心情好了，孙儿们就能稍微舒展一下手脚。十月的时候，武则天把李隆基兄弟从大内放出来，可以到外面居住，并"开府置官属"[①] 僚佐。

---

[①] 《旧唐书》卷8《玄宗本纪上》。

这年李隆基7岁，有一次进宫拜见奶奶，所带随从精神抖擞，坐的车马整整齐齐，十分抢眼。当时负责皇宫警卫工作的是刚被封为河内郡王的武懿宗，他想挫挫李隆基的锐气，就上前挑衅，非得让李隆基车队按照他规定的路线和方式走。

李隆基当即"怼"了回去，说武懿宗你小子睁开眼睛看看，这可是"吾家朝堂，干汝何事？敢迫吾骑从"！本想在李隆基身上找点尊严的武懿宗，碰了一鼻子灰。据《旧唐书》，武则天听说此事后很是惊讶，觉得这孙子行，有种，从此更加把李隆基视为掌上明珠。

其实，此事依政治常理推断是真真假假，半假半真。真的是前半部分的事实叙述，假的是后半部分武则天的情绪反应。以李隆基的性格，他年少气盛时是有可能直接对武懿宗进行言语回击的。但武则天当时还没有完全明确到底是选择武家侄子还是李家儿子为接班人，且正在全力扶持武家侄子、打压李氏子孙，十分担心万一将来李唐复辟，会将武家人屠戮殆尽。此时武则天见李隆基对武氏子弟如此出言不逊、目中无人，只能是怒不可遏，而不会是点赞表扬。

后来事情的发展也是如此，如前文所言，第二年即长寿二年（693）正月初二，李隆基的生母窦氏和大哥李成器的生母刘氏就在向武则天恭贺新年后被秘密处决。毕竟武则天有充足的理由认为，李隆基对武懿宗的呵斥，有可能是母亲所教。

窦氏被杀后，李隆基由窦氏妹妹窦姨代为抚养。母亲的死，让他真切地明白了宫廷政治斗争的险恶，也知道了在没有具备对政敌一击必中的实力之前，万勿提前暴露任何心思。否则军队刀把子还没准备好，就嚷嚷着要动手，必然会遭反杀。后来无论是面对伯母、堂妹还是面对姑姑、父亲，李隆基都是隐忍以行，不到最后摊牌时刻绝不暴露行动目标。

李隆基兄弟几人也因刘氏、窦氏被杀受到牵连，再次被软禁宫中改造思想。大哥李成器由皇孙降为寿春郡王，二哥李成义由恒王降为衡阳郡王，李隆基由楚王降为临淄郡王，四弟李隆范由卫王降为巴陵郡王，五弟李隆业由赵王降为彭城郡王。

圣历三年（700）九月，即李隆基15岁那年，武则天下定决心将江山传给儿子，重新册立李隆基伯父李显为皇太子，封其父李旦为相王。父亲失去皇位继承资格，李隆基兄弟们的身份则从将来的皇子变为当下的王子。虽然身份地位下降，但也暂时不再是朝野目光所在，远离了政治斗争的旋涡，得以重新出阁，搬到长安东北部兴庆坊的五王宅居住。

武则天神龙元年（705），即李隆基20岁的时候，张柬之等五人发动神龙政变，拥立太子李显提前登基。虽然现有史料中没有李隆基在政变中有何作用的记载，但其父相王李旦却深度参与政变。因此不难想见，李隆基即使没有参与到政变组织发动中，也定然不会置身事外，至少应该目睹了父亲和张柬之等大臣的行动，第一次对政变夺权进行了近距离观摩，明白了即使皇帝不给，自己也可以去抢去夺的政治潜规则，在内心深处埋下了后来有样学样、亲手发动两次政变的种子。

中宗复位初期，李隆基当上了卫尉寺副长官卫尉少卿（从四品上），过上了一段相对平静的打球斗狗的日子。在这期间他喜欢上了打马球，而且球技相当高超。有一次吐蕃球队与大唐皇室球队打比赛，李隆基等四人对阵吐蕃十余人，竟打得对手毫无招架之力。

但好景不长，李隆基又被牵连到政变斗争中。如前文所言，神龙二年（707）七月初六，皇太子李重俊发动景龙政变失败。在城门放了一把火的李重俊，殃及了堂兄弟李隆基这条无辜的小鱼。中宗和韦皇后虽然没能顺利地将李重俊谋反案往相王身上扯，但仍在景龙二年（708）四月的时候，把李隆基等三个侄子赶出京城，以削弱相王势力。李隆基远去潞州（今山西省长治市一带），以卫尉少卿的身份兼任潞州别驾。别驾名义上是刺史的副手，但实际上没有太多具体事务需要处理，基本上是优游无为的闲职。中宗让李隆基到潞州兼任别驾，明显是贬斥。

潞州属于太行山区，古称上党，地势高峻，战略位置重要，历来为兵家必争之地。李隆基在潞州期间，主要做了三件事。

一是体察民情。别驾虽然是闲职，但在编制上毕竟是一州的二把手，政治排位仅次于刺史。李隆基就利用别驾的身份，带领僚属经常到各地视察民生，广泛接触基层百姓，将闲职做实，积累了丰富的从政经验。

盛世前夜

二是结交豪杰。年轻的李隆基性情洒脱,早在长安城的时候就注意网罗一些从出身底层的人才。王毛仲本是高丽人,其父曾任游击将军,后犯法被罢官成为奴仆,所生之子王毛仲被分配到时为临淄王的李隆基手下为奴。李隆基见王毛仲"性识明悟"①,就将他带在身边充当左右侍从。到潞州后,李隆基又发现一个地主家的奴仆叫李宜德,此人身手敏捷,尤其善于骑射,李隆基就花五万钱从地主手中将其买走。五万钱是当时一个普通奴仆的价格,说明这个地主并没有意识到李宜德的特殊价值,而李隆基慧眼识珠,将在日后让李宜德发挥更大作用。

除底层能人外,李隆基还注意收拢主动归附的中层官员。潞州下属铜鞮县县令张暐,家财万贯,喜欢结交各路英雄,又和李隆基一样喜欢斗狗打猎,有共同的兴趣爱好。张暐见新来的别驾李隆基英姿勃发,遂"倾身事之,日奉游处"②,小心伺候,整天与李隆基厮混在一起,并为李隆基在潞州做的第三件事即游山玩水提供经费支持。

潞州有个乐人叫赵元礼,生了一个女儿,容貌"美丽",能歌善舞,颇有风情,简直就是后来杨贵妃的初级版。李隆基对赵家女儿一见倾心,遂"幸之",擦出爱情火花。李隆基身为临淄王兼潞州别驾,不方便带一个乐人之女住在府邸,就让她居住在家大业大的张暐家,请张暐代为照顾。在潞州,赵家女儿为李隆基生下了第一个儿子,这就是李隆基后来的第一个太子李瑛。既然是第一个,就说明他不是最终登上皇位的太子,而是被废黜的太子。当年沉迷于赵家女儿温柔乡的李隆基,还没预料到日后将与这对母子渐行渐远。

在潞州一年半,景龙三年(709)九月,朝廷发来通知,让李隆基回长安参加将在冬至举行的南郊祭天大典。这是难得的回到繁华长安探亲的机会,李隆基却犹豫不决,他不知道伯父中宗和伯母韦皇后葫芦里到底卖的什么药,是真的让他回长安参加大典,还是要在大典上索拿他。毕竟从奶奶武则天开始,朝廷就经常干这种在大典上借机抓人的事,去京城参加大典说不定就回不来了。垂拱四年(688)八月,韩王李元嘉、霍王李元轨、越王李贞、琅琊王李

---

① 《旧唐书》卷106《王毛仲传》。
② 《旧唐书》卷106《张暐传》。

254

## 第十二章　临淄王在行动

冲等李唐宗室之所以密谋起兵，也是因为武则天召他们到洛阳参加明堂落成大典。作为武则天的儿子、儿媳，中宗和韦皇后说不定也会来这么一招，向母亲、婆婆学习。

据《旧唐书·玄宗本纪》，对前程琢磨不定的李隆基决定问问天意，就找来江湖大师韩礼，让韩礼为他算上一卦，看看此行是福是祸。韩礼用一根蓍草做法，念念有词施法完毕，只见这根蓍草一柱擎天，直直地挺立在地上。韩礼当即就惊了，叹道：蓍草挺立，这是前所未有的大吉之兆，临淄王您此去定会贵不可言，大王您大胆地往前走，莫回头！也有《隋唐嘉话》等史料记载韩礼算卦用的是筷子，刚把筷子摆好，筷子就直接立了起来。韩礼赶紧将筷子按倒，不料筷子"嗖"的一下又立起来了，如此者反复再三。

不论是蓍草还是筷子，都不可能自己立起来，这违反物理学规律。有道是事出反常必有妖，一定是有人在背后捣鬼，鼓励李隆基大干快上。而捣鬼的人很有可能是李隆基在潞州收拢的张暐等地方豪强，他们要想改变命运，从潞州走向长安再走向全国，就需要通过激发李隆基的野心立下拥立之功，从而获得鸡犬升天的机会。于是乎，张暐等人就买通了韩礼，请他算卦时在蓍草或筷子上做手脚，让李隆基得出天命在身的政治结论，从而有足够的天意底气支撑起他星辰大海般的征程。

李隆基回到长安后，顺利参加了中宗的南郊祭天大典，而且没有像曾经担忧的那样在大典上被带走，但这次大典却让他愤怒了。伯母韦皇后以皇后身份亚献，不由得让人联想起高宗封禅泰山时武则天的亚献表现。婆婆当得，媳妇也当得，韦皇后向婆婆致敬的举动本身就已经表明，她要成为武则天那样的人。

面对韦皇后的亚献表现，李隆基既有愤怒，也应该有大干一场的冲动。韦皇后要大动干戈，再来一次武则天的故事，朝局也必然会像当年武则天称帝那样重新来一次大洗牌，出现混乱局面。古今中外，混乱都是上升的阶梯。离开潞州时，李隆基已经做好了天命在身的心理建设，如今面对李唐政权再一次的生死存亡危局，他作为皇族成员，必须为保卫江山社稷而斗争。祭天大典结束后，李隆基就决定在长安住下来，不回潞州了。

## 准备应变

鉴于"王室多故"的危急局势，李隆基回到长安后，不再像以前一样遛狗跑马，而是投入到紧张的应变工作中。准备夺权的政治路线确定之后，官员队伍就成为夺权行动成功与否的决定性因素。据《旧唐书》，李隆基"常阴引材力之士以自助"，《资治通鉴》的表述则是"阴聚才勇之士"。不管是"引材力之士"，还是"聚才勇之士"，李隆基都是"阴"，即秘密进行，以免引人关注。

当年无论是张柬之等人发动的神龙政变，还是李重俊发动的景龙政变，其前提条件都是笼络禁军。因此，李隆基把争取"材力""才勇"之士的重点放在了笼络禁军队伍，尤其是万骑部队上，如《资治通鉴》所言，"隆基皆厚结其豪杰"。李隆基之所以选择万骑，在于这支部队有反韦皇后及其支持者武氏势力的历史传统。当年李重俊、李多祚发动景龙政变，所依赖的部分禁军就是万骑的前身千骑，而千骑的前身又是百骑。

百骑是唐太宗亲自创建的一支禁军部队，士兵的主要来源是太宗亲自挑选的"官户及蕃口骁勇者"，即因犯罪被罚作官奴和居住长安的边疆民族部落中的骁勇善战之人。这些人地位卑微，太宗让他们当上大唐军队中最有尊严的禁军士兵，他们自然对太宗和李唐皇室感恩戴德。进入禁军后，太宗让他们身穿虎皮做的衣服，跨坐豹皮做的马鞍，跟随自己出游打猎，允许他们在御前舞刀弄剑射杀禽兽。太宗通过这种方式亲自检验他们的武艺，将挑选出的战斗力最高者编为百骑。

武则天在位时，将"百骑"扩充为"千骑"，隶属左右羽林军。李重俊发动政变后，景龙元年（707）九月二十七，中宗将"千骑"进一步扩充为"万骑"，并将其指挥权从左右羽林军中分离出来，设立专门使节进行指挥。毕竟当年张柬之等人就是靠左右羽林军发动政变，既然左右羽林军能在张柬之的指挥下逼武则天退位，也就有可能逼宫中宗；且李重俊、李多祚又利用"千骑"发动过景龙政变。中宗对此不得不防，让由"千骑"扩充而来的"万骑"脱离左右羽林卫大将军的指挥，改为皇帝通过设立专门使节直辖，这样中宗才能睡个安稳觉。

## 第十二章 临淄王在行动

万骑直接负责皇帝安全，守卫宫城北门即玄武门，是离皇帝最近、最精锐的部队。李隆基从这支中宗和韦皇后自认为最忠诚、最可靠、最不可能叛变的部队下手，才有出其不意获胜的可能。

李隆基先把争取万骑支持的重点放在基层军官和士兵身上，主要工作通过王毛仲进行。王毛仲出身底层，和这些底层的军官、士兵有共同语言，交流起来没有大的障碍。王毛仲其人"性识明悟"，能深刻领会李隆基的政治意图，他主动结交万骑的基层军官、士兵，对这些人"布诚结纳"[1]，收买其心，并把他们介绍给主人。李隆基"嘉之"。

基层军官和士兵争取到位后，获得万骑中高级军官的支持就显得尤为重要。中高级军官处在承上启下的中坚位置，没有中高级军官支持，万骑指挥官就指挥不动军队；没有中高级军官的组织领导，基层军官和士兵也不敢跟随李隆基明火执仗地造反。如果中高级军官不坚定地站在李隆基这边，那他之前在基层军官和士兵中的工作就白做了。但中高级军官经历宦海浮沉，行事一般较为慎重，不会轻易表露政治立场，李隆基必须通过合适的方式和安全的渠道从他们中间打开缺口。

当时担任尚衣奉御的王崇晔，负责管理皇帝衣物。此人权位虽然一般，但能量很大，交友甚广，是京城各种饭局的"局长"。王崇晔性情豪爽，"倜傥任侠，轻财纵酒"[2]，颇有江湖侠气，"长安少年皆从之游"，社会声望很高，李隆基就主动与王崇晔交好。王崇晔的级别只是正五品下，手上也没有太大的实权，他见李隆基"求与相见"，很是感动，一来二去两人就成为知己伙伴，他的朋友也就成为李隆基的朋友。李隆基就是通过王崇晔，结识了利仁府折冲麻嗣宗、万骑果毅葛福顺、禁军将领陈玄礼等中高级军官。

李隆基与万骑果毅葛福顺搭上线后，就顺理成章地在万骑等军队的中高级军官中打进了一个楔子。他通过葛福顺"数引万骑帅长及豪俊"，让葛福顺带领兄弟到府上喝酒赌钱，"赐饮食金帛，得其欢心"，很快和万骑中高级军官打成一片。

---

[1] 《新唐书》卷121《王毛仲传》。
[2] 《册府元龟》卷20《帝王部·功业二》。

通过王崇晔，李隆基笼络到的不仅是葛福顺等中高级军官，还有西京宫城禁苑总监钟绍京等人。只是钟绍京的作用此时还未凸显，待到将来拔剑出鞘时，钟绍京将在关键位置发挥关键作用。在李隆基建立团队的过程中，当年曾劝桓彦范、敬晖诛杀武三思等诸武子弟的前朝邑县县尉刘幽求也加入进来。

李隆基和刘幽求、葛福顺、麻嗣宗、钟绍京等人不仅仅是大碗喝酒、大块吃肉、大把赌钱，更是以喝酒吃肉赌钱为形式外衣，渐次达到掏心掏肺的目的。酒余饭后，李隆基逐渐和他们"言及国家事"，逐步将葛福顺等人的政治立场往自己的预设轨道上引。在李隆基的循循善诱下，几人"深相款结"，立誓拯救大唐社稷。

就在李隆基千方百计拉拢禁军将士和部分朝中官员时，皇宫传来天崩地裂的大消息，伯父中宗驾崩了。虽然韦皇后第一时间封锁了大行皇帝龙驭宾归天的消息，但李隆基作为皇室核心成员之一，应该会通过相关途径获知这一秘密。而韦皇后封锁消息的举动，也给后来李隆基营造韦皇后、安乐公主弑君舆论提供了发挥空间。毕竟有些消息封锁得越严密，谣言就会发酵得越绘声绘色。

李隆基收到中宗驾崩的风声后，焦虑万分。他虽然已经决心发动政变，且逐渐打造出一个稍微像样、稍具规模的政变班底，但力量还远远不能与韦皇后同日而语，强行发动政变只能是鸡蛋碰石头。而且韦皇后此时还没有明目张胆地篡夺社稷，贸然行事会将自己置于政治上的极其不利境地。李隆基必须取得宗室中最有力量的人的支持，才能根据情况进行下一步动作。

中宗驾崩后，李唐皇室中高宗和武则天的子女只剩下安国相王李旦和镇国太平公主，一个是父亲，一个是姑姑，他们是宗室中最有分量的王爷、公主。从血缘关系上看，李隆基当然和父亲相王关系最近，但他却刻意把父亲排除在外，不但不去争取父亲的支持，反而对父亲封锁消息。早在政变的筹备阶段，就有人建议李隆基"当启相王"，应该让相王知道情况，请相王出面主持大局。

李隆基不假思索，直接否定了这个建议，说我们提着脑袋搞政变，是为了大唐江山社稷，搞成功了功劳是相王的，搞不成功则成仁，不能让相王受到牵连。如果请相王审批政变计划，那就会将相王置于危险境地，毕竟从前两次政

## 第十二章　临淄王在行动

变的历史经验看，神龙政变成功了，景龙政变失败了，谁也不能确保咱们这次政变一定成功。另外，相王批准政变计划还好，"不从，将败大计"，即如果相王反对政变，甚至要大义灭亲，那我们就彻底玩完了！说罢，李隆基下定决心，"遂不启"①，要求内部成员不得对相王透露半点风声。

胡三省在点评《资治通鉴》时，高度肯定李隆基的这番表态，认为"史言隆基有大略，所以能平内难"。其实细究起来，李隆基那番话似是而非。作为相王的儿子，无论李隆基是否将计划告诉父亲，只要政变发生，相王就不可能撇清干系。当初李重俊发动景龙政变，相王没有任何参与迹象，但还是被中宗、韦皇后猜忌往死里踹，想借此绳治相王。如今亲儿子李隆基要搞政变，韦皇后能相信作为父亲的相王毫不知情，都是李隆基背着父亲一手操办的？韦皇后宁可相信大唐有鬼，也不会相信李隆基那张嘴。

李隆基之所以选择对相王封锁政变消息，不谋求父亲的政治支持，不是怕牵连父亲，不是因为仁孝，而是有着深刻的政治原因，这就牵涉到李隆基发动政变的真实缘由。李隆基确实要挽救大唐社稷于危难之中，但这仅仅是目的之一，他更远大的理想和更根本的目的，是要当大唐之主，要以相王三子的身份逆袭，越过中宗之子温王李重茂、父亲相王李旦、大哥李成器这三个比他更有资格当皇帝的人，逆袭成为皇帝。正如宋人胡寅一针见血所言，"玄宗平韦后之乱，意欲自取"②。

从身份资历上看，李隆基没有任何资格和可能当皇帝。即使父亲相王成为皇帝，他也不可能当上太子接班。这不仅因为他在血缘上仅仅是相王李旦的第三子且是庶出，更因为他在宗法上根本就不是相王的儿子，而是李旦的大哥即高宗和武则天的长子原太子李弘的儿子。

高宗上元二年（675），皇太子李弘突然去世，年仅24岁，没有子嗣。永昌元年（689），武则天下令"以楚王隆基嗣"③，即将李旦的第三子、时封楚王的李隆基过继给已经去世十余年的李弘，承继香火。此后史料中没有李隆基

---

① 《资治通鉴》卷209。
② 胡寅《致堂读史管见》卷20《玄宗上》，北京图书馆出版社，2004年。
③ 《新唐书》卷81《李弘传》。

归宗李旦的记载，可见他在宗法上早已与李旦脱离关系，进入李弘一脉。因此，从宗法上看，李隆基并不是李旦的儿子。即使将来李旦让李隆基认祖归宗，以他庶出第三子的身份，也根本没有在和平状态下越过大哥嫡长子李成器继承皇位的任何可能。

　　李隆基要挽救社稷拯救朝廷，自然不能为他人作嫁衣裳，不能白忙活一场，他要为自己的皇位而奋斗。如果事先禀告相王，父亲不从甚至大义灭亲，自己立刻就会死无葬身之地，这就是他讲的"不从，将败大计"。如果相王认同政变计划，那就会夺走政变的领导权，甚至会让李成器获得政变的指挥权，那样李隆基就彻底从政变的领导者沦为执行者，而且是一个彻头彻尾的跟班。政变失败，他不免一死。政变成功，上台的是父亲和大哥，他不但拿不到更多东西，反而会被父兄猜忌。大唐开国时高祖李渊和废太子李建成对建有大功的秦王李世民的打压，就是李唐皇族的政治原生家庭的宿命。

　　而且，就算不主动去争取父亲支持，李隆基照样可以借用相王的影响力。毕竟他是相王的儿子，打着相王的旗号办事，别人总会给他三分薄面。如此，事先禀告无益于政变发动和个人前程，不禀告也不妨碍借用父亲的影响力招兵买马，李隆基何苦去请父王审批政变计划呢？

　　李隆基要为自己夺权铺平道路，就不能搬来父亲和大哥这两只拦路虎，不能主动谋求相王的支持，而是寻求李唐皇室的另一中坚力量——姑姑太平公主的援助。李隆基有心，太平公主亦有意，她和韦皇后、安乐公主早已是水火不容。

　　景龙元年（707）李重俊发动政变的一个重要诱因，就是安乐公主觊觎储位要当皇太女。襄邑县（今河南省商丘市睢县一带）县尉席豫听说安乐公主"求为太女"，上书中宗请求册立太子，"言甚深切"。太平公主得知席豫上书后，要举荐他到朝廷当谏官。此事后来虽然因席豫不愿介入朝中党争而拒绝太平公主的美意"逃去"，不了了之。但从太平公主举荐反对安乐公主当皇太女的席豫为谏官这件事本身，就可以看出她对安乐公主的敌视态度。

　　景龙年间，太平公主与安乐公主"各树朋党，更相潜毁"，形同水火，中宗"患之"，多次试图调节均无果，毕竟妹妹和女儿都不是一般的女人。太平公主见哥哥中宗奈何她不得，"亦自以轧而可胜"①，不再把中宗、韦皇后、安乐公主一家放在眼里，她"推进天下士……以动大议，远近翕然响之"，形成一股足以左右政局走向的强大势力。据《资治通鉴》，"中宗之世，韦后、安乐公主皆畏之（即太平公主）"。

中宗驾崩后，独具政治敏锐性的太平公主已经预感到韦皇后和安乐公主要收拾自己，见大侄子李隆基主动来投，"公主喜"②，当即同意李隆基的建议，还派儿子薛崇简参加李隆基的政变集团。姑侄俩就此联起手来，共同对付韦皇后、安乐公主。

鉴于此时韦皇后还没暴露出本来面目，贸然发动政变会在政治上处于被动，太平公主不同意李隆基立即动手的想法，要求先进行合法斗争，争夺中宗遗诏的起草权，合理合法地与韦皇后掰手腕。虽然李隆基不情愿，毕竟只有暴力斗争才能达到他的政治目的，但此时李隆基的实力还撑不起他的野心，只有无奈同意姑姑先联合上官婉儿争夺遗诏起草权、开展和平斗争的方案。

## 争取上官婉儿

景龙四年（710）六月初二中宗突然驾崩后，韦皇后"秘不发丧，自总庶政"，竭力封锁中宗死讯，以便抢时间以中宗的名义颁布诏令、稳住局势。

六月初三可能是韦皇后有生以来最紧张忙碌的一天。刚刚失去丈夫的她顾不得丧夫之痛，便以商议军国重事为由，将所有在京宰相全部召进宫。其目的一是把宰相班子事实上软禁起来，避免部分宰相不与自己保持一致，擅自行事；二是让宰相班子亲自主持诏书起草，以便进行后续安排。

控制宰相班子后，韦皇后手忙脚乱地发出多道命令。当时中书令李峤负责主持诏书起草工作，中书省只有中书舍人苏颋在太极殿值班。李峤见"文诏填委，动以万计"③，需要发布的诏书数量过多，有畏难情绪。苏颋却泰然处之，只见他从容口述，"无毫厘差误"。中书省主书韩礼、谈子阳负责具体誊写文

---

① 《新唐书》卷83《太平公主传》。
② 《旧唐书》卷8《玄宗本纪上》。
③ 《唐会要》卷55《中书舍人》。

字。两个人手写都无法跟上苏颋的口述，韩礼屡屡对苏颋言道：请苏公不要再口若悬河、滔滔不绝了，还请慢一点，再慢一点，我和谈子阳都跟不上了；苏公您若再保持现在的速度、节奏，我和谈子阳的手腕都要累断了。李峤见此场景，不由叹道：苏颋舍人如此高才，"思若涌泉"，倚马千言，我李峤实在佩服！

李峤、苏颋等人按照韦皇后懿旨起草发布的命令中，首先是从各地调发五万府兵进驻长安。由于李隆基在禁军队伍中的活动，韦皇后以女性特有的敏感，应该已经感觉到禁军队伍有不稳迹象，故调拨地方府兵常备军进京，以抵消李隆基等李唐皇族在禁军中的实力上升。进京驻防的五万府兵全部由迎娶成安公主的驸马都尉韦捷，迎娶安定公主的驸马都尉韦灌，韦皇后堂兄韦温族弟、卫尉卿韦璿，左千牛卫中郎将韦锜，韦温侄子、长安县县令韦播，韦温外甥、郎将高嵩等人分别统领，诸人都是清一色的韦家势力。军队布置完毕后，长安街面的治安事务也要抓在手里，韦家时任中书舍人的韦元徼负责巡察街市。

其次是看住中宗长子谯王李重福，避免他得知中宗驾崩的消息后，以大行皇帝长子的身份提出继位要求。韦皇后派监门大将军兼内侍薛思简等人率五百兵马星夜急行，赶赴均州加强对李重福的监控。

再次是加强对东都洛阳的掌控。韦皇后任命刑部尚书裴谈、工部尚书张锡为宰相，同时充任东都留守。裴谈在大理寺任职时不惜和同僚决裂，也要坚决支持中宗、韦皇后对张柬之等人的打压，可以认为是韦皇后一派。张锡是老臣，早在武则天时期就当过宰相，后因贪赃差点被处死。中宗二次登基后，让张锡复出为工部尚书，他对中宗和韦皇后应该有感恩之情。派裴谈和张锡去洛阳镇守，足以让韦皇后放心。

最后是充实宰相班子。任命吏部尚书张嘉福、中书省副长官中书侍郎岑羲、吏部副长官吏部侍郎崔湜三人为宰相。其中岑羲作风较为正派，如前文所言，李重俊景龙政变失败后，有人在中宗和韦皇后的默许下要将案子往相王身上扯，是岑羲密申保护相王。张嘉福、崔湜属于从武三思阵营转投韦皇后的势力，且崔湜和上官婉儿关系密切，是其情人。韦皇后任命这三人为相，在很大

## 第十二章　临淄王在行动

程度上代表了自身、相王、上官婉儿三方的政治需求。可见韦皇后在当时的权力格局中并没有形成政治上的压倒性优势，必须与他人分一杯羹，才能团结一切可以团结的力量掌控朝政。韦皇后力不从心的政治态势，影响到后续的中宗遗诏起草问题。

前朝安排妥当后，韦皇后回到后宫，那里有太平公主在等着她。太平公主应该是通过闺蜜上官婉儿获得哥哥突然去世的消息，她几乎是在第一时间来到宫中。太平公主进宫的这一举动本身，就是对韦皇后的制衡。毕竟有太平公主在后宫，韦皇后还不敢肆意妄为。太平公主应该在后宫提出了中宗遗诏问题，由于中宗去世突然，根本来不及留下遗诏，只能由身边人代为起草。

在遗诏问题上，韦皇后起先应该是坚持由自己主导起草，毕竟以她的政治头脑，应该明白中宗遗诏是确立她执政合法性的最大法理依据。太平公主当然也明白这个道理，也坚持由自己主导遗诏起草工作。姑嫂俩吵得不可开交。

当年太平公主下嫁第一任丈夫薛绍的时候，韦皇后也在同一天嫁给当时还是太子的李显为太子妃。同一天披上嫁衣、坐上婚车的两人，定然没有预料到今日的针锋相对。韦皇后与太平公主争执不下之时，上官婉儿出面调停，说遗诏可以由自己和太平公主代劳起草，但最后的审核把关权归韦皇后。上官婉儿此议一出，韦皇后和太平公主都表示同意，这才暂时解决了中宗遗诏的起草主导权问题。

韦皇后和太平公主都同意上官婉儿的提议，看似合情合理，毕竟上官婉儿既是太平公主的好闺蜜，也曾和韦皇后打得火热，是其掏心掏肺的自己人。而历史的真相却并非如此，上官婉儿确实是太平公主的好闺蜜，但和韦皇后早已经是塑料姐妹花。景龙政变后，上官婉儿的政治立场已经悄然发生改变。

早在上官婉儿和武三思打得火热的时候，就有人对她提出警告。上官婉儿曾举荐姨妈郑氏之子，也就是自己的表弟王昱任左拾遗。王昱负责对朝政得失提出意见建议，与各方联系比较多，听到了对婉儿一些很负面的风评，就找机会劝姨妈即婉儿母亲：外甥我上观天意，下察人心，可以看出武氏势力的没落已经不可挽回，正如日薄西山，婉儿表姐怎么还看不清形势，反而继续和武三思拉拉扯扯、不干不净、不清不楚，这是要把全族人都往绝路上引啊！外甥请姨妈您认真考虑一下这件事，找机会劝劝表姐。

郑氏听后，感觉事态严重，就劝婉儿与武三思等武家势力划清界限。当时风头正劲的婉儿"弗听"，不以为意，直到太子李重俊发动景龙政变给她上了生动的一课。李重俊攻打玄武门时，大声要求中宗将上官婉儿交给他处置。虽然婉儿巧舌如簧，成功给中宗、韦皇后洗脑，让他们得出李重俊处死自己就是要杀父弑君的结论，才得以逃出生天，但婉儿也从此事认识到，因为自己联合武三思对李重俊的打压，李唐皇族对自己已经是恨之入骨，必欲除之而后快。

景龙政变平定后，婉儿想起表弟的肺腑之言，更加恐惧，"自是心附帝室"，决定不再和武家势力捆绑在一起，从此改头换面通过与太平公主的闺蜜关系转投李唐皇族。由于武家势力在武三思被杀后归入韦皇后、安乐公主麾下，因此婉儿与武家势力脱离关系，事实上也是与韦皇后、安乐公主分道扬镳，她"与安乐公主各树朋党"，劝谏中宗对韦皇后采取必要的制衡措施。

据2013年9月在陕西咸阳发现的上官婉儿墓志，婉儿与韦皇后、安乐公主的斗争相当激烈。当时朝堂上的局势是"韦氏侮弄国权，摇动皇极"，要谋朝篡位；"贼臣递构，欲立爱女为储"，即乱臣贼子要拥立安乐公主当皇太女；"爱女潜谋，欲以贼臣为党"，即安乐公主大肆扩张势力，在朝中结党营私。面对满朝乱象，婉儿忧心如焚，向中宗"泣血极谏，扣心竭诚，乞降纶言，将除蔓草"，要求中宗立即采取果断措施废黜韦皇后，至少限制韦皇后和安乐公主的势力，不能放任其一再坐大。

中宗听完婉儿的奏请后念及发妻爱女当年与他一同落难受罪，于心不忍，不能痛下决心处置韦皇后、安乐公主，而且他还需要妻女帮他制衡相王、太平公主，需要保持各方势力均处于他掌控之下的平衡状态。婉儿反复考虑之后，执行三策：一是"摘伏而理"，向中宗揭发韦皇后和安乐公主的大逆不道言行，但中宗"言且莫从"，不听；二是"辞位而退"，决定退出政坛，辞去昭容官位，退为民女，但中宗"制未之许"，不许；三是"落发而出，卒为挫衄"，削去三千烦恼丝，从此青灯黄卷、伺候菩萨，但中宗同样否决。

万般无奈之下，婉儿要求"饮鸩而死"，以一杯毒酒了却香魂。这次婉儿没等中宗批示，就毒酒下肚，"几至颠坠"，差点儿命绝。中宗爱惜婉儿才华，怜悯婉儿忠贞，"广求入膝之医"，下令御医不惜任何代价抢救，这才救"悬丝之命"，终于把婉儿从鬼门关前拉了回来。经过良医良药细致调理，其最终痊愈。

婉儿墓志中的这些记载，与传统文献中她在中宗驾崩前深度勾结韦皇后的形象迥然不同。有人认为墓志记载婉儿对韦皇后的反抗太过激烈，不足以取信，但大多数历史学者倾向于认为墓志记载是真实的，如仇鹿鸣所言，"志文所载上书、自杀、退为婕妤这些基本事实恐难捏造"[①]。

## 争夺遗诏起草权

身体康复后，上官婉儿再次上表中宗请求自降身份为婕妤，避免因处于核心圈子在将来的政治斗争中被清算。经历婉儿饮鸩差点寻死的生死斗争，中宗看到了婉儿的刚烈，经过再三考虑，终于允许婉儿所请。据武平一编撰的记载中宗景龙年间修文馆唱和活动的《景龙文馆记》，婉儿"自通天后，逮景龙前，恒掌宸翰"，参与起草诏敕的时间大致在武则天万岁通天年间到中宗景龙年前，可知景龙年间后期婉儿确实受到景龙政变的刺激，不再执掌诏敕起草工作，逐步从权力中心引退，以便暗中布置政治退路。

关于婉儿从昭容降为婕妤的真实原因，有主动与被动两种猜测。主动即如墓志所言，是为与韦皇后划清界限，但问题的关键是婉儿如此激烈地劝中宗限制韦皇后的权力乃至将其废黜，为此不惜饮鸩逼迫中宗，韦皇后难道不知道？有人认为韦皇后真的不知道婉儿要与她划清界限之事，理由是中宗有利用婉儿制约韦皇后的需要，婉儿是后宫女官和宫女领袖，女官、宫女自然不会透风给韦皇后，因此韦皇后对此事没有半点察觉。

这种观点其实似是而非。就算中宗想利用婉儿制约韦皇后，故意对韦皇后封锁消息，但在中宗心中，韦皇后比婉儿更值得信任，他不会一点儿风声都不透露给韦皇后。即使婉儿在后宫女官、宫女势力中占据优势，忠于婉儿的女官、宫女不会将此消息告诉韦皇后，但女官、宫女势力不是铁板一块。韦皇后

---

[①] 仇鹿鸣《碑传与史传：上官婉儿的生平与形象》。

身为中宫，不可能在女官、宫女中没有丝毫影响，作为皇后的她本身就是后宫势力的天然依附对象，肯定会有听到风声的女官、宫女将婉儿反水的信息向韦皇后报告，韦皇后也确实对婉儿采取了相关措施。将墓志记载与传统文献相对照，可以发现婉儿退为婕妤之事并非完全是主动作为，而是韦皇后打压的结果。婉儿可以用罢官为民女、落发为尼、饮鸩而死等行为劝谏中宗制约韦皇后，但在中宗拒绝听从的情况下，她以昭容的身份更有利于和韦皇后进行斗争，没有理由自降为婕妤。

据《唐大诏令集》中的《起复上官氏婕妤制》，景龙三年（709）正月婉儿母亲郑氏去世后，"顷罹创巨，爰命权夺"①，她按照礼制辞去官位守孝。婉儿守孝固然是礼制要求，但唐代也有很多关于皇帝夺情即要求守孝官员移孝作忠继续任职为朝廷服务的记载。如果韦皇后还将婉儿看作自身党羽，大可和中宗一起命婉儿夺情留任，而事实却并非如此。可见韦皇后此时已经知道婉儿和自己离心离德，故借口婉儿母亲去世勒令其离职守孝。婉儿退为婕妤之事，实际上分为两个阶段：一是因母亲去世被韦皇后抓住机会勒令守制，以致完全离职；二是起复为婕妤。

按照唐代礼制，生母去世，子女需守孝三年才能重新做官，但婉儿却仅仅过了十一个月不到一年，即在景龙三年（709）十一月二十九便起复为婕妤。十二月十二，婉儿便以婕妤的身份参加中宗巡幸长安周边新丰的活动，还在宴会上献诗三首。

但婉儿仅仅是起复为婕妤，而非恢复为昭容，这是韦皇后、安乐公主与太平公主斗争妥协的结果。按照韦皇后的政治调性，她不可能让婉儿仅仅十一个月就夺情起复，有让婉儿夺情起复政治需求的只能是太平公主。据《资治通鉴》，景龙三年（709）十一月后，太平公主与安乐公主各树朋党，互相攻击诋毁，太平公主亟须加强在宫中的力量以与嫂子、侄女进行斗争，故向中宗提出将婉儿夺情起复。本着敌人的朋友就是敌人的政治斗争原则，韦皇后、安乐公主母女定然会反对婉儿官复原职。

---

① 《唐大诏令集》卷25《起复上官氏婕妤制》。

## 第十二章 临淄王在行动

面对妹妹和妻女的双重需求或压力，中宗力图进行政治平衡，最终决定依照妹妹的请求，起复婉儿，但又照顾妻女的情绪，没有让婉儿官复原职为昭容，而是任职低一级的婕妤。这说明中宗并非如传统史籍所写的那样被韦皇后控制、毫无政治主见，而是试图平衡朝堂各方势力，而自己超然其上，居间调控。

中宗将婉儿起复为婕妤后，仍然让她执掌诏敕起草工作，这就为婉儿联合太平公主共同起草遗诏埋下了伏笔。韦皇后明知婉儿已经和她离心离德，仍然让婉儿参与起草遗诏：一是因为婉儿草诏的权力是大行皇帝中宗授予的，具有合法性，她不能剥夺；二是她自认以皇后的身份能有效控御婉儿；三是她保有遗诏的最后审定权，不怕太平公主和婉儿玩什么花招。韦皇后的政治误判，给她自己造成了极大的政治被动。

果不其然，太平公主和上官婉儿联合起草的中宗遗诏的主要内容是，"立温王重茂为皇太子，皇后知政事，相王旦参谋政事"①，包含了三个重大决定。一是选立中宗接班人，册立温王李重茂为皇太子，二是韦皇后辅佐李重茂执掌政事。这两个决定都对韦皇后有利，李重茂年幼，此时只有14岁，立其为帝有利于韦皇后以皇太后的身份更长久地执掌政事。但这种有利只是看似有利而已，因为太平公主和上官婉儿的目的是用前两个有利条件消除韦皇后的戒心，让她接受第三个决定，那才是她们的图穷匕见，这就是请相王李旦在外朝以皇帝叔父和皇室代表的身份参谋政事。

上官婉儿坚持在中宗遗诏中添加相王李旦辅政的内容，除了要与太平公主保持政治立场一致外，应该也有为自己将来打算的政治目的。婉儿自幼长在深宫中，见识经历过太多"眼见他起高楼，眼见他宴宾客，眼见他楼塌了"的政治沉浮。在她看来，韦皇后势力极有可能有朝一日会被李唐皇族连根拔起。毕竟高祖、太宗、高宗三代皇帝遗泽深厚，连武则天都被逼退位，更何况能力根基远不如武则天的韦皇后。在那一天到来时，上官婉儿自认可以凭借拥立相王辅政的功劳，获得李唐皇族的再度肯定。只可惜，上官婉儿这一次失算了。当

---

① 《资治通鉴》卷209。

然，这是后话。

太平公主和上官婉儿认为，外朝由相王李旦全权做主，内朝有她们制约韦皇后，可以确保朝廷和最高决策权牢牢掌握在李唐皇室手中。可惜太平公主和婉儿明显低估了韦皇后的政治智慧，这毕竟是一名曾经从巅峰跌落谷底，又从谷底爬起来的政治女性。

韦皇后看到太平公主、婉儿起草的遗诏，冷眼一笑，立刻看出这对闺蜜的小心思，气得那叫一个牙痒痒。但韦皇后又不好直接反对，毕竟现在她是1∶2斗地主，韦皇后在三个女人一台戏的角力中居于劣势，就表示原则上同意，但还得召集宰相重臣集体讨论，这天下不是哪一个人的天下，而是天下人的天下。如此关系朝廷大局的事情，不能由咱们三个妇道人家就这么嘀嘀咕咕决定了，要听听宰相们怎么说。太平公主和上官婉儿见韦皇后说得如此冠冕堂皇，只能同意，但心里应该不由得滑过一丝担心。

太平公主和上官婉儿的担心是对的，论对宰相班子的掌控和影响，她们远不如在朝中布局已久、树大根深的韦皇后。中宗遗诏起草完毕后，韦皇后主持召开有韦安石、韦巨源、萧至忠、宗楚客、纪处讷、韦温、李峤、韦嗣立、唐休璟、赵彦昭、苏瓌、张锡、裴谈、崔湜、张嘉福、岑羲等19人参加的重臣会议。

这些重臣有韦皇后的基本盘亲信，有归附韦皇后的原武氏势力，有倾向于李唐皇室的元老，也有立场摇摆不定的中间人物。虽然基本上代表了各方力量，但韦皇后的支持者在其中居于绝大多数地位，故她才有底气以重臣会议集体决策的形式讨论遗诏，确保皇位继承和权力执掌平稳过渡。毕竟只要力量对比于我有利，不管开什么会都能得出想要的会议结论、做出想要的集体决定。

更关键的是，这19人名单中并没有相王李旦，这就排除了万一相王到场，部分重臣碍于情面，政治立场可能会出现反复摇摆的情况，从而最大限度地保证会议节奏牢牢控制在韦皇后手中。而且在会前，韦皇后的铁杆支持者宗楚客、韦温等人还召开了小范围的秘密会议以统一思想。宗楚客看到遗诏中相王辅政的内容后，秘密提醒韦温：我看遗诏中"相王辅政"这条，在理论上似乎行不通，不符合我大唐男女授受不亲的传统礼仪价值观。相王是中宗的弟弟，是皇后的小叔子；皇后是中宗的妻子，是相王的嫂子。《礼记》明言要"嫂叔不通问"，嫂子和小叔子之间不能随便过多交流。朝廷各项事务繁杂，皇后和相王同时辅政，肯定要就各项重大决策进行商议，"听朝之际"，男女之间你来我往，成何体统，怎么做天下人的表率！

宗楚客表面上是指出"嫂叔不通问"的传统礼制，实际上是提醒韦温，相王辅政会损害韦皇后的执政地位，会对韦家权势形成制约。韦温心领神会，随后就在重臣会议上率领忠于韦皇后的重臣，集体请韦皇后临朝听政，对朝廷所有重大行动下最后决定，同时罢免相王李旦参谋政事的权力。

韦温和宗楚客此议，直接指向李唐皇室在未来朝廷格局中的影响地位，这引起了忠于李唐且曾在李旦相王府任职的宰相苏瑰的坚决反对。苏瑰提出异议，既然是遗诏，就是大行皇帝的政治遗嘱，"岂可改邪"！韦温、宗楚客听罢勃然大怒，怒斥苏瑰。面对韦温、宗楚客的咄咄逼人，苏瑰独木难支，"惧而从之"，最终败下阵来，不再坚持己见。

就这样，宗楚客和韦温三言两语，就把相王李旦的辅政地位给忽悠没了。按照重臣会议修改通过的中宗遗诏，相王李旦担任没有任何实权的虚职太子太师。如此，李唐皇室成员在新皇登基后，没有任何与闻政事的权力，彻底被边缘化，沦为案板上的鱼，任由韦家人生杀予夺。

会议斗争失败，和平争权的希望破灭。既然和平夺权不奏效，那李隆基和太平公主就只能进行军事斗争，用武装政变来保卫李唐江山。

# 第十三章　太极宫剑出鞘

景龙四年（710）六月初三重臣会议结束后，朝局似乎在按照韦皇后的预定剧本向前发展。

六月初四，中宗的灵柩梓宫迁移到太极殿，韦皇后召集百官，正式发布中宗驾崩的消息，宣布临朝听政，改元唐隆，大赦天下。为安抚相王李旦及李唐皇族，韦皇后提升李旦为太尉，改封高宗之孙、章怀太子李贤次子雍王李守礼为豳王，改封李旦长子、原寿春王李成器为宋王。从雍王到豳王，从寿春王到宋王，名号的改变意味着爵位排序的提升。韦皇后抬举李唐皇室的动作只是名义上的，并没有给予他们任何实权，目的就是"以从人望"，即顺应人心对其进行表面安抚。

而真正的大权，韦皇后则将其交给了韦家人，任命韦温"总知内外守捉兵马事"，即负责京城内外的警备和武装部队一切兵马调拨之事。韦皇后还派韦捷、韦灌统领驻扎在玄武门两侧的禁军左、右屯营，命令安乐公主驸马武延秀和韦播、高嵩等人掌管飞骑营和万骑营，这是左右羽林军和禁军中最精锐的部队。

韦皇后对李旦和李唐皇族成员的官职提升和爵位改封只是礼仪性的，对韦家子弟的任命则是军事性的。由此，李唐皇族完全被排除在京城内外军事掌控权的范围之外，韦皇后和韦家则在指挥层级上获得了对军队的控制权。李唐皇族如果不能提前掌握对手情报，先下手为强，就会彻底沦为案板上的鱼任韦皇后宰割。

关键时刻，有人送来了关键情报。

## 崔日用送来情报

韦皇后通过控制军队将朝廷大权完全掌握在自己手中后,在表面上正式推出傀儡新皇帝。六月初七,太子李重茂即位,是为少帝,尊嫡母韦皇后为皇太后,立妃子陆氏为皇后,完成登基大典,确立皇帝身份。六月十二,韦皇后派重臣出京巡视,门下省长官侍中纪处讷巡视京师长安所在的关内道,岑羲巡视黄河以南的河南道,张嘉福巡视黄河以北的河北道,以稳住地方局势,方便韦皇后在京城大动干戈。

韦皇后的几板斧下来,朝廷三省六部各核心部门和京城的南军即十六卫军、北军即羽林军和万骑等部队,全部被韦家子弟掌握。他们大肆扩充党羽,将中央和地方连成一片,以加强对局势的掌控,积极准备改朝换代,再来一次女主登基。宗楚客、武延秀、赵履温、叶静能和韦家子弟集体劝韦皇后"遵武后故事"[①],向当年的武则天致敬。宗楚客还秘密上书韦皇后,引用算命预言书图谶,"谓韦氏宜革唐命",鼓励韦皇后大干快上,效仿武周革命来一次韦家革命,最终凤舞九天,登基称帝。

少帝即位、韦皇后临朝时的政治局势和武则天时期类似,但又非常不同,甚至更加凶险。之所以说和武则天时期类似,是因为韦皇后确实如武则天代替儿子李显、李旦掌权一样,代替少帝执政。之所以说非常不同甚至更加凶险,是因为李显、李旦是武则天的亲生儿子,而少帝不是韦皇后的亲生儿子。一旦韦皇后效仿武则天废黜中宗那样废黜少帝自己称帝,对李唐皇族而言,就产生了一个极其危险的问题。这就是韦皇后不可能像武则天重新立亲生儿子李显为接班人一样,将政权重新交给不是亲生儿子的少帝;而且由于韦皇后的亲兄弟当年全部惨死岭南,韦皇后已经没有亲侄子,她也不能立韦氏侄子为帝,而是有更大的甚至绝对的可能立安乐公主为皇太女。安乐公主的丈夫正是武家子弟武延秀,安乐公主百年后,肯定会将皇位传给她和武延秀的亲生子女。而武延秀和安乐公主的子女肯定姓武,这等于武家子弟和武周政权借安乐公主还魂。

---

① 《资治通鉴》卷209。

天下江山不再姓李，而是姓武！事已至此，李唐皇族不能不拔刀相见！

韦皇后集团"深忌相王及太平公主"，为确保"革唐命"成功，她们定下废黜少帝李重茂、除掉相王李旦和太平公主等李唐皇族核心成员的秘密计划。韦皇后集团的一系列指向性非常明显的政治动作，引起社会上流言纷纷，"京城恐惧"[①]，长安城到处流传着将有革命大事发生的谣言。人们私下里嘀嘀咕咕议论时政，"人情不安"。而想当皇帝的不仅有韦皇后，还有女婿武延秀和心腹宗楚客。

据《旧唐书·武延秀传》，安乐公主府的仓曹参军符凤曾劝武延秀，说"天下之心，未忘武氏"，即现在朝廷百官都是武则天提拔起来的，百姓也长期受武则天恩惠，人心还在武家这边；我看图谶上说"黑衣神孙披天裳"——穿黑色衣服的神皇孙子将来会披龙袍当皇帝；您是圣母神皇武则天的侄孙，就是图谶中预言的那个人，武周大业复兴的希望就寄托在您身上了。您现在只差一件黑色衣服了！符凤遂劝武延秀经常穿黑色的袍子，以上应图谶预言。

宗楚客亦不遑多让，他不像武延秀那样身为武家血脉，但不妨碍他和武延秀一样有远大梦想。据《太上皇实录》，宗楚客曾对身边亲近之人透露心思：当年我还是一个普通官员的时候，整天想着怎么当上宰相；等坐到了宰相的位置，又想坐一坐太极殿那把椅子，不知道屁股坐在上面是什么滋味；哪怕只让我当一天皇帝，这人生也就夫复何求了！史曰，宗楚客"虽附韦氏，志窥宸极"，即言其虽然表面归附韦皇后，但其志不小，有篡位夺权的狼子野心。

宗楚客的计划应该是借武延秀上位。他和弟弟将作大匠宗晋卿，以及党羽太常寺副长官太常少卿李佺、将作监副长官将作少监李守贞等人，整天撺掇武延秀召集人马振臂一呼去攻击韦皇后，待武延秀将韦皇后等人斩杀，宗楚客就可螳螂捕蝉，黄雀在后，以平叛的名义诛杀武延秀，坐收渔翁之利，凭借平叛功臣的身份改天换地登基称帝。

宗楚客和武延秀要想当皇帝，肯定要除掉韦皇后，这说明韦皇后集团内部已经是矛盾重重，只是暂时在打击李唐皇族的共同目标下联合起来。韦皇后集

---

[①] 《旧唐书》卷51《韦庶人传》。

团的这种内部矛盾,引起内部成员人心浮动,有人开始"跳反"。

兵部副长官兵部侍郎崔日用本来是韦皇后和武系势力的"死忠粉",和宗楚客走得也很近。当年百姓编排讽刺武三思党羽的政治段子"崔、冉、郑,乱时政"中的"崔"就是指崔日用。身为兵部侍郎的崔日用,是韦皇后集团的决策层人员,不但对京城军队的调动了如指掌,也明白李隆基在禁军中的活动。崔日用判断出韦皇后集团和李唐皇族都已经磨刀霍霍,在两方阵营中何去何从关系到他后半生的荣华富贵,他不能不小心抉择、慎重站队。

崔日用其人,"才辩绝人,而敏于事,能乘机反祸取富贵"①,即政治嗅觉极其敏锐,善于观察政治斗争形势,从来没有坚持到底的政治立场,而是谁赢帮谁,根据形势决定自己的去向,先投武三思一派,再入韦皇后一党,最终转祸为福,赢取富贵。他曾向别人介绍自己的官场斗争经验,"吾平生所事,皆适时制变,不专始谋",即做官最重要的就是不要保持初心,避免一条道走到黑,一个人跟到底;不要把刚开始的政治立场和预定谋划看得太重,要根据各个派系力量对比的变化,决定是紧跟还是"跳反",是继续跟随还是改换门庭。但多次"跳反"的崔日用在回顾每次的反水经历时,也是心有余悸,曾言"然每一反思,若芒刺在背"——每次想起当年的重新抉择,都是如履薄冰、战战兢兢,一步踏错就是万劫不复!

崔日用分析,神龙政变后,李唐皇族的势力已经重新崛起,经过武则天时代正反两方面的经验教训,天下人也不允许再来一次女主革命,而内部矛盾重重、成员各怀鬼胎的韦皇后集团,很有可能赢不了与李唐皇族的这场终极对决。一旦韦皇后失败,那身为韦氏集团核心成员的他就一定会被清算,不但被罢官夺爵,小命都有可能不保。崔日用"恐祸及己",决定反水投靠李隆基,想办法向李隆基透露消息,表示归附。

当时李隆基为争取舆论支持,和佛道两教的意见领袖宝昌寺僧人普润、道士王晔的关系很深,利用他们为自己造势。崔日用不能直接去找李隆基,那样目标过于明显,就通过普润和王晔向李隆基递话:我已经知道临淄王你要干什

---

① 《新唐书》卷121《崔日用传》。

么了,如果你想干成,就见我崔日用一面。"

李隆基收到话后,知道自己的举动已经打草惊蛇,必须见崔日用一面。崔日用遂在普润、王晔的引荐下,"私谒临淄王以自托",并"密赞大计",表示深度赞同李隆基的政变计划,将为临淄王鞍前马后尽劳,劝李隆基"速发",先下手为强。李隆基表示:本王这么做不是为自己争取什么,而是为了化解朝廷和大唐面临的危局,解救我宗族于危难之中。崔日用赞赏李隆基"至孝动天",有这份孝心加持一定会"举无不克",并再次劝他先发制人,说如若后发,定会被韦皇后所制。

崔日用走后,李隆基陷入沉思,他不能仅凭一面之词就完全相信崔日用,也不能把身家性命托付给这个反复之徒。李隆基判断,崔日用转投他有两种考虑:如果韦皇后失败,他就等于提前在自己这边纳下投名状,可以保住富贵前程;如果自己失败,他就可以利用从自己这边得到的消息向韦皇后邀功,同样可以巩固权位。不论崔日用是哪种考虑,一个再明显不过的事实已经摆在面前:政变计划已经被人察觉,李隆基不能再犹豫不决,必须抓紧时机动手了。

李隆基被逼到了必须动手的墙角,但在此时的力量对比上,他并不占优势。从执政合法性上看,少帝李重茂是韦皇后所立,且被其牢牢掌控,韦皇后可以李重茂嫡母的身份挟天子以令诸侯,借李重茂名义发令,拥有最大的政治合法性。从军事控制权上看,韦温等韦家子弟几乎掌控了长安城内外所有精锐部队的指挥权,李唐皇室几乎没有成建制的军队可以调动。从朝臣向背上看,在几天前的19人重臣会议上,只有宰相苏瑰敢于对韦皇后集团剥夺相王的辅政权提出不同意见,说明韦皇后已经掌控了相当多数的宰相和重臣,其他朝臣至少是对其敢怒不敢言。朝廷重臣在胜败形势不明的情况下,根本不可能主动站在李隆基和李唐皇族这边。

在力量对比悬殊且政变意图已经被对方察觉的不利态势下,李隆基与薛崇简、钟绍京、王崇晔、刘幽求、麻嗣宗等人秘密开会讨论,一致认为只有铤而走险、先发制人,才能以快打慢,争取一线生机。大唐福泽深厚,大多数朝臣对韦皇后集团是敢怒不敢言,只要组建一支小规模政变突击队实施斩首行动,擒贼先擒王,一举击杀韦皇后、安乐公主、宗楚客等人,那么人心向背就会逆转,朝臣就会如崔日用一样谁赢帮谁,迅速转变立场站在李隆基这边,人心就会重新凝聚到李唐皇族身上。

问题的关键是,如何组建这么一支军队。李隆基虽然拉拢了葛福顺、陈玄礼、麻嗣宗等中高级军官,在一部分基层官兵中也有影响力,但大规模调动一线士兵还是个问题。关键时刻,韦播、高嵩等人给临淄王送来神助攻。

韦播、高嵩等人可以妥妥地说是韦皇后的"猪队友",他们没有统领过军队,在军队中没有任何威望,不知带兵之法,竟然想出一个打人立威之法,整天有事没事就拉出几个万骑营将士打杀威棒,打得将士皮开肉绽,本想借此树立威望,却反惹得万骑营中天怒人怨。

韦家人用棒子打,李隆基用金子拉,人心向背立刻明了。葛福顺、陈玄礼等中高级军官跑到李隆基那诉苦,扒开衣服:大哥,你看看兄弟身上这青一块紫一块的,都是被韦家那帮小子给打的,这日子没法过了!

李隆基趁机扇阴风点鬼火,"讽以诛诸韦",一边抚摸伤疤,一边说:他们打你,你不会打回去吗?刀在你手上,想砍谁还不是你说了算。李隆基的手摸得陈玄礼他们身上痒痒的,李隆基的话说得他们心里也痒痒的。陈玄礼等人,当即表态站队:跟韦家那帮王八蛋干到底!经过陈玄礼、葛福顺深入细致的工作,果毅李仙凫等加入政变队伍。李隆基已经在万骑营中掌握了相当数量的将士,确保政变发生时有一支精锐军队跟着李唐皇族走。

## 李隆基铤而走险

军事力量准备完毕,李隆基再次找姑姑太平公主商议政变之事。太平公主同意李隆基发动武装政变,动用军队保卫社稷夺取政权,但指出政变的目标应该是拥立哥哥相王李旦为皇帝。太平公主之所以要拥立相王为帝,不只是因为相王是她在世的唯一哥哥,更因为早在中宗在世的时候,她和相王已经形成了事实上的联盟关系。

当年中宗、相王、太平公主三人联手发动政变,推翻母亲武则天,后两人拥立哥哥中宗为帝。却没想到中宗即位后,相王和太平公主共同成为被猜忌的对象。相同的遭遇让太平公主和相王在政治立场上迅速接近,进而二人大致在景龙年间通过缔结姻亲关系在事实上结盟。双方的联姻是间接的，相王第七女荆山县主即后来的郧国公主嫁给曾在安国相王府任典签和法曹的薛儆，而薛儆的另一个身份是太平公主第一任丈夫薛绍的堂弟。相王第五女仙源县主即后来的凉国公主嫁给大臣薛稷之子薛伯阳，而薛稷是太平公主的重要党羽。

太平公主与相王事实上的联盟关系，决定了太平公主必然把拥立相王作为政变的首要目标。而如前文分析，李隆基发动政变是为了自己夺权登基，如果有机会，他甚至想越过父王直接上位。毕竟参照当年大唐开国的历史经验，尽管秦王李世民打下了大部分疆土，高祖李渊还是立嫡长子李建成为太子。即使李隆基在即将发动的政变中立下不世之功，父王也极有可能坚持立嫡长子大哥李成器为太子。他还得效仿当年李世民来一次玄武门之变才有可能夺位，那样鹿死谁手尚未可知。

当然，在政变发动之前，李隆基必须向姑姑隐瞒自己的真实目的，同意姑姑拥立父亲相王李旦的政治要求。只要政变一发动，进展到什么程度就主要由他李隆基这个前线总指挥说了算，而不是由姑姑这个后方战略支援者来定。李隆基要夺权登基的政治诉求，导致政变从一开始就脱离了太平公主的预设轨道。按照太平公主的计划，李隆基只是她的打手；而按照李隆基的剧本，太平公主只是他的工具。

李隆基和太平公主下定决心发动政变后，让崔日用打探韦皇后集团那边的动向。当时不只是崔日用，朝中其他人也注意到了相王几个儿子尤其是李隆基的异动。宰相李峤秘密奏请韦皇后：将相王的五个儿子全部赶出京城，避免惹出事端[1]。然而，韦皇后不以为意，认为几个侄子还是毛孩子，掀不起什么风浪，就把注意力集中在自认为威胁最大的太平公主和相王李旦身上，没有特意将李隆基兄弟外派出京，只是"设兵潜备"[2]，即派兵将他们的府第监视起来，但没有完全断绝李隆基与临淄王府外的信息交流，也没有阻止人员进出，这就给李隆基后来的动作留下了重要缺口。

临淄王府成为韦皇后集团的重点监视对象后，就无法继续作为政变指挥

---

[1]《旧唐书》卷94《李峤传》。
[2]《册府元龟》卷20《帝王部·功业第二》。

## 第十三章　太极宫剑出鞘

部。寇可往，我亦可往，来而不往非礼也——既然韦皇后直接将军队布置到了临淄王府前，李隆基遂决定黑虎掏心，直接将指挥部从王府这一后方前移到韦皇后所在的宫城第一线，从韦皇后认为固若金汤的地方突然袭击。

　　李隆基选择的新指挥部就是禁苑总监钟绍京的家里，这就是前文所言钟绍京在关键位置发挥的关键作用。唐朝宫廷政变的兵家必争之地是玄武门，玄武门外是西苑，而西苑外就是禁苑。禁苑东西宽二十七里，南北长三十里，地广人稀，比较僻静。李隆基将指挥部设在禁苑，可以避人耳目，直接通过西苑突入玄武门进入皇宫。并且禁苑有许多负责培育花木、修理亭榭的丁匠和户奴，李隆基可以发动他们参加政变，弥补自身军事力量的不足。

　　不料李隆基刚下决心将政变指挥部前移禁苑，就接二连三出现变局。首先是内部出现动摇分子，这就是他的贴身卫士、心腹中的心腹王毛仲。面对李隆基与韦皇后集团的巨大实力差距，王毛仲畏惧了，找个地方躲了起来。李隆基怎么寻也寻不到，摸不清他到底是躲起来了还是反水了。躲起来倒还好说，没有王屠夫照样杀猪。如果是"跳反"转投韦皇后集团，那李隆基的一切谋划都会被对手知晓。李隆基决定不再等待，立即动手。

　　王毛仲身份特殊，他的逃去造成李隆基集团内部一定程度上的人心动摇。李隆基就找来"善于占兆"①，能掐会算的两个大师，即道士冯道力和处士刘承祖，让他们当着众人的面算上一卦。冯道力、刘承祖心领神会，连算都没算，直接指出李隆基必胜的两个吉兆：一是李隆基的临淄王府所在的街坊叫"隆庆里"，"隆"即"龙"，意味着李隆基定会龙飞九天；二是韦皇后改元，选什么名字不好，结果挖空心思竟然选出来个"唐隆"，这个"隆"就是您临淄王李隆基的"隆"，预示着您一定会成为大唐之主。李隆基听完"益自负"，更加胸有成竹，人心也安定下来。从这次算卦可以更明显地看出，李隆基在政变即将发动时，仍然是以自己直接上位为目标，而非拥立父王相王李旦为帝。

　　鉴于王毛仲如此心腹亲信都会动摇，李隆基决定不提前告诉钟绍京将政变指挥部设在他禁苑家中的决定，也不告诉他具体的动手日期，准备到时直接造

---

① 《旧唐书》卷8《玄宗本纪上》。

成既定事实，逼他就范。否则钟绍京有可能在巨大的压力下左右摇摆，那样政变真的就覆水难收了。

六月二十傍晚，黄昏时分，李隆基乔装打扮，在冯处澄等几个道士的掩护下悄然离开临淄王府。踏出门口时，李隆基应该会不由自主地回望王府一眼，这一去从此就是千山万水，虽然成败未知，但箭在弦上不得不发。为了大唐的江山社稷和自己的皇位宝座，自己必须一往无前！

李隆基和刘幽求、李宜德等人往禁苑方向走去，到禁苑钟绍京家里时，情况又出现第二个变化。钟绍京由于事先不知道李隆基将指挥部设在他家里，也不知道今天晚上就要动手，见李隆基带着大队人马突然来到家门口，竟然"悔，欲拒之"[①]，不知所措地退缩了，竟拒绝开门让李隆基一行人进入。

关键时刻，还是钟绍京的夫人许氏深明大义，劝夫君：你跟着李隆基干的可是利国利民的大好事，一定会有神灵保佑，不要害怕；而且你已经是政变集团的核心成员了，"今虽不行，庸得免乎"，你现在往回退，就能撇清干系吗？所以大胆去干吧，你一个大老爷们别扭扭捏捏的，站直了，别趴下！

在夫人的一再激励下，钟绍京最终开门参拜李隆基，表示兄弟我刚才被猪油蒙了心，还请临淄王处罚。李隆基亲切地握着钟绍京的手坐下，表示刚才的事没什么，大家都是兄弟，没有上下级之分，不要行参拜大礼。绍京你是我兄弟，你这么做，隆基我实在不敢当。胡三省在注解《资治通鉴》时点评道，李隆基这一番抚慰"以结其心也"，即牢牢地把钟绍京抓在自己手里。

钟绍京拒不开门这事看似凶险，其实应该早就在李隆基的预料之中。李隆基既然决定不提前告知钟绍京将指挥部设在他家里，也不告诉他具体行动时间，就不怕钟绍京临时变卦反悔。以李隆基身边人马的武力，还有李宜德的功夫，制服钟绍京夫妻俩、占领钟家作为指挥部是分分钟的事。幸亏钟夫人看穿了这层，她劝钟绍京的那句"今虽不行，庸得免乎"，既是指钟绍京脱不了干系，也是暗示夫君：就算你不开门，他李隆基难道就进不了这道门吗？钟绍京明白夫人的意思，倒吸一口凉气，这才及时开门，最终给自己，也给李隆基一

---

[①] 《资治通鉴》卷209。

## 第十三章　太极宫剑出鞘

个台阶下。

当时羽林军等禁军部队就住在离禁苑不远的玄武门。夜幕降临后，葛福顺和李仙凫来到禁苑指挥部，向李隆基请示号令，询问何时动手。李隆基想要等到夜深时分禁军将士已经熟睡的时候行动。不料到了二更天即晚上九点至十一点的时候，李隆基又遇到了第三个变化，"天星散落如雪"，天上竟然下起了流星雨，将大地照耀得如白昼一般。都说月黑杀人，风高放火，李隆基本想趁伸手不见五指的夜色行动，可天公偏不作美，流星雨下得天空如光天化日一般，还怎么杀人放火！在重视天人感应、天象政治学盛行的古代，"天星散落如雪"的天象极有可能造成政变队伍人心动摇。

关键时刻，刘幽求和普润和尚马上解读天意，获得解释天象的主导权，指出"天意如此，时不可失"，这可是大事将成的上上吉兆，复兴大唐，在此一战，我辈向前！在刘幽求的鼓励打气下，葛福顺等将士激起壮志豪情。李隆基立刻下令动手，命令葛福顺率万骑营将士到羽林军营刺杀韦璇、韦播、高嵩。李隆基如此安排的目的在于给自己留退路，万一葛福顺刺杀失败被韦氏子弟反杀，那他李隆基可以及时逃走，尽力撇清与政变的关系。如果葛福顺一切顺利，那李隆基就可以顺理成章地出面领导政变。

葛福顺接到李隆基的命令，立刻拔剑出鞘，带领手下万骑营将士突入羽林军营，趁大部分将士在熟睡之际，先后斩杀统领羽林军的韦璇、韦播、高嵩三人，简直如探囊取物般在三军之中直取上将首级。葛福顺擒贼先擒王后，振臂一呼策反羽林军将士：首先给韦皇后安上弑君的罪名以激励人心，称韦皇后集团"鸠杀先帝"，阴谋颠覆我大唐社稷；接着抬出相王作为号召，称今天我辈在安国相王的旗帜下团结起来，保卫我大唐江山，要"立相王以安天下"，诛杀韦皇后集团，"马鞭以上皆斩之"，即韦家人只要身高比本将马鞭高者，全部杀无赦、斩立决；最后威胁不服从的将士，称胆敢三心二意、首鼠两端，甚至帮助韦皇后集团抵抗的，本将定斩不饶，还要诛杀其三族！羽林军将士听闻，立刻表示同去同去！毕竟不去立刻就是个死，同去说不定还能富贵险中求。

葛福顺让人割下韦璇、韦播、高嵩三人的脑袋，送给还在禁苑钟绍京家指挥部的李隆基过目。李隆基拿起火把查看，验明无误后，开始出面领导政变，与刘幽求等人出禁苑南门，过西苑，直扑玄武门而去。钟绍京率领两百多名丁匠，抄起什么是什么，拿着斧头、锯子等随身工具也加入政变队伍，同取富贵。

李隆基率部到达玄武门后，自己压阵，仍然派葛福顺、李仙凫打头阵，命葛福顺进攻玄武门东侧的太子东宫玄德门，从东面打进太极宫，命李仙凫进攻玄武门西侧的白兽门即白虎门，从西面攻打太极宫，东西夹击成功后在凌烟阁前会师，大声欢呼作为信号。

葛福顺、李仙凫得令，率军分别击杀玄德门、白兽门守将，"斩关而入"，胜利会师于凌烟阁前，按照约定高呼口号。大致在三更天即六月二十深夜十一点到六月二十一凌晨一点之间，李隆基在玄武门外听闻葛福顺、李仙凫高呼，知道二人已经得手，遂率羽林军和钟绍京及两百多名丁匠杀进玄武门，直奔太极宫太极殿而去。

## 诛杀韦后、婉儿

住在太极宫寝宫的韦皇后听闻外面喊打喊杀，立即明白发生了政变，想组织在太极殿宿卫中宗梓宫的卫兵抵抗。据胡三省对《资治通鉴》的注解，此卫兵属南衙禁军。没想到南衙禁军看万骑营、羽林军等北门禁军杀奔而来，自知不是对手，竟然"皆被甲应之"，阵前起义，对韦皇后来了个反戈一击。但据《旧唐书·玄宗本纪》，宿卫中宗梓宫的同样是万骑营将士。他们见防守北门的万骑同袍打进来，同样是"皆被甲应之"。

不管是万骑营还是南衙禁军，此时都抛弃了韦皇后，转投李隆基阵营。韦皇后见势不妙，只好走为上策，仓皇之间逃进飞骑营。韦皇后自认飞骑营在韦播等人手中，足以保卫自己，没想到韦播早已人头落地，飞骑营早已被李隆基掌握。

飞骑营将士见韦皇后飞奔逃来，满心欢喜，开心得不得了，他们知道自己的荣华富贵来了，遂一刀将韦皇后毙命，砍下脑袋后献给李隆基。政变头号目标被击杀，李隆基大喜过望，赶紧布置追杀安乐公主。据《资治通鉴》，时值三更天，按常理应该在睡觉的安乐公主，竟然在梳妆打扮"照镜画眉"，政变

## 第十三章　太极宫剑出鞘

将士见此场景，丝毫没有怜香惜玉，立刻将安乐公主斩于刀下。

《资治通鉴》此处记载较为可疑，三更天一般人都会在熟睡状态，安乐公主不但不就寝，反而在化妆，明显不符合常理，有可能是史家为塑造安乐公主奢靡享乐的历史形象而故意丑化。《资治通鉴》关于安乐公主照镜画眉的记载取自《新唐书》"主方览镜作眉"①，但《新唐书》记安乐公主听闻变乱，逃至右延明门，被追兵追上杀死，驸马武延秀在肃章门外被斩首。据更为原始的《旧唐书》，安乐公主并非在寝宫画眉时被杀，而是与武延秀一起在内宅与将士"格战良久"，力不能敌，才被将士"皆斩"②。稍后，受韦皇后信重的女官尚官贺娄氏在太极殿西被斩杀。躺在太极殿梓宫中的大行皇帝中宗，倘若天上有灵，看到妻女被杀的凄惨场景，不知棺材板是否还摁得住。政变结束后，韦皇后被追贬为庶人，按照一品礼节下葬；安乐公主被追贬为"悖逆庶人"，按照二品礼节下葬。

相比于韦皇后、安乐公主在政变时的惊慌失措，上官婉儿倒显得相当镇定。政变发生前，太平公主应该通过秘密途径告知了闺蜜上官婉儿今夜政变军队进宫的消息，故婉儿不逃不躲，能从容不迫地静观发生的一切。宫女来报李隆基已经带兵杀进内宫，上官婉儿不慌不忙地从贴身衣物中取出一份文件，燃起花烛，率领宫女迎接李隆基。

面对杀红了眼的临淄王，上官婉儿毫无惧色，将手中文件呈上。李隆基不接，让跟随自己的刘幽求查看。刘幽求翻开一看，原来是当初上官婉儿起草的中宗遗诏初稿，即没有被韦皇后、宗楚客删去相王辅政重要内容的那个版本。上官婉儿想用这版遗诏向李隆基证明自己的政治立场并邀功：我是你姑姑的人，早就上了你爹和你姑姑这条船，你不能杀我。

刘幽求应该不知道这份遗诏的内容，看完后立刻认定上官婉儿是自己这边的人，并把遗诏呈给李隆基过目，还向李隆基求情，劝他至少放婉儿一马。李隆基之前究竟知不知道这一版本的遗诏内容，根据现有史料已经无法判断，但李隆基的反应和刘幽求截然相反，他不但没有听从刘幽求的求情饶恕婉儿，反

---

① 《新唐书》卷83《安乐公主传》。
② 《旧唐书》卷183《武承嗣传附子武延秀传》。

而将婉儿"斩于旗下",一刀毙命。

上官婉儿没能用含有相王辅政内容的遗诏求来更进一步的政治前程,反而迎来李隆基让她先走一步的夺命一刀。吃惊、愤恨、不解,所有情绪都弥漫在她那花容失色的脸上,直到即将闭上眼睛的那一刻她才彻底明白。她错了,从政变一开始就错了,她不应该留在宫里,应该出宫到太平公主府上。

有学者认为,李隆基在上官婉儿呈上遗诏初稿,明知婉儿归心以父亲相王李旦为代表的李唐皇室、反对韦皇后集团的情况下,还不顾铁杆支持者刘幽求的求情,执意杀死婉儿,意在彻底铲除武则天以来的女性干政势力,避免再出现所谓的牝鸡司晨、红颜祸国[①]。这确实是李隆基执意斩杀上官婉儿的一层考虑,但更深的一层,恐怕是李隆基看着上官婉儿这个女人,想起了另一个女人,那就是姑姑太平公主。

前面我们分析过,在发动政变的最终目标上,李隆基和太平公主并不一致。太平公主要推举相王李旦上位,李隆基是要越过父王夺位。如今政变第一阶段已取得重大胜利,元凶韦皇后、安乐公主、武延秀等人被顺利诛杀,李隆基必须考虑胜利果实的分配问题了。

李隆基认为,随着政变的成功,他和姑姑太平公主必将由同盟者转变为竞争对手。太平公主必然反对他越过父王直接上位登基,他与姑姑必有一战。在政变中趁乱杀死太平公主的重要助手和闺蜜上官婉儿,必将大幅削弱姑姑的力量,有利于自己在政变之后与姑姑的斗争中占据上风。不管婉儿是否反对韦皇后,是否支持相王辅政,她都必须死,因为她是太平公主的人。只有杀死上官婉儿,才能破解太平公主与上官婉儿的联手,避免她们对自己产生重大威胁。这才应该是李隆基必须置上官婉儿于死地的真正和最重要的原因。

太平公主听闻好闺蜜上官婉儿被侄儿李隆基一刀毙命,愤怒了,她明白自己被侄儿当成工具耍了,这小子翅膀硬了,要单干了。幸好,他李隆基的翅膀还不够硬,太平公主自信还能将政变控制在自己的能力范围内,确保政变的最终结果朝着自己的预设轨道演进。她先暂且摁下满腔怒火,让李隆基继续他的

---

① 郑雅如《重探上官婉儿的死亡、平反与当代评价》,载于《早期中国史研究》2012年第1期。

表演。太平公主相信，她和哥哥相王兄妹俩的力量，足以压制住侄儿李隆基的野心。

诛杀上官婉儿、安乐公主、韦皇后等人后，下一步就是如何处置韦皇后所立的少帝。政变发生时，少帝李重茂仍以皇帝身份居住在太极殿，刘幽求见状当众大声言道，我们当初商议今日起事时达成的重要共识就是"共立相王"为帝，为什么现在坐在大位上的还是那个熊孩子？"何不早定"，即为何不立即把相王推上去？尤其是"何不早定"四字，言语之间已经有抱怨意味。

当初刘幽求等人之所以加入李隆基的政变集团，固然有看重李隆基本人英明神武、能干一番大事的因素，但更看重的是他作为相王儿子的身份，他们可以支持李隆基将来入主东宫和上位登基，但前提必须是当下拥立相王为帝。李隆基对刘幽求等人的政治诉求亦是心知肚明，因此在招揽他们加入自己的政变集团时，也是以拥立相王为旗号，但他在内心深处始终没有放弃越过父亲直接登基的不轨之心。

随着政变的初步成功，李隆基信心大增，更加不愿拥立父王登基。李隆基听闻刘幽求要求现在就把相王推上去，立即喝令刘幽求住口，说现在大事未定，还没将韦氏全族杀个干干净净，不得口出狂言。刘幽求见李隆基说得在理，毕竟当初他曾劝桓彦范、敬晖等人将武三思等武家子弟全部清除，桓彦范、敬晖不听以致造成日后之祸。如今李隆基要求诛尽诸韦再言其他，倒也和刘幽求的一贯政治主张相符，他就没有多想，继续听从李隆基指挥。实际上，政变当夜李隆基就开始掌控政局，以少帝的名义下发百余道制敕，且全部由刘幽求一人挥笔而就[1]。同时，李隆基下令接管宫城各门，搜寻韦皇后在宫中的党羽，将其亲信全部诛杀殆尽。

六月二十一凌晨，宫城内外"皆定"[2]，秩序初步恢复，李隆基出宫觐见父亲，装模作样请父亲治自己不先行请示、擅自行事之罪。其实，李隆基请父亲治其"不先启之罪"的言外之意，应该是向父亲表示：儿子我以一人之力，在没有父亲您运筹帷幄直接指挥的情况下立下挽救江山社稷的此等大功，您觉得

---

[1]《旧唐书》卷97《刘幽求传》。
[2]《资治通鉴》卷209。

应该赏给儿子什么？把太极殿上的那把椅子让给儿子坐如何？

相王一生历经政治起伏，且知子莫如父，怎能看不出三儿子李隆基的小心思。想当皇帝，你老子还没死呢，你大哥还排在你前面呢，怎么能轮到你！因此，相王不理会李隆基的潜台词，只是抱着李隆基大哭，充分肯定李隆基立下的大功：儿子，你在关键时刻挽救了宗庙、挽救了社稷，这次政变是咱们大唐历史上生死攸关的转折点，三郎你功不可没！

相王对李隆基的功业充分肯定到位，但对如何封赏李隆基的这份不世之功却根本不表态。李隆基碰了一鼻子灰，又不能置政变之前与刘幽求等集团内部成员达成的拥立相王的共识于不顾，那样他会立时众叛亲离，毕竟他的政治威望比起父亲还是差太多，只能捏着鼻子"迎相王入辅少帝"。李隆基的这一政治举动，既堵住了集团内部拥立相王的嘴，又没有直接表示扶相王登基，相王只是以皇叔身份辅佐少帝，从而继续给自己留下了随机应变、以图进取的政治空间。

相王进宫后，与李隆基继续清除韦皇后余党，毕竟只有将敌对势力彻底打倒、完全取得政变胜利，他们父子才能从容地讨论如何分配胜利果实。相王、李隆基父子下令关闭宫门和长安城各城门，派遣万骑营将士分头索拿韦皇后在朝中的党羽。他们首先将宰相、太子少保韦温抓住，在长安东市之北当众斩首。

韦皇后的铁杆死党、中书省长官中书令、宰相宗楚客乔装打扮，穿上丧服，扮出一副家里爹死娘嫁人的惨状，骑上一头青驴，试图从通化门逃走。宗楚客没想到打扮成这样还是被守门将士一眼认出：这不是当年的兵部尚书宗大人吗，您不认识末将，末将可认得您！末将今日的富贵前程，就全靠您的脑袋了。说罢，守门将士扯下宗楚客的白衣白帽，将宗楚客和弟弟宗晋卿一并斩首。

崔日用作为韦皇后曾经的死党，杀起韦家人更是不眨眼。他自告奋勇，亲自带兵到长安城南杜曲的韦氏家族聚居地搜捕。杜曲本是杜氏族人聚居地，韦皇后当政时，韦氏宗门强盛，将宗族势力逐渐扩大到杜曲，长安城有童谣云"城南韦、杜，去天尺五"。崔日用杀气腾腾而来，将韦家人斩尽杀绝，就连襁在襁褓里的婴儿也不放过。万骑营将士杀红了眼，以至于有的杜家人都被当成韦家人杀掉。

由于杀人太多，长安城一片混乱，百姓惊恐不已，朝廷如果不贴出安民告示，会有发生民变的危险。关键时刻，相王李旦大手牵着少帝李重茂的小手，驾临宫城西北的安福门。安福门是连接宫城与皇城的东西向街道横街的西门，亦是连接皇宫与民间的桥梁，距离长安民间很近，从此门而出便可进入长安城西坊。相王拉着少帝驾临安福门，就是为了方便就近"慰谕百姓"，安抚人心，向百姓宣布，此次京城大动干戈，只是政变而已，只杀几个为首的元凶巨恶，不会株连太多，请百姓各回各家，关闭门户，不要妨碍朝廷诛杀反朝廷分子。

相王和少帝的表态，很快安定了人心，但也有宵小之人妄图趁机重新站队，取得相王谅解。打头的便是桓彦范的大舅子、墙头草赵履温。赵履温当初与桓彦范划清界限后加入武三思集团，武三思败亡后，又转投韦皇后、安乐公主，官至司农寺长官司农卿。赵履温为巴结安乐公主，几乎将国库掏空给公主"起第舍，筑台穿池"，大建楼堂馆所。为表示对安乐公主的绝对忠诚，赵履温无下限到将紫色官服掖到腰间，将牛车的鞍辔套到头上，自己替牛去拉为安乐公主运送建筑物资的牛车，把自己当成畜力用。

听闻安乐公主被杀，赵履温一路狂奔到安福门下，三跪九叩，"舞蹈称万岁"，表示绝对支持相王父子清除安乐公主这个重大政治隐患。赵履温幻想着相王允许他洗心革面，不料万岁还没喊完，相王就下令万骑营将士当场砍了赵履温的脑袋。赵履温当政时强拉长安百姓充作民夫，把百姓折磨得够呛。平日里敢怒不敢言的百姓争先恐后将赵履温的肉剐了个干干净净，很快他就只剩一副骨架。

有人见赵履温仅仅高呼万岁并不能保住性命，决定更进一步，用家人的鲜血证明自己的一颗红心。秘书省长官秘书监、唐高祖之子李凤的孙子、当时被封为汴王的李邕和御史台长官御史大夫窦从一，在韦皇后当政时极尽攀附之事。李邕迎娶韦皇后妹妹崇国夫人为妻，窦从一如前文所言续弦韦皇后乳母王氏。两人在政变发生后，不约而同地尽显"渣男"本色，亲手斩杀妻子，手提妻子脑袋到安福门下献上，以鲜血的名义向相王和少帝请罪，表示坚决拥护这次政变。由于李邕属于宗室，窦从一在依附韦皇后之前也颇有官声，相王本着惩前毖后、治病救人的原则，暂时免二人一死，后贬窦从一为濠州（今安徽省滁州市凤阳县一带）司马，让他恢复窦怀贞本名；贬李邕为沁州（今山西省长治市沁源县一带）刺史。

相比于李邕和窦从一的媚骨，八十岁的左仆射、宰相韦巨源还算有大臣之风。长安城大肆清洗韦皇后余党时，家人劝韦巨源赶紧躲起来，毕竟当初韦巨源虽然只是在中宗和韦皇后之间摇摆，从根本上并不属于韦皇后死党，但毕竟都姓韦，且和韦皇后编进同一族谱。按照宁可错杀三千、不可使一人漏网的政变规律，韦巨源定然在被清洗范围内。面对家人的劝告，韦巨源不为所动，正声言道：我是朝中重臣，宰相身份，"岂可闻难不赴"。他说罢穿上朝服，出门向宫中逆行，路上"为乱兵所杀"。

韦巨源被杀后，对韦皇后势力的清洗仍在继续。直到被定性为下毒弑君的马秦客、杨均和妖言惑君的叶静能都被诛杀，长安城的血洗行动才算结束。杨均被杀后，杨家"举家迁谪"——家族成员都被贬官流放。此时正陷于巨大悲痛中慌作一团的他们还不知道，将来会有一个奇女子以一己之力挽救家族于既倒，重新恢复杨氏家族荣耀。

相王、李隆基父子借少帝之手下诏将韦皇后尸身拖到大街上示众，随后宣布"逆贼魁首已诛"，大赦天下，其他与逆贼没有深度交集的韦氏集团普通分子不再株连。

只是，有些人的命并没有因为大赦而捡回。李隆基控制少帝后，以少帝的名义传旨华州（今陕西省渭南市华州区一带）、怀州（今河南省焦作市沁阳市一带），诛杀奉韦皇后之令巡视、控制关内道和河北道的纪处讷、张嘉福。华州离长安近，圣旨很快就到，纪处讷被杀得很干脆。张嘉福走到怀州武陟驿站时，怀州官员才收到杀人圣旨。但此时朝廷已经下达大赦诏书，如果使者快马加鞭赶到怀州，张嘉福可能躲过一劫。只可惜使者竟然在马上睡着了，索性就在武陟驿站前一站住下了，饱饱睡上一觉才继续上路①。等使者赶到武陟驿站，

---

① 《太平广记》卷 148《定数三》。

张嘉福的脑袋早已经被砍掉。

清洗完政敌，接下来就是对政变集团核心成员进行封赏。

## 相王二次登基

李隆基利用万骑军事力量形成了对少帝和朝局的掌控优势，不但封自己为平王，以示扫平内难、挽救社稷之意，还授予自己对长安城内外军队的最高统率权，重点掌控禁军万骑和军马事务，以保持对政敌和潜在对手的快速打击能力。通过这一系列自我封赏和军队布置，李隆基对父亲相王和姑姑太平公主形成了战略威慑乃至军事压制。

李隆基更是将政变集团的骨干分子全部安插到关键核心岗位：钟绍京任中书省副长官中书侍郎，不久升任长官中书令；刘幽求任中书舍人，参与机密要务处理，不久升任宰相；崔日用在继续任职兵部副长官兵部侍郎的同时，"权知雍州长史事"[1]，即负责长安所在雍州地区的日常事务，掌控京师周围实权；葛福顺任左监门将军，麻嗣宗任右金吾卫中郎将，负责京师和宫城诸门的防务。

而与之形成鲜明对比的，是李隆基对太平公主势力的打压。太平公主的儿子薛崇简虽然被封立节王，却没有任何实职上的提升，李隆基防范太平公主的倾向十分明显。不仅如此，李隆基还在六月二十二通过少帝下诏废黜各公主开府的权力。前面提到过，中宗在神龙二年（706）闰正月曾允许安乐、太平等公主开府设官，参与朝中事务。李隆基停止各公主开府，表面上是针对已经被杀的安乐公主，但实质指向却是活着的太平公主。毕竟死去的安乐公主已经没有开府需求，而活着的太平公主染指朝政的需求还有，而且很大。

在打压姑姑太平公主势力的同时，李隆基迟迟不把拥立父亲相王登基提上日程。而在太极殿的少帝李重茂还在幻想翻盘，六月二十二，少帝派身边的人找到正在起草各类诏敕的刘幽求，要求刘幽求将手头的事放一放，立即起草一份紧急诏敕，内容是立少帝生母为太后。

---

[1] 《旧唐书》卷99《崔日用传》。

少帝此举,是为了与立他为帝的韦皇后撇清关系。李隆基政变的目标是诛杀韦皇后,少帝作为韦皇后所立的皇帝也脱不了干系。如果少帝立自己的生母为太后,那就能洗掉身上的韦皇后色彩,依靠中宗之子的法统地位继续留在皇位上当皇帝。以刘幽求的政治智慧,怎能看不出少帝的这点心思,立即反对道,"国有大难""人情不安",即刚刚遭遇先皇遇弑、皇后谋反的大难,大行皇帝尚未安葬,不能把立太后这种不急之务排在前面,还有其他更重要的事情等着我们去做。

李隆基却从此事看到了继续把持朝政的机会。在他看来,只要少帝继续在位,自己就可以利用在禁军中的实力优势继续挟天子以令父王、姑姑;如果确立太后,就可以让太后以少帝生母的身份名义上辅政,从而排除父亲相王的实质性辅政,自己就可以继续掌控朝政。因此,李隆基看到刘幽求反对少帝立生母为太后时,赶紧堵住刘幽求的嘴,说"此勿轻言",我们好好商议一下该如何处置。

面对侄子李隆基的咄咄逼人,太平公主必须出手了。李隆基当时之所以能掌控朝政,全在于控制了少帝。从太平公主的角度考虑,只要尽快废黜少帝、拥立哥哥相王为帝,就能彻底斩断李隆基对少帝的影响,进而从根本上破除李隆基对朝政的掌控。

六月二十三,太平公主进宫去做少帝的思想工作,要求少帝将皇位让给叔父相王,正式启动拥立相王事宜。相王李旦按照政治礼仪"固辞"。太平公主进宫后,与李隆基共同对少帝形成影响,因此这一天下发的一系列任命诏书就颇值得玩味。在李隆基阵营方面,党羽钟绍京升任中书省长官中书令,家奴李宜德、王毛仲同时升任将军。王毛仲虽然在政变前因为害怕躲了起来,有背叛之嫌,更没有为李隆基冲锋陷阵,直到政变成功几天后才出现。但李隆基念在往日情分,并没有怪罪王毛仲,仍然提拔他为将军。

在太平公主势力这边,其子薛崇训被任命为右千牛卫将军,掌握了部分禁军指挥权。更重要的是,在太平公主的努力和相王李旦的支持下,李唐皇族尤其是李隆基的兄弟被广泛起用,以制约李隆基的权力。当天李隆基出任殿中省长官殿中监并拜相,进一步巩固了对宫城内外事务的掌控权。但大哥宋王李成器出任左卫大将军，二哥衡阳王李成义出任右卫大将军，四弟巴陵王李隆范出任左羽林卫大将军，五弟彭城王李隆业出任右羽林卫大将军，高祖之子道王李元庆之孙、时任光禄少卿的嗣道王李微代理右金吾卫大将军，全面分割李隆基对京城军队的统领权。

虽然李隆基实质上仍然掌握禁军中低级军官和基层士兵，但皇族成员全面出任禁军高级将领，至少在形式上是对李隆基的制约。相对于支持三弟或三哥李隆基，李成器、李隆范等人更愿意拥立父王李旦。毕竟一旦李隆基登基，他们就彻底失去争夺皇位的资格。如若父王上位，他们还保有问鼎九五之尊的希望。

随着几个儿子全面占据禁军高级将领岗位，相王李旦登基已是呼之欲出之势。李隆基政变集团的核心成员刘幽求向宋王李成器、平王李隆基言道：相王之前就是皇帝，后来又是实质上的接班人皇嗣，作为高宗和武则天唯一在世的儿子，是李唐皇族和天下人的目光所在；如今政变初成，"人心未安"，皇族家事、朝廷国事千头万绪，百废待兴，相王怎么能拘泥于小节，"不早即位以镇天下乎"？

李成器明白三弟的心思，默默不语。李隆基见刘幽求再次提出拥立父王，知道自己如果再不奋力一搏，这次就没有希望直接上位了，就对刘幽求言道：你说的大道理都对，但"王性恬淡"，即我父王是个天性淡泊的人，对权力看得很轻，也不想多管这世间之事；当年两次将皇位让出，一次让给奶奶武则天，一次让给伯父中宗，天下人所共知；况且如今当皇帝的是父王的亲侄子、哥哥中宗的亲儿子，他怎么忍心取代侄子当皇帝？

站在李隆基的立场考虑，他内心深处并不希望父王登基，更想凭借自己的政变大功直接上位，他必须用尽一切办法拖延父王登上皇位，才有可能以拖待变，冲击大宝。但这份心思他又不能直接明确表达，必须用包含真实要素的原因为借口，才能冠冕堂皇地有效拖延父王登基的时间。"性恬淡"，是李隆基对父王的政治画像，是阻挠父王登基的借口之一，但并非李旦的真实政治性格。但相王和少帝叔侄亲缘关系的制约，确实是相王上位面临的重要舆论压力和人心压力。因此，相王在少帝第一次提出禅位时，必须推辞，李隆基也可以用叔侄亲缘关系为借口尽可能阻挠父王登基。

而且李隆基这番表态也有试探刘幽求之意，其潜台词是：你看我父王"性恬淡"，不想当皇帝，你愿不愿意拥立本王当皇帝啊？刘幽求不管是真的没听懂李隆基的弦外之音，还是揣着明白装糊涂，反正没有理李隆基这茬儿，而是搬出江山社稷和人心所向的更大道理："众心不可违"，即现在朝廷百官的官心和百姓的民心都在相王这边。潜台词是平王李隆基你就不要想了，我们都不会支持你的；就算相王想做卧龙岗上散淡的人，想要无拘无束无碍地独善其身，也要背负起这万里江山，挑起这千钧重担，这是他对宗庙社稷的责任。这份责任是相王的，不是你平王的！

李隆基见即使是政变集团核心骨干刘幽求等人，此时也不愿拥立自己为帝，明白自己已经没有希望越过父王直接上位，他如若强行上位，会被举朝共诛。李隆基审时度势，放弃上位思路，遂和大哥李成器一起"入见相王"，反复恳求父王登基。相王李旦看儿子李隆基跪了、服了，这才勉为其难地答应登基之事。

相王虽然答应登基，但他此时仍是少帝的臣子，少帝仍然是合法的皇帝，禅位之事总摆脱不了以臣篡君的嫌疑。关键时刻，太平公主出场了。她既是相王的妹妹，又是少帝的姑姑，由她出面主持禅位，便可尽量淡化禅位的篡位色彩，从而将禅位转化为李氏家族的内部交接。

六月二十四，百官上朝。由于还在国丧期间，少帝御座并没有坐北朝南摆放，而是放在太极殿东面，坐东朝西。相王李旦站在中宗梓宫旁边。太平公主征询众臣意见：我大侄子要把皇位让给叔父也就是我哥哥相王，大家说好不好？

刘幽求打头阵率先跪下发言：这自然是极好的，眼下国家多灾多难，皇帝仁慈孝顺、高风亮节，效仿上古尧舜禹禅位之风，这真正是体现了天下为公的人间大道；相王不忍让侄儿细嫩的肩膀受伤，代替侄儿肩负天下重担，这是对侄儿的大爱厚恩！

在刘幽求的带动下，百官纷纷表态支持相王登基，太平公主替少帝下诏传位相王。当时少帝还扭扭捏捏地坐在御座上不肯下来，觉得自己是中宗之子、

## 第十三章 太极宫剑出鞘

合法皇帝，自己就不下台，看谁敢拉自己下去！

太平公主见状，对少帝言道：你看这天意人心都已经远离你到你叔父相王那了，这已经不是大侄子你应该坐的位置了。赶紧下来，利索点，不要让大家都难看！太平公主此话，将自己作为公主与少帝的君臣关系，转化为自己作为姑姑与李重茂的姑侄关系，顺利化解了少帝依靠皇帝身份抗拒退位的企图。

一席话说罢，太平公主"提下之"[①]，像老鹰抓小鸡一样抓着少帝的脖领，将少帝从御座上提溜下去。随后，太平公主下令拿出龙袍给哥哥相王穿上。相王于是正式登基，驾临承天门，宣布大赦天下，是为睿宗，不久改元景云。

李隆基联合太平公主发动的这场政变，因发生当年年号为唐隆，故称唐隆政变。这次政变产生了三个重大成果。

一是从武则天时期到中宗时期对朝政产生极大干扰的武氏家族和韦氏家族被屠戮殆尽。韦氏家族在政变中"马鞭以上皆斩之"。武氏家族早在景云政变后就已经元气大伤，唐隆政变武延秀被杀后，武氏"宗属缘坐诛死及配流，殆将尽矣"[②]，此次又被大量诛杀流放。李唐皇族最终以肉体消灭的方式，几乎彻底解决了武则天时期以来的外戚干政问题，将皇权最终收揽到皇族手中。

二是李唐皇族内部的皇位传承，由中宗系统转入睿宗系统。睿宗二次登基后，复封少帝李重茂为温王，将其安置在温王府内宅，防止野心家打着李重茂的旗帜闹事。景云二年（711）正月，睿宗改封李重茂为襄王，命其迁移到集州（今四川省巴中市南江县一带）居住，派中郎将带五百士兵监视保卫，在事实上将其软禁起来。开元二年（714），李重茂转任房州刺史，不久在当地突然去世，年仅17岁，被追谥为"殇皇帝"。中宗一脉在皇位继承顺位中被彻底排除，之后的大唐历代皇帝均出自睿宗一脉。

三是之前默默无闻的庶出王子李隆基强势崛起。唐隆政变的成功，虽倚仗太平公主的大力支持和相王李旦的政治影响，但在前线具体指挥的只有李隆基。政变发动时，李隆基表现出卓越的领导才能和政治才干，成为最大的一匹黑马。李隆基准确地选择玄武门作为攻进皇宫的突破点，将韦皇后、安乐公主

---

[①]《资治通鉴》卷209。
[②]《旧唐书》卷183《武延基传》。

作为首要打击对象，避免了像当年李重俊发动景云政变时目标不清晰。政变过程中，先后面临几次突发情况，李隆基均能临机处置主动化解，与李重俊在景龙政变时面对中宗喊话不知所措的被动形成了鲜明对比。

年轻的平王李隆基凭借成功政变为李唐皇族立下了不世之功，定然不愿意一生就此止步于平王这个位置。他星辰大海般的征程才刚刚开始，这一征程的起点便是谋求成为皇太子。

太平公主将少帝提溜下皇位的动作，与当年母亲武则天将中宗赶下皇位如出一辙，显示出其极似乃母的强悍手腕。面对政变过程中李隆基的暴走"跳反"，太平公主不会轻易罢手。她自信能够将一个侄子少帝李重茂踹下皇位，也能将另一个侄子平王李隆基掌控在手中。

睿宗虽然二次登基，但他的皇位在很大程度上是靠儿子李隆基的政变和妹妹太平公主的拥立得来的。如何处置好儿子和妹妹的关系，如何在儿子和妹妹的政治掣肘和亲情制衡中，重建属于自己的独立皇权体系，考验着睿宗的政治智慧。

## 第四部 先天政变 玄宗开元

在唐玄宗李隆基刻意篡改的唐代国史中，其父皇睿宗李旦的政治形象被打造成生性恬淡、不以大位为怀。

在官修史书的政治语言中，睿宗二次登基后的历史进程，被书写为太平公主与太子李隆基的斗争史，是太平公主权欲膨胀，步步紧逼，李隆基退无可退，被迫还手，一剑封喉。而睿宗面对儿子和妹妹的斗争，本着手心手背都是肉的亲情反复和稀泥，最终心力交瘁，索性让位撒手不管。

其实，在真实的历史进程中，李隆基确实是政治斗争中的一方，但作为另一方的太平公主在很大程度上只是个木偶或打手，提着这个木偶、操纵这个打手的人，正是睿宗本人。

睿宗二次登基后的朝堂政治主线，并非太平公主与李隆基之间的姑侄斗法，而是姑侄斗法掩盖下的睿宗、玄宗父子相杀。在父子最后的决战中，睿宗甚至不惜跳楼自杀，也要与儿子同归于尽、玉石俱焚！

# 第十四章 睿宗重建权力

睿宗登基后，立刻将重建属于自己的权力体系提上日程，力图从妹妹太平公主和儿子李隆基的包围圈中突围。虽然睿宗朝政治的主线是父子之争，但睿宗登基之初面临的第一个对皇权的挑战，却来自侄子即中宗的庶长子谯王李重福。

## 平定重福　平反重俊

李重福开展对韦皇后的斗争，比李隆基要早得多，对韦皇后的怨气比起李隆基也不会少。在中宗的嫡长子李重润被杀后，李重福作为中宗的庶长子，是理所当然的接班人，是太子的最佳人选，但就是因为韦皇后对他的诋毁，他不但没能入主东宫，反而被远贬均州（今湖北省丹江口市一带）当挂名刺史。因此，李重福对韦皇后可谓恨之入骨。

早在李隆基发动唐隆政变之前，中宗尚在世、韦皇后权势还炙手可热的时候，大致在景龙三年（709）五月到十一月之间，远在均州的李重福就已经开始积极准备起兵诛杀韦皇后。当时吏部副长官吏部侍郎郑愔被贬为江州司马，对中宗和韦皇后一肚子牢骚，就幻想发动叛乱出口恶气。郑愔在去江州的路上，秘密在均州拐了个弯晋见李重福，与洛阳人张灵均密谋起兵诛杀韦皇后，夺取政权，辅佐李重福上位。只可惜这几个人的动作慢了点，还没等他们开始运作，韦皇后就被李隆基发动唐隆政变给铲除了。

李旦、李隆基父子和李重福虽然都把韦皇后当成政治对手，但他们之间的关系并不符合"敌人的敌人就是朋友"的原则，他们同样视彼此为政治对手。唐隆政变刚成功的第二天即六月二十二，李隆基就以少帝李重茂的名义下诏，派人到均州，名义上是安抚李重福，实际上是加强对李重福的监控，避免其趁乱生事。

睿宗登基后，继续视李重福为不稳定因素，下诏将其改任集州（今四川省巴中市南江县一带）刺史，以避免他在均州待的时间过长，拉拢党羽形成势力。李重福出发前，张灵均再次劝他起兵：谯王您可是大行皇帝的长子，理所应当要做天子；相王虽然有平定韦皇后之乱的大功，但按照身份不应继承中宗的皇位；以我张灵均为首的东都洛阳官员、百姓，都希望团结在谯王您的旗帜下。

张灵均鼓动李重福燃起造反夺位的野心后，和盘托出自己苦心孤诣谋划的一统天下路线图：首先暗中进入洛阳，发动左右屯营军队，袭击杀死洛阳留守长官，如神兵天降般占据东都；然后向西夺取陕州，向东夺取河南河北，那样"天下指麾可定"。李重福被张灵均忽悠得热血澎湃，决定按照这个洛阳人说的办！

取得李重福的同意后，张灵均又找老熟人郑愔谋划起兵之事。前面说到，景龙三年（709）十一月的南郊祭天大典时，中宗将郑愔召回长安，出任秘书省副长官秘书少监。李隆基发动唐隆政变时，并不知道郑愔曾经图谋起兵诛杀韦皇后，郑愔可能也没来得及和李隆基说这事，就被睿宗打成韦皇后集团重要成员，外贬沅州（今湖南省怀化市洪江市一带）刺史。对睿宗一肚子怒气的郑愔决定造反，和张灵均一起"聚徒数十人"，组织了谋反班底。

郑愔赴任沅州路过洛阳，故意滞留很长时间等着李重福，还发挥专长，为李重福起草了一系列登基文件，决定在起兵成功后拥立李重福为帝，改元中元克复，尊睿宗为皇季叔，立刚被睿宗赶下台的弟弟温王李重茂为皇太弟，以示兄弟齐心，共同把父皇中宗的事业发扬光大。当然，郑愔还不忘给自己和其他造反集团骨干分子安排职位：自任左丞相，负责全国政治事务；任命张灵均为右丞相、天柱大将军，负责全国军队事务；任命被他们拉下水的右散骑常侍严善思为礼部尚书，并负责吏部选官事务。

## 第十四章　睿宗重建权力

郑愔在洛阳秘密起草封官文件时，李重福派家臣王道先行到洛阳筹划造反之事。随后，李重福和张灵均凭借伪造的朝廷文书乘坐官府驿车来到洛阳。郑愔将中宗女婿即宜城公主下嫁的驸马都尉裴巽的府邸打扫干净，作为起兵指挥部，并请李重福入住。王道、李重福、张灵均到洛阳后，开始明里暗里招兵买马准备扯旗造反。时间长了，洛阳地方官员逐渐听到一些风声，认定谯王可能有不轨举动，要在洛阳地面搞事。

景云元年（710）八月十二，洛阳地方官员到李重福居住的裴巽府邸调查，看看有没有私藏兵器之类。洛阳县官刚入府，李重福就当机立断，决定事不宜迟立时造反，当着洛阳县官的面宣布起兵，要求县官认清形势，识时务者为俊杰，跟随自己起兵同取富贵。

洛阳县官见状立刻夺门而出，报告东都留守长官裴谈。官员们听闻李重福要造反，认定这是李家皇族内部神仙打架。见惯了城头变幻大王旗的他们，分不清这次究竟又是谁胜谁败，索性两不相帮，免得李家城门失火殃及自己这条池鱼，失去好不容易搏击宦海得之不易的前程，就纷纷逃走，作壁上观，只有崔日用的堂哥、时任洛州长史的崔日知一个人单独率兵讨伐。此时李重福已经带着数百人杀气腾腾地来到天津桥上。

如前文所述，天津桥在唐代有着极为特殊的地理优势和政治位置。李重福在天津桥耀武扬威，无疑是想扩大起兵的政治影响，让朝廷和百姓都知道他作为中宗长子有权登基，要吹响号角，从而吸引更多人加入自己的队伍。李重福的理想很丰满，但现实却很骨感，因为他遇到了东都留守府的御史台侍御史李邕。

李邕猜到了李重福的计划，判断其要策反洛阳驻军左右屯营军队，立刻先行一步快马加鞭赶到屯营稳定军心，号召屯营将士：李重福此人在先帝中宗在世时，就被清理出门户，剥夺接班人资格，圈禁在均州，暗示将士跟着李重福这个罪人造反，绝对没有好下场；接着给李重福的行动定性：今日他无缘无故进入东都洛阳，必然是想叛乱造反；最后用功名富贵利诱："君等宜立功取富贵"，即现在正是将士们为国立功赢取富贵前程的大好时机，一切就看谁先砍了李重福的脑袋！屯营将士高呼万岁，表示一定为国立功，绝不加入李重福叛乱集团。

　　稳定完左右屯营军心，确保屯营将士不会被策反后，李邕又派人命令皇城各门守将紧闭城门，避免李重福突入皇宫上演即位登基闹剧。

　　李重福果然先赴左右屯营，号召将士跟他一起造反。不料屯营将士用武力回应，用弓箭对准李重福就是一顿狂射，差点直接射杀李重福。李重福只得另外想辙，转到皇城左掖门，打算调拨东都留守府部队，不料左掖门守将早已经按照李邕的命令以铁将军把门。李重福叫门不开，"大怒"，下令火攻，想烧毁左掖门。结果还没等手下点着火，左屯营将士就出营讨伐李重福叛军，来取富贵了。

　　李重福发现自己即将陷入绝境，走投无路，赶紧策马狂奔，从洛阳东城北面的上东门逃走，躲进山谷藏了起来，再图进取。第二天即八月十三，洛阳留守长官裴谈发兵上山进行大规模搜捕，李重福逃跑时慌不择路，竟然失足跌落漕运水渠淹死，后被洛阳官府"磔尸"即分裂肢体，示众三日。

　　叛乱集团众人纷纷作鸟兽散。郑愔相貌丑陋，毛发较重，就梳起发髻，穿着女子衣服乔装打扮躲进马车中企图出城，结果被人识破抓住。张灵均随后也被擒拿。洛阳官员审问二人时，郑愔双腿战栗，浑身抖成一团，害怕得上下牙齿打架，一句完整的话也说不出。张灵均反倒神气自若，他见郑愔此态，不屑一顾道："与此人举事，宜其败也！"

　　李重福作为中宗长子起兵造反争位，对睿宗即位的合法性构成了事实上的挑战，幸亏崔日知应对得当，才没有造成大范围的扰动。睿宗收到东都留守府关于平定李重福叛乱的奏报后，提升崔日知为东都留守长官，下令将张灵均与郑愔一起拉到洛阳街市斩首示众。严善思免除一死，流放静州（今四川省阿坝州黑水县一带）。

　　郑愔当初依附来俊臣营求前程，来俊臣伏诛后又转投张易之保住富贵，张易之被杀后又投靠韦皇后谋取利益，韦皇后败亡后又挑唆李重福造反，最终落得个全族被杀的下场。胡三省在注解《资治通鉴》时对张灵均和郑愔有不同的评语，"张灵均虽幸祸好乱之人，犹能临死不变。郑愔者，反复于群憸之间，冒利不顾，而畏死乃尔，乌足以权大事乎"，认为郑愔只是一个反复无常的贪生怕死之徒，张灵均倒有几分古代侠士之气。

随着李重茂被废和李重福落水淹死，中宗仅剩的两个儿子一废一死，唐朝皇位传承彻底从中宗系统转入睿宗系统。对李重福身后事的处置，睿宗采取了软硬并举的手法。

硬的一手是明文下诏给李重福定罪，称其"幼则凶顽，长而险诐"①，即从小就是熊孩子，长大后更是阴险歹毒；"幸托体于先圣，尝通交于巨逆"，即生在我李唐皇族，却公然和张易之、张昌宗等逆贼勾勾搭搭；"子而不子，自绝于天；有国有家，莫容于代"，即自绝于皇族，自绝于国家！这番政治定罪言论，等于从根本上否定了李重福作为中宗长子拥有的理论上的继承权，进一步确认睿宗即位是"天有成命，集于朕躬"的天命所系。

软的一手是尽管李重福犯下滔天罪恶，但念在其是受人欺骗，才走上邪路，还念在他是中宗之子的份上，可以"屈法申恩，宜仍旧宠"②，按照三品官员的规格以礼下葬。睿宗对李重福的以礼改葬，主要用意在于收揽朝中对中宗仍然怀有旧主之情的大臣之心，这和他稍早前为中宗另一个儿子平反的举措是一脉相承的。

睿宗即位不到一月，就在景云元年（710）七月初宣布"追复故太子重俊位号"，为发动景龙政变的太子李重俊平反。睿宗在平反诏书中指出，李重俊尽管称兵宫阙，冒犯皇帝权威，却是事出有因，是被韦皇后、安乐公主等人逼上梁山，不是一般的造反兵变。如今韦皇后、安乐公主伏法，李重俊案就是冤案，李重俊之魂就是冤魂。鉴于此，李重俊"可赠皇太子"③。与此同时，睿宗下诏免去给参与政变的成王李千里和禁军大将李多祚定的罪名，恢复其官爵。

当年十月底十一月初左右，睿宗又下诏赠李重俊谥号"节愍"，称其为"节愍太子"。"节愍"二字，有着明确的褒扬气节和怜惜同情之意，等于彻底肯定了李重俊的正面形象，将李重俊从叛臣贼子的定位强力翻转为贤明有德的太子。

---

① 《旧唐书》卷86《李重福传》。
② 《全唐文》卷18《睿宗·葬谯王重福诏》。
③ 《旧唐书》卷86《李重俊传》。

对李重俊的重新肯定，就是对韦皇后的彻底否定。十一月初二，睿宗将中宗安葬在龙泉山定陵，"朝议以韦后有罪，不应祔葬"①，罢去韦皇后的合葬资格。但中宗无人合葬在礼法上说不过去，睿宗就追赠已故英王妃赵氏为和思顺圣皇后。

赵氏是中宗的第一任妻子，其母为唐高祖第七女常乐公主。因高宗李治善待姑姑常乐公主，武则天"恶之"②，连带讨厌赵氏。上元二年（675），武则天随便找了个罪名将赵氏废掉，然后关进内侍省将其活活饿死。睿宗派人找寻赵氏遗骨，但已经不知她葬在何处，只有用她的旧衣招魂入棺，用衣服替代遗体，与中宗合葬定陵。随后，睿宗下诏节愍太子李重俊亦陪葬定陵，长伴中宗。

## 定位武周　构建天命

睿宗对李重俊的平反、追复、赠谥，事实上拉开了平反历史上冤假错案的序幕，向天下官民展示出崭新的新朝气象。

中宗朝乱政频仍的一个重要原因就是中宗不但不清洗武氏势力，反而出于打压相王、太平公主和张柬之等功臣的需要，极力拉拢武三思，授予其重权。

睿宗一上位，就反其道而行之。睿宗明白，要想彻底清洗武氏势力，仅仅是清除武三思等人的余毒还不够，必须从根儿上着手，从否定武则天下手。景云元年（710）六月二十七，睿宗下诏将武则天的尊号从"则天大圣皇后"恢复为父皇高宗时期的"天后"；同时追赠当年被武则天打成反朝廷分子的二哥李贤为章怀太子。贬低武则天尊号，抬高李贤，这一升一降之间，意味着对武则天政策的不满和否定。

随后，对武系势力的系统清洗全面展开。六月二十八，睿宗下诏剥夺武三思、武崇训父子的所有官职、爵位、谥号，还对其施以毁墓的严惩。首先开棺，摧毁武三思、武崇训坟墓的主墓室，取出棺椁；接着是抛尸，将其尸体扔

---

① 《资治通鉴》卷209。
② 《资治通鉴》卷202。

在荒野上，不得收敛；最后是平坟，将代表高官重臣身份的封土夷平。

睿宗在对武三思、武崇训进行毁墓的同时，也下诏对韦皇后父亲韦玄贞和兄弟韦洵等人进行平坟的惩罚，但并没有开棺和抛尸。这说明睿宗认为，武三思、武崇训对李唐皇族的伤害，远胜于韦皇后家族。毕竟睿宗当年是和武氏家族有过血海深仇的，他的两个爱妃，即长子李成器的母亲刘妃和三子李隆基的母亲窦妃都是被武家人害死，而韦皇后还没来得及对他和李唐皇族进行实质性伤害，就被除掉了。

清理完武系人物，睿宗又对武家的标志性政治建筑下手。景云元年（710）七月二十六，睿宗下诏废除尊奉武家祖先的崇恩庙和武则天父亲武士彟的昊陵、母亲杨氏的顺陵。这三处建筑的规格都是只有皇家才可享有的，睿宗将其拆除，意味着对武系势力的持续打压和对武周政权的进一步贬低。先后加入武系势力和韦系势力的党羽也受到严惩，时任越州（今浙江省绍兴市一带）长史的宋之问和饶州（今江西省上饶市鄱阳县一带）刺史的冉祖雍，都因"谄附韦、武"，而被流放岭南。

睿宗否定武周、打压武系的另一个重要标志性事件，就是为武则天时期被杀的裴炎平反。裴炎虽然主导了废黜中宗的行动，是不臣的表现，但如前文所述，这一行动和当时睿宗的豫王府势力有着千丝万缕的联系。并且正是得益于裴炎对中宗的废黜，睿宗才有机会第一次登上皇位。

更重要的是，裴炎旗帜鲜明地反对武则天建造崇恩庙的前身武氏七庙。那是在光宅元年（684）九月，武则天迈出了改唐为周的革命第一步。作为冲锋在革命第一线的打手，武承嗣请求武则天追封武家历代先祖，修建只有皇帝才有资格设立的七座祖先祭庙。武则天顺水推舟"从之"①，裴炎表示反对，劝谏道：太后您今天以皇帝母后的身份临朝听政，当行天下之公道，不能先为武家祖先谋福利。不但如此，裴炎还搬出历史经验来警告武则天：您难道不知道当年西汉皇太后吕雉是怎么把吕家人全部玩完的吗？

武则天不以为然，既然裴炎拿吕后说事，她就和裴炎仔细掰扯了一番：当

---

① 《资治通鉴》卷203。

年吕后是把朝廷大权交给在世的吕家子弟，才引起西汉功臣集团的反对而败亡；我和吕后不一样，只是尊奉已经去世百年的祖先，又不会损害朝中某些大臣的现实政治利益，有什么大不了的？武则天此话已经明里暗里指责裴炎反对立武氏七庙是怕个人政治利益受损。裴炎不理武则天这茬儿，继续强烈反对：太后您应该知道有个成语叫防微杜渐，我们勿以恶小而为之，只有克制住犯小错，才能避免日后栽大跟头。

虽然裴炎抗议无效，没能阻止武则天追封武氏先祖的行为，但裴炎此举给当年的睿宗留下了深刻的印象。裴炎反对武则天"追王其祖"，在实质上是对睿宗和李唐宗室的保护，正如睿宗在平反裴炎的诏书中指出的，"文明之际，王室多虞。保乂朕躬，实著诚节"①。鉴于此，景云元年（710）十一月初七，睿宗下诏"追复裴炎官爵"，为裴炎平反，恢复官爵荣誉和政治地位，追赠为太尉、益州大都督，赐谥号"忠"，访求裴炎后人，量才录用。

当年裴炎被杀后，兄弟都受到牵连，或罢官或流放。裴炎弟弟之子、时任太仆寺寺丞（从六品上）的裴伷先，年仅17岁，上书求见武则天，表示有重要情况汇报。武则天以为裴伷先要大义灭亲，实名举报她没有掌握的裴炎反叛信息，就接见了他。武则天一见裴伷先，就给他来个下马威：你伯父裴炎谋反，罪有应得，你还有什么话可说！有什么冤枉可诉！

裴伷先不惧女皇，言道，臣今天是为陛下分析局势，筹划长远得失，哪敢计较我裴家一家得失，请陛下暂且忍下满腔怒火，听臣一一分析。陛下虽然贵为皇太后，但本质上只是李家的媳妇。高宗皇帝驾崩之后，您竟然把朝廷大事小情全部抓在手上，自己当家，还废黜皇帝，将李氏皇族排除在朝堂之外，大规模分封武家子弟。臣的伯父裴炎忠于社稷，反而被打成反朝廷分子，子孙都因受牵连而死。陛下您如此行事，吃相如此难看，包括臣在内的天下人都看不下去！依臣所见，陛下您最好早点把权力交给皇帝，自己回到后宫高枕无忧，如此武家还可保全；倘若一意孤行，到时天下万民群起而攻之，那武家可真是天打五雷轰，一个也跑不掉了！

---

① 《册府元龟》卷139《帝王部·旌表第三》。

## 第十四章 睿宗重建权力

武则天听后怒不可遏：简直是一派胡言，你小子究竟有多大胆子，竟然如此胡说八道！说罢，武则天让人把裴伷先拉出去。裴伷先回头大喊：陛下您今天听臣一句劝，还可回头是岸，悬崖勒马，将来可真是苦海无边，骑虎难下，万丈深渊了！"如是者三"，武则天更加怒火冲天，下令将裴伷先拉到朝堂上杖打一百，然后流放岭南瀼州（今广西防城港市上思县一带）。

后来，裴伷先不耐岭南烟瘴私自逃回，结果被抓住，又杖打一百后改为流放西域北庭都护府。裴伷先到达北庭后，经营商业，生意越做越大，逐渐发家，积累起巨额财富，与当年伯父裴炎"无儋石之蓄"没有攒下丝毫家产形成鲜明对比。裴伷先用经商赚来的钱在江湖上呼风唤雨，豢养大量江湖人士行侠仗义，并经常派人到长安、洛阳刺探朝中动静，生怕武则天再对裴家等反对派下毒手。

果不其然，长寿二年（693），武则天下令诛杀被流放到各地的流刑犯。裴伷先事先得到消息，逃奔北方游牧部落。北庭都护府官员派人追捕，将其生擒关进监狱，并上书请示朝廷如何处理。武则天派出的诛杀流刑犯的使者到达北庭后，将在北庭的流刑犯几乎诛杀殆尽，但由于裴伷先需要等候朝廷批示才能处置，反而没有将其及时处决。

不久，武则天下令安抚流刑犯，没有被杀的全部赦免，放回原籍。裴伷先这才躲过一劫，回到京城。如今睿宗下令访求裴炎后人，裴家只有裴伷先还在世，就任命他为太子詹事府詹事丞（正六品上）。裴炎若地下有灵，闻此当含笑九泉。而天上的武则天若听闻此事，估计又是一阵狂风暴雨。

为裴家平反后，睿宗更要为自己的爱妃招魂昭雪，她们就是长寿二年（693）正月初二被武则天冤杀的刘妃和窦妃。景云二年（711）正月十九，睿宗下诏追立刘妃为肃明皇后，追立窦妃为昭成皇后，分别在洛阳城南设立惠陵、靖陵予以安葬。如前文所言，刘妃、窦妃被杀时连尸身都不知道被武则天扔在了什么地方，睿宗只有为她们招魂入棺，在京师长安立仪坤庙祭祀。在追封和安葬的这段日子里，除了睿宗，心情最为悲痛的莫过于刘妃儿子李成器和女儿寿昌公主、代国公主，窦妃儿子李隆基和女儿金仙公主、玉真公主，幼年丧母的他们终于等来了让母亲瞑目的这天。

303

睿宗对裴炎的平反，尤其是赐谥号"忠"，加上起用当年怒"怼"武则天的裴伷先，招魂下葬刘妃、窦妃，等同于对武周革命的强烈批判。睿宗的聪明睿智在于，在通过贬低武则天和武周、清理中宗宠信诸武弊政的过程中，他并没有彻底否定武则天和武周。在实现对朝中武系势力进行较大程度清洗的既定目标后，睿宗又重新肯定母皇武则天和武周，以强调自己即位执政是合情合理的，是天命所归。

李重福叛乱时，张灵均所指的睿宗"越次而居大位"，是睿宗登基无法回避的政治污点，对于夺取侄子皇位的合法性他不能自圆其说，只能另寻解释来论证自己即位的合法性。

经过反复考虑，睿宗决定利用他曾经的三重身份来确立登基合法性：一是从文明元年（684）到天授元年（690），他曾经接替中宗当过五年左右的皇帝；二是从天授元年（690）到圣历元年（698），他曾经当过八年的皇嗣，是事实上的接班人，是他后来主动将接班人的资格让给中宗，为此不惜以绝食相求；三是神龙元年（705），中宗曾有意册立他为皇太弟，是他坚决推让。作为曾经的皇帝，如果不是睿宗坚决推让皇嗣、皇太弟这两个接班人身份，他将会名正言顺地即位登基称帝，没有任何违和感。如此进行政治解释，那睿宗即位的政治合法性问题将轻松破解。因为按照这一逻辑，天下本来就是睿宗的，根本就不存在什么"越次而居大位"的问题。

问题在于，睿宗的前皇帝、皇嗣、皇太弟这三个身份，都与武则天密不可分，都是武则天改唐为周的武周革命的副产品。如果武则天不为建立武周大动干戈、废黜中宗，那睿宗以高宗、武则天四子的身份，基本上不可能顺位接班。

因此，睿宗要完美论证自己即位是天命所归，就必须重新肯定武则天和武周。景云二年（711）五月初六，睿宗下诏恢复武士彟和杨氏坟墓的昊陵、顺陵称号，并设置守陵官属。司马光在《资治通鉴》中认为"太平公主为武攸暨请之也"，即睿宗此举是受太平公主影响，是太平公主为提高其夫武攸暨所属武氏家族的地位而推动睿宗如此行事，其实还应该有睿宗强化登基合法性的考虑。

在此前后，睿宗先后追赠武则天为"大圣天后"，甚至尊为"天后圣帝"，承认武则天的帝位。太极元年（712）四月，睿宗又重新评价武周革命，认为武则天改唐为周是以社稷为重的权宜之计，是"受托从权"①，即按照高宗遗诏托付替中宗、睿宗执政。既然武则天和武周再次得到肯定，那睿宗依托武则天改唐为周这一历史进程而得来的前皇帝、皇嗣、皇太弟三个身份也就没有任何政治问题，其即位登基的合法性问题也就能轻松破解。

## 平反冤案　整顿吏治

连番政治操作之下，睿宗完成了建立登基合法性的重大政治任务，初步巩固了权力。与此同时，睿宗开始对中宗时期的一系列冤假错案进行大规模平反昭雪。

景云元年（710）六月底，睿宗下诏追赠景龙四年（710）上书揭发韦皇后乱政的定州百姓郎岌和许州司兵参军燕钦融为谏议大夫；七月，追赠神龙二年（706）四月实名举报韦皇后与武三思长期保持不正当关系的隐士韦月将为宣州（今安徽省宣城市宣州区一带）刺史，当月又大张旗鼓地为神龙政变的功臣五王即敬晖、桓彦范、崔玄暐、张柬之、袁恕己平反，恢复官爵地位和政治名誉；八九月间，追赠曾多次上书劝武则天交权的苏安恒为谏议大夫；十一月十五，为神龙二年（706）试图刺杀武三思的王同皎平反，恢复官爵。

睿宗既要为冤屈者平反到位，也要将惑君乱政者严惩到位。御史台侍御史倪若水弹劾国子监长官国子祭酒祝钦明、副长官国子司业郭山恽，指责他们在景龙三年（709）南郊祭天大典中迎合韦皇后随意改动祭天礼仪，竟然要让韦皇后亚献、安乐公主终献，陷中宗于昏聩不明。睿宗贬祝钦明为饶州（今江西省上饶市鄱阳县一带）刺史，贬郭山恽为括州（今浙江省丽水市一带）长史。

平反冤假错案、严惩惑君乱政者不是目的，睿宗主要是想借此重新凝聚人心，推动大唐从武则天后期和中宗时期的动荡局面中走出来，促使朝廷政治生态走上健康轨道，进而带领百姓开展各项新的建设。

在对冤假错案进行平反的过程中，睿宗已经着手开始凝聚人心，拨乱反

---

① 《唐大诏令集》卷 73《太极元年北郊赦》。

盛世前夜

正，清理中宗弊政。景云元年（710）七月二十，睿宗宣布改元景云，大赦天下，将还没来得及处理的被打成韦皇后集团的反朝廷分子全部赦免。毕竟罪恶深重的首要反朝廷分子早已被处理，那些只是和韦皇后集团有过部分交集的官员没必要全部罢免，睿宗还需要他们继续开展各项工作。这就在事实上停止了清除韦皇后余毒和继续追查韦皇后集团党羽的工作，稳定了政变后惶惶不安的官心民意，为拨乱反正打下了健康的政治基础。

睿宗在全力打击中宗朝歪风邪气的同时，更是努力树立本朝的新风正气。中宗时期，宦官等内宫势力经常干预地方事务，长安地方官员不胜其烦。睿宗刚登基时，宦官觉得中宗、睿宗兄弟俩都是一个娘生的，执政风格顶多是换汤不换药、新瓶装旧酒，就还像之前一样肆无忌惮。有个叫闾兴贵的宦官拜托长安县县令通过不正当渠道给他办理私事，疏通关系。若是一般人，遇到宫里的公公、皇帝身边的人，巴结还来不及，更别说人家主动求你办事，就是没事也要顺着杆子爬上去。

但此时的长安县县令却不是一般人，而是当年因反对中宗诛杀敬晖等人而被贬到山西当县令的李朝隐。李朝隐贬任山西闻喜不久，就调回朝廷任御史台侍御史（从六品下），又转任吏部员外郎（从六品上），再升任长安县县令（正五品上）。李朝隐根本不把宦官当回事，不但不办事，还把闾兴贵以宦官干政的罪名给绑起来扔进大狱。

睿宗听说此事后，立即将李朝隐召进宫，亲切地接见了他，说京城的地方官向来难当，各种各样的人和事都会找上门来，李卿你能如此坚持原则不听招呼，"朕复何忧"[1]！说罢，睿宗拉着李朝隐的手，一起登上承天门，召集朝廷百官和到长安汇报本地工作的各州朝集使，当众表彰李朝隐的所作所为，将其树立为全国县令的模范。

事后，睿宗还就此事专门下诏说，"宦官遇宽柔之代，必弄威权。朕览前载，每所叹息"，朕一再强调要管好身边的人，没想到朕的身边竟然灯下黑，出了闾兴贵这样的坏人，幸亏李朝隐体察圣心，替朕教训了他。李朝隐如此能

---

[1] 《资治通鉴》卷210。

干，朕要好好地赏他，就把他的散官品阶提升一级为太中大夫（从四品上），另赐绫罗绸缎百匹。在中宗时期李朝隐因坚守法律被贬官，睿宗登基后李朝隐因坚持原则被表彰。李朝隐一人的正反两方面经验教训，充分说明了睿宗、中宗新旧时代的差异所在。

受睿宗表彰李朝隐的鼓励，隋文帝的侄孙、时任大唐御史台侍御史的杨孚也挺起腰板执行铁规禁令，舍得一身剐，敢把权贵拉下马，越是遇到高官重臣，战斗激情越是饱满。权贵就在睿宗面前对杨孚进行百般诋毁，诬陷其是酷吏，搞得朝廷上下官不聊生。

睿宗坚决支持杨孚的行为，对大臣言道：猎鹰与狡兔搏斗，我们必须支持猎鹰，要不然就会被狡兔钻了空子；对于御史弹劾奸佞的行为，我们也必须像支持猎鹰一样力挺御史；如果君主不保护御史，那御史就会被奸佞吃得连骨头都不剩，那朝中还靠什么人去震慑宵小呢！

中宗时期，宰相班子中诸人大多才干不足、品行不佳，既不敢与韦皇后等势力做斗争，又没有能力干事创业。宰相班子的苟且状况对当时的弊政起到了推波助澜的作用，睿宗即位后立即调整宰相班子，最重要的举措就是将姚崇、宋璟召回朝廷，即提拔时任亳州（今安徽省亳州市一带）刺史的姚崇为兵部尚书，提拔时任洛州长史的宋璟为代理吏部尚书，并将二人任命为宰相。姚崇、宋璟齐心协力，辅佐睿宗革除中宗弊政，提拔进用忠良之士，贬斥不肖之人，"赏罚尽公，请托不行"①，拒绝各种破坏制度的请托行为，恢复朝廷正常的纲纪。人们都说太宗贞观年间和高宗永徽时期朝廷的好作风又回来了！睿宗对此非常满意，又提拔姚崇为中书省长官中书令。

中宗时期最大的弊政，就是不经正常选官程序任命的斜封官泛滥，极大地破坏了官员选拔制度。姚崇、宋璟初步恢复朝廷作风后，立即开始整顿斜封官。景云元年（710）八月，姚崇、宋璟联合御史台长官御史大夫毕构上奏，要求将中宗时期任命的斜封官全部罢免，睿宗"从之"。姚崇、宋璟、毕构手拿圣旨，迅速清理斜封官，到八月十五，被免职的斜封官就有数千人之多。

---

① 《资治通鉴》卷210。

中宗时期斜封官的泛滥只是表象,内在实质是正常的选官制度被破坏。按照当时唐朝的选官制度,三品以上官员发诏书中的册书任命,是为册授;五品以上官员发诏书中的制书任命,是为制授;六品以下的员外郎、御史、拾遗、补阙、起居等较重要官员为敕授;六品以下的其他普通官员则由吏部负责铨选,是为旨授[1]。无论是册授、制授还是敕授,都要由宰相等重臣举荐或尚书省提出任用名单建议,其中文官名单由吏部提出,武官名单由兵部提出。吏部长官吏部尚书、兵部长官兵部尚书进拟的名单为"中铨",吏部副长官吏部侍郎、兵部副长官兵部侍郎进拟的名单为"东铨""西铨",是为"三铨"。中宗时期,由于"嬖幸用事",导致"三铨"名存实亡,大量编外吏部尚书、侍郎横行,佞幸随意干预官员选拔,"选举混淆,无复纲纪"。

姚崇、宋璟在清理斜封官的同时,也着手恢复选官程序。睿宗将宋璟由代理吏部尚书改为实授,又任命李乂、卢怀慎为吏部副长官吏部侍郎。宋璟和李乂、卢从愿坚决和选官用人的不正之风做斗争,顶住一些打招呼、递条子的压力,完全按照制度用人,依据程序选人。当时有一万多候补官员参加选官考试,经过宋璟、李乂、卢从愿"三铨"任用的,只有考试合格的两千多人,"人服其公"。

文官选拔治理到位后,睿宗又让姚崇回任兵部长官兵部尚书,任命陆象先、卢怀慎为兵部副长官兵部侍郎,让他们主持武官选拔事务。在姚崇、陆象先、卢怀慎三人的大力整顿下,武官选拔也恢复了正常的秩序。

一切似乎都在朝好的方向发展,但是好景不长,到景云二年(711)初,姚崇、宋璟等人在睿宗支持下对朝中政治生态的治理,尤其是对斜封官的整顿开始遇到很大的阻力,甚至被迫停下来。

这年二月初,御史台殿中侍御史崔莅和东宫太子中允薛昭素联合上奏睿宗:斜封官都是先帝中宗当年亲自任命,而且已经颁下敕书,"恩命已布"[2],姚崇、宋璟等人撺掇陛下将他们全部罢免,这不仅是在宣扬先帝的过失,更是在为陛下您招来怨恨;毁人前程,夺人饭碗,相当于杀人父母,如今打击面过

---

[1] 吴鹏《唐代荐举制度研究》,中国人民大学博士学位论文,2012年。
[2] 《资治通鉴》卷210。

大，朝廷上下怨恨纷纷，"众口沸腾"，官心不定，"恐生非常之变"；下面的官员心怀不满，没有人敢担当，以后谁还给陛下拉车干活。

崔莅、薛昭素所言"众口沸腾"，并非信口开河，而是有着相当的官心基础，《朝野佥载》中的一条史料就很能说明问题。据此书记载，当初宋璟、毕构上奏睿宗罢免斜封官，奏事完毕出宫后，遇到江湖术士彭君卿，此人就是当年奉韦皇后之命假托天意阻止中宗移驾洛阳从而将粮食留给长安百姓以纾解关中饥荒的那个彭君卿。彭君卿收受被罢免的斜封官的贿赂，要为他们发声，就当着宋璟、毕构的面跳大神，说是中宗附体上身，怒斥二人：朕生前给斜封官封的官，你们凭什么罢免，真是人走茶凉、一朝天子一朝臣吗？此事虽然属怪力乱神，纯属子虚乌有，但也反映出罢免斜封官引起的官场动荡。毕竟斜封官虽然都是中低级官吏，但人数众多，倘若处置不当，确实会引起舆情，有生变之虞，不利于大局稳定。

崔莅、薛昭素上奏后，太平公主也站出来说话了，劝睿宗慎重处置斜封官事宜。面对来自太子东宫和太平公主的共同压力，睿宗被迫妥协，于二月初三下诏停止清理斜封官，在斜封官问题上不搞一刀切，要因人而异，分类施策，即使是之前被罢免的斜封官，只要有真才实学，也可以一并重新录用。

这件事情的诡异之处在于，薛昭素身为东宫的太子中允，理论上应该和太子李隆基保持同样的政治立场，却在斜封官问题上和李隆基的对立面太平公主意见一致。之所以出现这种诡异，有两个可能。薛昭素是太平公主安插在东宫的潜伏者，这是第一个可能。但现有史料中没有薛昭素是太平公主一方的记载，且如果薛昭素是太平公主安插在东宫的眼线，应不会这么大张旗鼓地曝光自己的身份。毕竟薛昭素身为东宫官员却与太子的对立面太平公主持同样政见，一眼就会被人看穿他到底是太子的人，还是太平公主的人。

那么只存在第二个可能，即太子李隆基和太平公主都在争夺斜封官势力以便为自己所用，用讨好斜封官作为打压对方、与对方斗争的筹码。而太子李隆基与太平公主的姑侄斗争，正是睿宗登基之后最令他头疼的政治问题。从即位开始，睿宗就一直竭力控驭两方势力，避免任何一方坐大以至过于强悍，以确保皇权牢牢掌握在自己手中而不被分割。

# 第十五章　拉太平打太子

太子李隆基是睿宗的亲儿子；太平公主是睿宗唯一在世的嫡亲妹妹，是父皇高宗和母皇武则天唯一在世的女儿。面对太子和太平公主的斗争，虽然手心手背都是肉，但睿宗并不是很为难。他处理儿子与妹妹矛盾的唯一出发点，就是是否有利于政治稳定和皇权掌控。哪一方敢露头挑战皇权，就是睿宗联合另一方打压的对象。

而最先挑战睿宗皇权尊严的，并不是司马光在《资治通鉴》中定性为"权倾人主"的太平公主，而是三郎李隆基。

## 反复犹豫　册立太子

李隆基冲锋陷阵诛杀韦皇后集团，为保卫李唐皇室和江山社稷立下大功，不仅功高震主，而且对皇位有明显的觊觎之心。睿宗登基后，立即联合太平公主一起将打击目标对准协助李隆基发动唐隆政变的功臣集团，首先瞄准的就是钟绍京。

睿宗六月二十四登基时，迫于李隆基的势力，任命钟绍京为中书省长官中书令，两天后就让其改任户部长官户部尚书，不久就将其外贬为蜀州（今四川省成都市崇州一带）刺史。此事表面原因是钟绍京为政不当。据《资治通鉴》，钟绍京当初步入仕途是从司农寺录事（从九品上）文员起家，后来才做到禁苑总监，但级别也只是从五品下。因为参加唐隆政变，骤然间被李隆基提拔为位高权重的中书令（正三品），不免出现能力与工作不相适应的问题。

李隆基并非不明白将钟绍京强行提拔为中书令后的能力问题，但他仍然一意孤行，反映出此时他手下确实乏人可用，不得不重用钟绍京。李隆基的班底大多是一些出身社会底层之人，他比较注重在军队和社会的中下层发展势力，这是他多次发动政变均取得成功的原因，毕竟军队和朝廷的实权就掌握在中下层势力手中。如果中低级将领和文官不听命，那么高级将领和文官就指挥不动军队和朝廷。而且李隆基由于资源有限，威望不高，也只能用有限的资源集中拉拢中下层势力，毕竟高层势力还看不上他那点资源和威望，这也是李隆基实力主要集中在中下层的客观原因。

但事情往往是一体两面的，在中下层拥有较为雄厚实力的李隆基，可以顺利成功发动政变，但在唐隆政变后不能迅速登上皇位，甚至在争夺太子位置问题上也是一波三折，乃至后来睿宗禅位后仍然不能稳坐皇位，必须靠发动新的政变才能最终保住皇位，也和他的实力集中在中下层有深度关联。毕竟发动政变可以靠中下层，而稳坐皇位必须取得朝廷高级文官和军队高级将领的支持，而李隆基最缺的就是这方面的支持，这就导致他的集团中没有足以信任的心腹可出任中书令此类高官。刘幽求在能力素质上显然比钟绍京更适合出任中书令，但刘幽求此时并不属于李隆基集团，他身上更多的是睿宗色彩，是睿宗班底。后文将全面论证这一观点，此处暂不展开。在无人可用的情况下，李隆基只能强行推钟绍京上位。

钟绍京在历史上更多的是以书法大家的身份留名后世。他是楷书的创立者、三国时期曹魏大书法家钟繇的第17世孙，与钟繇并称"大钟""小钟"。钟绍京书法结体俊美，遒劲有法，明人董其昌认为元初三大书法家之一赵孟頫的楷书就是师从钟绍京。武则天时期，钟绍京正是凭借擅长书法被大臣裴行俭保举到中书省任职。当时明堂门额、九鼎铭文和宫城皇城各门门名，都是钟绍京题写，由此可见武则天对钟绍京书法的欣赏、喜爱。李隆基强推钟绍京任中书令，可能和钟绍京之前有过中书省的任职经历有关。

后来钟绍京从中书省转任禁苑总监，这才有了唐隆政变前李隆基对他的拉拢。这次钟绍京以一个主管园林事务的边缘业务官员出任综合执掌朝廷各方面事务的中书令，能力本身就很成问题，而其政治品行也相当不堪。他"既典朝政"[①]，大权

---

① 《资治通鉴》卷209。

在握后，一朝权在手便把令来行，喜欢谁就赏谁，讨厌谁就罚谁，惹出众怒，上上下下对其怨气丛生。而钟绍京本人在中书令的位置上，也如同坐蜡一般难受。

太平公主集团的重要成员、时任太常寺副长官太常少卿的薛稷趁此机会去做钟绍京的思想工作：我看钟兄您如热锅上的蚂蚁一样难受，很是心疼；天下尽是负心人，天下事谁爱管谁去管，您不如上奏皇上辞去中书令之职，皇上也会把各项待遇给您落实到位，如此落得个逍遥自在，岂不快哉！钟绍京本来就是驰骋文墨之人，对当多大的官没有太多奢望，政治敏锐性也比较差，竟然听信了薛稷的忽悠，"从之"。

薛稷这边给钟绍京打上思想钢印，那边赶紧去奏请睿宗：钟绍京虽然在政变时立下大功，没有他，平王李隆基就进不了皇宫大门；但他既无德又无才，起家仅仅是一个从九品上的编外人员，如今竟然因为一时功劳升到中书令的职位上，恐怕对朝内朝外都不好交代。睿宗亦表示同意薛稷的意见。这就有了钟绍京先贬户部尚书，再放蜀州刺史之事。

罢免钟绍京只是睿宗借太平公主党羽之手打压李隆基的第一步，就在钟绍京被贬户部尚书的当天即六月二十六，睿宗又亲自出手支持太平公主，在下诏重申六月二十二"罢诸公主府官"的同时，鉴于太平公主在唐隆政变中再次立下保卫宗庙社稷之功，可不受"罢诸公主府官"诏敕的制约，"其镇国太平公主府即宜依旧"①，可以继续参与朝廷重大事务决策。贬钟绍京是打击李隆基力量，重开公主府是增强太平公主势力。这一出一进之间，力量对比就发生了不利于李隆基而有利于太平公主的明显变化。

面对父皇睿宗扶持姑姑太平公主打压自己的危局，李隆基必须趁禁军兵权还在手上，加快营求太子之位的进程，要不然等到睿宗、太平公主逐渐剥夺自己的兵权，那可就真的月缺难圆了。

而睿宗也在反复考虑太子问题，按照他个人的喜好倾向，长子宋王李成器是他最好的选择。李成器性格和睿宗很像，且是睿宗的嫡长子，早在睿宗第一

---

① 《唐文拾遗》卷 12《太平公主依旧置府敕》。

次登基的文明元年（684）就被立为皇太子，是按照嫡长子继承制选立太子的不二人选。但自从李世民发动玄武门之变杀兄屠弟逼父夺取皇位，唐代皇位实际上就走上了一条可以凭借功业夺取而非按血统承继的不归路。因此，睿宗选择接班人，不能理想化地只顾及嫡长子继承制的政治传统，而必须充分考虑现实力量对比。

若是立李成器为太子，他的性格使他相对容易控制，有利于自己稳坐皇位。但如果妹妹太平公主威胁皇权，李成器不一定能成为自己的好帮手。而且一旦立李成器为太子，自己不一定能摁住李隆基。以李隆基对禁军实权的掌控态势，说不定他会像当年的秦王李世民一样再来一次玄武门之变，到时不但自己最疼爱的李成器会性命不保，恐怕自己能像高祖一样退位为太上皇就是最大的福气了。

立李隆基，自己恐怕确实可以在太平公主越界的时候以上阵父子兵的联合实力碾压妹妹。但李隆基桀骜不驯，他的刀既可以砍向太平公主，也能够砍向自己，睿宗的皇位不一定能坐稳。面对李成器的嫡长子身份和三子李隆基的功勋实力，睿宗反复考虑，不能痛下决心。睿宗在犹豫，李隆基在准备，李成器在打量，稍有不慎，父子三人就极有可能擦枪走火。

正在睿宗犹豫不决的时候，李成器说话了。他向睿宗主动请辞皇太子，提出自己关于选立太子的政治逻辑："国家安则先嫡长，国家危则先有功"，即天下无事时选择嫡长子为皇太子，国家危急存亡时则立有大功之人为皇太子，如果不遵循这项政治原则，"四海失望"，百姓都不会再跟着朝廷走，这就先从政治上把自己从皇太子的竞争中给排除了。李成器表示，"臣死不敢居平王之上"，去争这个皇太子。李成器这番表态的关键词是"敢"字，他明白以自己的身份，根本无法与手握禁军的三弟对抗。如果他强行凭借长子的顺承优势上位，肯定会被三弟摁在地上往死里打。因此，他绝对不敢去抢这个皇太子之位。

为向父皇和三弟表明心志，李成器更是痛哭流涕地反复上表请辞，态度极其坚决。李成器此举，和圣历元年（698）睿宗还是皇嗣的时候，连续绝食数天要把太子之位让给庐陵王李显简直如出一辙，这正是前文所言李成器和父亲睿宗性格相似的注脚。

既然李成器做出辞让的政治表态，一些大臣便也开始站出来支持李隆基，奏请睿宗应该首先考虑立有大功的李隆基，其中尤以刘幽求冲锋在前。刘幽求上言睿宗：臣听说打天下坐江山，刀把子里面出政权；平王李隆基在关键时刻挽救了社稷，挽救了大唐，"救君亲之难"，唐隆政变是大唐历史上生死攸关的转折点；论功劳平王最大，比品德平王最贤，陛下还有什么犹豫疑虑的呢？

在刘幽求和其他大臣的推动下，睿宗"从之"，于六月二十七，正式下诏册立李隆基为皇太子。当然，李隆基按照政治礼仪也上表请求将皇太子之位让给大哥李成器。既然李隆基虚情假意，睿宗也就装模作样地"不许"。在这一政治进程中，太平公主慑于李隆基对禁军实权的掌控，没有表现出明确的反对立场，而是采取了默认的态度。

确立太子后的睿宗没有想到，尽管他出于避免再来一次玄武门之变的考虑，确立李隆基为太子，但他终究没能躲过宿命的安排，如高祖一样被逼退位成了太上皇。他立李隆基为太子的行为，只是推迟了玄武门之变的发生而已。当然，这都是后话。

## 抬高成器　排挤隆基

六月二十七被确立为太子后，李隆基在政治上坐拥东宫，在军事上手握禁军实权，一时风光无两。但仅仅一天，即第二天六月二十八，太子李隆基就再次迎来睿宗和太平公主的联合打击。

六月二十八，睿宗下诏任命李成器为雍州牧，掌握长安所在地雍州的地方军政实权；遥领扬州大都督，掌控当时最繁华的城市之一、大运河转运江南钱粮枢纽、朝廷经济命脉所系的扬州的军政实权。大约在此后不久，睿宗还将李隆基闲厩使的职务夺走，任命李成器为闲厩使[1]，赋予他掌管禁军所需军马的权力。离了军马，李隆基即使能调动禁军，其机动性也会大为降低。睿宗的这

---

[1]《旧唐书》卷96《姚崇传》。

三项任命,等于将关涉皇宫安全、京师警备和全国经济运转的三个最重要职务,全部都交给了李成器,李隆基只落了个太子的虚名。而且在这个虚名之上,李隆基还多了个导师李成器。

因为更关键的是,睿宗同时任命李成器为太子太师。此官从一品,品位崇高,几乎是大唐最高官位。太子太师负责教导太子,"以道德辅教太子者也"①,是太子的导师,虽然没有具体执掌职责,但太子"动静起居,言语视听,皆有以师焉"。也就是说,太子的一言一行、一举一动,都要以太子太师为遵循。按照唐朝官制,太子太师"官不必备",一般情况下有职无人,有合适的人选才会让其出任太子太师,没有合适的人选则宁缺毋滥,是个可设可不设的岗位,一般用以安置被免去实职的权臣。睿宗置"官不必备"的潜规则于不顾,有意让李成器出任太子太师,分明就是让李成器以导师的身份去牵制、平衡李隆基。

睿宗在抬举李成器,任命他为雍州牧、扬州大都督、太子太师,后又相继升迁他为尚书省副长官尚书左仆射、司徒的同时,还不断提升另外几个儿子的王爵,册封衡阳王李成义为申王、巴陵王李隆范为岐王、彭城王李隆业为薛王,使他们共同簇拥抑或制约李隆基这个挂名太子。

六月二十八当天,睿宗还对宰相班子进行深度调整,任命薛稷为门下省副长官黄门侍郎并拜相。薛稷和钟绍京一样工于书法,和褚遂良、虞世南、欧阳询等人并称初唐书法四大家。薛稷当初诋毁钟绍京,估计也有文人相轻的因素。薛稷靠着书法技能被同样喜欢书法的睿宗信重,早在睿宗未登基时就在相王府任职,是睿宗班底之一,其子薛伯阳迎娶睿宗之女凉国公主,和睿宗是儿女亲家。如前文所言,薛稷身上也有太平公主的色彩。故薛稷拜相虽然是睿宗主导,出自圣心,但也有利于太平公主。

睿宗调整宰相班子更为意味深长的动作,是对韦嗣立、萧至忠、赵彦昭、崔湜四人的任命。在政变刚成功、睿宗还未登基的六月二十三,李隆基利用当时对朝局的部分控制,借用少帝李重茂的名义,对宰相班子进行了大调整,贬

---

① 《唐六典》卷26《太子三师三少詹事府左右春坊内官》。

中书省长官中书令萧至忠为许州（今河南省许昌市一带）刺史，兵部尚书韦嗣立为宋州（今河南省商丘市一带）刺史，中书省副长官中书侍郎赵彦昭为绛州（今山西省运城市新绛县一带）刺史，吏部副长官吏部侍郎崔湜为华州（今陕西省渭南市华州区一带）刺史。

李隆基贬黜萧至忠等人的表面原因，是他们依附韦皇后和安乐公主，是韦皇后集团的重要成员，而实际原因却相当暧昧。如前文分析中宗景龙朝宰相班子时所言，萧至忠、韦嗣立虽然和韦皇后有若干关系，但本质上还是倾向于中宗。尤其是萧至忠，在政变后，很快将女儿的灵柩从与韦皇后弟弟韦洵的合葬坟茔中挖走，以非常决绝的姿态和韦皇后集团划清了政治界限。赵彦昭摇摆于中宗与韦皇后之间。他们身上并没有完全一致的韦皇后色彩，却反而和睿宗、太平公主、上官婉儿等人有共同的或明或暗的关系。只有崔湜是韦皇后的铁杆亲信。

当初李重俊政变失败后，韦皇后、安乐公主在中宗的授意下，试图通过宗楚客将相王、太平公主牵连进去，是萧至忠力谏中宗停止对相王和太平公主的调查，可见他当时就已经与相王、太平公主暗通款曲。更为重要的是，萧至忠有个儿子在宫中任千牛卫。李隆基发动政变诛杀韦皇后时，萧至忠之子"为乱兵所杀"[①]。此事不一定是李隆基授意，但不妨碍萧至忠将杀子之仇记在发动政变的李隆基头上。毕竟如果没有李隆基的政变，他儿子肯定不会在政变中被杀。太平公主后来亦是"冀至忠以此怨望"，利用此事极力刺激萧至忠，挑拨他与李隆基原本就疏离的关系，将其拉入自身阵营，使之后来几乎成为太平公主集团的头面人物。

韦嗣立在被贬为许州刺史后，"以定册尊立睿宗之功，赐食封一百户"，可见他之前参与了拥立睿宗的计划，而具体参与途径不可能是通过李隆基进行，只能是借助太平公主。

赵彦昭素"与郭元振、薛稷、萧至忠善"[②]，即他的朋友圈中，三个最要好的朋友就是郭元振、薛稷、萧至忠。郭元振是睿宗的铁杆心腹，薛稷、萧至忠

---

[①] 《旧唐书》卷92《萧至忠传》。
[②] 《新唐书》卷123《赵彦昭传》。

是太平公主集团的重要成员，可见赵彦昭通过朋友应该和相王、太平公主也有一定的联系。

而崔湜虽然是韦皇后的铁杆亲信，但更是上官婉儿的心腹兼情夫，他当初拜相就是通过上官婉儿引荐，后因主持选官之事贪赃受贿被贬为江州司马，还是上官婉儿极力营救才被高高举起、轻轻放下，不久就改迁襄州刺史，再回朝任尚书都省副长官尚书左丞。中宗后期，崔湜主持开建连接商州水陆交通的"商山新路"①，征发几万民夫，"死者十三四"②。尽管崔湜为抢工期营造政绩宁肯累死人也在所不惜，但直到中宗驾崩时还是连一半的路都没有修通。上官婉儿借助起草中宗遗诏的机会，竟然"曲叙其功而加褒赏"，推动韦皇后任命崔湜为宰相。可见，无论是崔湜，还是萧至忠、韦嗣立、赵彦昭，身上的真正政治色彩并非韦皇后，而是相王、太平公主、上官婉儿，这也是李隆基将他们罢相外贬的真实原因。

萧至忠、韦嗣立、赵彦昭、崔湜被罢相外贬刺史后，并没有立即出京赴任，而是以收拾行李为由观察长安局势，没想到果然时来运转。就在他们被罢相的短短五天后，登基后的睿宗联合太平公主迅速巩固了权力。在太平公主的运作下，六月二十八，睿宗在调姚崇回朝任兵部长官兵部尚书并拜相的同时，让萧至忠复任中书省长官中书令，赵彦昭复任中书省副长官中书侍郎，崔湜复任吏部副长官吏部侍郎。由于睿宗已让姚崇任兵部尚书，就让韦嗣立出任中书省另一长官中书令③。萧至忠四人官复原职的同时，也全部复相。当然，这不是萧至忠等四人的最后结局，李隆基还有后招。

相对于和当年的相王、如今的睿宗的关系，萧至忠等人和太平公主的关系似乎更紧密一些，而且这四个人在政治立场上有着共同的污点。那就是在中宗驾崩后韦皇后主持召开的讨论遗诏的重臣会议上，宗楚客、韦温等"改削稿草"④，提出删掉遗诏中关于让相王辅政的内容，当时韦嗣立根本不敢提任何反

---

① 《旧唐书》卷51《上官昭容传》
② 《旧唐书》卷74《崔湜传》。
③ 唐代中书省有两名长官，即中书令。
④ 《旧唐书》卷88《韦嗣立传》。

对意见。不只是韦嗣立,萧至忠、崔湜、赵彦昭都参加了那次重臣会议,都没有出面阻止宗楚客,使得删改后的遗诏最终删除了相王辅政的条款。

由于重臣会议较为隐秘,睿宗从登基直至将萧至忠等人复相,都不知晓此事,萧至忠等人也不会傻到将这一政治污点自白于睿宗。李隆基在政变当夜闯进后宫时,曾看到上官婉儿出示的中宗遗诏初稿,应该从婉儿处知晓了重臣会议始末,明白了萧至忠等人在会议上的鸵鸟表现。但李隆基在睿宗将萧至忠等人复相时并没有上奏此事,应该和他要用提拔自身党羽崔日用作为人事交换有关。就在萧至忠等人复相的三天后即七月初一,在李隆基的极力要求下,睿宗任命时任兵部副长官兵部侍郎的崔日用为门下省副长官黄门侍郎并"参知机务"拜相。

将崔日用安插进宰相班子后,李隆基转头就开始攻击萧至忠等人,把他们在重臣会议上不敢力保相王辅政的行为告知睿宗,请睿宗看清萧至忠等人首鼠两端的墙头草做派:父皇您眼睛不要瞎了,这样的官员怎么能用!

睿宗一怒之下,于七月十三将萧至忠等人二次罢相,贬崔湜为尚书左丞,萧至忠为晋州(今山西省临汾市一带)刺史,韦嗣立为许州刺史,赵彦昭为宋州刺史。张锡和李峤也因在中宗驾崩后政治立场不坚定被清洗。时任东都留守长官的张锡在同一天贬任绛州刺史。五天后即七月十八,李峤因之前建议韦皇后将相王诸子赶出京城被贬任怀州刺史。

睿宗在贬黜李峤、萧至忠等不敢站稳政治立场之人的同时,还重点表彰在重臣会议上敢于和韦皇后势力做斗争的苏瑰,专门下诏褒奖苏瑰在"奸回动摇,内外危逼"①的危局中,坚守政治立场,"独申谠议,实挫邪谋",遂提升苏瑰为尚书左仆射。睿宗对苏瑰的褒奖有多强烈,对萧至忠等人的愤怒就有多严重。

李隆基在萧至忠等人的问题上,偷袭太平公主得手。太平公主亦是来而不往非礼也,派出之前将李隆基大将钟绍京赶下台的薛稷和崔日用进行斗争。此时薛稷因前期协助睿宗驱逐钟绍京,已经从太常寺副长官升任中书省副长官中

---

① 《旧唐书》卷88《苏瑰传》。

书侍郎,"参知机务"并拜相。崔日用和薛稷都任相"参知机务",一个是门下省副长官黄门侍郎,一个是中书省副长官中书侍郎,在政务处理上属于前后流程,本就不免在工作上有摩擦,又分属李隆基和太平公主两个阵营,自然斗得那叫一个你死我活。

有一次崔日用、薛稷两人又在睿宗面前争得脸红脖子粗,吵到互揭对方的老底。薛稷揭发崔日用政治立场极其不稳,为人狡诈,"非忠臣"[1],当年和武三思打得火热,是武三思反朝廷集团的重要成员;后来加入韦皇后集团又反水,简直是卖主求荣,"非义士",暗指崔日用靠投靠李隆基换取政治生命。

薛稷对崔日用的攻击,抓住了睿宗的两个痛点:一是睿宗痛恨武三思等诸武子弟;二是崔日用投靠李隆基而非睿宗。故这一攻击颇为奏效。眼看睿宗要听信,崔日用赶紧反击,首先将自己洗白。他不能否认之前的黑历史,那等于在睿宗面前说谎,会被当成欺君之罪被薛稷往死里踹。崔日用承认道:臣不否认当年迫于形势,曾经短暂依附过武三思和韦皇后,但今日已经用实际行动洗心革面,在政变中立下大功。潜台词是没有他崔日用之前的反水,太子李隆基怎么能抢在韦皇后之前动手,陛下您怎么能登上大位。洗白完自己,崔日用又攻击薛稷,说他表面上是纯正的皇亲国戚,实际上当年暗中先后加入张易之、宗楚客谋反集团,他才是真正的趋炎附势之徒。

睿宗听完薛稷、崔日用的彼此攻击,索性"两罢之",于七月十九贬崔日用为雍州长史,贬薛稷为左散骑常侍。

睿宗虽然将薛稷和崔日用"两罢之",但在具体处理上还是轻重不同。崔日用贬任雍州长史,看似掌握京师所在地雍州的地方日常事务实权,但崔日用此时的顶头上司雍州牧是睿宗的嫡长子李成器,崔日用万万不能也不敢越过李成器在雍州按照李隆基的意志自行其是。睿宗此举,等于将李隆基的心腹大将放在李成器的眼皮底下,置于李成器的直接领导监督之下,目的很明显,就是斩断李隆基和崔日用的联系。

而薛稷虽然任左散骑常侍的国务顾问闲职,但还是留在朝中,且左散骑常

---

[1] 《资治通鉴》卷210。

侍实际职权的伸缩性很大，全看君主所赋予权力的大小。只要睿宗需要，完全可以让薛稷以左散骑常侍的身份对国务既"顾"又"问"。毕竟薛稷除了和太平公主的关系，也是睿宗的亲家。对薛稷和崔日用如此厚此薄彼，并不是睿宗不能一碗水端平，而是他此时必须要拉拢薛稷身后的太平公主，共同对付桀骜不驯的三郎李隆基，尤其是要加强和李隆基在禁军中的争夺。

## 清洗万骑　平反婉儿

早在政变成功时，睿宗、太平公主就已经与李隆基开展争夺禁军实权的斗争。前文提到，李隆基发动政变的主力万骑营营长葛福顺，在政变中杀死统领羽林军的韦璇、韦播、高嵩，立下头功，在政变后从泾州兴教府果毅都尉（从五品下），被提拔为左监门卫将军（从三品）。

虽然品级提高，但据出土的葛福顺墓志，葛福顺对这一任命非常不满，原因就在于"屯警之要，监守为轻"[①]，左监门卫将军虽然品级甚高，但相比于万骑营营长手握北门禁军主力的实权，无疑是明升暗降，被排挤出禁军系统。李隆基自然不可能对作为自己心腹的葛福顺做如此安排。这一任命只能出自睿宗和太平公主之手，他们的目的就是要通过调离葛福顺，尽可能地切割李隆基与万骑营的关系。

将葛福顺从万骑营营长位置上调离只是第一步，在景云元年（710）七八月间，睿宗和太平公主又将葛福顺赶出京师，外放幽州，调任幽州镇守军防御使，后兼任幽州诸军节度副使。这更是赤裸裸地对李隆基禁军势力的清洗。为顾及李隆基颜面，照顾葛福顺情绪，睿宗又赐爵葛福顺柳城县开国男。

赐爵归赐爵，睿宗对李隆基禁军心腹的清洗仍然不遗余力。景云元年（710）八月，万骑营将领倚仗平定韦皇后集团的军功，"多暴横"，桀骜不驯，在京师为非作歹，鱼肉百姓，长安民众叫苦连天。个别将领凭借军功翘尾巴本是常事，却为睿宗合理合法地排挤李隆基的禁军心腹提供了借口，睿宗遂借机

---

[①] 唐雯《新出葛福顺墓志疏证：兼论景云、先天年间的禁军争夺》，载于《中华文史论丛》2014年第4期。

下诏将这些所谓"暴横"的万骑营将领全部赶出长安,贬到外地为官。

《隋唐五代墓志汇编》中载录的很多墓志,可以印证睿宗的这一政治动作。据《大唐故鲜于将军(廉)墓志》,鲜于廉在政变中"毕心御寇,锡莫重焉"[①],被提拔为云麾将军、布政府折冲,不久就被外放河源军(今甘肃东南部一带)讨击副使。据《大唐故薛府君(莫)墓志铭》,薛莫鉴于"宫闱作孽"[②],和李隆基"赤心从谋",参与政变,被授予云麾将军、上柱国,政变后外放赤水军(今甘肃省武威市一带)防御使。据《太原王府君(崇礼)墓志铭并序》,王崇礼在政变中"申威奋武,挥戈电转,跃马云屯"[③],事后"封其爵命",于唐隆元年即景云元年(710)七月十六外放松州(今四川省阿坝州松潘县一带)牛头镇副使。以鲜于廉、薛莫、王崇礼为代表的禁军将领迁转经历说明,当时跟随李隆基参与唐隆政变的很多将领都被排挤出禁军系统,外放边疆。

将李隆基的心腹将领贬黜外地,只是睿宗打击李隆基禁军实力的开胃菜,接下来他要从万骑营兵源入口着手,彻底解决禁军队伍皇权属性不强、对皇帝政治忠诚不够问题。

同在景云元年(710)八月,睿宗还下诏"停以户奴为万骑",即禁止选拔户奴进入万骑营充当将士。户奴主要是分配给主管马匹饲养的监牧,以及太子、诸王、公主府中的官奴。从唐初开始,太子东宫府就豢养大量户奴,其中很多人往往具有特殊技能,武艺高超,如玄宗贴身保镖王毛仲就是户奴。身强体壮的户奴,是万骑营等禁军挑选兵源的绝佳候选人,这是李隆基将己方派系家奴安插进万骑营等禁军的重要渠道。睿宗"停以户奴为万骑",对李隆基的禁军力量无异于釜底抽薪。

睿宗和太平公主在万骑营等禁军中竭力排挤李隆基势力的同时,还全力加强己方在禁军中的实力。他们将之前在行政管理上隶属威卫(屯卫)、同样防守宫城北门的飞骑营,改为隶属羽林军,并大力扩充飞骑营编制,以与万骑营对抗。而此时的左右羽林卫大将军正是睿宗之子李隆范和李隆业,将飞骑营改

---

① 《大唐故鲜于将军(廉)墓志》,见《唐代墓志汇编》开元171。
② 《大唐故薛府君(莫)墓志铭》,见《唐代墓志汇编》开元274。
③ 《太原王府君(崇礼)墓志铭并序》,见《唐代墓志汇编》开元340。

为隶属羽林军,在事实上等于睿宗亲自掌兵。

清洗李隆基在前线的政治和军事势力后,睿宗、太平公主还不忘在李隆基的后方东宫安插眼线。据《资治通鉴》,太平公主经常派人监视太子的一举一动,李隆基的任何大事小情都被睿宗掌握得一清二楚。李隆基左右"亦往往为公主耳目",身边到处是太平公主在睿宗的默许下布置的钉子、眼线。这些耳目不只包括东宫中李隆基的随从、侍卫、奴仆,甚至还有他的枕边人。

景云年间在东宫任太子右庶子的李景伯,曾上书李隆基,批评他因为谄媚之徒的逢迎举荐,私自进纳艳女,整天流连于美色花丛之中,不但伤风败俗,而且身体也吃不消,长此以往,怎么能当好大唐朝廷和国家事业的接班人!更危险的是,这些来路不明的祸水女子,仗着殿下的宠爱在东宫随意出入,到处打探消息,将东宫内幕添油加醋地传播给坊间百姓,即使说者无心,听者也有意,更何况还有不怀好意的人专门盯着东宫呢。一旦泄露的消息涉及朝廷政务或东宫隐情,难免会将殿下牵连其中。李景伯劝李隆基在女色上要适可而止,不要贪得无厌。

值得注意的是李景伯为李隆基的开脱之语"此非殿下之本心,直被小人之所误"[1]。李景伯可能已经隐约感觉到事情不太对劲,进纳女色不符合太子一贯英武的人设,可能是被身边小人勾引下套所致。但李景伯并没有多想,或者已经想到更深一层,只是不方便或不敢说出来而已。

而这个更深一层的秘密,就藏在开元二年(714)八月初十的一道诏书中,这年李隆基已经登基为玄宗并彻底打败父皇睿宗、姑姑太平公主。李隆基在诏书中明确指出,"往缘太平公主取人入宫,朕以事虽顺从,未能拒仰",即当年宫中那些艳妇,都是太平公主有意安插进东宫的,朕当年苦啊,迫于太平公主的压力,被迫接纳了这些女人,被折腾得够呛!

太平公主送进东宫的女子,不但充斥于内官、宫官和下等宫女各个层级[2],就连仅次于太子妃王氏的良娣董氏、良娣杨氏、良媛武氏等人,也都是太平公主挑选之人。如历史学者雷闻所言,董氏、杨氏、武氏三人被册封,"都是在

---

[1] 《全唐文》卷 271《李景伯·上东宫启》。
[2] 霍斌《唐五代内官制度研究》,花木兰文化出版社,2015 年。

睿宗主导下进行的，甚至也可能反映了太平公主的意志"[1]。而三人中的杨氏，正是唐隆政变中被李隆基下令处死的韦皇后面首、时任太常寺副长官太常少卿的杨均之弟杨澄之女，即杨良娣是杨均的亲侄女。

唐隆政变中，杨均被指控参与韦皇后毒杀中宗的弑君行动，杨氏家族受此牵连"举家迁谪"。太平公主看中杨氏将其送入东宫李隆基身边，显然是考虑到杨氏与李隆基有杀伯父之仇的历史恩怨，认为杨氏可以自我驱动、积极主动地替自己盯死李隆基。值此杨氏家族危急存亡之际，杨氏只有挺身而出，以一介弱女子承担起整个家族的雪冤再造责任，"泣诉非辜，特回殊造"，向睿宗、太平公主诉说伯父杨均冤情，请求为无辜的杨家雪冤。以此作为交换条件，杨氏答应太平公主进入东宫充当耳目。

在杨氏、董氏、武氏等枕边人的环绕和侍从家仆中太平公主眼线的包围下，太子李隆基"深不自安"，而父皇、姑姑的手段不止于此。睿宗、太平公主在打压李隆基的政治军事实力，往东宫安插眼线的同时，还着力打击其政治威望，具体手段就是抬死人压活人，用死去的上官婉儿大做文章。

上官婉儿在唐隆政变中被李隆基血腥斩杀，香消玉殒，但就某些政治斗争而言，死人比活人更好用。李隆基在政变中趁乱杀死上官婉儿，是对太平公主尊严的极大触犯和实力的重大打击，太平公主不会忍气吞声、善罢甘休。

在睿宗的支持下，景云元年（710）八月二十四，即婉儿被杀两个月后，太平公主为婉儿举行了隆重的葬礼。睿宗亲自下诏，将婉儿在后宫中的品级从婕妤追赠为昭容[2]，要求以礼下葬婉儿。太平公主哀痛伤心至极，拿出五百匹绢布作为丧葬之用，让婉儿风光大葬，派遣使者凭吊致祭，并委托人撰写墓志铭。

前文已经提及，婉儿墓志着力描写了她与韦皇后集团进行激烈斗争的事迹，从根本上改变了时人和后人心中婉儿属于韦皇后一党的政治形象。既然婉儿是与韦皇后进行坚决斗争的对立方，那就是心系李唐皇族的正面力量，是以

---

[1] 雷闻《被遗忘的皇妃：新见〈唐故淑妃玉真观女道士杨尊师（真一）墓志铭〉考释》，载于《华中师范大学学报（人文社会科学版）》2016年第1期。

[2] 陆扬《上官婉儿和她的制作者》，载于《东方早报》，2014年3月27日。

睿宗为代表的皇族势力的重要助手和成员。当然，为避免人们认定中宗遗诏出自太平公主和上官婉儿后来的伪造，对睿宗登基的合法性形成重大质疑，墓志中也没有婉儿在起草遗诏时引相王辅政之事。

虽然为照顾李隆基颜面，当然应该也考虑到李隆基的反对，墓志没有写明婉儿被杀的真实情况，只是隐晦地说"遽冒铦锋，亡身于仓卒之际"，只是被乱兵所杀，不是李隆基亲自下令甚至动手。故仇鹿鸣等历史学者认为，从上官婉儿墓志的书写和葬事的安排上，"可看出太平公主与李隆基之间互相角力的痕迹"①。墓志尽管隐瞒了婉儿被李隆基所杀的事实，但并不妨碍太平公主私下放出风声，在民间广泛传播李隆基亲自指使甚至亲手杀死婉儿的真相。

婉儿墓志的书写模式极力向人们暗示：李隆基敌我不分，为了一己之利不惜杀害心系皇室的功臣，如此颠倒黑白之人，怎么有资格做我大唐的太子、当我大唐的皇帝！且上官婉儿身为武则天后期的文坛领袖，手握称量天下文士的大权，是文人心中的精神领袖。太平公主将婉儿被李隆基杀死的真相公之于众，而将自己与婉儿的深厚闺蜜情谊告之于天下，无疑能对李隆基的形象和威望造成重大打击，推动文士远离李隆基，进而向自己的公主府靠拢，在舆论上形成废黜李隆基太子之位的声势。

据《资治通鉴》，太平公主刚开始虽然与李隆基交手数次，但并没有把他当回事，"以太子年少，意颇易之"，直到发现李隆基在数次交手中并没有被打趴下，虽然在与自己的斗争中落于下风，但仍像个打不死的"小强"一样屡败屡战，辗转腾挪小心翼翼地进行防御，甚至有时候还能来个防守反击。虽然手下的钟绍京、崔日用两员大将都被打掉，但李隆基也让太平公主付出了薛稷作为代价。

在这数回合的斗争中，太平公主虽然有睿宗的支持，却并没有取得全胜，于是"既而惮其英武"，在战略战术上全面对其重视起来。太平公主开始改变与李隆基的斗争方式，不再幻想将其压服，而是试图将李隆基废黜，"欲更择暗弱者立之以久其权"，改立软弱无能、容易控制之人为太子，以便更长久地

---

① 仇鹿鸣《碑传与史传：上官婉儿的生平与形象》，载于《学术月刊》2014年第5期。

## 第十五章 拉太平打太子

保持自己的权势。

废黜太子的战略既定，太平公主便指使其党羽在朝廷内外散布流言蜚语，营造废太子的舆论，说什么太子不是长子，按照宗法原则没有继承皇位的资格。朝廷上下以为高层再次出现重大政治地震，议论纷纷。

舆论氛围营造到位后，太平公主认为睿宗会像以前一样支持她，却没料到被哥哥啪啪打脸。景云元年（710）十月二十二，睿宗专门就太子问题下诏，要求官员百姓不得妄议太子废立之事，表明了对太子的支持态度。

太平公主显然没有意识到，睿宗对她的态度已经悄然发生了改变。

# 第十六章 扶太子制太平

在拉太平公主打压太子李隆基的斗争中，睿宗是有底线的，这就是使双方的势力处于平衡状态，确保自己能够居中控驭、皇权不坠。如李锦绣先生所言，"睿宗看似依违于太平与太子之间，实际上，睿宗是使二人两相牵制；隆基因有太平而储位不稳，太平因有太子而不能像其母一样取兄而代之"[①]。

睿宗对李隆基的斗争策略，是利用与太平公主的联合打压来使其储位处于不稳状态，迫使其放弃越过自己提前登基的狼子野心。在达到这个政治目标的基础上，睿宗并不想换人也不需要换人。而太平公主"欲更择暗弱者立之以久其权"的目标，显然和睿宗保持李隆基太子地位不变的既定策略发生了冲突。

## 太平颠覆太子

太平公主欲替换李隆基的首选人物是睿宗嫡长子李成器，而此时的睿宗已经认识到，李成器的地位可以用来牵制李隆基，但不能代替李隆基。睿宗对几个儿子的政治判断还是心中有数的，他尽管在感情上更喜欢李成器，但在政治上更倾向于此时看似被压服的李隆基。

经历多年政治风雨洗礼的睿宗明白，如果强推李成器上位，必然会刺激不甘屈居人下的李隆基再来一次类似玄武门之变的流血政变，那么他父子三人定然会如当年高祖李渊、太子李建成、秦王李世民一样刺刀见红，其他几个儿子

---

① 李锦绣《试论唐睿宗、玄宗地位的嬗代》，见《原学》第三辑，中国广播电视出版社，1995年。

也会被卷进去，没有人能够独善其身，后果将不堪设想。如果父子兄弟杀红了眼，在你死我活的斗争中共同殒命，太平公主还会继续推出其他"暗弱者"上位，以"久其权"，这个人就是邠王李守礼。

李守礼和睿宗几个儿子的关系很好，政治地位也很特殊，是高宗和武则天此时在世的长孙，在宗法血统上甚至比睿宗及其儿子更有资格继承大统。高宗和武则天共育有四子，长子李弘无后，次子李贤有三个儿子，但李贤长子李光顺和三子李守义都在李贤流放巴州（今四川省巴中市一带）后被武则天诛杀，只留下"才识猥下"[1]的李守礼侥幸存活。武周革命时期，李守礼和睿宗的几个儿子一起被幽禁宫中，在共同的患难生活中结下了深厚的兄弟情义。圣历元年（698），李显复立为皇太子后，李守礼和睿宗的儿子才一起被放出。少帝即位后，进封李守礼为邠王，李成器、李隆基兄弟称其为"邠哥"。睿宗二次登基后，追赠李贤为章怀太子，先后加封李守礼为"带光禄卿，兼幽州刺史，转左金吾卫大将军，遥领单于大都护"。

李守礼虽然"才识猥下"，相较于睿宗几个儿子中最不学无术的岐王李隆范和薛王李隆业还要不如，但并不妨碍其特殊血统造就的在皇位承继中的理论靠前地位。后来李隆基的孙子唐代宗在宝应二年（763）十月吐蕃攻破长安时就立李守礼的儿子李承宏为帝。由此可见，李守礼的特殊地位在一定时期是可以被人利用的。更何况李守礼的"才识猥下"很有可能是刻意伪装的，是其深刻反省父亲李贤的政治遭遇后，采用这种"多宠嬖，不修风教"的非正常生活方式躲避政治斗争以明哲保身。如果真是这种情况，李守礼在太平公主的蛊惑下，极可能会对皇位产生觊觎之心，毕竟父亲李贤曾经是皇太子，几乎登上大位。

对太平公主而言，代替李隆基的无论是四哥睿宗之子李成器，还是二哥李贤之子李守礼，都是自己的侄子，在血缘上并没有远近亲疏之分。但对睿宗而言，这里面的区别就太大了，毕竟一个是亲儿子一个是大侄子。如果太平公主推举李成器，他睿宗一脉的皇统还能延续下去。但在睿宗反对、李成器又不一

---

[1] 《旧唐书》卷86《章怀太子李贤传附子邠王李守礼传》。

定接受的情况下，太平公主极有可能会推举更容易控制的李守礼来取代李隆基，那就等于他睿宗一脉皇统尽绝，再也没有盘踞皇位的可能。睿宗想到此，不免后背发凉，毕竟之前他也是经过一番操作猛如虎，才彻底把哥哥中宗李旦一脉彻底踢出皇位继承序列的。

对于大唐王朝而言，这还不是最严重的政治后果。按照太平公主推举李守礼的政治逻辑继续推演下去，经过"暗弱者"李守礼的过渡，作为武则天最疼爱的女儿，被武则天"以为类己"，即被武则天认为性格和自己很像的太平公主，极有可能效仿乃母再来一次女主登基。而太平公主之夫是武家子弟中依然活得很好的武攸暨，倘若武攸暨在太平公主登基后试图以女皇夫君的身份接班，那就等于武周王朝再次借尸还魂，死灰复燃。即使太平公主登基后不将皇位传给武攸暨，也会传给她和武攸暨的亲生儿子，那天下就会再次改姓武氏。如此不堪设想的政治后果，是还有李唐历史担当、历史自觉的睿宗绝对不能接受的。

而太平公主也表现出强烈的参政揽权野心。据司马光在《资治通鉴》中的概括，太平公主"沈敏多权略"——性格沉静却反应迅速，政治嗅觉灵敏，对权谋之术很有心得，武则天都"以为类己"，认为女儿深得自己真传。武则天"于诸子中独爱幸"，即在几个子女中，对太平公主这件仅剩的小棉袄尤其宠爱，经常让她参与一些重大的私密决策工作。知女莫如母的同时，亦是知母莫如女，太平公主也知道母亲对绝对权力的痴迷和对与他人分享权力的忌讳，故惧怕武则天的雷霆手腕，"未敢招权势"，不敢在朝政上伸手过长，只是真情实意地表演好小棉袄的角色。帮助武则天除去薛怀义，进献张昌宗作为面首，都是太平公主在这种政治环境中的神操作，既获母亲欢心，又让女皇放心。而且这些事也只能由太平公主出面去做，要让中宗、睿宗两个儿子去给母亲进献面首，总有些不方便。

在诛杀张易之、张昌宗，逼武则天退位的神龙政变中，太平公主深度参与，"有力焉"，其势力开始抬头。中宗二次登基时期，连炙手可热的韦皇后、安乐公主都对她有几分畏惧。太平公主又与李隆基联合诛灭韦皇后集团，在几次政变中都连续下对赌注，立下了大功，愈发得到睿宗的信赖、尊重，以及官

## 第十六章　扶太子制太平

员百姓的衷心拥护。睿宗二次登基后，将其封户增加到一万户，让本应上缴国家的一万户百姓的赋税，都转入太平公主的私家账户。睿宗经常与太平公主讨论军国重事，让太平公主深度参与到朝廷重大方针政策的决策中。太平公主每次进宫奏事，经常和哥哥一谈就是几个时辰。有时睿宗要出台重大决策，而太平公主没有进宫，睿宗就让宰相亲自到公主府征求意见。据《资治通鉴》，宰相向睿宗汇报工作时，睿宗先问这件事太平公主是否同意，再问太子三郎李隆基是否同意。如果太平公主和太子都同意，睿宗才最终圈阅同意。太平公主"所欲"，睿宗"无不听"，全部恩准。

在睿宗的放纵下，太平公主掌握了部分中低级官员的任命权，宰相以下官员的选拔任命，太平公主一句话就能办到，"其余荐士骤历清显者不可胜数"。无数士人因为太平公主的一句话，就朝为田舍郎，暮登天子堂，很快从低级官职升迁到高级岗位，以致形成太平"权倾人主"之势，"趋附其门者如市"，即大量官员投奔太平公主一方。

太平公主之子薛崇行、薛崇敏、薛崇简全部封王，公主家产富可敌国，私家别墅、园林、田庄遍布京师长安、东都洛阳周边。太平公主还将权力与生意完美结合，经营各种大宗产品交易、奢侈品生意等，从岭南、四川到长安的官道上，尽是替太平公主家运送货物的车队。在政治权力和经济待遇的双重加持下，太平公主养尊处优，吃的、穿的、住的、用的，和皇宫之内的睿宗已经没有什么区别，大有直追当年女皇武则天的势头。

司马光的描述虽不无夸张之处，尤其是对睿宗的书写有刻意将其定位为庸弱之主的嫌疑，可能不符合睿宗的真实政治形象，但对太平公主权势的描写距离当时的历史事实应该不远。

在太平公主权势直逼睿宗，甚至意图更换太子、断绝睿宗一脉皇统的政治态势下，睿宗的政治态度悄然发生变化，遂进一步在宰相班子中加强自身力量建设。景云二年（711）正月十三，睿宗一并任命太仆寺长官太仆卿郭元振、中书省副长官中书侍郎张说为宰相。

在以往的史学观念中，人们囿于张说、郭元振等人在开元年间支持李隆基铲除太平公主势力的行动，往往将他们看成李隆基的原始班底，认为诸人在政治立场上一开始就站队李隆基。其实,包括姚崇、宋璟、张说、郭元振、刘幽求、韦安石、魏知古等人在内的所谓的李隆基原始班底,一开始并非天然倾向于李隆基。相比于李隆基,他们身上有共同的更浓厚的睿宗色彩。在睿宗二次登基后的景云年间,姚崇、宋璟、张说、郭元振、刘幽求、韦安石、魏知古等人并不属于太子一派,而是睿宗一方。正如有研究指出,"至少在唐睿宗执政之初,都不能以太子集团的视角来认识姚崇、宋璟、张说、刘幽求等人"①。

## 睿宗支援东宫

综括前文在书写姚崇、宋璟、张说、刘幽求等人事迹时对他们仕途经历和政治表现的记述,可以明显看出他们早期与睿宗的深度交集。早在长安元年(701),姚崇便已出任相王府长史,成为睿宗原始班底。宋璟虽然早期和睿宗没有直接或间接的关系,但其人在武周时期便以刚直不阿闻名于世,从不结党,一切以事情本身的是非曲直为依据。睿宗对其相当赞赏,故宋璟虽和睿宗没有僚佐旧情,却仍被重用。反观李隆基虽然后来亦拜宋璟为相,但内心深处恐怕对宋璟很是不屑。安史之乱长安失守,李隆基跑到四川成都,曾和大臣裴士淹点评宋璟,"彼卖直以取名耳"②,认为宋璟卖弄正直、装作直臣博取声名。这一评价无疑透露出李隆基对宋璟的真实看法,他当太子时对宋璟的真实判断与后来的评价不会相差太远。

张说在仕途刚起步时就成为李旦东宫臣属,还娶李旦之前的王府僚佐元怀景之女为妻,是李旦的早期班底成员。《旧唐书》似乎"证实"了太子李隆基早就对张说"深见亲敬"③的那条史料,即李隆基担心自己子嗣过多会被太平公主更加猜忌,密令张说找堕胎药让怀有身孕的杨妃终止妊娠,张说劝李隆基不要过于担心此事,该生就生。不久,杨氏产下一子,这就是后来的肃宗④。李隆基能和张说密商给妃子堕胎之事,似乎可以"证实"二人关系早就很亲

---

① 周其力《唐睿宗政治势力的消长研究》,上海师范大学硕士学位论文,2021年。
② 《新唐书》卷223《李林甫传》。
③ 《旧唐书》卷97《张说传》。
④ 《旧唐书》卷52《后妃下》。

密。但这条史料根据学者的研究,在很大程度上是伪造的,如黄永年先生所言,"很明显,所有这些都是出于肃宗正位后所编造,为肃宗制造天命、抬高身份,其所以牵涉张说者,当以张说子垍所尚宁亲公主为肃宗同母妹缘故"①。并且这在逻辑上也说不通,李隆基当时早就有嫡长子,再生一个排位靠后的儿子,既不会为他增加筹码,也不会招来更多的攻击。

刘幽求由于官位较低,早期没有机会接触睿宗,但从唐隆政变当夜他一再要求及时拥立相王登基的表态中,可以看出他并不支持李隆基越过睿宗上位,而是在拥立睿宗的政治前提下支持李隆基入主东宫。因此,此时刘幽求在政治立场上仍可划入睿宗一派。张说、刘幽求在崔湜问题上的立场更能说明这一点。

当初李重福策划起兵时,曾和时任襄州刺史的崔湜互通声气。崔湜"密与谯王重福通书"②,书信中应该会有布置起兵事宜和拥立谯王的政治表态,故李重福送给崔湜金腰带表示感谢。李重福兵败后,崔湜与其勾连之事曝光,依律应被处死。

前文提到,作为上官婉儿情人兼心腹的崔湜,在政治立场上属于太平公主一派,属于李隆基的政敌一方,却受"张说、刘幽求营护得免"。本应受死的崔湜,是靠张说、刘幽求的多方营救,才死里逃生,躲过一刀。如果此时张说、刘幽求属于李隆基阵营,断然不会做出对李隆基如此不利之事,反而应该趁其病、要其命,借机将崔湜往死里踹。此事说明,当时张说、刘幽求并非李隆基班底,而是有着独立于李隆基的政治立场,在崔湜一事上可能是在执行睿宗关于联合太平公主的策略,毕竟崔湜作为太平公主一方的重要成员,如若被处死会造成太平公主阵营力量的重大损失。

魏知古在武则天长安年间,历任凤阁舍人即中书舍人、卫尉寺副长官卫尉少卿。当时"睿宗居藩"即睿宗还是相王时,魏知古和姚崇一起在相王府任职,魏知古出任相王府司马,而姚崇当时任相王府长史。如前文所言,韦安石

---

① 黄永年《唐肃宗即位前的政治地位和肃代两朝中枢政局》,见《黄永年文史论文集》第二册《国史探赜(下)》,中华书局,2015年。
② 《资治通鉴》卷210。

在武则天神龙年间兼任相王府长史,虽然有中宗东宫旧僚的背景,但也由此和相王有了交集,因此睿宗登基后仍将其视作相王府僚佐加以重用——拜相。韦安石在政治上既受到太平公主派系打击,又被李隆基派系打压:先被太平公主派系攻击失去相位,贬蒲州刺史;后在李隆基稳坐皇位后被贬沔州(今湖北省武汉市汉阳区一带)别驾,最终在沔州郁郁而终。可见,韦安石定然不是李隆基派系,而是属于睿宗阵营。

郭元振虽然早期和睿宗没有直接关系,但他是武则天一手提拔起来的,忠于武则天和继续忠于武则天之子,在政治上应该并不矛盾。并且郭元振在武则天时期被宗楚客诬陷谋反,是靠姚崇、张说、韦安石等人力保方才过关,可见郭元振与张说、韦安石、姚崇等睿宗班底的关系非常亲近,受他们影响会在政治感情上偏向睿宗。睿宗对郭元振也很看重,评价他"正直齐于宋璟,政理逾于姚崇,其英谋宏亮过之矣"[1],认为在政治能力上比姚崇与宋璟的合体还要高一筹。因此,郭元振在政治立场上属于睿宗一派,应该是确定无疑的。

在太平公主与李隆基的斗争中,睿宗的策略是扶弱抑强,并非单纯地拉一派打一派。因此,睿宗在拉拢太平公主打压太子的同时,也将属于自己派系的姚崇、宋璟派到东宫分别兼任太子右庶子、左庶子,任命张说为太子侍读、韦安石为太子少保,派当年的相王府旧僚许临出任东宫太子仆[2]。

姚崇、宋璟、张说、韦安石等人在东宫可以发挥两方面的作用:一方面是帮助睿宗监视太子,使太子不至于失控;另一方面是帮助睿宗稳定太子储位,使太子不至于失位。至于主要发挥哪一方面的作用,在他们任职东宫初期暂时取决于睿宗的旨意。之所以说是"暂时",是因为后来诸人的政治立场发生了大幅的变化调整,此处暂且不表,后文详叙。

任命张说、郭元振为宰相后,睿宗稳住了阵脚,顶住了太平公主"权倾人主"势头的冲击。在牢固控制宰相班子的基础上,睿宗开始指示韦安石、姚崇、宋璟、张说等人将主要精力用在稳定太子储位上。

睿宗发出这一指示的重要背景是,太平公主此时已经不仅是在营造废立太

---

[1] 张说《兵部尚书代国公赠少保郭公行状》见《张说集校注》,中华书局,2013年。
[2] 《徐临墓志》,见《洛阳新获七朝墓志》。

## 第十六章 扶太子制太平

子的舆论氛围，而且开始出面串联大臣。太平公主首先是与中宗时期的老宰相、时任益州长史的窦怀贞等人"结为朋党，欲以危太子"，准备颠覆东宫。太平公主还让女婿唐晙邀请韦安石到自己府上一叙，其意明显是要韦安石提供东宫情报，拉拢韦安石参加与太子的斗争，至少让韦安石持中立态度。韦安石鉴于睿宗先前稳定太子储位的指示，坚决拒绝了到公主府叙旧的邀请。

太平公主见韦安石如此不给面子，大怒，决定在哥哥面前参他一本，遂进宫向睿宗告状，说韦安石等朝中重臣都心系东宫，眼中只有太子没有皇帝，只有未来佛没有现世佛。睿宗对妹妹的话不能全信，又不能不信，他必须确保朝中大多数官员跟着自己走，才能放心稳坐皇位。面对太平公主关于朝中重臣心系太子的举报，睿宗必须求证，就召韦安石进宫，而太平公主又不想回府，要求在帘子后面听韦安石到底如何回话。睿宗面对耍小脾气的妹妹，心中的那股兄妹柔情升腾，加之睿宗不知道太平公主和韦安石先前的龃龉，只能无奈同意。而睿宗的兄妹柔情和"妹控"心态，差点将韦安石置于死地。

韦安石进宫后，睿宗对他说：朕听说朝中大臣都"倾心东宫"，爱卿你要替朕盯紧前朝，对朝中人心向背做个详尽调查，看是否真的如此。韦安石听睿宗此语，心里就明白了个七七八八，知道睿宗这是被太平公主忽悠了，以致影响到对朝局的基本判断，在先前稳定太子储位的既定方针上有所动摇。

韦安石认为，稳定太子储位就是稳定睿宗皇位，在太平公主势力急剧上升、东宫之位摇动的态势下，必须执行先前稳定太子储位的既定方针，就大胆劝谏睿宗：陛下"安得亡国之言"——您怎么能说出这种亡朝廷亡国家的话！韦安石不知道太平公主就在帘子后面偷听他和睿宗的对话，就直接把太平公主给抛了出来：这肯定是太平公主的阴谋，太子有大功于社稷，且仁厚聪明孝顺友爱，天下人所共知，希望陛下不要被谗言迷惑！

睿宗见韦安石竟然指名道姓地将背后黑手指向太平公主，而他知道太平公主就在帘子后面"窃听之"。睿宗出于保护韦安石的目的，不等韦安石把话说完就将其话头打断，"瞿然"说道：朕已经明白了，爱卿你不要再说了。

被睿宗不小心给卖了的韦安石，一步三回头地退下，他不明白睿宗为何突然打断自己的话。可怜的韦安石还不知道，因为刚才的那番话，他已经被太平公主列为重点打击对象。太平公主从帘子后面出来后，怒气冲冲地出宫回府，随即就布置手下散布对韦安石不利的谣言，无非是贪赃受贿谋反之类，准备将其捉拿审问、定罪论刑一条龙。

值得注意的是，史料未见睿宗在这一过程中有直接保护韦安石的旨意，韦安石幸赖"郭元振救之"，才"得免"，涉险过关。幸好韦安石对此并不以为意，他认为郭元振代表睿宗，郭元振对他的救护是出自睿宗的旨意，当然这也是睿宗不出面下旨雪冤韦安石的原因所在，毕竟有郭元振出头就不用自己作为皇帝动用牛刀了。

但在姚崇、宋璟等人看来，韦安石的遭遇是一个明显的信号，是睿宗这个"妹控"可能会在关键时刻顾及和太平公主的兄妹之情或政治联盟而抛弃他们的信号，他们必须重新考虑自己的政治立场调整和政治前途了。前文之所以说姚崇、宋璟在东宫主要是发挥监视太子的作用还是辅佐太子的作用，"在当时暂时取决于睿宗的旨意"，主要是因为姚宋二人的政治立场随着政治局势的变化也在发生转变。

## 姚宋硬杠太平

姚崇、宋璟认为，在常规的政治生态中，支持太子与支持睿宗并不矛盾，只要听从睿宗稳定太子储位的指示，确保李隆基未来登基，他们就能继续执掌大权进而革新政治。但因为太平公主的权欲、睿宗与太子的矛盾，当时的政治生态过于复杂，并非常规状态。随着太平公主攻势的加强和睿宗对太子态度的变化，李隆基不一定能顺利接班。如果太子被废，那他们作为太子东宫僚佐，肯定会成为被清洗的头号目标。

也就是说，姚崇、宋璟已经在事实上形成了与太子一荣俱荣、一损俱损的关系。更严重的是，姚宋二人的这一想法并非他们独有，而是在当时政治形势的演变中极具传染性。随着时间的推移，张说、刘幽求、魏知古等人也会在复杂的政治形势中发现他们面临和姚崇、宋璟一样的处境，进而会产生和姚宋二人同样的想法，只不过或早或晚而已。

睿宗由于性格和经历，更为看重亲情，在政治上缺乏皇帝应有的杀伐决断。一旦遇到太平公主的利益和自己派系内部成员的个人利益发生矛盾,"并不会特地保护其势力成员"[1],一如睿宗并没有特意出面保护韦安石。姚崇、宋璟要想在太平公主的打击中脱身,必须严重依赖自救和与其他睿宗派系成员的互助,一如郭元振出面救护韦安石。

姚崇、宋璟二人的政治立场发生变化的另一重要原因,是他们和张说、刘幽求、郭元振等人虽然在表面上都属于睿宗阵营,但本质上却并非一派。郭元振可以出面救护韦安石,却不一定会营救他们,甚至还有可能落井下石。

姚崇、宋璟和张说、刘幽求、郭元振等人虽然同属睿宗一派,但彼此间有着很深的分歧。从武则天晚年开始,由于官员出身的不同和用人标准、喜好的差异,朝廷官员中逐渐形成"文学""吏治"两派。"文学"是指通过科举考试尤其是其中的进士科目起家,长于文学之士;"吏治"指的是长于吏干,解决实际问题能力很强的人才。姚崇、宋璟都长于吏干,即具体办事能力强,属于"吏治"一派。张说、魏知古、刘幽求等人虽然在文学政事上俱佳,但都以文学才华见长,而且在政事方面都以谋篇布局为主,行政办事能力亚于姚崇、宋璟,属于"文学"一派。

玄宗开元初年,以姚崇为代表的"吏治"派和以张说为代表的"文学"派彼此倾轧,你进我退,形成玄宗朝政治史上著名的"文学"与"吏治"之争[2]。在睿宗二次登基时期,他们之间应该已经开始出现裂痕,正如有研究指出,"唐睿宗的政治势力明显分成了由姚崇和张说为首各自行动的两派"[3]。并且在这两派势力中,张说、魏知古、刘幽求、郭元振人数更多,可以互相抱团取暖;但和姚崇站在一起的,有且几乎只有宋璟一人,他们两人只能背靠背作战,没有其他盟友可以提供支援。

正因如此,在睿宗势力成员中,姚崇、宋璟相对于张说、刘幽求、魏知古、郭元振等人,是最早从睿宗班底转变为太子李隆基阵营的成员,也最早开始与太平公主废黜太子的行为展开了激烈的斗争。

---

[1] 周其力《唐睿宗政治势力的消长研究》,上海师范大学硕士学位论文,2021年。
[2] 汪篯《唐玄宗时期吏治与文学之争:玄宗朝政治史发微之二》。
[3] 同[1]。

就在韦安石事件后不久，太平公主又乘坐辇车召集宰相班子到位于大明宫正殿含元殿之西的光范门议事，主要议题是"讽以易置东宫"，相对较为含蓄地要求宰相就废黜太子问题进行政治表态。尽管太平公主说得很委婉，尽管宰相们通过流言蜚语已经猜到太平公主可能要对太子有大动作，但由于事先没有任何思想准备，听闻太平公主要求他们公开表态，"众皆失色"[①]，一个个吓得"莫敢先言"[②]，一时间无人发表意见。

只有宋璟大义凛然地直"怼"太平公主："东宫有大功于天下"，是在艰苦卓绝的政治斗争中成长起来的真正的"宗庙社稷之主"，历经复杂环境的考验，臣不明白公主您究竟是哪根弦搭错了，才会提出这个议题？太平公主听罢，拂袖而去。

太子李隆基听闻此事，应该对宋璟有所表示，如不忘宋卿辅佐之恩，他日得登大宝定会回报之类。宋璟感太子知遇之恩，遂与姚崇密商彻底稳定太子储位之法。他们认为：太子目前的主要威胁来自太平公主，而太平公主之所以敢如此明目张胆地提出"易置东宫"，在很大程度上是因为太子有两个潜在竞争对手，一是身为睿宗嫡长子的宋王李成器，二是前文提到的高宗和武则天在世的长孙邠王李守礼。同时，掌握禁军兵权的岐王李隆范和薛王李隆业，也是潜在的不稳定因素。

在此分析判断的基础上，宋璟和姚崇共同秘密上奏睿宗，提出李成器和李守礼的特殊身份问题，认为太平公主在李隆基和李成器、李守礼之间挑拨煽动，"将使东宫不安"[③]，动摇太子储位。太子可是国本问题，事关朝局稳定。为稳定太子储位和朝局计，臣请将李成器和李守礼外放刺史；免去岐王李隆范和薛王李隆业的左右羽林卫大将军职务，另行任命他们为太子左右率"以事太子"，加强他们和太子的兄弟情谊，充实东宫武备力量；将太平公主和驸马武攸暨送到东都洛阳生活。

此时在睿宗眼中，姚崇、宋璟还是忠于自己的力量，他们提出的几条措施

---

[①] 《资治通鉴》卷210。
[②] 《全唐文》卷343《有唐开府仪同三司行尚书右丞相上柱国赠太尉广平文贞公宋公神道碑铭》。
[③] 《资治通鉴》卷211。

## 第十六章 扶太子制太平

也都是在落实自己关于稳定太子储位的旨意,并无太大不妥,因此同意前面几条意见,表示李成器、李守礼、李隆范、李隆业可以按照姚宋二人的意见进行调整,但妹妹太平公主问题必须重新考虑。

睿宗以一种相当悲悯的口吻对姚宋说道:"朕更无兄弟,惟太平一妹",爱卿你们看看朕的身边吧,父亲高宗、母亲武则天都已经驾崩,哥哥李弘、李贤、中宗李显相继撒手人寰,朕已经没有兄弟了,身边一奶同胞的只有太平公主这一个妹妹了,怎么能因为亲近儿子就远离妹妹,将妹妹送到东都洛阳那么远的地方生活。朕于心不安,你们再商议商议如何安置朕的妹妹。

睿宗之言,发自肺腑,千载之后,仍让人不免落泪。睿宗重视亲情,这是古今史家所公认的,正如王夫之所言"睿宗之不忍于公主者,性之正也,情之不容已也,患难与偕,义之不可忘也"[①]。几人一奶同胞,此时只有一个妹妹还在人世陪着哥哥,睿宗实在不忍心因为照顾儿子而疏远妹妹,更遑论为了儿子的大位而对妹妹残酷打击!

而这也正是此时的姚崇、宋璟和后来的张说、刘幽求、魏知古、郭元振等人与睿宗离心离德、渐行渐远的主要原因。他们明白,相对于睿宗和他们的君臣情义,睿宗更看重和太平公主血浓于水的兄妹之情。如果让睿宗在太平公主和他们之间二选一的话,睿宗只会选择妹妹,不会保全他们,韦安石就是生动的例证。此时只有紧跟太平公主的死对头李隆基,才能保住政治生命甚至肉体生命。姚崇、宋璟最早认识到这点,故率先帮助李隆基开展了对太平公主的和平斗争。张说、刘幽求、魏知古等人虽然后来才回过神来,但并不妨碍他们帮助李隆基对太平公主开展更为激烈的军事斗争。而直到最后关头还没完全重新站队的郭元振,则成为李隆基稳定皇位后拿来树立绝对权威的第一个祭旗对象。当然,这是后话。

不忍远离妹妹的睿宗,在宋璟、姚崇密奏稳定太子储位方案后,做出决断,部分采纳了姚宋的方案,下诏诸王和驸马从今以后不得统率禁军,在禁军中任现职者改任其他官职。宋璟、姚崇稳定李隆基储位的方案初步得到落实。

---

[①] 王夫之《读通鉴论》卷22《睿宗》。

太平公主看到诏书后,明白她动摇李隆基东宫之位的努力受挫,就再次搞起发起舆论攻势那一套,派江湖术士忽悠睿宗,说五天之内可能会有军队进宫刺王杀驾。太平公主的这一忽悠针对性很强,因为根据睿宗刚刚下发的制书,诸王和驸马已经失去兵权,而此时能够合法统率武装力量的,只有太子李隆基。太平公主虽然没有点名是太子要兵变,但指向性已经很明显,李隆基之名几乎呼之欲出。

对于武装逼宫这种事,帝王们一般宁可信其有,不可信其无,睿宗也不能免俗,就找来属于自己一派的张说、姚崇、宋璟、郭元振等人,召开小集团御前会议商议如何应对此事。

睿宗在会上言道,朕收到江湖大师跳大神跳出来的绝密情报,五天之内会有人带兵进宫造反,这是要弑君的节奏,"卿等为朕备之"①,即你们赶紧制定预案,加强戒备,准备应变。朕被弑了,你们也跑不了!睿宗说罢,众人的脸都被吓成土色,"莫敢对",大都和前几天被太平公主召集到光范门开会商议废黜太子那次一样,扮鸵鸟一声不吭。

只有张说上前进奏,先为睿宗分析消息真假:陛下,臣以为这所谓的江湖大师的预言肯定是受奸人指使,矛头直接指向太子,是为了忽悠陛下您废掉太子。张说的潜台词是,这事究竟是谁在背后捣鬼,相信陛下您圣明烛照,已经猜出个七七八八。张说还提出解决方案:陛下您前段时间已经下诏从舆论上维护李隆基的太子地位不动摇,这次不如将计就计下令让太子监国,如此会进一步明确君臣之间的位分,让大臣更加明白谁是储君、谁是臣子;这样朝廷中支持太子的正气就会上扬,党附奸人的邪气就会下降,所谓兵变、政变之事就不会再发生了。

张说此议,虽然对维护李隆基的太子地位有利,但在本质上仍然是在执行睿宗稳固太子储位的指示,并没有特意以此为筹码向太子邀宠继而归附的表示,否则就无法解释他后来在上官婉儿问题上的表现。因此,张说此时仍然是主要站在睿宗一边,属于睿宗一派,同时游走于太平公主、太子各方势力之

---

① 《大唐新语》卷1《匡赞第一》。

间。故睿宗仍对张说保持了信任，也没有当即否定张说关于部分削减皇帝皇权、适当增加太子权势的建议。姚崇、宋璟、郭元振见状，也赶紧加持张说，认为张说的建议是从朝廷的根本利益和长治久安角度提出来的，是"社稷之至计也"[1]，自然是极好的，奏请睿宗按张说的方针办。

此时不只张说，包括姚崇、宋璟、郭元振在内，都被睿宗认为是自己人而非太子一党。否则本就对太子忌惮的睿宗，绝不可能召集张说他们商议如何应对太子可能的兵变问题，那就等于把自己的底牌主动亮给太子看。

睿宗认为，这次会议是自己阵营内部成员的密谈，得出的会议结论肯定有利于自己；且监国之事表面上看事关重大，其实也只是表面动作而已，其象征意义远大于实质意义，只是为太子更方便地参与朝务增加一个名头而已，不会从根本上削弱自己的皇权。因此睿宗在会上"大悦"，心情不错，对会议结论予以认可，随后开始逐一落实姚崇、宋璟前期提出的诸王外放罢军、太平公主出京安置建议和这次会议的决定。

景云二年（711）二月初一，睿宗下诏让宋王李成器外任同州（今陕西省渭南市大荔县一带）刺史，邠王李守礼外任豳州（今陕西省咸阳市彬州市一带）刺史。睿宗在选择李成器、李守礼外放的州府地点时可谓煞费苦心，两人虽然外任，但任职地点距离长安仅有两百里左右，如需调二人紧急回朝，快马半天就能赶到。在诏书中，睿宗还任命左羽林卫大将军岐王李隆范为太子左卫率，任命右羽林卫大将军薛王李隆业为太子右卫率，送太平公主和驸马武攸暨到蒲州（今山西省运城市永济市一带）生活。太平公主的安置地点可能是她自己选的，这是太平公主为对付李隆基所留的重要后手。蒲州的地理位置和经济资源，将在不久后太平公主和李隆基的斗争中出人意料地发挥来自经济战线的作用。

景云二年（711）二月初二，睿宗又下诏落实前期与张说、姚崇、宋璟、郭元振召开的内部会议的决定，"命太子监国"，明确六品以下官员的任命权和判处徒刑以下的司法事务，"并取太子处分"。

---

[1] 《资治通鉴》卷210。

其实，按照唐朝政治的运转程序，大部分六品以下文武官员本就由吏部、兵部根据官员资历和迁转年限任命，只需旨授即由尚书省请旨授任而不需要皇帝费心过问。判处徒刑以下司法案件的审理，也是大理寺等司法部门和地方州县根据唐律审断，只有死刑案件才会递交中央复核，皇帝圈阅。因此，六品以下官员的任命和判处徒刑以下案件的审理，在很大程度上只是例行公事而已，并不是皇权行使的主要方向。睿宗将这部分权力明确给太子"处分"，并不会伤皇权大雅。而李隆基在行使六品以下官员的任命和判处徒刑以下案件的审理"处分"权时，也要受到吏部和兵部选官制度、程序和唐律的制约，并不能随心所欲地扩张权力。

景云二年（711）二月初一诏书在落实姚崇、宋璟诸王外放罢军、太平公主出京安置的建议时，只有岐王李隆范和薛王李隆业不再带兵，完全是按照姚宋的建议执行，但在宋王李成器、邠王李守礼的外任地点和太平公主安置蒲州上均做了极大的变通，实质上已经打了很大的折扣。从睿宗对姚宋建议的保留接受可以看出，此时睿宗对他们的忠诚已经有所怀疑，对他们的信任已经有所动摇。

而李隆基更是给点阳光就灿烂的人，监国之权尽管是名义上的，但他仍然能够在逼仄夹缝之中辗转腾挪，千方百计最大限度地行使权力。尤其是李隆基利用监国之便再次将手伸进禁军万骑营之事，更是引起睿宗极大的警惕。

# 第十七章　倒向太平

　　睿宗景云二年（711）二月初一、初二诏书下发后，太平公主大怒，对将她赶出长安一事更是怒不可遏。公主经过查证，知道这是姚崇、宋璟的密谋。公主明白姚宋是睿宗所重用的，他们的密谋能得到恩准，肯定有睿宗的意思在里面，她不好直接去和哥哥闹。而姚宋二人身兼睿宗势力和太子宫僚的双重身份，使太平公主认识到可以着重强调他们的东宫僚佐身份"以让太子"①，便斥责太子放纵东宫僚佐攻击姑姑。

　　而睿宗在诏书下发后，经过几天的思考，也终于想明白了姚崇、宋璟的政治立场已经发生改变，二人关于诸王外放罢军、太平公主出京安置的方案，完全是站在太子的立场上考虑、根据太子的利益去谋划，完全没有顾及如此操作后对睿宗本人力量的负面影响。

　　睿宗认为，姚宋表面上是在执行自己稳定太子储位的措施，实际上却是在朝着帮助太子抢班夺权的路上狂奔，诸王外放罢军后，睿宗之前制约太子的所有布置瞬间被破。太平公主出京安置，又在无形间弱化了自己与妹妹的政治联盟。认识到这一层，睿宗遂放任公主"以让太子"，大闹李隆基。

## 提前传位的交锋

　　李隆基明白，姑姑敢"让"他，和他公开大闹，背后是父皇的默许、纵容

---

① 《资治通鉴》卷210。

甚至支持。此时的他，根本无法顶住父皇、姑姑的集体压力。既然姚崇、宋璟已经被父皇怀疑，那不妨暂且将他们抛出去以消除父皇的疑虑。毕竟在父皇的疑心下，自己暂时也无法再倚重姚宋，他们也暂时不能再帮自己出谋划策。

李隆基遂上奏睿宗，主动揭发姚崇、宋璟离间自己和太平公主的姑侄关系，挑拨自己和李成器、李守礼的兄弟关系，请父皇将他们处以极刑。李隆基试图以此向睿宗剖白心迹，自己无心去挖父皇的墙脚，对于那些从父皇阵营叛逃到自己这边的人，他李隆基不但绝不收留，而且会将他们交出去任父皇处置，甚至会替父皇清理门户。

睿宗见李隆基如此极端的政治表态，暂时原谅了他从自己阵营挖墙脚的招降纳叛行为，表示姚崇、宋璟毕竟对朝廷做过一些有益工作，无须上纲上线处以极刑，让他们到地方上悔罪思过即可。景云二年（711）二月初九，睿宗贬姚崇为申州（今河南省信阳市一带）刺史，贬宋璟为楚州（今江苏省淮安市一带）刺史。两天后即二月十一，睿宗又下诏撤销李成器和李守礼的刺史任命。毕竟太平公主已经出京，睿宗必须留下儿子和侄子，来替自己盯紧李隆基。

鉴于姚崇、宋璟已经反水投靠李隆基，睿宗必须重新审视自己的基本盘，以加强对阵营内部成员的掌控，敲打那些在太子与皇帝之间两边观望的墙头草，首当其冲的便是刘幽求。

在唐隆政变中，刘幽求既坚决拥护相王登基，又积极支持立李隆基为太子，可以说是典型的骑墙派。处置完姚崇、宋璟后，睿宗免去刘幽求的宰相职位，将其贬任户部长官户部尚书，以示敲打，警告刘幽求要看清形势：我可以一手将你推上相位，也能一手将你罢黜。睿宗给了刘幽求一巴掌，还得再给个甜枣，不久将他改任职权更重的吏部长官吏部尚书，以示抚慰。刘幽求经此一上一下的起伏，重新认识到大权还掌握在睿宗手中，暂时回归睿宗阵营。

在敲打刘幽求的同时，睿宗继续重用韦安石，将其提拔为门下省长官侍中，让他与在唐隆政变当夜被任命为宰相的李日知一起代替姚崇、宋璟辅政。韦安石、李日知辅政后，继续面临当初姚崇、宋璟未完成的整顿斜封官事务。此时斜封官一事已经不再是单纯的吏治事务，而是上升到了太平公主与太子两条政治路线的斗争，即太子派的姚崇、宋璟要清理斜封官，太平公主反对。

## 第十七章 倒向太平

其实，李隆基也不是完全反对斜封官，前文所言他派太子中允薛昭素上疏睿宗请求保留斜封官就是明证。开元年间李隆基稳坐皇位后，也试图保留斜封授官这一非正常渠道，任用一些不能通过吏部正常程序任命的宠臣、幸臣，结果被当时继续整顿斜封官的姚崇坚决顶回去。虽然李隆基后来在开元年间多次使用斜封授官程序任命佞幸为官，前期在景云初年出于和太平公主争夺官心的考虑也反对整顿斜封官，但并不妨碍他在将太平公主赶出京城后转而支持整顿斜封官。毕竟此时李隆基在与姑姑的斗争中暂时占据上风，不再需要斜封官队伍的支持，反而需要将自己打造成清理斜封官、整顿吏治这一正确政治路线的代表，以争取朝中正直大臣的支持。

鉴于斜封官已经成为太平公主、太子两条政治路线斗争的焦点，李日知、韦安石"代姚、宋为政"后，决定两不得罪，不再将整顿斜封官列为主要工作，"自是纲纪紊乱"，朝堂几乎又回到了当年中宗景龙时期的混乱局面。

在政治立场上倾向于李隆基的前东宫太子右率府铠曹参军柳泽上疏睿宗：斜封官当年都是韦皇后、安乐公主、上官婉儿这些人搞的鬼，根本不是中宗的旨意。陛下登基后，将他们全部罢免，天下人拍手称快，齐颂圣明！可惜您又收回成命将他们重新任用，这样做奸邪并行，是非不分！为何不能将整顿斜封官的工作一以贯之、善始善终？

一番义正词严后，柳泽图穷匕见，开始攻击太平公主：庙堂和民间都说太平公主授意胡僧慧范串联被罢黜的斜封官欺瞒陛下，臣担心陛下您在斜封官这类事情上犯错过多，将来会铸成大错。睿宗明白柳泽是在借斜封官攻击太平公主，这是他不能允许的。睿宗同意将太平公主出京安置后，也不好再继续整顿斜封官，那样会损害公主权威，折损公主力量，毕竟睿宗还需要利用太平公主的力量制衡太子，故对柳泽的上疏"弗听"。

虽然睿宗将投靠李隆基的姚崇、宋璟贬斥出京，敲打在太子与皇帝之间游移的刘幽求，拒绝亲近太子的柳泽要求继续整顿斜封官的奏疏，这些都是对李隆基的打压，但睿宗毕竟同意将对李隆基储位威胁最大的太平公主出京安置，这是对李隆基的最大支持，说明此时睿宗对太子还保有充分的信任，最多只是想将其压服，而非将其废黜。李隆基终究是睿宗的亲儿子，重视亲情的睿宗对他还有基本的舐犊之情。

问题是，李隆基利用睿宗对他的信任，再次将手伸进了禁军中。景云元年（710），睿宗、太平公主清洗李隆基在禁军中的力量后，将朔方军总管常元楷调回京城出任左羽林卫将军[①]。常元楷后来在政变中被李隆基杀死，可见其应属于睿宗、太平公主一党。在免去岐王李隆范和薛王李隆业的左右羽林卫大将军职务后，睿宗又任命孙佺接任左羽林卫大将军。而孙佺正是太平公主意欲替代李隆基太子之位的第二人选李守礼的岳父。睿宗、太平公主将左羽林卫大将军一职交给孙佺，可以看出利用李守礼制约李隆基的明显意图。除常元楷、孙佺外，睿宗、太平公主应该还往禁军中安插了不少高级军官，李隆基在禁军中的亲信所剩无几。

为扭转颓势，李隆基利用睿宗此时的信任，立刻将葛福顺从幽州调回朝廷。大致在景云二年（711）三月，李隆基奏请睿宗将左右万骑营和左右羽林军改组为北门四军，委派葛福顺等人担任四军将领。

在此前后，李隆基还将当年在潞州拉拢的班底张暐塞进禁军。唐隆政变后，李隆基把张暐调进长安，使其出任宫门大夫，不久升任御史台侍御史，短短数月后再提任御史台副长官御史中丞。李隆基见睿宗默许他任命葛福顺为北门四军将领后，抓住睿宗对他稍纵即逝的信任机遇期，继续委任张暐为右羽林卫将军。此时的李隆基显然没料到，性情豪爽的张暐后来的鲁莽行动，差点误了他的大事！当然，这是后话。

李隆基接连往禁军中安插葛福顺和张暐两个亲信的行动，引起了睿宗的警觉，而最先感到恐惧的是宋王李成器。景云二年（711）四月初九，李成器辞去司徒一职，极有可能是摄于李隆基禁军力量的复振。睿宗同意李成器请辞，并将其从太子太师改任太子宾客。司徒为正一品，太子太师为从一品，两个职位虽然没有实权，但品级极高，过于逼近太子。李成器主动从这两个职位退出，无疑是不愿与李隆基过多争锋。睿宗将李成器改任仅仅为正三品的太子宾客，既照顾了李成器退让的情绪，也让李成器继续留在东宫任职。太子宾客

---

[①] 唐雯《新出葛福顺墓志疏证：兼论景云、先天年间的禁军争夺》，载于《中华文史论丛》2014年第4期。

"掌侍从规谏，赞相礼仪"①，同样可以对李隆基起到监督作用。

更重要的是睿宗在文官班子中的调整。四月初九当天，睿宗将韦安石从门下省长官侍中提拔为中书省长官中书令。侍中与中书令虽然同是正三品，但在睿宗时期朝廷政务的处置权逐渐由门下省转移到中书省的态势下，中书令的职权高于侍中。睿宗将韦安石改任中书令，无疑是想加强对朝廷决策权的掌控，以平衡李隆基在禁军中实力的回血抬头。

由睿宗的以上政治动作可以看出，从景云二年（711）四月开始，他对李隆基的信任再次发生了动摇。李隆基利用睿宗从景云二年（711）年初到四月间三四个月的宝贵信任期，不仅往禁军中安插了葛福顺、张暐，还将睿宗阵营的姚崇、宋璟挖到自己这边，就连刘幽求都摇摆不定，经睿宗敲打后才暂且驯服。睿宗判断，李隆基可能在朝臣中重新进行了布局。为测试朝中大臣在皇帝与太子之间的政治取向，同时试探李隆基是否有足够的胆量进一步逼迫父皇，睿宗决定在朝中来一次火力侦察。

就在任命韦安石为中书令后不久，睿宗召集朝中三品以上高官召开御前会议。会上，睿宗对重臣言道：朕向来是个散淡的人，把权力和名位看得都很轻，连万乘之尊也不放在眼里。抛出论点后，睿宗又举例说明：当年朕身为皇嗣，把接班人位置让给中宗；中宗即位后又让朕当接班人皇太弟，朕还是不干。用事实说话后，睿宗猛然扔出炸弹：朕早就想把天下这副重担卸下来，"今欲传位于太子"②，各位爱卿认为如何，是支持还是反对，都要发言表明态度。

睿宗说完后，大臣们都默默不语，没有一个人敢应对。毕竟一开口说话，政治立场就暴露无遗。而古代官场上的生存法则之一，就是不要暴露自己的站队倾向，并且要能根据政治态势随时调整船头。群臣不开口说话，说明朝中还没有形成敢于明确支持太子提前登基的政治力量，睿宗火力侦察的目的达到了，御前重臣会议在没有得出会议结论的情况下结束。

会后的博弈仍在继续。太子李隆基明白，父皇传位的表态把他逼到了墙角。他必须坚决推辞才能表明自己没有半点提前登基的心思，绝不会抢班夺

---

① 《唐六典》卷26《太子三师三少詹事府左右春坊内官》。
② 《通典》卷71《礼三十一》。

权，虽然父皇不一定信，但这种表态是必须要有的。而且不能仅仅是推辞提前接班，那只是普通表态，不足以达到目的。李隆基遂派出太子右庶子李景伯"让监国"，请求睿宗免去自己的监国身份。

李隆基之所以同时推辞监国而不仅仅是推辞提前接班，一是和睿宗一样进行火力侦察，看睿宗在内心深处对他的信任是否发生了根本动摇，是否有更换太子的想法；二是对睿宗用传位来逼迫太子的还击。睿宗表示传位是以退为进，向群臣表明自己被太子逼迫得必须传位了；李隆基推辞监国同样是以退为进，向天下表明自己被父皇压迫得都不敢监国了。父子俩的提前传位与推辞监国之间，暗含着不见刀光剑影的权力交锋。

睿宗也正是基于这种考虑，在收到李隆基推辞监国的奏请后，明确表态"不许"，这既是向太子表示自己不会行废立之事，又向天下表明自己还是支持太子的。父子俩在对方出招后见招拆招，各自退回原位。

但睿宗已经公开做出要传位的政治表态，且经御前重臣会议参加者的传播，此事在朝堂上已是人所共知，他必须找个台阶才能终结传位之议。睿宗刚想打瞌睡，太平公主的党羽就适时地递上了枕头。此时太平公主虽然已经离京搬到蒲州居住，但其党羽仍然遍布朝堂。依附太平公主的御史台殿中侍御史和逢尧明白，睿宗一旦传位，受损最大的莫过于一直替睿宗打压太子的太平公主，自己也会被波及。

和逢尧遂劝谏睿宗："陛下春秋未高"，您还年轻，未半百，正是年富力强的时候，天下万民还需要您护佑呢，您怎么能说不干就不干了；您要为大唐百姓健康服务一辈子，不能撂挑子。睿宗对和逢尧的进言很满意，"从之"，愉快地就坡下驴，不再提传位之事。

景云二年（711）时睿宗年纪确实不大，还不到五十岁，但传位与否不是完全参考年龄因素，而是要根据政治情势，年龄不应该成为是否决定传位的主要因素。和逢尧仅以一个"陛下春秋未高"的理由，就轻松阻止了睿宗的传位"决定"，充分说明睿宗的传位只不过是试探性的，并非真心实意。

当然，尽管内心是虚情假意，表面上的真心实意功夫还是要做到位。为显示自己传位的诚意，睿宗还是于四月十三下诏，赋予太子更多名义上的职权：

要求朝廷日常政务均由太子牵头处置;"军旅死刑及五品已上除授,皆先与太子议之,然后以闻",涉及军队事务、五品以上官员的任命、死刑判处等军国重事,太子先带领相关部门大臣商议,然后奏报睿宗。

睿宗的这一决定,表面上是进一步向太子让渡更多权力,实际上却是文字游戏。"军旅死刑及五品已上除授"等事务虽然"先与太子议",但太子获得的只是这部分军国重事的参与讨论权,仍要"然后以闻",即"军旅死刑及五品已上除授"的军国重事最后仍需由睿宗圣裁。

而睿宗之所以敢"放心"地把"军旅死刑及五品已上除授"等重要事务交由太子牵头讨论商议,是因为他还留有制约李隆基的后手,这就是出京不久、对李隆基一肚子怨气的妹妹太平公主。

## 当食盐成为武器

睿宗父子在朝堂上的暗中交锋逐渐平息,而身在蒲州的太平公主的表演才刚刚开始。景云二年(711)年初,姚崇、宋璟提出的稳定太子储位的建议,是将太平公主安置到距离京师长安850里的东都洛阳,避免其在长安于太子不利。睿宗不愿妹妹搬到洛阳,一是因为顾念兄妹之情,不愿与妹妹相距太远;二是睿宗当时虽然要稳定太子储位,但也要防止太子借助自己的信任迅速扩充势力,进而威胁皇位。睿宗并不希望在瞬息万变的宫廷斗争中过于疏离妹妹,无论是心理距离还是地理距离都如此,因此只能选择距离长安不那么远的地方。

而长安附近的同州、华州距离长安过近,分别与长安有250里、180里的路程。太平公主若在同州、华州居住,因为距离的关系,仍然可以较为方便地影响长安朝局,无法实现稳定太子储位的目的。睿宗和太平公主不愿意选择洛阳,李隆基、姚崇、宋璟等人不同意华州、同州的选项,双方一时陷入僵局。没想到在双方均不愿退让之时,太平公主主动站出来表示可以退一步海阔天空,搬到距离长安320里的蒲州。

太平公主此议一出,太子一方也表示同意。蒲州距离长安虽然没有洛阳远,但比同州、华州还是远了不少,且蒲州和长安隔了一条黄河,地理上的分界可以满足太子与太平公主划界各安其位的心理需求。而太平公主之所以选择蒲州，有表层、浅层、深层三个原因。

表层原因是蒲州虽然没有东都洛阳在大唐城市中的地位那么凸显，不属于长安、洛阳一线城市序列，但其政治地位比三线的同州、华州还是要高得多，至少是接近一线城市的强二线城市。蒲州地处河东，世家大族甚多，将当地经营得相当繁华。从南北朝的北周时期开始，建都长安的皇帝就经常在此地修建离宫。李隆基开元年间和儿子肃宗时期，曾两次在建制上将蒲州抬升为和东都洛阳并列的中都。虽然蒲州后来取消中都建制，但李隆基孙子代宗时期还曾考虑继续在蒲州建设中都，认为蒲州"河中之地，左右王都，黄河北来，太华南倚，总水陆之形胜，郁关河之气色"，若蒲州成为中都，则"国有保安之所，家无系虏之忧"。太平公主可能提出，蒲州的城市地位和自己的政治地位比较匹配，愿意来此颐养身心。

浅层原因则是，蒲州距离长安虽然比同州、华州远，但也只有320里，快马一天就能跑个来回传递消息，不十分妨碍她探知朝局变动。这点太子一党虽然心知肚明，但也勉强能接受。

而太平公主用表层、浅层原因掩盖的，是第三个原因即深层原因，就是通过蒲州刺史掌控蒲州地界重要的经济资源——食盐。根据李锦绣先生的考证，太平公主出居蒲州当月，时任蒲州刺史的是其党羽裴谈[①]。和太平公主因为姚崇、宋璟的建议而到蒲州相似，裴谈被贬到蒲州任职，也是拜姚崇所赐。

当初景云元年（710）八月，裴谈以东都留守长官的身份平定对睿宗皇位威胁颇大的李重福的叛乱，遂被调回朝廷回任刑部长官刑部尚书，还没等因平叛有功受赏，就被御史台监察御史齐澣以三大罪名弹劾。

齐澣给裴谈扣上三顶帽子：一是裴谈以代理太尉的身份陪同睿宗祭祀太庙时，眼神游移，不甚恭敬，对神灵颇为怠慢。二是神龙年间依附武三思陷害敬晖等人，用张柬之等五王的鲜血换取自己头上的顶乌纱。三是"妻外淫，男女

---

① 李锦绣《"蒲州刺史充关内盐池使"与景云政治》，见《唐代制度史略论稿》，中国政法大学出版社，1998年。

不得姓氏"①——裴谈有妻管严的毛病,对妻子出轨都不敢严管,还很开心地戴上绿帽子,生的子女都不知道是谁的种。裴谈在唐朝确实以畏惧妻子闻名,对妻子的惧怕几乎与中宗李显对韦皇后不相上下。当时宫廷宴饮有伶人作《回波辞》助酒兴,云"回波尔时栲栳,怕妇也是大好。外边只有裴谈,内里无过李老(即中宗)"。

给裴谈扣上三项罪名后,齐澣奏请睿宗,"告神慢,事主不忠,家不治,有是三罪,不可不置之法",必须对裴谈进行惩处。睿宗由是贬裴谈为汾州刺史,后改任蒲州刺史。而齐澣正是姚崇的心腹,他出任监察御史正是依靠姚崇的举荐。开元年间姚崇再次拜相后,相继把齐澣放到门下省给事中、中书省中书舍人等更为重要的位置上,可见齐澣自始至终都属于姚崇一党。

太平公主及其党羽裴谈都因姚崇的缘故而被迫到蒲州,自然对姚崇有共同的仇恨。而此时姚崇已经投靠太平公主的死对头太子,太平公主和裴谈自然要把姚崇的账算到李隆基头上。因此,太平公主选择蒲州,也有确保出居地刺史在政治立场上与自己完全保持一致的考虑。

在蒲州稳固了政治战场基本盘的基础上,太平公主纵横捭阖,开辟了与李隆基斗争的第二战场——经济战场。太平公主刚到蒲州不久,就于景云二年(711)三月通过睿宗下诏"以蒲州刺史充关内盐池使",即让蒲州刺史裴谈兼任关内盐池使,负责关内各州府盐池所产食盐的生产、运输、销售等管理事务。

根据《新唐书·食货志》对唐代盐池地理分布的记载,幽州、河东、关内道是唐代的重要产盐区。河东主要是蒲州盐池,关内道主要是灵州、盐州、会州、丰州等地盐池。从地理上看,河东蒲州盐池与关内道盐池距离甚远,几乎可以说是风马牛不相及。从管理上看,根据李锦绣先生的研究,"蒲州与关内道盐池完全是各自为政"。

蒲州的安邑(今山西省运城市盐湖区安邑街道一带)、解县(今山西省运城市盐湖区解州镇一带)两大盐池自古以来就是内陆最大的产盐区,所产食盐

---

① 《新唐书》卷128《齐澣传》。

主要供应京师长安。而根据李锦绣先生的研究，关内道所产食盐主要供应关内道驻军和临近长安的重要军队朔方军。

朔方军驻扎灵州，主要是为抗衡复兴的东突厥而设立，自武则天时期设立以来一直活跃在西北边境，有"国之北门"之称。面向西北，朔方军的主要作用是防范突厥、拱卫京师。而面向东南，作为各镇军队中离长安最近的一支军队，距离长安约1 250里的朔方军对长安朝局隐然有举足轻重的作用，可以其边防军的战斗力压制京城禁军的军力。在某种程度上，朔方军军心向背有时甚至能决定中枢政局的走向。

根据李锦绣先生的研究，之前担任朔方军总管的，正是被调入京城替太平公主掌控部分禁军力量的常元楷。依附太平公主的常元楷进京担任左羽林卫将军后，李隆基很快派其党羽唐休璟将朔方军总管的空缺填补上去。太平公主到蒲州时，担任朔方军总管的正是太子一派的唐休璟。太平公主之所以选择蒲州，并不只是因为蒲州刺史裴谈是其党羽，更重要的原因是蒲州有足以挟制京师和朔方军的重要经济武器——食盐。

自古以来，食盐就是关乎民生的经济命脉，有"十口之家十人食盐，百口之家百人食盐"①之说，故盐被认为"食之急也"②。根据李锦绣先生的计算，京师长安每年的食盐需求量大约为13.1万石③，几乎都由蒲州盐池供应。故太平公主到蒲州后通过刺史裴谈控制了蒲州盐池，就等于控制了京师长安的民生命脉。太平公主通过让蒲州刺史裴谈兼任关内盐池使，也掌握了主要供应朔方军食盐的关内道盐池，卡住了朔方军一日三餐的脖子。

在这种经济态势下，太平公主通过对蒲州盐池进行限产、提价，让长安出现了食盐日常供应困难的局面。此时睿宗已经让太子监国，向李隆基让渡了日常政务处置权。保证京师食盐等关系民生的物资供应，正是太子监国的重要内容，长安百姓定然把吃不了盐只能吃淡食的怨气撒到太子身上。而太子要想从

---

① 《管子》第72篇《海王》。
② 《晋书》卷26《食货志》。
③ 对于李锦绣先生的计算，学者于赓哲有不同意见，详见其《对〈"蒲州刺史充关内盐池使"与景云政治〉一文的不同意见》，载于《中国社会经济史研究》2002年第3期。

第十七章　倒向太平

东南沿海调运海盐或从四川剑南大规模调运井盐，限于路途漫长均是远水解不了近渴，远盐解不了近淡。故李隆基只能就近寻求关内道盐池的支持，而睿宗"以蒲州刺史充关内盐池使"的任命，则让关内道盐池也操诸太平公主之手，李隆基根本无法从关内道盐池调出半粒食盐，以纾解长安民生之困。

更重要的是，根据李锦绣先生的推测，太平公主通过蒲州刺史兼任关内盐池使的裴谈控制关内道盐池后，以减少食盐供应为武器威胁唐休璟统领的朔方军。向来"年力虽衰，进取弥锐"、有着饱满的从政热情的唐休璟，在军队将士吃盐困难的压力下，无力完成太子李隆基交代的掌控朔方军的政治任务，被迫于景云二年（711）上表请求退休[①]。

接到唐休璟的退休申请后，睿宗圈阅"许之"，终于解除了来自朔方军的太阿倒持的威胁。唐休璟退休后，睿宗很快派右御史台大夫解琬任朔方军总管。而解琬"素与郭元振同官相善"[②]，和睿宗的死忠粉郭元振是死党，在政治立场上属于睿宗一派无疑。睿宗由此再次将朔方军这支对长安朝局影响最大的边防军的兵权牢牢抓在手中。

解琬上任后以实行精兵改编战略的名义，裁减朔方军十万人，应该是秉承睿宗意旨对朔方军中太子党羽唐休璟势力的清洗。解琬裁撤的十万人中，甚至可能还包括太平公主心腹常元楷的势力，毕竟睿宗只有确保朔方军在政治上绝对忠诚可靠，才能在长安的卧榻上安睡。

景云二年（711）五月，进退失据的李隆基上书请求将太子之位让给大哥李成器，睿宗高姿态地表示"不许"，毕竟他此时仍然没有废黜李隆基的想法，而且需要用太子牵制在食盐斗争中大获全胜的太平公主。李隆基通过睿宗"不许"的态度，解除了被废的警报；同时迫于太平公主掌控食盐的经济威力，又请求让姑姑太平公主搬回长安居住。睿宗也需要对妹妹进行奖赏安抚，于是同意太子所请，接太平公主回朝。

景云二年（711）四五月左右，睿宗面临的政治情势相当凶险。由于李隆基抓住睿宗出于稳定太子储位的目的所形成的对东宫政治信任的战略机遇期，

---

① 《旧唐书》卷 93《唐休璟传》。
② 《旧唐书》卷 100《解琬传》。

不仅迅速将姚崇、宋璟等睿宗心腹拉拢过来成为自身力量，利用他们逼迫太平公主出京，而且往禁军中安插了葛福顺、张暐等亲信，更是让党羽唐休璟成为压制京师的重要军队朔方军的总管。虽然睿宗很快识破姚崇、宋璟的真实面目，将二人赶出朝廷，同时通过提拔韦安石、敲打刘幽求等措施稳定了在文官中的力量布局，但就军事力量而言，此时李隆基内有禁军势力复兴，外有边防军力量奥援，没有太平公主贴身支持的睿宗在长安几乎成为孤家寡人，甚至被李隆基逼得做出传位姿态。毕竟政权的取得和稳定，都需要军事力量的加持。

所幸太平公主力挽狂澜，在蒲州以食盐为武器打了一个漂亮的防守反击战，将李隆基在京内和朔方军的布置全部化解于无形之中，不但解救哥哥睿宗于危难之中，更迫使侄子李隆基接她回京，让太子当初怎么把她逼出去，今日就怎么把她请回来。

经过这场经济斗争对睿宗的力挺，太平公主再次赢得睿宗的政治信任。而睿宗经过正反两方面的经验教训，开始逐渐放弃平衡太平公主和太子的策略，在政治态度上逐步全面转向太平公主。

## 追颂上官婉儿

睿宗逐步转向太平公主的第一个动作，就是出手维护太平公主的权威。前文多次提到的先后依附张易之、张昌宗兄弟和韦皇后的长安僧人慧范，此时又搭上太平公主。慧范和公主加强情感的主要手段，就是与公主的乳母宫人张氏私通，由此成为公主势力的一员。慧范仗着太平公主撑腰，在长安"逼夺民产"，强买强卖，侵夺百姓财产。御史台侍御史（一云监察御史）慕容珣在长官御史大夫薛谦光的支持下，趁太平公主出居蒲州不在京师，上疏弹劾慧范的不法行为。

太平公主从蒲州回到长安后，向睿宗反诉薛谦光、慕容珣。睿宗认为，御史当"不避豪贵"，慧范违法由来已久，薛谦光、慕容珣平日里不敢吭声，见太平公主出居蒲州"乃敢弹射"，明显就是落井下石，看人下菜碟，而且二人弹劾太平公主有离间自己与妹妹感情的嫌疑。在此判断的基础上，睿宗鉴于太平公主的哭诉，决定严惩二人，为妹妹出气，贬薛谦光为岐州（今陕西省宝鸡市凤翔区一带）刺史，贬慕容珣为密州（今山东省潍坊市诸城一带）司马。

睿宗此举，意在增强太平公主威信，消除朝中部分大臣因太平公主出居蒲州而产生的在太平公主与太子之间的游移心态，以制约李隆基。而睿宗对太平公主闺蜜上官婉儿的追赠，亦是出于此种心态。

景云二年（711）七月二十，睿宗下诏追复上官婉儿位号昭容，赠谥号惠文。婉儿在唐隆政变时被李隆基趁乱杀死，此时睿宗和太平公主继景云元年（710）以礼下葬婉儿之后，再次抬出婉儿对其追封赠谥，在政治层面上进一步肯定婉儿的功德才华，无疑是再次把李隆基拉出来打脸，让朝中大臣看清今日大权究竟是掌握在睿宗手中还是掌握在太子手中。

更值得注意的是，在睿宗下诏追复婉儿位号昭容后，本就欣赏婉儿才华，且一直在睿宗、太平公主、太子三方势力间游走的张说站了出来，可能是奉睿宗旨意或是经太平公主授意，撰写了《昭容上官氏（神道）碑铭》。

张说在碑铭中将婉儿的降生极度美化为"天降时雨，山川出云。乃生灵媛，祚我圣君"；进一步抬高婉儿的才华、品行和操守，"精微其道，焕炳其文。三光错行，昭容纲纪。百揆繁会，昭容条理。外图邦政，内谘天子。忧在进贤，思求多士"，将其塑造成文坛领袖、天子良辅，极力赞扬婉儿辅弼君王、倡导文教的功绩，深度认可婉儿作为政治人物的成就，可谓字字句句都落在睿宗赐予的谥号"惠文"上，是对"惠文"谥号的全面阐释。如陆扬先生指出，"若把其中'昭容'两字替换掉，就完全是唐人书写中用来形容帝国宰相的口吻"[①]。

更有甚者，张说在写到婉儿之死时，还或明或暗地把矛头指向李隆基，对李隆基出于不可告人的目的杀死婉儿颇有微词，"忠孝心感，天焉报之？吉凶有数，邱焉祷之？如彼九日，羿焉暴之"，认为婉儿对李唐皇室一片忠心，苍天可鉴，却落得个没有好报的下场。张说写婉儿之死"如彼三良，秦焉悼之"，将李隆基杀死婉儿等同于春秋时期秦穆公让奄息、仲行、针虎三位能臣为其殉葬，犯下了极大的政治错误。张说对婉儿的这一定位，应该是得到睿宗或太平

---

① 陆扬《上官婉儿和她的制作者》。

公主的直接授意，否则以他在各方之间游走骑墙的做派，绝不敢如此公开开罪太子。毕竟将婉儿之死定位为"如彼三良，秦焉悼之"，不但是对李隆基滥杀忠良行为的讥讽、示威，更是对其政治形象的重大打击。

太平公主不但推动睿宗追复婉儿为昭容，赐给美谥"惠文"，还积极为婉儿编撰文集。据《旧唐书》《新唐书》《资治通鉴》等传统史籍，是李隆基下令将婉儿遗文编成文集，只不过三书的时间记载不甚一致。但据陈祖言[1]、郑雅如等学者的考证，为婉儿编撰文集的并非李隆基，而是太平公主。

传统史籍之所以把这一美事安在李隆基头上，既有史料以讹传讹的原因，亦有美化李隆基形象、有意对李隆基反对女性干政的历史形象进行正面烘托的原因。其意是"在反对女性参政与崇尚文学的双重背景下"[2]，将李隆基"斩杀与惜才的冲突，反转为不仅具有扫除女性干政的政治魄力，同时又是重视文学与文化的有德之君"。毕竟站在传统史学的立场看，女性可以有文学才华，但出面干政却是政治大忌。

撰写文集序言即《唐昭容上官氏文集序》的，又是张说。在序文这一具有官方文本色彩的文章中，张说竟然非常正式地把前文所引婉儿"称量天下"的传言写入，竭力称赞婉儿才华，"明淑挺生，才华绝代；敏识聪听，探微镜理。开卷海纳，宛若前闻；摇笔云飞，咸同宿构"[3]；浓墨重彩地描述婉儿辅佐武则天、中宗隆兴文学之功，"古者有女史记功书过，复有女尚书决事，空阁昭容，两朝专美，一日万机。顾问不遗，应接如响，虽汉称班媛，晋誉左嫔，文章之道不殊，辅佐之功则异"。

张说在婉儿文集序言中对婉儿文学才华和政治才能的肯定，实际上是对李隆基所极力反对的女性参政合法性的认定。既然婉儿都能在政治上巾帼不让须眉，那贵为高宗武则天之女、中宗睿宗之妹的太平公主更有深度操纵朝局的合法性了。这正是太平公主编纂婉儿文集，并让张说撰写序文的政治意义所在。

太平公主如此大张旗鼓地追颂逝去的上官婉儿，其目的之一，是用抬高婉

---

[1] 陈祖言《张说年谱》，中文大学出版社，1984年。
[2] 郑雅如《重探上官婉儿的死亡、平反与当代评价》，载于《早期中国史研究》2012年第1期。
[3] 周绍良等《全唐文新编》第4册。

## 第十七章 倒向太平

儿表明自己与婉儿的闺蜜情深，表达自己珍惜人才的政治态度，进一步把之前依附婉儿的文士集团拉拢到自己门下，推动张说等欣赏婉儿才华、同情婉儿遭遇的大臣远离东宫；其目的之二，是继续压制李隆基。既然婉儿被打造成才华过人、有功于国的女政治家，那李隆基冤杀婉儿就如同滥杀忠良一样，为人不齿，是其身为储君"失德"的表现，可以作为以后再次动摇李隆基太子之位的重要论据。既然李隆基冤杀婉儿，杀害忠良，那太平公主追颂婉儿就是伸张正义，姑侄俩形象高下立判，足以对人心民意产生较大影响。

李隆基也确实在上官婉儿被追复、赐谥一事中被搞得声名狼藉，灰头土脸，不得不主动也为婉儿唱一次赞歌。据《昭容上官氏（神道）碑铭》题注中的"齐公叙不录"和铭文中的"或穆齐公，叙其明德"，可知该碑铭的序文由当时齐国公崔日用撰写，只是后来序文失传。崔日用是李隆基的铁杆心腹，李隆基派他去给婉儿撰写碑铭序文，显然是迫于睿宗和太平公主的政治压力及舆论压力的不得已而为之。虽然仇鹿鸣认为此时崔日用不在长安，不可能撰写该碑铭的序文[①]。但根据陆扬等人的分析，"目前的资料无法让我们掌握崔日用离开长安的确定时间，但若神道碑铭是在景云二年前期撰写，则崔日用仍有可能在雍州长史任上。即便不在长安，也不能据此断定崔日用一定无撰写的机会"。因此，本书仍倾向于认为，李隆基在不得已的情况下，派出崔日用为婉儿撰写了神道碑铭序文，以挽回部分政治影响力。

通过上官婉儿追复赠谥一事，睿宗看到李隆基表现出跪了、服了的政治姿态，心情大好。景云二年（711）八月，唐高祖李渊旧宅兴圣寺有一棵枯死的柿子树重新吐出绿叶。这棵柿子树在武则天改唐为周的天授年间枯死，此时重生，宛若大唐在睿宗手上获得新生。睿宗此时的心情也如枯木逢春一般，于是意气风发地于八月十三宣布大赦天下。

睿宗逐步转向太平公主的重要表现，除了出手维护太平公主权威、追赠上官婉儿等，还有就是允许太平公主将手伸进宰相班子，默许她清洗反对派、扩充己方势力的一系列动作，甚至默许她清洗自己阵营成员。

---

[①] 仇鹿鸣《上官婉儿之死及平反》，载于《上海书评》，2013年9月22日。

前文提到，韦安石为执行睿宗稳定太子储位的旨意，曾和太平公主发生冲突。太平公主认定韦安石不会服从自己，是彻头彻尾的反对派，撺掇睿宗于景云二年（711）八月二十八下诏免去韦安石的中书省长官中书令职务，转任没有实权的左仆射兼太子宾客。韦安石虽然继续留在宰相班子中，但职权相比之前受到极大的削弱。故司马光在《资治通鉴》中言，"太平公主以安石不附己，故崇以虚名，实去其权也"。

与韦安石的遭遇形成鲜明对比的，是太平公主心腹窦怀贞的上位。景云二年（711）五月十八，睿宗在太平公主的要求下，任命殿中省长官殿中监窦怀贞为御史台长官御史大夫并拜相。窦怀贞和太平公主深度绑定，每次下朝后的第一件事就是到镇国太平公主府汇报工作，报告自己观察到的朝廷动向。窦怀贞凡事只唯君唯上，当时睿宗大兴土木为要当女道士的两个女儿修建金仙观、玉真观，几乎满朝官员都上书反对，只有窦怀贞力挺睿宗，还亲自监工。时人嘲讽窦怀贞，"前为皇后阿㸙，今为公主邑司"，即当年当皇后奶爹，今日做公主管家。就是这么一个无德无才的窦怀贞，因为依附太平公主，不仅担任御史大夫并拜相，更是在九月初八被提升为门下省长官侍中，继续任相。

睿宗在景云二年（711）年初到五月间，主要依靠重用韦安石来制衡太子势力的复兴，此时却因为太平公主的缘故竟然将其抛弃，放任太平公主对其进行打压，允许太平公主将心腹窦怀贞等人塞进宰相班子。睿宗和太平公主的这一政治表现给本来属于睿宗势力且在睿宗、太平公主、太子三方之间游移的张说等人造成极大的情感刺激。

太平公主重用窦怀贞的原因是其"附己"，打压韦安石的原因是其"不附己"。但韦安石"不附太平"不等于"附太子"，他在开元年间一直处于被贬状态，可见他并非李隆基一党，只是在太子与太平公主之间保持中立态度。接下来张说之所以被免去相位，同样是因为太平公主认为他"不附己"[1]。太平公主采取非友即敌的态度对待韦安石等人，将包括睿宗势力成员在内的任何不依附她的朝臣都视为敌人予以清洗。而睿宗对此不管不问，不出面为韦安石等人撑

---

[1]《旧唐书》卷97《张说传》。

腰。太平公主的敌视和睿宗的漠视，让张说等人只能选边站队。

张说从韦安石的这次经历中，终于认识到：他作为李隆基的太子侍读，已经没法下太子李隆基这条船，"太子的成败关乎自己的政治生涯"[①]；作为睿宗曾经的班底，他与睿宗的君臣之情根本无法和睿宗与太平公主的兄妹之情相比，若他与太平公主将来发生冲突，重视亲情的睿宗不可能牺牲兄妹之情来保全他。

张说从韦安石和窦怀贞的正反两方面经验教训中得出结论，"只有确保太子接班，才能保住今后的高位"，于是也开始向太子靠拢。李隆基正值用人之际，此时必须不计前嫌，开门笑纳，将张说收入囊中。当然，这并不影响李隆基在稳定皇位后对张说秋后算账，但这是后话。

不久，睿宗发现太平公主的手往宰相班子里越伸越长，而张说等人也在太平公主非友即敌的打击下转投太子。在这一政治变化下，睿宗感觉到自己在宰相班子中的基本盘在萎缩，遂决定调整宰相班子。

## 调整宰相班子

景云二年（711）十月初三，睿宗登临承天门，召集宰相韦安石、郭元振、窦怀贞、李日知、张说等人，就大唐朝政问题进行重要表态，指出政治经济形势日益恶化："政教多阙，水旱为灾，府库益竭，僚吏日滋"，朝廷各项政策措施都没有落实到位，或是根本没有出台；洪水干旱等自然灾害频繁发生，老百姓的日子越过越难；国家税源枯竭，朝廷的财政收入日益减少，但官府各部门的编制却日渐扩张，吃财政饭的人越来越多。一句话，我们面临着严重的经济困难局面。

分析完形势，睿宗深挖原因，图穷匕见，严厉批评道"虽朕之薄德，亦辅佐非才"，即：国事之所以如此艰难，朕要承担主要责任，主要是朕的德行和才能都不足，但你们一个个宰相呢，难道就是德位相配吗？你们扪心自问，你们尽心尽力尽到辅佐的责任了吗？

---

① 周其力《唐睿宗政治势力的消长研究》，上海师范大学硕士学位论文，2021年。

说罢，睿宗当即宣布调整宰相班子：韦安石改任尚书左仆射、东都留守，郭元振改任吏部尚书，窦怀贞改任左御史大夫，李日知改任户部尚书，张说改任尚书左丞，全部免去相位。

在免去韦安石、郭元振、窦怀贞、李日知等人相位的同时，睿宗下诏吏部尚书刘幽求改任门下省长官侍中，右散骑常侍魏知古改任左散骑常侍，太子詹事崔湜改任中书省副长官中书侍郎，全部进入宰相班子，中书省副长官中书侍郎陆象先亦拜相。

司马光在《资治通鉴》中认为这次宰相班子的调整"皆太平公主之志也"，即全是太平公主意志的体现。其实不然，司马光的论点忽视了睿宗在宰相任免问题上的良苦用心。

睿宗免去诸人相位的出发点应该是不同的，罢免韦安石是为照顾太平公主的情绪，罢免窦怀贞是清洗太平公主的铁杆心腹，罢免张说是惩罚他转投太子，罢免郭元振、李日知则是警告他们不要和太子走得太近。诸人罢相确实有太平公主的影响，如《旧唐书》就明言，"（太平公主）以说为不附己，转为尚书左丞，罢知政事"①。而在新任命的诸相中，刘幽求、魏知古此时还属于睿宗派系；只有任命崔湜是"太平公主之志"，其为太平公主力荐之人，属于太平公主党羽；陆象先的情况比较复杂，虽是太平公主举荐，但也不属太平公主派系。

陆象先其人"清净寡欲"，性情淡泊，在仕途上无欲无求，"言论高远"，虽然"为时人所重"，即很受世人敬重，但他这种性格根本不是太平公主的"菜"。陆象先不为太平公主所喜，可公主的情人崔湜却对他相当仰慕。当初太平公主要向睿宗举荐崔湜为宰相，崔湜死活要求和陆象先手拉手一起进入宰相班子。太平公主不同意，崔湜耍起小性子，说"然则湜亦不敢当"，即陆象先不去，他也不去。

太平公主无奈，只有同时向睿宗推荐陆象先、崔湜两人。睿宗同意任用陆象先，但不愿意任用崔湜，毕竟他和太平公主过于亲近。并且崔湜的一些超出

---

① 《旧唐书》卷97《张说传》。

常人想象力的行为，更让睿宗作呕不已。前文提到，太平公主为掌握李隆基的一举一动，往太子东宫送了很多美女，让她们在东宫寝殿贴身侦察太子。据《朝野佥载》，崔湜深度挖掘自家潜能，帮助太平公主往东宫送美女，不但将自己已是半老徐娘的妖艳妻子奉上，更将自家两个青春年少的美丽女儿进献给太子，让母女三人一同伺候李隆基，时人嘲讽道"托庸才于主第，进艳妇于春宫"。

如此寡廉鲜耻之人，睿宗怎能用之。并且崔湜若拜相，意味着太平公主力量的上升，不但会招致太子的不满，更会对自己造成冲击。但太平公主"涕泣以请"。看着泪眼汪汪的妹妹，本来就是"妹控"的睿宗心软了，"乃从之"，这才任命崔湜为宰相。虽然陆象先进入宰相班子从关系上看是靠太平公主推荐，但他在政治立场上却与太平公主南辕北辙，拒绝听从太平公主的指示，所以并不能将其看作太平公主一党。

从以上的分析中可以看出，睿宗在景云二年（711）十月调整宰相班子，实在是殚精竭虑。他既要清洗宰相班子中太子和太平公主的铁杆势力如窦怀贞、张说等，又要照顾他们尤其是太平公主的情绪，牺牲为太平公主所不满的属于自己阵营的韦安石，任用太平公主举荐的崔湜、陆象先等人；既要任命仍然忠于自己的刘幽求、魏知古等人为相，以确保自己对宰相班子的控制，又要敲打自身派系中有左右摇摆嫌疑的郭元振、李日知等人，以确保自身基本盘稳定。

这种既要、又要、还要的心态，让睿宗十分纠结，几乎心力交瘁。在这次调整宰相班子的前后，素来喜好道家的睿宗召来在台州天台山修行的道士司马承祯，向他请教道家阴阳数术，颇有仰慕方外之意。

司马承祯回道"道者，损之又损，以至于无为，安肯劳心以学术数乎"，即："道"的精髓是做减法，最终达到清静无为的超脱境界，您没有必要去劳心费神学什么阴阳数术！睿宗不满意司马承祯的答案，继续追问：个人修身可以做到清静无为，治理国家也可以无为而治吗？言外之意是，朕面对这纷繁嘈杂的朝局，如何无为！

司马承祯窥破睿宗心思给出答案："国犹身也，顺物自然而心无所私，则天下理矣"——治大国如烹小鲜，治国如同修身，理顺朝局如同修身养性，都要顺应自然；只要不怀任何私心杂念，服从治国规律，天下自然会井然有序。言外之意是睿宗只要按照政治斗争规律果断杀伐，而不是勉力做个裱糊匠，自然能摆平太平公主、太子，让他们各安其位。

睿宗听完叹道：司马老道你的这句话真是至理名言，就连当年被黄帝请教的广成子都比不上你！和睿宗谈玄论道完毕后，司马承祯坚决要求回到天台山，睿宗"许之"。

因为这次召见，司马承祯给后人留下了"终南捷径"这个典故。司马承祯坚持回天台山时，尚书左丞卢藏用指着横亘关中的终南山劝他：终南山乃"山之大者"，山中"大有佳处"，何必远去天台山？卢藏用当年考中进士后，辞官而去隐居终南山中，表面上是学习辟谷、练气之术，实际上是故意高隐等待朝廷征召。武则天在长安时，卢藏用隐居女皇抬头就能看见的终南山。武则天到洛阳后，卢藏用又跑到武则天经常摆驾的嵩山少室山隐居，被人讥讽为"随驾隐士"。

卢藏用不负苦心，终于被武则天召回朝廷任左拾遗，后来相继升任吏部侍郎、黄门侍郎、工部侍郎、尚书右丞等职。此时卢藏用正依附太平公主，力图在仕途上更进一步，他劝司马承祯隐居终南山，无疑有引诱司马承祯加入太平公主阵营的意图。

司马承祯虽然高卧天台山，对朝局却洞若观火，明白卢藏用的心思，拒绝道：在贫道看来，终南山哪里是什么隐居佳处，实乃升官捷径。司马承祯的回答，既明嘲暗讽了卢藏用之前的黑历史，又顺带拒绝了太平公主的拉拢。

司马承祯关于"顺物自然而心无所私，则天下理矣"的治国之道固然是至理名言，睿宗对此亦心知肚明，倾心道家、性情恬淡的他一直以来也有意推行无为治国之法，只是现实政治的复杂性让他根本无从实行无为而治。睿宗有心"无为"，太平公主、太子却在积极"有为"，都在夺权的路上大干快上，根本没有给睿宗留下任何"无为"的政治空间。囿于亲情约束的他，更无法听从司马承祯的建言，像之前爷爷太宗杀兄屠弟、后来儿子李隆基"一日杀三子"[①]那样，按照政治斗争的暴力原则杀子屠妹。在现实和内心各种条件的约束下，睿宗尽管心力交瘁，也只能在有限的政治空间内辗转腾挪，勉力支撑。

在景云二年（711）十月的宰相调整中，太平公主只塞进一个崔湜，太子更是一个心腹也没能拜相，都不是善茬儿的他们自然不会善罢甘休。太平公主的手会继续伸进宰相班子；太子更会通过积极策反睿宗和太平公主阵营的宰相曲线救国，以便在宰相班子中拥有代言人。

随着时间的推移，睿宗、太平公主和太子两派三方解决权力矛盾的和平空间越来越狭小，只能走向暴力解决的最终对决。

---

① 开元二十五年（731），李隆基因怀疑太子李瑛谋反，一日之内诛杀太子李瑛、鄂王李瑶、光王李琚三个儿子。

# 第十八章 被逼退位

重视亲情，是睿宗在中国古代皇帝群体尤其是唐朝皇帝中极其难得的人性光辉。相比于爷爷太宗、母亲武则天、哥哥中宗，睿宗在政治行为中受亲情的制约明显更大。

当年爷爷太宗发动玄武门之变杀兄屠弟、逼父退位，丝毫没有把父子兄弟之情放在眼里。母亲武则天更是在通往最高权力的路上，始终将包括丈夫、儿子、女儿、侄子所有人在内的亲人都当作踏脚石。哥哥中宗为巩固皇位，甚至不惜在景龙政变后将弟弟、妹妹打成谋反分子。而睿宗受高宗刻意进行的孝悌教诲，始终把亲情看得高于权位，在前期政治斗争中一直不忍心对妹妹、儿子，尤其是太子李隆基下狠手。

对于太子，睿宗尽管从感情上不是很喜欢，更不满他一直以来抢班夺权提前上位的野心。但李隆基毕竟是自己儿子，毕竟从政治才能上看还是合格的国之储君，故睿宗在打压他的同时一直留有余地，前期一直没有将其废黜的心思。相反，睿宗自己却在皇权让渡上步步退让，试图以退为进，尽量将父子之间的政治斗争控制在低烈度范围内。

然而，中国古代宫廷政治斗争的暴力规律并不以睿宗的善良愿望为转移。伴随着睿宗步步退让的，却是太子李隆基步步紧逼的杀气腾腾。睿宗最终不得不逐步下定决心废黜李隆基，但没想到，在废黜儿子之前自己却被逼到传位的境地去当太上皇。

## 睿宗欲废太子

景云三年（712）初，睿宗的心情本来是相对轻松的。上年即景云二年（711）宰相调整到位，睿宗稳定了在宰相班子中于己有利的力量格局，心情相对放松，满怀信心地站在景云三年（712）新的历史起点上。

正月十一，睿宗到长安南郊祭祀，第一次举行天地合祭的礼仪。正月十八，睿宗驾临浐水以东，行"籍田"大典，即天子带领群臣耕田的典礼，以示国家以农为本，朝廷不误农时。正月十九，睿宗宣布大赦天下，改元太极。

这次改元应该和上年睿宗与司马承祯论道的内容有关，司马承祯建议睿宗顺应自然，按照政治斗争的规律去应对纷繁的朝局。而太极者，无极而生，动静之机，阴阳之母也，在看似风轻云淡的一招一式中蕴含着动静杀机。改元太极，意味着睿宗要收起父子之情，用君臣之道去绳治任何敢于对抗皇权的反对派。

妹妹太平公主和儿子李隆基，都是试图篡夺皇权的不稳定力量。二人中，李隆基跳得最欢。因此，睿宗需要进一步联合妹妹，继续加强太平公主的力量。睿宗对景云二年（711）宰相班子的调整是满意的，但太平公主很不开心，她虽然赶走了韦安石、张说、郭元振等被判定为"不附己"就是"附太子"的反对派，塞进了老情人崔湜，但却损失了心腹窦怀贞这员得力干将，于是屡屡请求睿宗让窦怀贞复相。

太极元年（712）二月，睿宗在太平公主的撺掇下，同时任命左御史台长官御史大夫窦怀贞、户部长官户部尚书岑羲为宰相。不久睿宗还下诏撤销右御史台，将监察职权统归左御史台，在事实上等于让窦怀贞掌握了几乎全部的监察权。

岑羲固然后来加入太平公主一方，但在很大程度上也属于睿宗的力量。如前文所言，当年李重俊景龙政变后，中宗要将当时还是相王的睿宗和太平公主打成参与政变的谋反分子，是岑羲和萧至忠对他们全力保护，最终转圜中宗圣意，让相王、太平公主顺利过关、转危为安。故在太极元年（712）岑羲拜相后不久，睿宗就将其从户部尚书的位置上提拔为门下省长官侍中，司马光在《资治通鉴》中叙述此事时分析原因道，"上以节愍太子之乱，岑羲有保护之功"。

对萧至忠的任用也和岑羲类似。萧至忠被贬地方刺史后，"自托于太平公主，公主引为刑部尚书"，在时人看来确实是因为走了太平公主的门路，才得以回朝出任刑部长官刑部尚书。萧至忠妹夫、时任华州刺史的蒋钦绪曾劝他：以姐夫你的才干，什么官位坐不到，为何非要走太平公主这条路去求什么飞黄腾达。萧至忠"不应"，以沉默相对，蒋钦绪长叹一声，引用《左传》名言道，"九世之卿族，一举而灭之。可哀也哉"——萧家几代高门，如今竟要因为你萧至忠一步踏错就可能满门屠灭，这怎么不令人悲伤！

在通过太平公主谋求前程之前，萧至忠在百官中的声望一向较好，毕竟他当年是中宗的支持者。有一次萧至忠从镇国太平公主府出来，正好碰上回京述职的宋璟。宋璟对着萧至忠叹息道：岁月是把杀猪刀，今天的萧君已经不是昨天的萧君，这不是我们想看到的萧君！萧至忠被宋璟讥讽得怒火中烧，脸上红一阵白一阵，只能面红耳赤地挤出一丝笑容，强颜对宋璟笑道：宋璟你可太会说话了，说完就"遽策马而去"，一刻也不停留，避免再听到什么不中听的话。

从以上事例来看，萧至忠似乎确实是太平公主的党羽，但太平公主对他只是举荐，最终的任命还得睿宗决断。睿宗任命萧至忠为刑部尚书，以至后来拜他为相，在很大程度上并非只是因为太平公主的举荐，而是如看重岑羲一样看重萧至忠在景龙政变后对他和太平公主的"保护之功"，至少是对二人当年护佑的酬答。

通过以上分析可知，岑羲和萧至忠身上有睿宗和太平公主的共同色彩。可见睿宗在接纳太平公主推荐的宰相重臣人选时，是有着深度考量的，他最终任命的太平公主的铁杆心腹只是极少数，更多的是身上有着自己和妹妹共同影子的大臣。

在睿宗接受太平公主的举荐，任用窦怀贞、岑羲、萧至忠等人为相的同时，太子李隆基也在把手伸进宰相班子。李隆基的手段不是安插新人，而是策反旧人，这就是此时还受睿宗信任的刘幽求。李隆基要通过刘幽求下一盘大棋。他盯上了左羽林卫大将军孙佺。

## 第十八章 被逼退位

前文提到，孙佺是太平公主用来替换李隆基的候选人之一邠王李守礼的岳父。孙佺出任左羽林卫大将军，在指挥关系上掌握了一部分很重要的禁军力量，以至成为李隆基的眼中钉、肉中刺。李隆基一直苦思冥想如何除掉孙佺，经过反复思索，他开始学习本书一开始提到的武则天时期的斗争经验，即契丹进犯引起武周内部政局变动，伯父李显进而从庐陵王被复立为太子。李隆基决定付出损害东北边防安全的代价，博取个人除掉孙佺的成功。

当时幽州大都督是前文提到的名将薛仁贵之子薛讷，此人在幽州镇守二十余年，深知东北地区突厥、奚族、契丹、高句丽各方势力犬牙交错的现实，而唐军经过武则天时期的清洗和历次政治斗争的内耗，战斗力已经大不如父帅薛仁贵时期。故薛讷老成持重，从不轻易举兵出塞与周边游牧部族争雄，把重点放在保境安民上。薛讷防守严密，突厥、奚族、契丹、高句丽也不敢轻易犯边，故"吏民安之"。

但燕州（今北京市顺义区北部一带）刺史李琎不知何故，与薛讷有很深的矛盾，且公报私仇，向宰相、门下省长官侍中刘幽求多次诋毁薛讷胆小如鼠，不敢向契丹、奚族等亮剑，有损大唐天威。此时太子李隆基已经在拉拢刘幽求，他从刘幽求处得知薛讷与李琎的矛盾后，决定因势利导，借刀杀人。李隆基指示刘幽求，借用薛讷与李琎的矛盾，以军队和地方关系不和为借口，将薛讷调离幽州，同时推荐左羽林卫大将军孙佺接替薛讷。

当然，刘幽求在薛讷一事上也有自己的私心。据《册府元龟》，刘幽求妻子李氏本是李琎祖父李谨行家的小妾，刘幽求年轻时在李家当食客，与李氏勾搭成奸。李谨行见刘幽求志气不凡，知其必贵，就不但不怪罪刘幽求和李氏通奸之事，反而成全二人，将李氏许配给刘幽求为妻，故刘幽求对李家一直感恩戴德，飞黄腾达后对李谨行之孙李琎多有照顾[①]。在李琎与薛讷的矛盾关系中，刘幽求既有意偏袒，又加上李隆基的指示，故很快上奏睿宗将薛讷调离幽州，由孙佺接任幽州大都督。

刘幽求关于幽州大都督人事调整的建议一提出，睿宗就看出了这一建议背

---

[①] 《册府元龟》卷337《宰辅部·徇私》。

后李隆基的影子。睿宗彻底愤怒了，在他看来，政治斗争是有底线的，内部斗得再激烈，也不能损害大唐安全的整体利益。李隆基自毁长城，以使边防空虚为代价来实现个人清洗禁军将领的不可告人目的，根本不配当大唐储君。睿宗第一次对李隆基起了废黜之心，他决定将计就计，接受李隆基借刘幽求之口提出的人事调整建议，来一个螳螂捕蝉，黄雀在后，遂同意刘幽求所请，于太极元年（712）二三月间，先是将幽州大都督薛讷与并州长史裴怀古对调，又将裴怀古征召入朝任左威卫大将军，任命孙佺为幽州大都督。

睿宗将薛讷安排到并州任长史，是有着战略考虑的。既然李隆基借东北边防事务调整薛讷，那他睿宗也可以借西北边防军务调整太子，而西北边防的焦点，就是唐朝与东突厥的关系。

中宗时期，唐朝和突厥屡屡发生摩擦，战争不断。睿宗即位后，致力于改变战争状态，向突厥释放出和平信号。突厥连年与唐朝作战，人困马乏，也没有占到什么便宜。默啜可汗就于景云二年（711）正月初七，派遣使者到唐朝求和，睿宗"许之"。

双方和平状态大体确定后，又想联姻，默啜提出迎娶唐朝公主。本来和亲就是唐朝处理与周边民族关系的既定根本政策之一，睿宗就答应了默啜，于景云二年（711）三月册封宋王李成器之女也就是自己的孙女为金山公主，许配给默啜。睿宗此举，一是加强与突厥的和平关系，二是制约李隆基。将金山公主许配给默啜，那李成器就成为东突厥可汗的岳父，地位、威望大幅提升，足以挟突厥自重，形成对李隆基的外部制衡。

和亲事宜初步商定后，睿宗派出前文提到的御史台官员和逢尧出使突厥，加强与默啜的友好关系。此前还是侍御史的和逢尧，因为上次极力反对睿宗传位，深得圣心，加上又是太平公主的党羽，此时已经被睿宗提拔为御史台副长官御史中丞，并以代理负责藩属事务的鸿胪寺长官鸿胪卿的身份出使突厥。

和逢尧到达突厥大帐后与默啜会谈，意欲让突厥进一步在形式上臣服唐朝，就劝默啜：大唐如今已经走出武周革命的阴影，王者归来，在西域的威望现在是如日中天，可汗你与大唐结亲，必定会大大提升你突厥的号召力；你周边的处密、坚昆部落听说你成了大唐皇帝的孙女婿、大唐皇帝嫡长子宋王的女婿，肯定会归附你。毕竟归附你，就是臣服大唐。可汗你为何不穿上大唐的官服，让周边那些胡族都看到你和大唐牢不可破的亲密友谊？那样"岂不美哉"？

经和逢尧一番忽悠，默啜成功被洗脑，在第二天便穿上大唐的三品官服，南向长安叩头，正式向大唐称臣。和逢尧完成出使任务回朝时，默啜还派儿子阿史那杨我支和大臣一同入朝觐见大唐皇帝，于当年十一月初八抵达京师。睿宗见和逢尧办差得力，加上太平公主美言，就升迁其为户部副长官户部侍郎。太极元年（712）正月二十五，睿宗驾临皇城安福门，设宴招待阿史那杨我支和突厥大臣，还让金山公主出来见面。

睿宗之所以积极推动唐朝与突厥和亲，确实是为了解决西北边防不稳问题，但更重要的目的，恐怕是想借此机会解决李隆基问题。

据《太上皇实录》，与突厥达成和亲事宜后，睿宗顺理成章地下诏，命令李隆基以太子的身份前往并州送金山公主去和亲，下令并州长史薛讷率军四万到汾州迎接太子并护送金山公主出嫁；同时命令当时还在幽州大都督任上的裴怀古率两万军队赴黑山道，命令朔方军总管解琬发兵两万赴单于道，与将在汾州、并州一线会合的李隆基、薛讷形成掎角之势，互相呼应。三路大军并由太子节度处分，违抗将令者按军法处置。

司马光在编撰《资治通鉴》时，对睿宗的上述命令颇为不解，认为"太子送公主与突厥和亲，安用九万兵"护送，且既然是和亲，又"岂得谓之亲征"，故"不取"，认为此事属于子虚乌有。

其实，司马光忽视了睿宗的良苦用心。睿宗此举，意在将李隆基调出京城，切断其与禁军的联系，动用边防军的力量将其废黜！

裴怀古等边防大将均与李隆基无太深渊源，只能唯睿宗之令是从，且裴怀古不久就应召回朝；新任幽州大都督孙佺更是李隆基的竞争对手之一邠王李守礼的岳丈，自然不会听其将令；薛讷被从幽州调离，自然对刘幽求背后的李隆基一肚子怨气；而解琬如前文所言，在政治上倾向睿宗。故睿宗虽然授予李隆基节度三路军队的大权，但薛讷、解琬、裴怀古、孙佺只有在服从睿宗领导的基础上才会听从李隆基的指挥。失去禁军支持的李隆基一旦出京，立刻会处于幽州、朔方、并州三路大军尤其是薛讷并州部队的控制之下，是生是死只能任凭睿宗决断。

## 太子搅动边关

一切布置妥当后，胸有成竹的睿宗在太极元年（712）五月十二下诏改元延和，宣布大赦天下。有道是知父莫如子，李隆基对父皇的杀心岂能不知，察觉到杀气的他，很快采取了应对行动，其思路仍然是通过边境动作解决内政问题。

李隆基分析形势认为，睿宗将他调离京城的明面理由，是送金山公主到突厥和亲。如果唐朝与突厥关系破裂甚至兵戎相见，那和亲之事就不会发生，睿宗就失去了派他送亲的理由。西北并州由薛讷镇守，李隆基无法搞小动作，就在东北幽州煽阴风、点鬼火。

孙佺没有镇守边关经验且素来"不知兵"[①]，到任幽州后却急于创立军功创造政绩。李隆基授意刘幽求利用孙佺的躁进心理，煽动他进攻契丹和奚族。当年神龙政变的最初导火线就是东北边境契丹、奚族的进犯，如今李隆基同样要利用大唐与契丹、奚族的外部矛盾解决内政问题。就在睿宗下诏命令李隆基送亲不久，孙佺在刘幽求的连番忽悠下，率领左骁卫将军李楷洛、左威卫将军周以悌，集结两万步兵、八千骑兵，兵分三路袭击契丹、奚族。

据《朝野佥载》，远在并州的薛讷听闻孙佺要发兵契丹、奚族，知道孙佺中了李隆基的圈套，就写信给他：现在不是进攻的时候，六月天气太热，兄弟你要注意出兵时节，言外之意是让孙佺看清朝堂上睿宗、太平公主与太子的三方斗争形势，不要被人当枪使。孙佺固然在政治上属于李隆基的对立面，李隆基如果直接给他下将令，他一定不会听；但如果李隆基躲在背后由刘幽求出面对他循循善诱，以孙佺的政治头脑，他不一定会拒绝。并且孙佺此时还没看出刘幽求已经和李隆基暗送秋波，还把刘幽求当成睿宗一派。故孙佺接到薛讷手书后，不但不听，反而认为薛讷是嫉妒他沙场立功，害怕他孙佺取得大胜建立军功与自己镇守幽州时"不敢主动出击的胆小如鼠形象"形成鲜明对比，毕竟

---

[①] 《新唐书》卷197《裴怀古传》。

## 第十八章 被逼退位

没有对比就没有伤害。故孙佺接信后将其扔到一边，对人言道：当年西周宣王就是六月发兵北伐，有何凶险？薛讷不知历史、不懂军事且已调离幽州，还敢对本将指手画脚，简直是岂有此理！

反对孙佺出兵的人不只远在并州的薛讷，近在咫尺的副将乌可利也劝谏孙佺：眼下正值六月，天气燥热，道路艰险，我们孤军深入敌境，"往必败"！孙佺同样否决了这个意见，认为薛讷之前镇守边关多年，耗费那么多公款，竟然连营州都没有收复，简直是尸位素餐；今日本将率尔等抓住契丹、奚族没有戒备的良机乘虚而入，必定能建立大功；本将主意已定，尔等切勿多言，只管上场奋勇杀敌即可！

听不进任何反对意见的孙佺，命令李楷洛率领四千骑兵作为前锋北征，与奚族八千骑兵在冷陉（今内蒙古巴林右旗西北坝后一带）地区相遇。李楷洛主动进攻，结果一战下来就大败被围。接到前线军报后，战前战斗意志爆棚的孙佺此刻方显懦夫本色，不但不敢发兵救援，反而要放弃被围的李楷洛先锋部队，率领主力部队撤退。奚族趁势大举反攻，"唐军大败"。

孙佺收缩部队，背靠山岭结成方阵进行抵抗。奚族首领李大酺派使者质问孙佺：大唐之前已经与我达成和平协议，"今大军何为而来"？孙佺竟然把锅甩给李楷洛，说我是奉朝廷诏命来招抚慰问尔等，结果李楷洛不听号令，擅自出兵破坏大唐与奚族友好关系，现在他已经被首领您重重包围，只要能让您出气，要杀要剐随您处置！李大酺没有被忽悠住，问孙佺：就算你说的是真的，是朝廷派你来访贫问苦，那慰问品呢？请孙都督拿出诚意来！

孙佺无奈，只有把将士随身携带的布帛搜罗一空，凑足一万匹布帛，连同高官官服紫袍和配饰金带、鱼袋全部奉上。不料李大酺收货后继续忽悠孙佺：请将军您回军南返，不要再找我们的麻烦。孙佺率部如逃出生天一般赶紧溜之大吉，将士恐惧万分，争先恐后逃跑，建制全无。李大酺又纵军追击，唐军"士卒皆溃"，几乎全军覆没，孙佺和周以悌全部被俘，李楷洛、乌可利逃回唐境。

前文说过，奚族本臣服于突厥，就把孙佺、周以悌二人作为俘虏献给突厥默啜可汗，还大肆离间突厥与唐朝的关系。默啜认为，唐朝在西北表面上与他和亲，在东北却对他的小弟奚族大打出手，分明是没有诚意，是在对他进行战略欺骗，是想在东北得手后再进攻西北；而且打狗还得看主人，唐朝进攻奚族，就是不把他突厥默啜可汗放在眼里，遂将孙佺、周以悌杀害。

孙佺被杀后，唐朝和突厥关系再次破裂，和亲之事无法推进。既然和亲这一事项已经不存在，那太子送亲之事自然不了了之，李隆基就此解除出京送亲被废的危机。

孙佺和奚族冷陉之战失败造成的连锁反应不止于此。孙佺之败，完全是李隆基和刘幽求在背后故意为之。《册府元龟》对此的评价相当清楚，"（孙）佺无将材，（李隆基、刘幽求）欲令远讨，众知其必败也"①，即孙佺偷袭奚族导致唐朝与突厥关系破裂一事，完全是刘幽求和李隆基在背后一手策划。李隆基为避免赴西北送亲时被废，竟然在东北置大唐核心利益于不顾，不惜自毁长城。此事的严重后果，李隆基不是不明白。他以损害外部边防安全为代价进行内部政治斗争，已经越过了政治底线，必然遭到父皇和姑姑对他的无情打击。

李隆基在清楚此事严重性的情况下仍然故意为之，意图已经很明显了，那就是对父皇睿宗敲山震虎。李隆基试图借用此事告诉父皇，他已经准备好鱼死网破，如果父皇非要让他去送亲并试图在送亲路上将他废黜，他就一定会在长安动用禁军力量与父皇决一死战！面对李隆基摆出的背水一战的架势，睿宗和太平公主及其党羽受到了极大的震慑，而此时出现的一次奇异天象，又加重了他们的忧惧。

延和元年（712）七月②，彗星现于西方，"经轩辕入太微，至于大角"，经过轩辕星座进入太微星座，直到大角星座才消失。轩辕星座由17颗恒星组成，排列起来如蜿蜒腾空的黄龙，其中轩辕十四最亮，其亮度在恒星中排第21位，比太阳亮288倍，被称为帝王之星，故以黄帝之名"轩辕"命名。太微星即太微垣，位于轩辕星座之东，是三垣（即紫薇恒、太微垣、天市垣）中的上垣，是天子之庭，象征着天子在天宫中的官署朝廷，包括20个星座，几乎每一颗星都对应着一个政府机构。大角星是二十八星宿东方苍龙七宿中的一只角，故

---

① 《册府元龟》卷337《宰辅部·徇私》。
② 《唐会要》卷43记为六月。

有此名，又称天栋，一直被看作天王帝廷所在。

在中国古代的天象政治学中，彗星"经轩辕入太微，至于大角"，是一种极其异常的天象。据《大唐开元占经》，这一天象至少有三种恐怖的解释：一是预示着全国范围内将出现重大社会动乱和自然灾害，在这一天象出现后的最多三个月内，"必有破国乱君，伏死其辜，余殃不尽，当为饥旱疾疫之灾"，当年太宗东封泰山之事就因为彗星出现而取消，高宗在彗星经天时也曾不居正殿、减少膳食、让群臣就朝政得失提出意见建议；二是"彗孛干犯轩辕，近臣诛，灭宗族"——朝中近臣被满门抄斩；三是"彗星出太微，帝宗后族为乱，大臣弑主"，君主被弑杀，而其谋则出自"亲戚御臣"，故"王者有忧"。

太平公主党羽窦怀贞最重视的是恐怖解释中的第二种，即皇帝近臣被斩杀。彗星异常天象出现后，就有善观天象的相面大师警告窦怀贞：彗星出现，窦公你不日将有血光之灾。窦怀贞听后"惧"，上表睿宗请求辞去官职。睿宗对天象之变也相当敬畏，下发敕书"听解官"，即批准窦怀贞辞官。当然，所谓相面大师，也有可能是受李隆基指使，意在打击宰相班子中的太平公主势力。毕竟之前太平公主也经常玩这一手，李隆基不妨以彼之道还施彼身。

李隆基玩这一手显然没有姑姑娴熟，窦怀贞确实是辞官了，但辞官后的去向却是到安国寺当洒扫奴仆——扫地僧。安国寺位于长安城朱雀街长乐坊，原本是睿宗的安国相王府旧宅。睿宗登基后，下诏将旧宅改为佛寺，以当年封号安国为寺名，是为安国寺。窦怀贞到由睿宗潜邸改造的安国寺当奴仆，分明是代表太平公主向睿宗表态，宁可牺牲自己来印证彗星出现是"近臣诛"的象征，也不能出现印证"大臣弑主"。睿宗对窦怀贞的忠君行为相当感动，不久就在七月初八起用窦怀贞，任命其为左仆射兼御史台长官御史大夫，再次拜相。

## 玄宗提前登基

李隆基借天象打击太平公主势力的目的没有达到，反而引起太平公主的反击。太平公主派江湖术士对睿宗言道：彗星"经轩辕入太微，至于大角"的正面解读，则是彗星出现表示除旧布新，代表天子的中宫明堂帝座星和代表太子的前星都有变动，意味着"皇太子当为天子"。

太平公主派出的江湖术士此言并非全部胡诌，中国古代天象政治学中确实有彗星出现代表"天下更政"的观点。南北朝时北齐武成帝高湛在河清四年（565）三月彗星出现时，就于当年四月传位给太子高纬。但太平公主一派的江湖术士所言，却并不是推动睿宗传位给太子李隆基，而是警告睿宗：彗星出现、帝座星前星有变，意味着"皇太子合作天子，不合更居东宫"，太子将要搞政变，抢班夺权提前上位。

太平公主意欲促使睿宗下决心废黜太子。没想到睿宗竟然顺水推舟，不但不废太子，反而下决心传位，表示：既然天象都示意皇太子要当天子，那朕就顺从天命，传位给太子！

睿宗之所以不听太平公主之劝，而是下决心传位，应该有这几个原因。一是睿宗前期试图将李隆基调离京城到并州送亲，动用边防军力量伺机废黜的计划失败后，暂时没有上得了台面的理由再调李隆基出京，只能在京师长安策划废立。而在京城禁军力量对比中，李隆基仍居于绝对优势，睿宗和太平公主仍处于下风，如果此时贸然强行废立，李隆基必定起兵反抗。到时君臣父子对决，睿宗在军事上根本不是对手，极可能有性命之虞。

二是李隆基如果被废，朝堂上力量对此的天平将向太平公主一方急剧倾斜。此时原属于睿宗阵营的姚崇、宋璟、张说已经因倒向太子被贬出京，韦安石、郭元振等人也因太平公主的挤压离开宰相班子，睿宗的基本盘只剩下刘幽求、魏知古两人。通过孙佺一事，可以明显看出刘幽求正在步姚崇、宋璟后尘；通过魏知古后来在先天政变中的表现，也可以反推他此时对睿宗的忠诚亦在摇摇欲坠。窦怀贞复相后，太平公主在宰相班子中已经有崔湜、窦怀贞两名铁杆支持者。在睿宗与太子之间摇摆的刘幽求、魏知古对阵太平公主的"死忠粉"窦怀贞、崔湜，可以看出睿宗力量已经有所弱化。如果此时放任太平公主废黜李隆基，另立实力和声望都比不上李隆基的李成器为太子，更会进一步加剧朝堂上的力量对比失衡。一言以蔽之，睿宗此时还需要李隆基帮他制衡太平公主。

三是睿宗此时对李隆基尚有父子之情。废立之事若出自睿宗圣裁，李隆基被废后还能保住一条性命当个逍遥王爷,至少也能做个庶民百姓平安一世。但若是太平公主推动废立,极有可能会置李隆基于死地而后快,这是睿宗不愿看到也不忍去做的。

四是睿宗本人确实也在一定程度上相信彗星除旧布新的说法。睿宗决定传位后,太平公主及其党羽"皆力谏,以为不可",极力劝睿宗收回成命。睿宗回顾了当年哥哥中宗在位时奸臣在位、天象屡变的历史,明确指出当时他就请求中宗及早立太子以应对天象示警。中宗听后很不高兴,睿宗忧虑得几天都没有吃饭。可见睿宗对天人感应的天象政治学,还是有几分相信的,故做出传位决定。

睿宗回顾完当年历史后表示:当年朕都能劝中宗传位避灾,难道朕今天当了皇帝就做不到了吗?

听着睿宗有些动怒,太平公主等人只得作罢。李隆基"闻之"自然是大喜过望,但表面上必须表示谦让,且一时也搞不清楚父皇到底是在试探他还是真心想传位。

为探明虚实,李隆基急忙飞奔进宫,五体投地,捣蒜式地磕头试探父皇:儿臣只在推举父皇上位的政变中立下一点功劳,却被父皇越过兄弟长幼顺序立为太子,在东宫当太子都战战兢兢,如履薄冰,恐怕德不配位。不知父皇为何突然要传位于我,儿臣稚嫩的肩膀实在挑不起天下这副重担,还请父皇收回成命。

睿宗扶起儿子,再次肯定李隆基的大功:大唐江山能够转危为安,为父我能够再次登基,都是凭借你的拼死一搏;如今天象有变,朕把江山传给你,也是为了再次化解危难,"转祸为福",你就不要再疑神疑鬼了,朕是真心要传位的。

李隆基还是扭扭捏捏地"固辞",睿宗再次表示传位决定不会变,并且有些严肃地说道:三郎你是朕的好儿子,难道非得等朕驾崩后才在灵柩前即位!睿宗此语也有敲打李隆基的意味:你要的,朕都会给你,你不要着急,不要硬抢,否则逼死了朕,对你也没好处。不管睿宗如何敲打,传位是确定的。李隆基确定父皇的传位决心后,内心欢喜,表面"流涕而出"。

睿宗虽然决心传位，但实际上和之前让李隆基以太子身份监国一样，是以退为进，这突出表现在他在传位前后进行的一系列制度设计上。延和元年（712）七月二十五，睿宗正式下诏传位太子，李隆基再次按照政治礼仪"上表固辞"。睿宗和他进行正式的交接谈话：三郎你是不是想让父皇帮着你点啊，是不是想让父皇给你参谋啊？关于这一点咱爷俩确实想到一块了。当年舜禅位于禹后，还经常到四方视察工作。父皇虽然传位给你，但也不能撂挑子不干。以后在军国大事方面，父皇还是得替你把关，不能累着你！太平公主当然也不希望朝廷大权全部落到李隆基手中，也支持睿宗对军国重事既"顾"又"问"。

李隆基没想到姜还是老的辣，父皇传位临了还给他来了这么一手，只能捏着鼻子接受。毕竟父皇传位给他，占据了政治上的道德高地，他此时没有任何政治合理性去动用军事力量与父皇抗衡，只能继续掰政治手腕进行和平斗争。而在政治力量对比上，李隆基明显无法抗衡睿宗和太平公主的联手。

在这样一种极其暧昧复杂的政治氛围中，李隆基于八月初三正式即位，是为玄宗，随后大赦天下。睿宗虽然退位为太上皇，但仍然自称"朕"；其下达的命令为"诰"，在权力效力上高于皇帝命令；每五天在太极殿决策军国重事，包括三品及以上官员的选授任命和重大司法刑事案件的审理等。皇帝自称"予"；下达的命令为"制""敕"，在权力效力上低于太上皇的"诰"；每日在武德殿处理日常政务，包括四品及以下官员的选授任命和徒刑以下司法案件的审理等。

睿宗传位后，继续采取措施向天下宣示他仍然是最高权力的所有者。八月初五，朝廷宣布为"大圣天后"武则天上尊号"圣帝天后"。使用带"帝"字的"圣帝"尊号称呼武则天，表明对武则天地位的进一步提高。前文说过，提高武则天地位是睿宗巩固自身登基合法性的重要手段，也为太平公主之夫武攸暨和依附太平公主的武系势力所乐见。并且为武则天上尊号之事显然属于军国重事，而非朝廷日常政务，故此决定应由太上皇睿宗做出，即睿宗向臣民确认他仍然握有最高皇权。八月初七，玄宗宣布大赦天下，改元先天。经睿宗同意，八月初九，玄宗立太子妃王氏为皇后；八月十一，册封皇子许昌王李嗣直为郯王，真定王李嗣谦为郢王。玄宗即位程序至此大部分走完。

八月初三即位后，玄宗李隆基只是名义上做了皇帝，其权力与即位前当监国太子时并没有明显扩大，甚至连"朕"这一在中国古代政治语境中具有排他性、唯一性、独享性，只有皇帝一人可以使用的称号也没拿到，在面对睿宗时与储君几乎没有太大差别。

但玄宗的即位仍然具有非常重大的政治意义，突出表现为在政治地位上取得了相对于太平公主的绝对优势。即位之前，李隆基只是太子，与太平公主并没有明确的君臣名分，二人事实上在政治地位上平起平坐。即位后，李隆基贵为皇帝，与太平公主在政治上形成君臣关系。在理论上，只要下达一纸制书或敕书，就可以将太平公主除去。

当然，玄宗即位后相对于太平公主的政治优势只是理论上的，要将理论优势转化为实际优势还有赖于政治实力和军事实力的增长。而玄宗即位后着意留心的正在于此，就在王氏被册封为皇后的八月初九，王皇后之父王仁皎获任太仆寺长官太仆卿（从三品）。这一任命虽由睿宗做出，但有利于玄宗，应该是睿宗与玄宗的互相妥协，即玄宗同意睿宗为武则天上尊号"圣帝天后"，睿宗同意任命王仁皎为太仆卿。前文提过，太仆寺掌管宫廷马匹事务，夺取马匹是在宫廷军事斗争中占据上风的重要前提。故玄宗通过岳父王仁皎的任职，再次获得了宫廷马匹的部分调动权，进一步增强了开展军事斗争的实力。

在紧抓军事手牌的同时，玄宗还极力往三省六部核心部门安插心腹，以增强纸面政治实力，这点突出表现在对王琚的重用上。

## 王琚再起风云

前文提到，王琚曾参与策划并深度参与中宗女婿王同皎刺杀武三思的行动。刺杀计划失败后，王琚逃到江南，在一个扬州富商家中打工。富商见王琚相貌非凡，谈吐不俗，"悟其非佣者"[①]，即意识到此人并非一般打工仔，将来一定会出人头地，就把女儿嫁给王琚，还经常贴补其家用。

---

[①] 《旧唐书》卷 106《王琚传》。

数年后，唐隆政变发生，睿宗二次登基，王琚"自言本末"[①]——这才向富商岳父一五一十道出自己的身世来历。富商表示自己果真没看错人，就资助王琚盘缠让他回长安谋求前程。王琚到长安后，暂且居住在城南韦曲、杜曲一带。王琚选择住在此地并非盲目，而是为了等一个人，这就是当时还是太子的李隆基。

据《开天传信记》，李隆基在和父皇、姑姑掰手腕的同时，经常到城南韦曲、杜曲一带打猎，以放松心情。有一次李隆基带了十来个手下又到城南放狗追兔子，玩得不亦乐乎，流连忘返，累了就在一棵大树下休息。有个书生路过，见李隆基有些疲累，就邀请他到家里歇息。李隆基到书生家后，见其家相当贫困，只有一个村姑模样的妻子和一头驴，也没什么家具装饰，几乎是家徒四壁。

李隆基见状，觉得在这户人家吃不到什么，就想走，但也不好意思马上就走，就准备稍事休息再找借口离开。没想到不到一会儿，书生就端出大盘肉和大碗酒，让李隆基和手下美美地吃了一顿。李隆基惊奇书生哪来的钱买酒肉，经手下报告才知道，原来书生为给李隆基一行准备佳肴，把家里仅有的一头驴给杀了。李隆基顿时对书生刮目相看，与他畅谈后又发现其人"磊落不凡"，言语非常，问书生姓名来历，才知道此书生正是王琚。

从此李隆基每次到韦曲、杜曲一带打猎，都要到王琚家做客歇息，逐渐知道了王琚过去和武三思英勇斗争的光荣历史。李隆基每次问王琚一些事情，王琚的回答都甚合李隆基心意，李隆基对他"益亲善焉"。除主动搭上李隆基外，王琚还通过前文提到的和李隆基一起发动唐隆政变的普润和尚这条线，加深了和李隆基的关系。

唐隆政变后，普润和尚以大功"加三品"，经常出入太子东宫。王琚其人对天文星象、"合炼之学"等方外之术也颇有研究，和普润有共同话题，就经常拜见普润上言天象下论人事，句句"历然可观"，都能说到关键地方。普润向李隆基汇报此事，李隆基对王琚是更加"异之"。但由于王琚之前没有太多

---

[①] 《新唐书》卷121《王琚传》。

从政资本,加上李隆基此时正被父皇、姑姑打压得心烦意乱,就没太把王琚的才能当回事,没有在仕途上太关照他,只是让吏部给他任命了个诸暨(今浙江省绍兴市诸暨市一带)主簿(从九品上)。

王琚的理想很丰满,自然不稀罕一个从九品上的诸暨主簿,就决定再搏一把。王琚拿到告身即官员任命状后,就到东宫拜谢太子厚爱。进入东宫后,王琚故意大摇大摆,鼻孔朝天,摆出一副谁也看不起的架势。东宫宦官见状言道:太子殿下就在前面,你小子悠着点,收起你这副嘴脸。王琚大声叫道:"何谓殿下?当今独有太平公主耳!"——什么太子殿下,现在满朝文武都知道天下只有太平公主说了算,太子算什么!"太子有大功于社稷,大孝于君亲",怎么会落到如今这般田地!

王琚此话,是袭用战国时期范雎刺激秦国昭襄王故智。当年被架空的秦昭襄王就是听信范雎一席"秦国哪有秦王,只有太后国舅"话,才下定决心与操纵朝政的母亲宣太后、国舅魏冉做斗争,最终在范雎的帮助下铲除宣太后、魏冉势力,将秦国大权完全掌握在手中。如今李隆基听完王琚的那句"何谓殿下?当今独有太平公主耳!",也是受到极大的心理刺激,更加觉得这个太子当得太窝囊,就"遽召见",让王琚到密室深谈。

王琚为李隆基分析形势:当年您的伯母韦庶人没有什么见识,政治威望也不高,而且被安上谋害亲夫弑君的罪名,人心都不在她那,大臣百姓都想着李家当政,所以殿下杀她易如反掌,毕竟得民心者得天下。如今太平公主则很不一样,她是武则天和高宗唯一在世的女儿,父亲、母亲、两个哥哥都是皇帝,那地位尊贵得几乎没有一个公主可比;且性格极似乃母武则天,凶狠狡猾,一心只想把朝中大权全部握在手里,朝中大部分大臣都归附到她门下;更关键的是"主上以元妹之爱,能忍其过",即睿宗因为太平公主是他唯一在世的妹妹,加上陛下您懂得的原因,也就是说睿宗要用太平公主来制衡您这个太子,故一直放任太平公主扩张势力,对您打压。"贱臣浅识",实在为殿下您今天的处境感到寒心啊!

听完王琚一席话,李隆基请王琚上座,和自己坐在一张榻席上,与王琚促膝而谈,表示他对王琚更加看重。肢体语言表达到位后,李隆基又开始酝酿情绪，竟然对着王琚哭泣起来，说"四哥仁孝，同气唯有太平"，即我四哥①是个仁慈孝爱之人，同胞兄妹几人如今只剩太平公主一个。我如果向父皇告发太平公主的不轨之心，父皇会伤心。如果不说，那我的处境会一天比一天艰难。唉，我身为父皇的儿子、朝廷的臣子，实在不知如何是好！

李隆基、王琚的这番对话颇有深意。王琚关于"主上以元妹之爱，能忍其过"的分析，是在暗示李隆基将太平公主问题与睿宗问题通盘考虑，在政治斗争中不能只是以驱逐太平公主为目标，而应以逼睿宗退位交权为根本目标。而李隆基"四哥仁孝，同气唯有太平"的答复，则是回应王琚的暗示，用潜台词的形式说出他同意将父皇睿宗与姑姑太平公主一起解决的思路。

王琚见太子对自己的问题解决方向表示肯定，就进一步劝李隆基下定决心。王琚首先从政治制高点上否定了睿宗因兄妹之情袒护太平公主的道德合法性，"天子之孝，异于匹夫"，岂能和凡夫俗子相提并论，只有安定宗庙社稷才是天子应该追求的孝道。为证明自己观点的正确性，王琚还举出西汉昭帝刘弗陵和姐姐盖主即鄂邑盖长公主的历史。

昭帝即位时，年仅8岁，由盖主在宫中抚养，盖主可以说对昭帝有养育之恩。后来盖主联合上官桀和燕王等人试图诛除辅政的大将军霍光，阴谋败露后，昭帝为刘汉江山社稷计，大义灭亲，下诏让盖主自杀。回顾完历史，王琚劝李隆基，"殿下功格天地，位尊储贰。太平虽姑，臣妾也，何敢议之"，对太平公主不可拘泥于小节，该动手时就动手，"为天下者，岂顾小节"。接着，王琚为李隆基指出解决问题的思路，"召张说、刘幽求、郭元振等计之"，即建议李隆基全力拉拢张说、刘幽求、郭元振等人，共图大事，共纾浩劫。

经过这番图穷匕见的露骨深谈，李隆基这才真正明白王琚的价值所在，大有相知恨晚之感，从此对王琚不呼其名，而是称兄道弟，按照王琚排行十一称其为"王十一"。如此大才，自然不能再去千里之外的诸暨当个小小的主簿，李隆基决定把王琚留在身边，就问王十一：兄弟你有什么特长才艺，我好根据你的才华给你安排个职位。王琚答道："飞丹炼药，诙谐嘲咏"——臣会炼制

---

① 唐人习俗称父亲为哥，睿宗排行第四，故李隆基称其为四哥。

长生不老丹药，还会讲段子，能给殿下解闷，殿下您就把我放在宫中当伶优使用，这样也可以掩人耳目。

李隆基大喜，不日就任命王琚为詹事府司直、内供奉兼崇文学士，整天在东宫与李隆基心腹姜皎等人一同侍奉左右，而王琚更是经常单独和李隆基讨论逐姑逼父的行动计划。一个月后，李隆基提升王琚为太子舍人兼谏议大夫。李隆基接受睿宗传位登基后，直接将王琚塞进中书省，任副长官中书侍郎。

王琚提供给玄宗李隆基的解决问题的建议的核心要点，就是"召张说、刘幽求、郭元振等计之"。三人中，张说已经完全倒向玄宗。郭元振虽然对睿宗忠心耿耿，但并不反感玄宗；且根据其政治品格正直过硬的秉性，他在玄宗和太平公主之间必然站队玄宗，而不会向太平公主靠拢。

刘幽求经过前段时间宰相班子的调整，正憋着对睿宗的一肚子怨气和对太平公主的重重怒气。在怨气和怒气的双重激发下，刘幽求制订了一个军事冒进计划。而玄宗在郭元振中立、张说归附的背景下，也被兴奋冲昏了头脑，竟然同意了刘幽求的冒险方案。玄宗和刘幽求君臣的冒进，不仅几乎让刘幽求身首异处，也让睿宗看清了儿子的狼子野心，以至最终痛下决心！

# 第十九章　父子反目

睿宗虽然退位为太上皇，但仍保留对军国重事的最后决断权，掌握着最高皇权，在实际权力和政治地位上仍然是最高统治者。玄宗虽然即位登基为皇帝，但只拥有日常政务的普通处置权，在实际权力和政治地位上仍与储君无异。

在这种政治态势下，唐朝在先天年间形成了二元化的最高权力结构。根据中国古代政治规律，只有一元化的最高权力格局才是最为稳定的，二元化的结构必然不稳，二元结构必然要经过你死我活的斗争才能走向一元稳态。睿宗、太平公主和玄宗，正是在这一规律的作用下，父子姑侄最终走向兵戎相见的最后对决。

## 刘幽求玩火自焚

一段时间以来，刘幽求对睿宗都有着很深的怨气。他不是睿宗旧僚，虽然在唐隆政变前就游走于睿宗和李隆基之间，但从本质上还是拥戴睿宗为帝的。唐隆政变中，他不但多次提出及早推举睿宗为帝，而且旗帜鲜明地反对李隆基越过睿宗直接即位，这才使得睿宗能够相对顺利地二次登基。睿宗即位后虽然任命刘幽求为宰相，可鉴于他带头拥立李隆基为太子，睿宗对其一直有戒心，在任用上也是控制性的，先是将其罢相贬为户部尚书以示敲打，再转任吏部尚书以示抚慰，后来才让其出任门下省长官侍中，重新进入宰相班子。

经过这一番折腾，刘幽求思想有了变化，开始向他本来就不反感的李隆基靠拢，这就有了前文提到的帮助李隆基清洗孙佺之事。但也正是因为此事，睿宗对刘幽求进一步失去信任。先天元年（712）八月中旬，朝廷调整宰相班子，刘幽求从门下省长官侍中改任尚书省副长官右仆射，左散骑常侍魏知古出任侍中，中书省副长官崔湜代理长官中书令。在睿宗传位后与玄宗的权力划分中，三品及以上重臣的任命权归睿宗，故这一调整宰相班子的命令应该出自睿宗之手。正是睿宗的这一命令，彻底引爆了刘幽求的怒火。

在唐代的三省长官和宰相排位中，尚书省左右仆射虽然名望较高，但实际职权不如门下省侍中，故刘幽求从侍中改任右仆射是明升暗降。在尚书省内部，左仆射地位高于右仆射，调整后刘幽求的地位反而在时任左仆射的窦怀贞之下。刘幽求对自己在宰相班子中的排位相当愤怒，他有自己的升官路线图，认为自己的功劳在所有朝臣之上，应该任尚书左仆射兼中书令。可这两个职位刘幽求一个也没拿到手，反而是他一直看不上的窦怀贞当了左仆射，崔湜当了中书令。因为这次宰相班子调整，刘幽求"心甚不平，形于言色"。

睿宗之所以做出这次调整，一是让此时还属于自己阵营的魏知古掌握门下省，巩固自己对宰相班子的影响和控制；二是想在传位后增强太平公主在宰相班子中的实力，利用太平公主制衡玄宗；三是想进一步敲打刘幽求，让刘幽求认识到任免宰相的大权还掌握在自己手中，让刘幽求及时回头是岸。没想到刘幽求认定睿宗对不起他，认为睿宗是因为太平公主的缘故调整他的官位，遂决定完全倒向玄宗，撺掇玄宗与太平公主亮剑开战。

此时从政治态势上看，"宰相多太平公主之党"[①]，即玄宗在宰相班子中的势力一直被太平公主挤压，依赖合法斗争几乎不可能取胜。而在军事力量的对比上，玄宗则占据优势。根据学者的研究，玄宗抓住睿宗传位时对他的一点点偏向，在让葛福顺等人统率北门四军的同时，还让葛福顺出任右羽林卫大将军[②]，而玄宗的另一心腹张暐此时正任右羽林卫将军。刘幽求看到玄宗在禁军队伍尤其是右羽林军中的这种优势，遂与张暐密谋动用羽林军诛杀太平公主。

---

① 《资治通鉴》卷210。
② 唐雯《新出葛福顺墓志疏证：兼论景云、先天年间的禁军争夺》，载于《中华文史论丛》2014年第4期。

刘幽求鉴于自己刚从睿宗阵营完全投向玄宗一边,自认还没有完全赢得玄宗的信任,不好直接开口向玄宗提出搞政变,就让张暐代替自己建议玄宗:窦怀贞、崔湜、岑羲三个宰相"皆因公主得进",都是太平公主的"死忠粉",白天黑夜就琢磨一件事,就是怎么把陛下您拉下马;陛下您若不及早应对,一旦对方先发制人,您和太上皇都会性命不保;还请您下定决心,发兵诛灭太平公主;臣已经和刘幽求将一切谋划布置妥当,就等您一声号令。

此时玄宗见刘幽求彻底转变立场投奔过来,且自己在禁军中的力量逐步壮大,一时被眼前的胜利冲昏了头脑,竟然也幻想将太平公主一击毙命,就对刘幽求和张暐的建议"深以为然",同意他们的兵变计划。

可惜事情坏在了张暐身上。前文多次提过,张暐性情豪爽,喜欢呼朋唤友大碗喝酒,极有可能是其在一次酒后吐了真言,将兵变计划告诉了好友、御史台侍御史邓光宾。而邓光宾的嘴还没张暐严,又把兵变密谋给嚷嚷了出去。兵变成功的关键就在于保密基础上的突然性,给对手以出其不意的雷霆一击。张暐、邓光宾将兵变计划泄露出去,等于在还没准备好刀把子时就提前暴露了玄宗的政治意图。

更严重的是"太平闻之"①——兵变计划竟然传到了太平公主的耳朵里。太平公平听说后,将玄宗的兵变计划向睿宗进行了检举揭发。太平公平在揭发的过程中肯定少不了添油加醋,诸如"你儿子表面上是针对我,实际上是想弑君"之类的话肯定没少说。玄宗听闻太平公平已经掌握自己的兵变计划,"大惧",立马决定丢卒保车,主动将刘幽求、张暐的兵变方案一五一十地坦白给睿宗,将责任全部推给刘幽求、张暐二人,把自己撇得一干二净。

八月十九,刘幽求等人被逮捕下狱。司法部门拟出判决意见,"幽求等离间骨肉,罪当死",要将诸人判处死刑。玄宗为撇清自己,可以将责任推给刘幽求、张暐,但必须保住二人性命。毕竟张暐是最早跟随李隆基的原始班底,和后来转投自己的姚崇、宋璟、刘幽求等人不同。如果玄宗不保张暐,那么自身阵营基本盘一看他对手下如此不仗义,定会分崩离析。既然要保张暐,那刘

---

① 《旧唐书》卷106《张暐传》。

幽求也势所必保。毕竟两人犯的是同一件事，是一根绳上的蚂蚱。玄宗遂上奏睿宗，请太上皇看在刘幽求当年在唐隆政变中立下大功的份上，"不可杀"。

睿宗经过反复考虑，顾念当初刘幽求推举自己的功劳，同时要保住玄宗阵营主力以制衡太平公平，故将刘幽求、张暐免除死刑。八月二十六，下令将刘幽求流放封州，将张暐流放峰州（今越南永福省永安市一带），将邓光宾流放绣州（今广西贵港市桂平市一带）。

刘幽求虽然暂时躲过一劫，但生死警报并没有完全解除，与他当年救过的崔湜本色出演了一出农夫与蛇的故事。如前文所言，当初崔湜因牵扯进李重福谋反之事依律当斩，幸得张说、刘幽求营救才得免。没想到崔湜投奔太平公主后，为向公主证明自己的死心塌地，竟然对救命恩人张说、刘幽求火力全开。崔湜先对张说下手，让其罢相任尚书左丞还不算，又将张说赶出京师长安，以尚书左丞的身份到东都洛阳工作。刘幽求流放封州后，崔湜又授意广东都督周利贞"杀之"。当时刘幽求还在从长安经桂州（今广西桂林市一带）到封州的路上，桂州都督王晙是刘幽求故交，且为官正直，得知崔湜奸计，就将刘幽求扣在桂州，拒绝将其移交封州。

周利贞多次发公函要求王晙交人，王晙"不应"。周利贞无奈，只能将此事上报崔湜。崔湜连下数道宰相令，要求王晙及时将刘幽求递解封州，不得延误。刘幽求不忍连累王晙，对他道：王公为我一个流放的人得罪当朝宰相，实在不值得，将来肯定会被崔湜那厮陷害，您还是让我去封州吧。王晙回道，"公所坐非可绝于朋友者也"，刘公您所犯之罪的严重性，还没到连朋友都要和您划清界限的地步；我王晙即使因此事被打击，也"无所恨"。王晙最终顶住重重压力，将刘幽求死保在桂州，刘幽求"由是得免"。

玄宗允许刘幽求、张暐策划兵变事件，暴露了他在禁军中的实力和会在必要时暴力夺权的决心，给睿宗和太平公主造成了极大的心理冲击。虽然玄宗反复向父皇剖白，策划政变只是刘幽求、张暐个人所为，且只是针对太平公主，但睿宗必须充分考虑儿子弑父弑君的可能性。至此，睿宗对玄宗的态度完全逆转。既然儿子要动刀动枪，那就别怪父皇虎毒食子。

玄宗八月兵变未遂后，睿宗和太平公主进行了这么几项布置。一是加强对玄宗的监视。先天元年（712）十月左右，睿宗下诰，册封玄宗任太子时的良娣董氏为贵妃，良娣杨氏为淑妃，良媛武氏为贤妃。前文提到，玄宗的这三个妃子都是当初太平公主一手安插在东宫的耳目，尤其是杨淑妃。为推动杨淑妃更加积极地监视玄宗，睿宗和太平公主还将杨家因杨均"毒杀"中宗而被罢官流放的亲属全部官复原职，让杨淑妃实现"再构门户，永雪冤酷"。杨淑妃受睿宗、太平公主如此恩惠，自然会在通风报信上不遗余力。

二是睿宗多方向臣民展示自己虽然退位为太上皇，但权力仍在皇帝玄宗之上。先天元年（712）十月初一，睿宗下诰命令玄宗十月初四拜谒太庙。根据学者研究，唐代"皇帝的亲祭从决定到实施一般需要一个月以上的准备时间，中间仅隔两天这种情况是特例"；拜谒太庙"是以让玄宗再次确认睿宗作为太上皇的权威为目的而进行特别的礼仪"[①]。十月初四，玄宗受诰前去太庙祭祀并大赦天下。睿宗的目的很明显，就是通过下诰命令玄宗拜谒太庙的形式，展现他太上皇"诰"高于皇帝"制""敕"的效力，向朝野宣示太上皇可以指挥皇帝，皇帝仍然在太上皇的掌心之中。

三是积极争夺对禁军的控制权。在刘幽求、张暐兵变计划泄露前，传位后的太上皇睿宗对太平公主和玄宗之间的权力地盘的划分是：放任太平公主在宰相班子中扩充势力，如对崔湜、窦怀贞等人的任用；默认玄宗在禁军中安插人马，如对葛福顺、张暐等人的任命。睿宗的地盘划分的本质是，让妹妹太平公主在政治领域占优势，让儿子玄宗在军事领域占优势，不让任何一方同时控制政治与军事，让妹妹、儿子在政治上和军事上彼此制衡。

睿宗之所以默许玄宗在禁军中扩张实力，是因为相对于妹妹，他更放心让儿子掌握军队，他当时还认为既然已经传位，玄宗就没有必要再舞刀弄枪搞兵变夺权。但玄宗支持刘幽求、张暐兵变之事被揭露后，睿宗意识到了让玄宗力量在禁军中居于优势的危险，开始和太平公主一起往禁军中安插亲信以挤压玄宗人马。

到先天元年（712）年底前，太平公主已经先后派心腹贾膺福、李猷、李慈出任右羽林卫将军，李钦出任左金吾卫将军，常元楷出任左羽林卫大将军，

---

[①] 金子修一《古代中国与皇帝祭祀》，复旦大学出版社，2017年。

新兴王李晋担任掌管禁军军马事务的闲厩使。睿宗也"以相府之旧"徐彦伯[1]出任左羽林卫将军,并让相王府旧僚许临[2]出任左羽林卫将军。通过一系列运作,睿宗和太平公主在禁军高级将领中占据了相当部分的位置[3]。

## 太上皇决意废帝

睿宗和太平公主虽然派出心腹和旧僚占据了几个羽林卫将军和大将军的位置,但这些人相较于玄宗派系的葛福顺等人,在军中的根基并不深,甚至是以文人身份掌兵。

如徐彦伯"既文士"——本是文人一个,"不悦武职"——本来就不喜欢在军中任职。后来徐彦伯升迁不再任羽林卫将军,有人向他道贺,徐彦伯言:我高兴的并不是官职升迁,而是终于从禁军中调离。贾膺福曾任著作郎,在翰林院掌管文书事务,以书法闻名,是个典型的文臣。李猷是以吏部司封郎中的身份兼羽林卫将军,后来又出任起草诏书的中书舍人,也是地道的文官。让文官担任羽林卫将军,也可以看出睿宗和太平公主一方确实没有足够的军事人才,无人可用而只能勉力支撑。

在睿宗和太平公主派系的禁军将领中,只有担任过朔方军总管的常元楷一人曾有军队历练。但常元楷的军事能力一般,在朔方军任职时以筑城消极防御为主,与前任张仁愿的积极进攻形成鲜明对比,"议者以此重仁愿而轻元楷焉"[4]。故睿宗和太平公主明白,尽管他们在禁军中进行了诸多布置,但论总体实力仍不是玄宗的对手。

睿宗和太平公主分析认为,要解决玄宗问题,最好的办法仍然是设法将其调离京城,然后伺机予以废黜。而东北边境奚族和契丹的再次进犯,恰巧给睿宗提供了机会和借口。

---

[1] 《隋唐嘉话》卷下。
[2] 《徐临墓志》,见《洛阳新获七朝墓志》。
[3] 唐雯《新出葛福顺墓志疏证:兼论景云、先天年间的禁军争夺》,载于《中华文史论丛》2014年第4期。
[4] 《旧唐书》卷93《张仁愿传》。

先天元年（712）十一月二十，东北奚族和契丹部落两万骑兵入寇，此时接任幽州大都督的宋璟鉴于前任孙佺上次出兵失利，明白东北边防军根本不是奚族和契丹铁骑的对手，就下令"闭城不出"，依赖坚固的城防进行抵抗。奚族和契丹没有占到便宜，就在城外抢劫了一番然后撤军。

在奚族和契丹这次犯边后，睿宗以边防松弛为借口，下诰命"遣皇帝巡边"，即派遣玄宗到北边视察防务，而且划定的巡边范围是"西自河、陇，东及燕、蓟"，即西到今甘肃省一带的河陇地区，东到今天河北、东北一带的燕蓟地区。从河陇到燕蓟，东西超过1 500千米，玄宗还不能走马观花，要按照睿宗的诰命，在这漫长的边境线上"选将练卒"，选拔将领，训练士卒。

如果按照这个路线开展"选将练卒"的工作，玄宗最快也要几个月才能巡边完毕，慢的话一年半载也说不定。在此之前，已经创立近百年的唐朝从来没有过天子巡边的先例。睿宗让玄宗以皇帝的身份巡边，用意很明显，就是将玄宗调离京城，隔绝他和禁军的联系，从而造就自己在废黜玄宗问题上的政治主动和先发优势。

为配合玄宗巡边，或者说是确保玄宗巡边时不会失控，睿宗还在十一月二十九下诰将北方边防军队划分为左中右三军，任命幽州大都督宋璟为左军大总管，并州长史薛讷为中军大总管，朔方军大总管、兵部尚书郭元振为右军大总管。三军将领中，只有左军大总管宋璟属于玄宗一派，中军大总管薛讷站在睿宗这边，右军大总管郭元振更是对睿宗忠心耿耿。睿宗任命宋璟为左军大总管是为了安抚玄宗，使玄宗思想麻痹放松警惕，毕竟宋璟早已归附玄宗，玄宗可以安心在其辖境巡边。而在委任薛讷、郭元振出任中军、右军大总管的军事前提下，宋璟即使有异动要和玄宗举兵东北，也能被薛讷、郭元振轻松横扫。

在这样的态势下，玄宗一旦出京，就完全在睿宗占据优势的边防军的包围圈中，睿宗可以不费吹灰之力将其废黜。如李锦绣先生所言，"此时遣皇帝离京，显然是太上皇早已策划好了的，玄宗若离开政治中心长安，无异于一匹夫耳，太上皇可用一纸诰令诛之"①。《旧唐书》对此事的评价是，"天子慊巡边之

---

① 李锦绣《试论唐睿宗、玄宗地位的嬗代》，见《原学》第三辑，中国广播电视出版社，1995年。

诏"。"慊"即不满之意。一个"慊"字，写出了玄宗对睿宗巡边诰命的极其不满乃至愤怒态度，毕竟他明白出京的风险。

面对睿宗的巡边诰命，玄宗的首要应对之策是打入敌人内部刺探情报，以在获得准确情报的基础上制定应变策略。

大致在先天元年（712）八月到十二月之间，玄宗下诏组织编纂道教文献《一切道经音义序》①。此时玄宗面临睿宗和太平公主联合下最后决心对其进行严厉处置的强大政治压力，却忽然热心于此不急之务。这并非是玄宗对道教的热心宠信，而是要以编纂《一切道经音义序》为掩护，打进睿宗、太平公主集团内部。根据历史学者雷闻先生的研究，玄宗委任负责统筹修撰工作的是太清观观主史崇玄，任史崇玄副手的是卢子真，参加人员有崔湜、薛稷、贾膺福、李猷、卢藏用、徐彦伯、邱悦、韦利器、褚无量、刘知几、贾曾、苏晋、徐坚、王琚等人。

上述诸人中，根据前文分析，崔湜、薛稷、贾膺福、李猷属于太平公主阵营，徐彦伯是睿宗派系，王琚是玄宗一方。其他人中，邱悦在景龙政变时是睿宗的相王府府僚，与韦利器"俱为王府直学士"，都属于睿宗派系；卢藏用"托附太平公主"②；史崇玄是靠着依附太平公主才当上太清观观主。

而史崇玄的副手卢子真则是玄宗在东宫时的代理太子仆，褚无量、贾曾、刘知几都是玄宗在东宫时的旧臣。褚无量任太子侍读，贾曾任太子舍人，刘知几任太子左庶子。刘知几当时甚至还因自己名字中的"几"字与李隆基"基"字同声，而改名刘子玄。苏晋是玄宗以太子身份监国时任命的中书舍人，深获玄宗重用，他数进直言，玄宗都"深见嘉纳"③。徐坚时任门下省副长官黄门侍郎，地位重要，为人正直。太平公主多次派夫君武攸暨拉拢他，徐坚"不许"。太平公主后来将党羽岑羲之妹许配给徐坚为妻，徐坚为与公主划清界限，就"固辞机密"④，转任玄宗在东宫时的太子詹事，可见他也属于玄宗一方。

---

① 雷闻《唐长安太清观与〈一切道经音义〉的编纂》，载于《唐研究》第十五卷，北京大学出版社，2009年。
② 《旧唐书》卷94《卢藏用传》。
③ 《旧唐书》卷100《苏珦传附子苏晋传》。
④ 《新唐书》卷199《徐坚传》。

综上分析，在《一切道经音义序》的编委会中，史崇玄、崔湜、薛稷、贾膺福、李猷、卢藏用属于太平公主阵营，徐彦伯、邱悦、韦利器属于睿宗派系，王琚、卢子真、褚无量、刘知几、贾曾、苏晋、徐坚属于玄宗一方。

玄宗将自己和睿宗、太平公主两大阵营的官员安排在一起编纂《一切道经音义序》，正是为了创造接触和交流的机会。一方面通过徐彦伯、史崇玄等睿宗、太平公主派系人员，向父皇、姑姑剖白心迹，尽量推动睿宗取消让自己出京巡边的诰命；另一方面，让王琚、卢子真等人通过接触、交流刺探对手情报。为获取睿宗、太平公主一方的密谋，根据雷闻先生推测，玄宗甚至在史崇玄的太清观安插了道士杨太希作为卧底。

就在玄宗试图通过编纂《一切道经音义序》一边刺探睿宗、太平公主阵营的情报，一边安抚父皇与姑姑、试图和平解决出京巡边问题的时候，睿宗的一道改革禁军军士招募制度的诰命把玄宗逼到了墙角。

如前文所言，唐隆政变之后，玄宗一直很重视在禁军基层士兵中扩充势力，在禁军一线队伍中拥有绝对优势。睿宗和太平公主在争夺禁军中高层将领位置的同时，也在极力加强对一线军士的清洗。先天二年（713）正月十一，睿宗下诰"羽林飞骑并以卫士简补"，即要求改变羽林军和飞骑营的军士来源，今后主要从卫士中选补军士。睿宗的这道诰命意图很明显，就是减少禁军中亲附玄宗的军士力量。

正是睿宗的这道"羽林飞骑并以卫士简补"诰命，激起了玄宗的强烈反抗。本来玄宗面对睿宗派他巡边的诰命，一时不知如何应对。他如果不去，等于公然挑战太上皇权威，将使自己陷入政治上的不利境地，那样睿宗就可能以玄宗不听诰命为借口行废立之事。如果听从诰命前去巡边，此行也定然会凶多吉少，毕竟郭元振、解琬对宋璟是居于绝对优势的二打一。

睿宗瓦解玄宗在禁军基层士兵中力量的诰命，等于把玄宗逼到了墙角。他再不奋起反抗，就会在事实上被缴械。这种陷入绝境的态势反而让玄宗不再犹豫，反正巡边是死，不巡边也是死，不如趁自己在京城禁军中还有优势的时候铤而走险，背水一战，或许还有一线转圜生机。

玄宗极有可能在先天二年（713）正月，做出了调动禁军发动兵变的表态，警告睿宗和太平公主，如果非要一意孤行让他出京巡边，他将在京城拼个鱼死网破。面对玄宗的军事恫吓，睿宗和太平公主被吓住了。毕竟如果真要在长安动手，在玄宗掌握京城禁军实权的态势下，他们的胜算要远远低于玄宗。

在生死存亡的压力下，睿宗被迫妥协，下诏"皇帝巡边改期"，且将集结的各路军队遣散。但巡边只是"改期"暂停，并未取消；各路军队只是暂且各自回营，到先天二年（713）八月还要"复集"。这意味着，如果八月形势有利，睿宗仍然会废黜玄宗。睿宗的杀心未除，玄宗的警报未消，只是延长了导火索而已。但父子暗地里的剑拔弩张，并不妨碍表面上的父慈子孝，尽管这种父慈子孝只是貌合神离。

## 郭元振奉诏回朝

先天二年（713）二月初七夜，玄宗下诏长安城打开所有城门，燃放花灯。去年玄宗登基大赦天下的时候，本应赐百姓大酺，但因当时政治斗争一波未平一波又起，就没顾得上。此时巡边改期，各军归营，父子、姑侄矛盾表面缓和，长安城里一贯紧张的政治空气难得松弛一些，玄宗就下诏补办去年登基时的大酺，让各家音乐、杂耍、舞蹈班子在城内演出。

先天二年（713）二月这次欢乐嘉年华"以夜继昼"，昼夜不歇，历经1个月有余。太上皇睿宗、皇帝玄宗共同登临延喜门观赏，与民同乐。延喜门城楼上，睿宗慈爱，玄宗谦恭，向天下尽展皇家父慈子孝的和暖温情。而表面温情脉脉的背后，是暗地里的杀招迭出。

睿宗在面对玄宗兵变压力被迫暂停皇帝巡边之诏的前后，迅速进行了政治和军事上的两手准备：政治上，将具有睿宗和太平公主双重色彩的萧至忠，从吏部长官吏部尚书提拔为中书省长官中书令，继续在宰相班子中巩固扩充实力；更重要的是军事上，先天二年（713）六月二十四，睿宗突然召在朔方守边的兵部尚书兼朔方军大总管郭元振回朝，任命其为宰相，同时其所任兵部尚书、朔方军大总管两职不变。郭元振由此以宰相身份掌握朝政决策权，以兵部尚书身份掌握调兵权，以朔方军大总管身份掌握统兵权，集朝政决策权、调兵权、统兵权于一身，可谓三位一体。

## 盛世前夜

郭元振是魏州贵乡人，本名郭震，字元振，以字行于世，其人少年倜傥，"廓落有大志"[1]。16岁时，郭元振进入太学学习，与后来属于睿宗、太平公主派系的薛稷、赵彦昭等人为同学。从这段学习经历来看，郭元振虽然在派系上属于睿宗，但与太平公主也有联系，这是玄宗对他始终不信任的历史根源。

郭元振在太学读书时，有一次家里送来四十万钱给他作为学习、生活费用。郭元振刚收到钱还没捂热，就遇一身着重孝服之人来敲门。来人自报家门，说自家祖上"五世未葬，棺柩各在一方"，如今"欲齐举大事"，即准备将五世亲人合葬一处，但囊中羞涩，无钱操办，刚听说您家里给您送来四十万钱，不知兄台能否出借若干？郭元振听罢，不问来人姓名，直接让他将四十万钱如数拿走，"一无所留"。赵彦昭、薛稷责备他太过轻率，甚至有讥讽之语。郭元振怡然道，"济彼大事，亦何消焉"！

18岁那年，郭元振考中进士，成绩"判入高等"，本来可获任校书、正字等升迁较快、事务清闲的官职，但他执意要去基层历练，遂授任通泉县（今四川省射洪县柳树镇通泉坝一带）县尉。郭元振在任上"任侠使气，不以细务介意"[2]，颇有江湖草莽气，甚至曾经私自盗铸朝廷钱币，将县内百姓掠卖为奴，将所得钱财送给那些江湖朋友[3]，县内怨声载道。

武则天听说后，将他召进京城，本来准备训斥一番，可与郭元振深谈过后，"甚奇之"。加上郭元振"仪观雄杰，身长七尺，美须髯"，更让武则天满心欢喜。武则天就"索所为文章"，即要郭元振献上所作诗词。郭元振将《古剑篇》[4]呈上：

> 君不见昆吾铁冶飞炎烟，红光紫气俱赫然。
> 良工锻炼凡几年，铸得宝剑名龙泉。
> 龙泉颜色如霜雪，良工咨嗟叹奇绝。

---

[1] 张说《兵部尚书代国公赠少保郭公行状》，见《张说集校注》，中华书局，2013年。
[2] 《旧唐书》卷97《郭元振传》。
[3] 《新唐书》卷122《郭元振传》。
[4] 高棅《唐诗品汇》"七言古诗卷之一 正始"之郭振（即郭元振）《古剑篇》，中华书局，2015年。

## 第十九章 父子反目

> 琉璃玉匣吐莲花，错镂金环生明月。
> 正逢天下无风尘，幸得周防君子身。
> 精光黯黯青蛇色，文章片片绿龟鳞。
> 非直结交游侠子，亦曾亲近英雄人。
> 何言中路遭弃捐，零落飘沦古狱边。
> 虽复沉埋无所用，犹能夜夜气冲天。

全诗咏剑言志，用龙泉宝剑寄托理想抱负，用干将铸剑比喻自身素质优异、陶冶不凡，用宝剑形制规整彰显自己操守端正、一表人才，用宝剑沦落感慨壮志未酬，提示武则天重用被埋没的人才。郭元振的见识、胆气、豪气，跃然于全诗。

武则天览罢，当即下令抄写数十份，送大学士李峤、阎朝隐等，奇文共赏，随后将郭元振调到朝廷任高级武将右武卫胄曹，兼任"右控鹤内供奉"，不久升迁奉宸监丞。通过在控鹤监的历练，郭元振与武则天建立了私人感情。

郭元振后来外放凉州都督、陇右诸军州大使，在任上北攻突厥，西败吐蕃，"拓州境一千五百里"，陇右西域"营幕千里，举烽号令"。当时的宰相宗楚客素来与郭元振不和，就向武则天诬陷郭元振准备举兵谋反。武则天鉴于郭元振手下兵马强盛，甚是担忧——"惶惧，计无所出"。狄仁杰、魏元忠、韦安石、李峤、宋璟、姚崇、赵彦昭、韦嗣立、张说等二十五人上奏愿以全家上下性命担保郭元振不反，武则天"由是稍安"。

不久，武则天将郭元振召回朝廷，表面上是念在边关苦寒、守边操劳，让他回京休息，实际上是观察郭元振是否听从号令交出兵权，以此判明其有无谋反之心。郭元振接诏后当即启程，用实际行动向武则天剖白心迹，赢得女皇的深度信任。

郭元振到京后，因在长安没有宅第，就暂时寄居在朋友家中。有一天郭元振刚骑上马准备上朝，忽然有人拦住他送来一封信。郭元振刚要拆开，那人转身已去，信中只道前方树下有物品让郭元振领取，只有物品数量，"而无姓名"。郭元振抬头一看，只见不远处的树下拴着二十多匹骡马，放着三千余匹布帛。郭元振反复回想，想起此人就是当年自己送钱四十万让其安葬五世亲之人。素来豪气的郭元振也不推辞，当即用这些财物在京城购置房产，薛稷、赵彦昭听说此事，"皆嗟叹良久"。

神龙政变发生时，史料未见郭元振在其中发挥哪方面作用。但从郭元振受武则天知遇之恩来看，他应该不会参与政变。并且中宗复位后，未见对郭元振有任何封赏，从反面也可证明郭元振应该没有加入政变集团。中宗神龙年间，郭元振因被韦皇后党羽宗楚客、纪处讷等人排挤，被任命为左骁卫将军，外放赴安西都护府出任代理大都护。

当时西突厥首领乌质勒"部落强盛，款塞通和"，准备与唐朝议和。郭元振认为乌质勒虽有意通好，但不一定能长久对大唐忠顺，最好还是用计将其除去为好。郭元振仰观天象，觉得这日必有雨雪，就到乌质勒大帐与其讨论议和条款，两人从帐内谈到帐外。不一会儿，果然天降大雪。在"雪深风冻"的天气中，郭元振"未尝移足"，乌质勒见状也不好进帐。郭元振年轻火力旺，颇耐严寒，乌质勒"年老，不胜寒苦"，议事完毕后竟被活活冻死。

乌质勒之子娑葛认定郭元振"故杀其父"，要起兵"攻之"。郭元振则第二天亲自到西突厥大营哀悼乌质勒，"哭之甚哀，行吊赠之礼"，待了十多天帮忙操持丧事。娑葛"乃感其义，复与元振通好"，派遣使者向唐朝进献五千匹骏马、两百头骆驼、十余万牛羊以及大量草原特产。郭元振凭此功，升任金山道行军大总管。

郭元振在安西都护府坐镇多年，"四镇宁静"。中宗后期，韦皇后弄权，意欲收揽郭元振为己所用。郭元振不从，韦皇后就派御史台长官侍御史吕守素、副长官御史中丞冯家宾等人"相继巡边"，试图"将害之"。娑葛等人听闻此事，就派出杀手，在路上"劫杀之"，即将吕守素、冯家宾半路杀害。

唐隆政变后，睿宗二次登基，意欲重新调整西北边防体系，就征召郭元振回京出任太仆寺长官太仆卿。睿宗此举，是要解除郭元振兵权，如当年女皇武则天召郭元振回朝一样，暗含对他政治忠诚度的测试。毕竟太仆卿一职与金山道行军大总管不可同日而语，回朝就意味着要交出兵权。

郭元振接诏后丝毫没有犹豫，不顾西北各民族部落首领"抗表请留"，当即率全家回朝。尽管在现有史料中无法找出郭元振与睿宗有何历史渊源,但从他对待中宗韦皇后和睿宗的不同态度来看,郭元振属于睿宗一派是确定无疑的。如前文所言,睿宗对郭元振相当看重,曾赞赏他"正直齐于宋璟,政理逾于姚崇,其英谋宏亮过之矣",认为郭元振的政治品格与宋璟一样正直,处理政务比姚崇还要有条不紊,有英雄气概,谋略非常,格局宏大,胸怀磊落。回朝后,郭元振先拜相,后转吏部尚书、兵部尚书,又外任朔方军大总管。

作为距离京师长安最近的边防部队,朔方军的重要地位和特殊作用前文已经叙述。朔方军驻地灵州距长安1 250里,骑兵急行三四天就可赶赴长安,步兵急行军七八天也能到达长安。即使按照正常的行军速度,骑兵七天、步兵半月也能赶赴长安。睿宗在先天二年(713)六月让郭元振以朔方军大总管、兵部尚书的身份回朝拜相,同时掌握朝政决策权、调兵权、统兵权的目的,很明显就是要调朔方军进京,用郭元振朔方军的力量压制玄宗占优势的禁军部队,动用军事手段废黜玄宗。

## 李隆基绝地反击

但郭元振和他的朔方军并非睿宗此前的首选,其实睿宗最早考虑动用的边防军是李迥秀的朔方后军。

李迥秀是开唐功臣、武德贞观年间大将李大亮的族孙,"少聪悟,多通宾客。喜饮酒,虽多不乱,当时称其风流"①,后考中进士。武则天"爱其材",让他到控鹤府监任内供奉等职务。李迥秀由此和张易之等人结下渊源,且私下做了张易之母亲的情夫,等于当了张易之的干爹。因这层缘故,李迥秀从此青云直上,相继任凤阁舍人即中书舍人、夏官侍郎即兵部副长官兵部侍郎,最终拜相,后因贪赃被贬庐州(今安徽省合肥市一带)刺史。神龙政变后,李迥秀遭清算,再贬衡州(今湖南省衡阳市一带)长史,虽然后来回朝任将作少监,但一直处于边缘化状态。

睿宗二次登基后,李迥秀在景云年间重回政治舞台,出任太仆寺长官太仆

---

① 《新唐书》卷99《李大亮传附族孙李迥秀传》。

卿。据学者推测，李迥秀"与此前的女眷政治有着千丝万缕的关系，而与玄宗素无渊源，因此他在景云年间迅速复位应与睿宗及太平公主势力有关"[1]。早在景云二年（711）十月，睿宗便派李迥秀到朔方后军任大总管。朔方后军的驻地更靠近长安，这是睿宗最早考虑朔方后军的重要原因。

延和元年（712）七月，睿宗任命李迥秀为兵部尚书，同时继续兼任朔方后军大总管，让其掌握朔方后军的统兵权与调兵权。睿宗此意，就是让李迥秀在京师一旦有变的情况下，指挥朔方后军挥师进京听从诰命，对玄宗进行制裁。

为确保李迥秀能够得心应手地调动朔方后军，睿宗甚至还有意让他在兼任朔方后军大总管、兵部尚书的同时，拜相出任门下省长官侍中。据《定命录》，李迥秀任兵部尚书时"有疾"，有"朝士""问之"，即有大臣前去李府探望。李迥秀对病情不以为意，认为"仆自知当得侍中"——说我过几天还要当侍中呢，要继续为朝廷健康工作，这点小病不算什么。

只可惜李迥秀的身体没有撑到侍中任命的到来，或者说有人不想让李迥秀活着去身兼侍中、兵部尚书、朔方后军大总管。李迥秀与这个大臣说完话，这个大臣刚从李府走出，还没等到出李府所在的巷子，刚才还谈笑风生的李迥秀就莫名其妙地暴死。表面上离奇的故事，实际上暗藏玄机，事情的真相极有可能是玄宗派人对李迥秀进行了暗杀行动。睿宗接到朝廷有关部门李迥秀已死的奏报后，只能无奈地赠其侍中，聊以安慰九泉之下的李迥秀。

如果李迥秀没有被暗杀，那当初睿宗让其担任的朔方后军大总管、兵部尚书、侍中三职，与此时让郭元振担任的朔方军大总管、兵部尚书、宰相三位一体，完全如出一辙，这充分说明睿宗利用朔方后军或朔方军制衡玄宗禁军的思路是一以贯之的。只不过睿宗当时任用李迥秀，更多的是出于对玄宗的防御防范；此时任用郭元振，则更多的是为了向玄宗主动进攻。从睿宗召回郭元振为相后，立刻与他密谋废黜玄宗这一举动，可以明显看出睿宗的政治意图。

郭元振回朝拜相后，睿宗的军事实力在纸面上陡然大增。太平公主"依上

---

[1] 唐雯《唐国史中的史实遮蔽与形象建构：以玄宗先天二年政变书写为中心》，载于《中国社会科学》2012年第3期。

皇之势"①，即倚仗太上皇睿宗的支持，更加大干快上，谋划废黜玄宗。当时"文武之臣，太半附之（即太平公主）"，宰相班子有七人，分别是窦怀贞、萧至忠、岑羲、崔湜、郭元振、魏知古、陆象先。其中魏知古、郭元振属于睿宗班底，窦怀贞、萧至忠、岑羲、崔湜属于太平公主一派，或有睿宗、太平公主的共同色彩，故《唐历》云"宰相有七，四出其门；天子孤立而无援"。

《旧唐书》《新唐书》却分别说"宰相七人，五出公主门""宰相七人，五出主门下"，《资治通鉴》也继承了这一说法，认为是"宰相七人，五出其门"。《旧唐书》《新唐书》《资治通鉴》估计是从太平公主的角度，将陆象先算进五人之中。毕竟当初陆象先拜相是太平公主党羽崔湜推荐，将陆象先算进太平公主阵营也无妨。但正是陆象先在拜相后"未尝往谒"②——从来没有私下拜见过太平公主，反而在废立问题上与公主产生了激烈冲突。

有一次太平公主召集窦怀贞、萧至忠、岑羲、崔湜、陆象先五名宰相开会，公然提出废黜玄宗另立新君的主张。窦怀贞、萧至忠、岑羲、崔湜四人"皆以为然"，立刻表态支持，坚决赞成，而陆象先"独以为不可"。

太平公主掰着手指头历数废黜玄宗的理由：李隆基是庶出第三子，李成器是嫡长子，在宗法上于礼不合不顺；而且无论在东宫时还是即位后，李隆基都表现出道德品质败坏的鲜明特征，这样的皇帝还能要吗？

陆象先回道：玄宗当初凭借戡平韦皇后内难的大功才得以入主东宫，那场政变是你们姑侄俩联手发动的，对于玄宗的大功公主您应该一清二楚；既然当初因功而立，那今天就应该因罪而废，可皇上今日却没有任何过错可言，公主您凭什么妄言废黜，我陆象先"终不敢从"。

太平公主"怒而去"，从此不再将陆象先视为心腹，凡事只和窦怀贞、萧至忠、岑羲、崔湜四人商议。尽管陆象先不和太平公主同进退，但在宰相班子七人中，太平公主仍实际掌握窦怀贞、萧至忠、岑羲、崔湜四人，睿宗在纸面上掌握郭元振、魏知古两人。剩下的陆象先只是为官正直而已，并不是玄宗派系。睿宗、太平公主在政治力量上仍然居于绝对优势地位，遂试图通过和平、

---

① 《资治通鉴》卷210。
② 《新唐书》卷116《陆元方传附子陆象先传》。

合法的政治斗争废黜玄宗。

据《郭元振行状》，睿宗、太平公主召集宰相班子开会，要求宰相就废黜玄宗之事进行政治表态。估计陆象先此时见太上皇也提出废黜，就默默无语，故《郭元振行状》言"诸相皆阿谀顺旨"，几乎所有宰相或明确支持或默不作声。只有郭元振挺身而出，"廷争"，即在宰相会议上据理力争，极力反对废黜玄宗，拒"不受诏"。由于郭元振的朔方军是睿宗和太平公主唯一可以依靠的有战斗力的军事力量，其表态举足轻重。在郭元振的坚决反对下，睿宗、太平公主只能放弃通过宰相会议和平、合法地废黜玄宗。

郭元振之所以反对睿宗、太平公主废黜玄宗，应该是受到好友韦安石、张说、刘幽求等原本和他同属睿宗派系的大臣的影响，这些人的政治遭遇让他受到了极大的情感触动。韦安石、张说因为不服从太平公主，被赶出京师长安，刘幽求更是几乎被贬黜至死。张说、刘幽求在太平公主非此即彼的打压下，早已转向玄宗。他们会推动郭元振认识到，"如果想要继续政治生涯，只有通过支持玄宗直至获胜这一途径，反之可能都不会有什么好下场"①。但郭元振和刘幽求、张说的不同在于，他可以反对睿宗、太平公主废黜玄宗，可以在政治立场上中立，但并没有背叛睿宗，反而一直对睿宗忠心耿耿。当然，他之后的遭遇也与此不无关系。

而郭元振在宰相班子会议上"廷争，不受诏"的表现，直接影响到魏知古，促成魏知古在关键时刻反水。魏知古同样逐步认识到，如果太平公主获胜，必然进一步倾轧睿宗派系大臣。而睿宗在妹妹太平公主和他之间，肯定不会为了他魏知古与太平公主为难，韦安石就是现成的例子。只有支持玄宗，魏知古才能保住现有政治地位。故宰相班子会议后，魏知古或郭元振或其他人可能向玄宗透露了会议内容。

玄宗收到风声后，感觉形势凶险万分，他即使要动用禁军以死相拼，也要先知道对方的具体计划才能制定对策。玄宗必须争取太平公主党羽反水才能探知敌情，思来想去，他决定从崔湜身上打开缺口。

---

① 周其力《唐睿宗政治势力的消长研究》，上海师范大学硕士学位论文，2021年。

玄宗之所以选择崔湜，一是认为在太平公主的诸多党羽中，他与崔湜的私人关系或者交情最深，毕竟如前文所言，崔湜将自己的艳妻和娇女都送给玄宗；二是和崔湜有沟通渠道，这就是崔湜的哥哥崔涤。

在玄宗与睿宗、太平公主的政治斗争中，崔家没有把鸡蛋放进一个篮子里，因为那样早晚会鸡飞蛋打，而是分属不同阵营。早在玄宗还是太子时，崔涤就已经与开唐功臣岷州都督姜谟曾孙姜皎、初唐名将李靖之弟李客师孙子李令问、玄宗王皇后胞兄王守一等共同成为玄宗心腹，"并侍左右"，后"以东宫皆势重天下"[1]。崔涤既归附玄宗，又和崔湜是兄弟关系，这为玄宗争取崔湜提供了条件。

玄宗遂召见崔湜，打算将其策反收为心腹，以探听太平公主密谋虚实。在召见崔湜前，玄宗应该也和崔涤打了招呼，故崔涤在崔湜进宫前再三叮嘱兄弟：皇上问话必须如实回答，千万不要有任何隐瞒。玄宗也自认因崔湜妻、女的关系，崔湜会弃暗投明，没想到崔湜竟然"不从"。崔湜虽然用实际行动证明了自己不愧是太平公主的"死忠粉"，但也失去了最后的洗心革面的机会。

太平公主公然要求废黜玄宗，睿宗公然在宰相班子中讨论废立，玄宗公然拉拢太平公主死党崔湜，可以看出睿宗、玄宗、太平公主三方此时都已经图穷匕见，都开始打明牌，流血冲突、宫廷政变已经不可避免。

玄宗在招降崔湜问题上没有成功，反而使自己陷入极大的政治被动。崔湜回去后，必然会向太平公主报告玄宗策反自己之事。太平公主见玄宗已经有所行动，立刻加快了政变准备的步伐。玄宗只有铤而走险，放手一搏，才有可能绝地反击。

---

[1] 《新唐书》卷121《王琚传》。

# 第二十章　太上皇废

在先天年间的政治态势中，太平公主借助睿宗的放任，在朝廷内外笼络了一大批支持者，主要有窦怀贞、岑羲、萧至忠、崔湜等宰相，太子少保薛稷、中书舍人李猷、右散骑常侍贾膺福、鸿胪卿唐晙等朝臣，新兴王兼雍州长史李晋等宗室，左羽林卫大将军常元楷、知右羽林将军事李慈、左金吾卫将军李钦等禁军中高级将领，和尚慧范等僧人。这些力量中，宰相朝臣发起政治攻势，禁军将领提供军事支持；李晋一则代表宗室力量，二则帮助太平公主控制长安所在地雍州的地面局势；慧范既是太平公主在经济上的代理人之一，又可利用和尚身份妖言惑众，影响舆论动态。

由于郭元振的反对，睿宗和太平公主无法通过和平手段废黜玄宗。太平公主通过和窦怀贞等支持力量密谋，决定采取政变行动，为此制定了两个行动方针。一是发动兵变，常元楷、李慈"往来主第，相与结谋"，即频繁出入公主府邸"谋废立"。二是毒杀玄宗，具体计划是通过宫人元氏进行，由元氏往玄宗经常服用的可延年益气的珍贵药材赤箭（即天麻）粉中掺入毒药，进献给玄宗，试图将其毒杀。

## 睿宗跳楼　太平自缢

面对极其危险的局势，玄宗阵营成员纷纷劝皇帝当机立断，果断反击。王琚上奏玄宗：事情已经到了万分危急的关头，"不可不速发"，必须下定决心争取胜利了！张说从洛阳向玄宗送来佩刀一把，"意欲上断割"，意在让玄宗与睿宗、太平公主一刀两断，动用军事力量武装夺权。在割舍和父皇、姑姑的亲情上，作为政治家的玄宗并没有心理障碍，他需要的是一击必中的完美计划，这一计划最后由唐隆政变的功臣崔日用制订。

当时崔日用任荆州长史，回朝汇报工作时觐见玄宗，劝玄宗及早决断。崔日用指出：太平公主策划废黜皇帝的政变已经不是一天两天了，但现在形势已经完全不同，发生了根本变化；之前陛下还是太子的时候，与太平公主斗争还得使用谋略明争暗斗；如今陛下已经即位，于太平公主是君，只要下达一道诏书就能将其逮捕，"谁敢不从"；否则万一太平公主"奸宄得志"抢先动手成功，陛下"悔之何及"！

玄宗对此态势岂能不知，但他要与太平公主对决，必须把睿宗考虑进去，而且要把主要目标锁定为睿宗，毕竟当年中宗时期太子李重俊景龙政变失败的教训就血淋淋地摆在那里。李重俊就是因为在政变中没有制定针对中宗的预案，只一心扫除韦皇后、安乐公主、上官婉儿，结果在中宗出现在政变现场时不知所措，犹豫逡巡，以致被中宗反杀。政变可以不以皇帝或太上皇作为主要目标，但必须有在皇帝或太上皇出面时将其杀掉的决心和预案。

玄宗考虑至此，开始对崔日用循循善诱：你说的这些我也知道，很是赞同，只是怕政变一旦发生，会让太上皇受到惊吓，我作为太上皇的儿臣，怎能如此不孝！玄宗的潜台词是，他与太平公主单挑不成问题，只是要料敌从宽，要将睿宗的力量算进去，要有清洗睿宗的计划。

崔日用对于玄宗的顾虑心知肚明，他先帮助玄宗解除思想上的负担，认为"天子之孝在于安四海"，即对天子而言，最大的孝道不在于冬温夏清、昏定晨省，而是让四海平定、国泰民安；如果因为顾及所谓的孝道不能下定决心动手，反而让太平公主得志，天下就会再来一次武周革命时的暗无天日，这难道是真正的孝道吗？

接着，崔日用提出具体的政变路线图："请先定北军，后收逆党，则不惊动上皇矣"，即陛下如果能先拿下北军即左右羽林军和左右万骑营，就会握有完全之势，然后便可将逆党一网打尽，就不会让太上皇受到惊吓。而所谓"不惊动上皇矣"的真实含义，就是太上皇在此形势下，必定会束手就擒。

玄宗对崔日用此计深"以为然",甚表赞同,当即不让他再回荆州,而是下诏任命其为吏部副长官吏部侍郎,留在长安参加政变。当然,玄宗没有想到,他在执行"先定北军,后收逆党"的计划时,受到惊吓的太上皇并没有如他和崔日用想的那样束手就擒,而是试图鱼死网破,与不孝子同归于尽,玄宗政变的合法性甚至因此几乎破产。

可能是由于元氏下毒计划未遂,太平公主决定采取兵变行动。在策划起兵事宜时,太平公主见魏知古在之前宰相班子会议上表现出默许甚至支持废黜玄宗的立场,就有意拉拢魏知古加入自身阵营,毕竟多一个宰相加入就多一份很大的支持力量,故魏知古对太平公主党羽策划起兵之事有所知悉。但太平公主没有想到,魏知古此时已经转变政治立场,将太平公主集团的计划向玄宗和盘托出。

太平公主具体的行动计划是兵分两路,皇宫南北同时动手:让常元楷、李慈率领北门羽林军攻打玄宗听政的武德殿;窦怀贞、萧至忠、岑羲等人在南衙率兵响应,南北夹击玄宗。据《资治通鉴》,先天二年(713)七月初,魏知古密奏玄宗,太平公主准备在七月初四发动兵变。但据司马光所看的《太上皇实录》,"公主谋不利于上与今上,更立皇子,独专权,期以是月七日作乱",即太平公主确定的兵变日期是七月初七。

不论是七月初四还是七月初七,形势都骤然紧张。玄宗稍有迟疑,就会被废黜。玄宗收到魏知古送来的密报后当机立断,决定在太平公主预定发动兵变的前夕即七月初三抢先动手,先发制人。下定决心后,玄宗遂与岐王李隆范、薛王李隆业、龙武卫将军王毛仲、殿中少监姜皎、太仆少卿李令问、尚乘奉御王守一、贴身宦官内给事高力士、果毅李守德、岳父王仁皎等人"定计诛之",制订政变具体行动计划。

值得注意的是,玄宗的两个亲弟弟岐王和薛王也在政变队伍中,表明此时玄宗已经将他们拉入自身阵营。玄宗之所以让岐王和薛王参加政变,一是要增加宗室中的支持力量,万一政变失败,睿宗顾及岐王、薛王两个亲儿子,估计会法不责众;二是要利用二王之前在禁军中的力量,毕竟他们都担任过左右羽林卫大将军,虽然时间不长,但在羽林军中也有一定的影响力,可以抵消常元楷、李慈在羽林军中的实力。除岐王、薛王外,其他人基本上都是当年参加唐隆政变的原始班底,对政变轻车熟路。有学者据葛福顺父亲葛威德墓志中"夫人郭氏,实生大将军福顺。一见圣主,再纽乾纲"的"再纽乾纲"一语,推测葛福顺继唐隆政变后,也参加了玄宗发动的这次政变①。

七月初三夜里,玄宗正式发动政变。从玄宗的政变路线图可以看出,玄宗这次政变从一开始就是将矛头对准父皇睿宗,而非把目标锁定为姑姑太平公主。

当夜,玄宗率李令问、王守一、高力士、李守德和王毛仲等十来名亲信,以他听政的武德殿为起点,从正南的武德门出发离开武德殿。出武德门后,玄宗一行人向西穿过将内朝与外朝隔开的五座城门——武德门、虔化门、朱明门、肃章门、晖政门中的虔化门,从虔化门直奔北军所在的玄武门而去。

到达虔化门后,玄宗与王毛仲暂时分头行动。王毛仲快速前去闲厩夺取马匹,用以装备听从玄宗号令的玄武门三百余名禁军将士,玄宗等人则直接奔赴玄武门。当王毛仲带马匹赶到玄武门时,玄宗等人也适时来到。禁军中的三百多名忠于玄宗的骨干骑上王毛仲带来的军马,如虎添翼。玄宗遂率禁军进入玄武门,召来太平公主在北门禁军中的党羽左羽林卫大将军常元楷、知右羽林将军事李慈,将二人当即斩杀。玄宗由此控制北门玄武门和北门禁军,实现了政变"先定北军"的关键目标,拥有了强大的军力"后收逆党"。

斩杀睿宗和太平公主在禁军中的党羽进而控制北军后,玄宗开始逐一血洗父皇、姑姑在朝臣中的势力。玄宗率亲信和三百多名禁军将士从玄武门进入太极宫,从北向南直奔肃章门而去,于睿宗居住听政的太极殿西侧,擒获正在中书省当值的右散骑常侍贾膺福、中书舍人李猷,毫不犹豫地将二人斩杀。

贾膺福、李猷被杀后,中书省大乱,当值的宰相四处逃窜。玄宗在朝堂擒获萧至忠、岑羲,"皆斩之"。窦怀贞惊慌失措间逃进水沟,他明白玄宗不会放过自己,就在水沟里自杀身亡。玄宗下令"戮其尸",砍下窦怀贞人头,给其改姓"毒",以示羞辱惩罚。

---

① 唐雯《新出葛福顺墓志疏证:兼论景云、先天年间的禁军争夺》,载于《中华文史论丛》2014年第4期。

玄宗在朝堂和中书省大肆杀戮时，朝臣们的惊叫声惊动了太上皇。睿宗明白，有人终于动手了，只是他还不清楚是儿子玄宗发难还是妹妹太平公主作乱。不管是儿子还是妹妹，只要杀红了眼，都不会顾及他这个父皇或哥哥的安危，反而极有可能控制他，逼他以太上皇的身份和名义认定政变的合法性。

睿宗"闻鼓噪声"，遂出太极殿，步行到肃章门察看情势，只见儿子玄宗正在率禁军大队人马，杀气腾腾地从北向南杀来。睿宗一看玄宗进军的方向，就明白大事不好，决定历次宫廷政变成败的玄武门已经失守，他不可能再像当年哥哥中宗在面对太子李重俊景龙政变时退守玄武门那样转败为胜。

但睿宗绝不甘心就此失败进而束手就擒，曾经在神龙政变中"统率南衙兵仗，以备非常"的他，明白此时还有一支军事力量可以依靠，这就是驻守在皇宫南门承天门的南衙卫队。如果利用南衙卫队进行殊死抵抗，或许还能有一线生机。睿宗决意反击，遂"召郭元振"同赴承天门，意在让郭元振以宰相兼兵部尚书的身份号令南衙卫士勤王救驾，与不孝子玄宗进行最后一搏。

睿宗和郭元振到承天门后，立即登上承天门城楼，"群臣稍集"，夜间当值的部分朝臣也随之登楼。睿宗要求跟随自己一起登楼的大臣进行政治表态："助朕者留，不者去"——愿意帮助朕拼死一搏的留下，朕与你们一起战斗到底；不愿者可自行离去，朕绝不怪罪！大臣们群情激愤，"于是有投名自验者"——甚至有人书写姓名官职上表忠心。御史台侍御史任知古紧急在朝堂招募数百名南衙卫士，准备到承天门护驾睿宗。

只可惜骑上战马的玄宗禁军速度太快了，任知古所部刚集结完毕，玄宗禁军就快马加鞭赶到承天门下，将承天门城楼团团围住。任知古带着数百名南衙卫士"不得入"，玄宗瞬间攻破睿宗尚未集结的抵抗防线，睿宗、郭元振等人陷入重重包围之中。

危急时刻，睿宗竟然使出最后的撒手锏，要和玄宗同归于尽。据《郭元振行状》，"睿宗闻东宫兵至，将欲投于楼下"——竟然要跳楼自杀。承天门是长安皇宫最南门，是最重要的政治礼仪中心，睿宗登基后大赦天下、册立太子、任免重臣等所有重大礼仪活动几乎都在承天门进行。明清皇宫故宫也设有承天门，即今日天安门。

## 第二十章 太上皇废

睿宗"欲投于楼下"之举,是要将玄宗置于弑父弑君的不仁不义境地。如果睿宗在承天门当着文武百官的面跳楼自杀,天下臣民定然会得出玄宗发动政变将父皇逼死的政治结论。若如此,玄宗此次政变的所有合法性根基将被彻底摧毁,他会被千夫指为乱臣贼子,会被钉在唐朝历史的耻辱柱上永世不得翻身。要知道,当年秦王李世民发动玄武门之变,也没敢光明正大地逼死父皇高祖李渊。要动手,只能在背地里,绝不能当着百官的面。

而且此时太平公主还在宫外,如果她借用睿宗之死打着为太上皇报仇的旗号蛊惑人心,集结力量反击,玄宗不一定能赢。而对睿宗忠心不二的郭元振如果看到太上皇跳楼身亡,更会振臂一呼,与玄宗决一死战。因此,不管睿宗是真要跳楼还是故作姿态,他都不能死,否则玄宗在政治上将陷入极难收拾的被动局面。

关键时刻,郭元振出手了,只见他"亲扶圣躬",紧紧搀扶爬上承天门城楼栏杆的睿宗,反复劝谏,敦敦开解,睿宗这才稳住情绪,把登上栏杆的脚放了下来。郭元振之所以如此,主要是因为考虑到了事态的严重后果。

如若睿宗跳楼自杀,玄宗罪责难逃,那得利的只能是太平公主。得渔翁之利的太平公主等于是同时除掉哥哥睿宗、侄子玄宗,接下来就是另立一个她完全能操控的软弱新君,如李守礼或李成器,或者效仿母亲武则天登基成为女皇,这是被睿宗评价为"正直齐于宋璟"的郭元振绝对不能答应的。而且太平公主得势后,定然会像清洗韦安石、张说、刘幽求一样,对郭元振进行制裁。到时他郭元振即使不会身首异处失去肉体生命,政治生命也必然会被终结。

郭元振刚劝睿宗莫要跳楼,玄宗就带王琚等人登上承天门城楼。王琚刚开始没有跟随玄宗从武德殿出发,此时却出现在玄宗身边,应该是之前根据政变计划留在中书省帮助玄宗稳定前朝官员。此时胜负已定,睿宗、玄宗父子二人在承天门城楼沉默对峙。父子俩谁也不肯开口,毕竟谁先开口,谁就会陷入被动。

关键时刻,又是郭元振打破沉默。郭元振上奏睿宗:"皇帝前奉诰诛窦怀贞等,无他也""惟陛下勿忧"——皇帝是奉太上皇您的诰命诛杀谋反的窦怀贞等人,并没有其他想法,太上皇您不要忧虑重重!

从政变的实际发动过程看，玄宗诛杀窦怀贞等人不只是剪除太平公主羽翼，实际上是剑指太上皇。睿宗对玄宗的目标选择亦是心知肚明，他根本不可能在政变前下诏让玄宗诛杀窦怀贞等人。郭元振此语看似颠倒黑白，实则意在暗示睿宗，玄宗需要睿宗作为太上皇授予这次政变合法性，不会对太上皇痛下杀手；他郭元振作为提出这项建议的保人，也会力保太上皇生命安全无虞。

睿宗遂按照郭元振的建议，正式下诏确认窦怀贞等人罪状，认可玄宗将其诛杀的行为合法，同时大赦天下，"惟逆人亲党不赦"。七月初四一早，睿宗再次下诏称"自今军国政刑，一皆取皇帝处分。朕方无为养志，以遂素心"，将军国大权全部交给玄宗，自己当天就移居百福殿退出权力中心，安心去当太上皇养老。睿宗、玄宗父子俩由此正式完成权力交接，玄宗至此成为真正的皇帝。

皇宫外的太平公主听闻政变发生，常元楷、窦怀贞等人被杀，明白大势已去，就逃到长安周边山上的寺庙中。此时玄宗已掌控全局，气定神闲，并没有派出兵马去捉拿姑姑，而是放任其待在寺庙中不出。

三天后，太平公主决定下山，坦然面对她需要面对的一切。身为高宗和武则天两个皇帝的女儿，中宗、睿宗两个皇帝的妹妹，她作为镇国太平公主的面子不能丢。公主回长安后，被"赐死于家"。

也有研究依据《太上皇实录》中"公主闻难作，遁入山寺，数日方出，禁锢终身"的记载，认为太平公主并没有被杀，而是被圈禁一生。历史上关于太平公主被杀的记载，可能是《旧唐书·萧至忠传》中"至忠遽遁入山寺，数日，捕而伏诛，籍没其家"的移花接木[1]。不管真实的历史到底如何，太平公主总归失去了一切政治权力。

七月初六，玄宗登临承天门城楼，宣布大赦天下，向天下宣告包括大赦权力在内的所有最高权力统归皇帝。至此，玄宗通过政变夺取了全部皇权，消灭了全部对手。因这次政变发生时年号为先天，故称先天政变。

---

[1] 杨孟哲《唐代神龙政变至玄宗初年的政局演进》，上海师范大学博士学位论文，2018年。

## 赐死崔湜　罢黜象先

关于先天政变，《旧唐书》《新唐书》《资治通鉴》等传统史料一直按照被玄宗删改过的国史，将其书写为太平公主谋反，玄宗奉太上皇睿宗之诰将其诛除，将这场政变描述为玄宗与太平公主之间的姑侄斗法，有意无意地忽略了先天政变实质上是睿宗与玄宗之间的父子斗争。相比于唐代官修史书对先天政变的再三讳饰，唐人笔记史料却大胆点出问题实质，如《朝野佥载》明言"太上皇废，诛中书令萧至忠、侍中岑羲"，认为太上皇实际上是被儿子玄宗废黜，并非传位诏书中所谓的"无为养志，以遂素心"。

宋人关于先天政变的实质亦多有发掘。南宋史学家洪迈在分析唐代四个太上皇即高祖、睿宗、玄宗、顺宗时，认为高祖、玄宗、顺宗都是被迫退位，只有睿宗"上畏天戒，发于诚心，为史册所表"。但洪迈通过分析睿宗退位的关键节点即"睿宗以先天元年八月，传位于皇太子，犹五日一受朝，三品以上除授及大刑政，皆自决之。故皇帝之子嗣直、嗣谦、嗣升封王，皆以上皇诰而出命。又遣皇帝巡边。二年七月甲子，太平公主诛，明日乙丑，即归政"，亦指出"然则犹有不获已也"①，认为睿宗传位交权也并非心甘情愿，而是不得已而为之。

南宋思想家、史学家叶适有言，"玄宗以诸王杀韦后，便超冢嫡，以监国诛太平，径擅天下"②，认为两次政变是玄宗政治生涯的关键环节，即唐玄宗通过唐隆政变以庶出第三子的身份越过嫡长子成为皇帝之后，借助先天政变夺取全部皇权成为真正的皇帝。叶适的这一观点部分揭开了先天政变在传统史料中的真实面纱，揭示玄宗发动政变的根本目的是夺取皇权进而"径擅天下"。

先天政变是玄宗在政治斗争态势极其不利情况下的放手一搏、惊险一跃。如前文所述，在当时的朝堂政治力量对比中，尤其是在宰相重臣支持力度的对比中，玄宗居于绝对劣势，睿宗和太平公主居于绝对优势。但玄宗仍然能够一

---

① 《容斋续笔》卷11《唐帝称太上皇》。
② 《习学记言序目》卷38。

跃成功，主要是依靠手中掌控的禁军力量反败为胜，这次政变是对中国古代宫廷斗争中"刀把子里出政权"这一规律的完美演绎。

反观睿宗、太平公主一方，虽然通过各种途径委派心腹出任禁军高级将领，但始终没能掌握禁军基层部队；虽然屡次下诏和下诰要求改变禁军兵源成分，试图削弱玄宗对禁军基层士兵的掌控力，但并没有得到有效执行，禁军基层士兵仍然听从玄宗号令，服从玄宗指挥，最终跟随玄宗夺取先天政变的胜利。

除缺少禁军力量的支持外，睿宗在关键时刻因为顾及父子兄妹之情屡屡不下狠手，缺少皇帝应有的杀伐决断，也是他最终失败的重要原因。睿宗看重人伦孝悌以致优柔寡断的心态，其根源就在于当年父皇高宗对他的培养。

在高宗与武则天的四个儿子中，睿宗李旦排行老幺，理论上根本没有接班即位的任何可能性。因此，高宗为避免出现高祖朝父亲太宗李世民与伯父隐太子李建成、叔父齐王李元吉，太宗朝废太子李承乾与魏王李泰之间为争夺接班人斗得你死我活的骨肉相残，放弃了对李旦的政治能力的培养，而是将教育重点放在对李旦心性品德尤其是孝友之行的养成上。

高宗当初亲自挑选以"孝友"著称的刘祎之担任李旦王府司马，就是想让刘祎之以身作则，从而让李旦耳濡目染，孝顺父母，友爱兄妹。因此，在李旦的潜意识中，亲情是高于权力的，他可以采取种种措施压制皇族中反动势力的扩张，但却无法像母亲武则天一样对他们进行残酷斗争、无情打击、彻底清洗，不能动用最后的制裁手段将儿子李隆基等人进行肉体消灭，只想结束其政治生命。但政治斗争从来都不是请客吃饭，而是你死我活；不是温良恭俭让，而是白刀子进红刀子出。睿宗李旦在对待李隆基问题上的犹豫迟缓，最终造成其失去最高权力的个人悲剧。

玄宗夺取政变胜利掌握全部皇权后，开始顺理成章地对政敌进行挨个清算。窦怀贞、萧至忠、岑羲等人在政变中或被杀或自杀，薛稷被活捉后关进长安万年县监狱，玄宗赐他自杀。薛稷之子薛伯阳因迎娶睿宗之女凉国公主，凭借驸马身份免除一死，流放岭南。但估计薛伯阳因为父亲已死，不忍独活，在去岭南的路上自杀。

## 第二十章 太上皇废

太平公主的其他党羽和几个儿子也大都被杀,《资治通鉴》言"公主诸子及党与死者数十人"。只有太平公主和薛绍的次子薛崇简,因为多次劝谏母亲不要与玄宗争权,反而被太平公主打骂,这才"特免死"。玄宗还赐薛崇简国姓李,让其改名李崇简,同时继续担任原有官职并保留原有爵位,以示表彰。太平公主家产被抄,"财货山积,珍物侔于御府,厩牧羊马、田园息钱,收之数年不尽",朝廷有关部门用了数年时间,都没能把公主家的珍宝、羊马、房产、资金等财产的具体数目清点出来,可见公主富可敌国。太平公主党羽和尚慧范也被抄家,抄没家产数十万缗钱。宗室新兴王李晋被判处斩刑,并被剥夺姓李的资格,改姓"厉"以示羞辱。其他外围党羽也一一被贬黜,卢藏用流放泷州(今广东省云浮市罗定市一带)。

对于崔湜,玄宗念在其进献艳妻娇女的份上放他一马,将其流放窦州(今广东省茂名市信宜市一带)。故新兴王李晋在临死受刑的时候哀叹:当年谋划废黜皇帝的主谋是崔湜,本王只不过是从犯,可今日崔湜逃出生天,本王独赴黄泉,"不亦冤乎"!可能是李晋的冤情让上天开了眼,不久就派崔湜去陪他。

随着清除太平公主余毒工作的深入,有关部门在审理宫人元氏毒杀玄宗一事时,元氏"引湜同谋进毒",即检举当初是崔湜主谋提出在赤箭粉中下毒,以毒死玄宗。不管元氏是想做污点证人还是真有其事,玄宗接报后都是雷霆大怒,当即下令将已经走到荆州的崔湜赐死。李晋喊冤成功,终于使得崔湜与他在黄泉路上做伴。

在太平公主党羽之外,玄宗最恨的还有睿宗阵营人员,尤其是在政变中跟随睿宗登上承天门城楼,甚至还"投名自验者"。政变后,玄宗拿到那些"投名自验"官员的名单,命令宰相陆象先"收按"[①]。本来因为当初陆象先反对太平公主行废立之事,玄宗对他颇有好感,在诛杀窦怀贞后召见陆象先,饱含深情地言道:《论语》中孔夫子有言"岁寒然后知松柏之后凋也",朕从陆卿你的表现中才知道这些话果然不虚,诚不欺我。但陆象先在处置睿宗阵营成员上的立场,让玄宗对他的看法发生了根本改变。

---

[①] 《新唐书》卷116《陆象先传》。

玄宗让陆象先按"投名自验"名单逐一索拿，陆象先竟然将名单全部焚毁。玄宗"大怒"，要将陆象先一并加罪。陆象先顿首道：这些人都是忠君之事、赴君之难的忠臣；陛下您刚手握全部皇权，要以仁义道德感化天下，要树立正确的用人导向，怎么能杀害这些忠君正义之臣！臣烧毁那些名单，正是为了让他们心安，"安反侧者"，从而洗心革面为陛下效劳，如果陛下您认为臣做错了，要杀要剐随您便！

玄宗虽然表面上认同陆象先的这番言论，但在实际行动上仍然是不遗余力地清除余毒，"时穷讨至忠等枝党，连累稍众"①。如前文所言，萧至忠等人之所以被重用，并不完全是太平公主的原因，还因为有着睿宗和太平公主的共同政治背景。玄宗清除太平公主余毒，实际上就是清除睿宗势力。

陆象先对此看得很清楚，他是无党无派的孤臣，当初能反对太平公主废黜玄宗，今日也能顶住玄宗清除睿宗余毒的压力。故陆象先对被清洗者"密有申理，全济甚多"，千方百计予以保全，最终救下相当多的官员。陆象先行此好事却不留名，从不向被救者表功，故当时没有人知道陆象先在其中到底发挥了什么作用。

但玄宗却是圣明烛照，明白陆象先没有执行自己清除余毒的最高意旨。先天二年（713）七月十九，玄宗免去陆象先的中书省副长官中书侍郎职务并将其罢相，贬为益州（今四川省成都市一带）长史、剑南按察使，这明显是对陆象先不执行自己清除睿宗、太平公主余毒的惩戒。

玄宗可以对那些支持睿宗的"投名自验者"以"余毒"视之，极尽清除余毒之事，但对郭元振这个睿宗最大的保护者却只能大加封赏。毕竟当时除禁军之外，大唐几乎所有最重要的军事力量，都掌握在身兼宰相、兵部尚书、朔方军大总管的郭元振手中。

据《郭元振行状》，先天政变后，郭元振成为唯一的宰相，"宿中书十四日，独知政事"，在中书省不分白天黑夜当值十四天处置政务。郭元振之所以留宿中书省，在很大程度上是为了保护睿宗。毕竟随着睿宗下诰认可玄宗诛除

---

① 《旧唐书》卷88《陆象先传》。

太平公主集团的行为，赋予先天政变合法性，睿宗对玄宗来说已经失去了政治价值。玄宗如果起了杀心暗地里动手，睿宗不一定能善终。当初在承天门城楼上，是郭元振力劝睿宗放弃跳楼行为，不要鱼死网破，如今他必须对睿宗的生命安全负责，何况他对睿宗还有很深的君臣之情。

而正因为郭元振在承天门城楼上阻止睿宗跳楼，力谏睿宗下诏认可玄宗的政变行为，玄宗才没有背上弑父弑君的罪名，进而取得政治合法性，逐次铲除太平公主集团成员，故先天政变论功行赏，郭元振实居其首。先天二年（713）七月初八，玄宗分别给予郭元振等政变功臣官爵、府宅、钱财赏赐。对于先天政变后的朝廷动态，《资治通鉴》有言，"百官素为公主所善及恶之者，或黜或陟"，即朝廷官员中之前和太平公主有过交集，被太平公主赏识的官员全被罢免，而那些站在太平公主对立面、为太平公主厌恶的官员则集体擢升。这种黜免和升迁持续了相当长的时间，"终岁不尽"，让吏部官员忙了整整一年。

先天二年（713）七月十四，张说从东都洛阳回到京师长安，出任中书省长官中书令并拜相。八月初二，被流放封州的刘幽求奉诏回朝，出任尚书省副长官左仆射，进入宰相班子。当初刘幽求彻底倒向玄宗，就是因为"志求左仆射"，而睿宗却把左仆射一职交给窦怀贞，刘幽求如今终于得偿所愿。

相对于张说、刘幽求，郭元振得到的最多，他晋封代国公，所获赏赐相当于价值一千段布帛的财物，一个儿子被任命为五品官。更重要的是，郭元振不久即在继续任宰相、兵部尚书、朔方军大总管职务的基础上，又兼任御史台长官御史大夫、天下行军大元帅。

由此，郭元振集中枢决策权、最高监察权和大唐军事力量（统兵权、调兵权）于一身，成为先天政变后举足轻重的权臣，甚至有左右政局的能力，这点突出体现在赵彦昭的任命上。玄宗本来对赵彦昭相当不看好，在唐隆政变时就将其贬黜。赵彦昭后来虽然回朝，但一直处于边缘化状态。可在先天政变后，郭元振和张说顾及与赵彦昭的早年友谊，决定拉兄弟一把，遂共同进言玄宗，"言彦昭与秘谋"，即赵彦昭是诛除太平公主反朝廷集团的功臣。玄宗对赵彦昭到底有没有"与秘谋"心知肚明，可还是在郭元振、张说的集体力劝下任命赵彦昭为刑部尚书，封耿国公，赐实封百户。

玄宗在任命赵彦昭一事上发现，他刚摆脱父皇睿宗和姑姑太平公主的联合围剿，又陷入郭元振、张说、刘幽求、赵彦昭等人的联合包围中。更重要的是，相对于最早从睿宗阵营投靠过来的姚崇、宋璟，张说、刘幽求、郭元振等人身上的睿宗色彩更加浓郁。也就是说，玄宗虽然通过政变夺取了全部皇权，但仍然受到睿宗原有势力的牵制掣肘。

## 贬死元振　召回姚崇

面对这种不利于皇权伸展的态势，玄宗决定擒贼先擒王，先拿郭元振开刀。在任命郭元振为御史大夫不久，先天二年（713）九月二十六，玄宗突然下诏恢复右御史台建制。

御史台在武则天时期分为左右两台，左台负责在京朝廷机关和军队监察，右台负责地方官员监察。早在太极元年（712）二月时，睿宗就下诏撤销右台以统一监察权，监察地方官员的事务则由诸道按察使负责。此时玄宗"罢诸道按察使"复设右台，显然是为了拆分郭元振以御史大夫身份掌握的最高监察权。玄宗解决完郭元振问题后很快就再次废除右台，一直到终唐之世右台再也没有恢复。可见右台从废而复设，到设而复废，明显就是玄宗对郭元振的量身定做和私人定制。

削弱郭元振手中的监察权只是开胃菜，依靠禁军赢得唐隆、先天两次政变胜利的玄宗明白军队的力量，更明白从全国范围看，自己手中的禁军根本不是郭元振统率的边防军的对手，故只有剥夺郭元振手中的军权才能彻底巩固皇位。

通过复设右台拆分郭元振监察权后仅十多天，即先天二年（713）十月初九，玄宗就前往长安边上的新丰县（今陕西省西安市临潼区一带），下令在骊山脚下"讲武"，即进行军事演习。参加演习的军队除长安周围的卫戍部队外，还有大量边防军，如薛讷的并州军团、解琬的朔方后军等，共约二十万人。演习场上，旌旗招展，延绵相连长达50里。

玄宗举行盛大军事演习的目的，在于向天下兵马宣告，他才是大唐军队的最高指挥者。先天二年（713）十月十三，军事演习结束，玄宗举行盛大阅兵仪式。为扩大阅兵的影响，渲染君主的权威，玄宗还下令允许京师长安百姓到现场观摩，长安黎民闻讯竞相前来，一时"填塞道路"①。

按照唐代阅兵礼仪，阅兵仪式一般由兵部尚书主持，中军大将击鼓传令指挥各军行进，皇帝在阵前观礼即可，并不需要亲自下场。可这天"擐戎服，持沉香大枪立于阵前"的玄宗，不但要夺郭元振作为兵部尚书主持阅兵的风头，更要体验一把中军大将击鼓传令的威风，竟然要在"三令之后"，亲自击鼓指挥。

从礼仪上看，玄宗"将亲鼓"是临时加戏抢戏，违反既定阅兵程序。由于这次演习和阅兵是临时组织的，各路兵马互不统属，郭元振"虑有大变"，怕阅兵程序错乱引发意外事件，竟然不顾及玄宗的颜面，在玄宗刚入场拿起鼓槌，还没来得及击鼓时，当即宣布阅兵仪式到此结束。

尴尬至极的玄宗颜面扫地，本想借机宣告自己才是大唐军队的真正统帅，却没想到郭元振竟然用实际行动表示军队听他的号令。郭元振终于被玄宗抓到把柄，玄宗再不对他严惩就无法驾驭军队。恼羞成怒的玄宗立刻下令，当着约二十万大唐精锐部队和数万长安百姓的面，以"军容不整"为借口，要将郭元振军法处置，当众斩杀。

此时玄宗有杀郭元振的心，却没有杀郭元振的胆。毕竟郭元振在军中根基深厚，如若三军将士看到主帅被杀，说不定会激起兵变。当时各部面对突如其来的斩杀郭元振的诏命，确实"多震慑失次"，颇有不稳迹象。要在杀郭元振之后稳住军队，必须有此时正在阅兵场上的解琬和薛讷的支持。玄宗立刻"遣轻骑召之"，即派人到薛讷、解琬大营，召二人见驾，让他们表态支持斩杀郭元振。谁料传令者"皆不得入其陈"，薛讷、解琬紧闭军门，拒接玄宗诏命。二人这一举动的潜台词是，如果玄宗真杀郭元振，他们不能担保不会发生不测事件。

面对兵变的重大风险，玄宗骑虎难下。刘幽求、张说等人见状立马"跪于马前"磕头死谏，劝玄宗"元振有大功于社稷，不可杀"。玄宗借坡下驴，免

---

① 《册府元龟》卷124《帝王部·讲武》。

除郭元振一死。但死罪可饶，活罪难逃，郭元振被罢免一切职务，流放新州（今广东省云浮市新兴县一带）。

骊山阅兵中郭元振事件的导火索，是玄宗违反既定阅兵礼仪，要给自己加戏。玄宗并不认为自己有错，反而把气撒到负责制定阅兵礼仪的门下省给事中唐绍身上。玄宗以军中礼仪有漏洞、不够严谨为名，要将其斩杀。如前文所言，唐绍曾在中宗时反对韦皇后以亚献身份参加南郊祭祀，属于李唐功臣。玄宗"亦无杀绍之意"，只是"上始欲立威"，即想借此在军队和百姓面前树立自己的绝对权威。

但唐绍比较悲惨，玄宗刚嚷嚷着要杀，还没等刘幽求、张说等人再来劝谏，未能体察圣心的金吾卫将军李邈动手太快，立刻将唐绍斩首。这下弄假成真，玄宗傻眼了，只有将怒气撒向李邈，罢去李邈官职，终身不再叙用。

当着大唐军民的面，郭元振和唐绍一个被流放、一个被斩杀。玄宗的逆鳞之怒表现得无以复加，皇帝的绝对权力、无上权威终于树立起来。

骊山大阅兵，玄宗的主要目的是夺郭元振兵权，确立自己的大唐军队最高统帅地位。而玄宗讲武之所以选在骊山脚下，其不为人知的另一目的，就是召见在距骊山不远的同州（今陕西省渭南市大荔县一带）任刺史的姚崇。

姚崇曾两度出任宰相，长期担任地方行政长官，政治经验丰富，为人刚直不阿，看问题一针见血，处理政务如快刀斩乱麻，是辅佐玄宗处理朝政的不二人选。更重要的是，相对于张说、刘幽求等人，姚崇归附玄宗的时间最早，和玄宗最贴心，对玄宗最忠诚。

但玄宗起用姚崇，却受到张说等人的干扰。前文提到，早在共同拥戴睿宗时，张说和姚崇就不属于一个派系，彼此之间很不对付。他们之间的这种朋党对立状态，一直延续到共同转向玄宗之后。面对张说等人的阻挠，玄宗只能借演习阅兵之机摆驾骊山，为与姚崇见面进而重用他创造时机。

张说、刘幽求作为在姚崇被贬之后帮助玄宗夺权的主要功臣，难免有功高震主之嫌。而姚崇没有直接参与最后的政变，自然谈不上有太多功劳，不会邀功自傲。并且张说、刘幽求、赵彦昭等人事实上已经结党，形成独立于皇权的相权集团，这点亦突出表现在赵彦昭的任命上。

郭元振被流放后，御史大夫、兵部尚书等职位出缺，张说立即向玄宗推荐由被他和郭元振举荐为刑部尚书的赵彦昭代理御史大夫，力图让本派系人员继续占据郭元振留下的官职，大有视朝廷公器为集团私产之势。玄宗虽然允许赵彦昭代理御史大夫，但极为忌惮朋党的他绝不允许结党营私之事一而再、再而三地发生。而姚崇孤身一人，在朝中无党无派，玄宗用着相对较为放心。

骊山讲武结束的第二天，先天二年（713）十月十四，玄宗到渭水岸边打猎，同时和张说商议让姚崇入朝，出任宰相兼兵部尚书。张说从玄宗的口气中嗅出了一股不祥气息，而玄宗让姚崇出任宰相兼兵部尚书，明显是填补郭元振流放后的职位空缺，显示出玄宗用姚崇取代他张说这一派的迹象。

正是察觉到玄宗有要换马的意图，张说开始全力阻击姚崇入朝拜相。张说先是指使赵彦昭利用代理御史大夫的监察权去弹劾姚崇，玄宗"不纳"。张说又派姜皎向玄宗进言：陛下您近来一直为找不到合适的河东总管人选发愁，臣今天总算为您排忧解难，找到人岗匹配的人才了！玄宗问姜皎此人是谁，姜皎回道，"姚元之（即姚崇）文武全才"，是河东总管的不二人选。

玄宗一眼识破姜皎背后的张说之手，怒道：这是张说教你这样对朕说的吧，姜皎你竟敢欺君，"罪当死"。姜皎当即"叩头首服"，承认这一点。玄宗决定撇开张说，直接下诏让姚崇到渭水边同行打猎。

姚崇到后，玄宗问道：姚卿你打猎怎么样？姚崇回道，臣少时"唯以射猎为事"，长大后"折节读书"，如今虽然"官位过忝"，窃居高位，但"至于驰射，老而犹能"，还是可以施展一下的。说罢，已经63岁的姚崇"呼鹰放犬，迟速称旨"，左擎苍，右牵黄，弯弓射箭，身姿矫健。玄宗见此，"大悦"。

玄宗此举，意在观察年过花甲的姚崇是否还有足够的身体素质和旺盛精力任相。玄宗见姚崇的身体还能继续为大唐健康工作，当即任命其为兵部尚书，并拜为宰相。姚崇却不谢恩，没有接受任命，玄宗十分惊讶。等到君臣下马落座休息，姚崇才说除非玄宗在治国上答应他十件事，否则他坚决辞任。

于是，在渭水"长风起秋色"的景致中，君臣二人深入探讨治国之道。姚崇提出稳定政局、不允许皇亲国戚幸臣宦官干预朝政、结束酷吏政治施行仁政、整顿吏治、赏罚分明、礼敬大臣、听言纳谏、改善财政、安定边疆、禁止滥建寺观等十条建议，史称"渭水十事要说"。

姚崇所言十事不但是救时之策，更是对即将到来的盛世的全面战略规划和顶层设计。玄宗闻之，"潜然良久"，条条应允，正式任命姚崇为宰相兼兵部尚书。渭水两岸一年一度秋风劲，而这年渭水黄花却分外香。

郭元振出局，姚崇拜相，经过骊山讲武，玄宗初步解决了军权归属和宰相班子调整问题。十月十五，玄宗返回长安。十一月二十一，群臣向玄宗献上尊号"开元神武皇帝"。玄宗宣布大赦天下，郭元振的"罪过"也因这次大赦被豁免。玄宗让其复出任饶州（今江西省上饶市鄱阳县一带）司马。但郭元振"自恃功勋，怏怏不得志"，在赴饶州上任的路上抑郁而终，终年58岁。

十二月初一，玄宗下诏改元开元，新的开元时代开始。经历神龙政变、景龙政变、唐隆政变、先天政变四次政变的大唐，终于摆脱高层政治动荡不安的乱局，最终踏平坎坷成大道，拉开开（元）天（宝）盛世的序幕。

在大唐的政治舞台上，历经这四次政变的各色人等，其命运仍在起伏，历史大剧还在按固有的逻辑和规律上演。无论是失意者还是得意人，剧中人谁也没有笑到最后！

# 结语：无人笑到最后

随着姚崇的回朝，原来帮助玄宗夺权的王琚、张说、刘幽求等人逐渐开始被边缘化。

诸人中，谋略最深、与玄宗关系最密切的莫过于王琚，而王琚正是最早被驱逐的。史载，"中书侍郎王琚为上所亲厚，群臣莫及"，每次入宫觐见，王琚都与玄宗谈笑风生，直到夜半三更才出宫，号称"内宰相"。有人劝谏玄宗，"王琚权谲纵横之才，可与之定祸乱，难与之守承平"，即只可共患难，不能同富贵。

《资治通鉴》没有记载究竟是谁向玄宗进此言，但根据姚崇复相之后的政治形势变化推测，此人极有可能就是姚崇。玄宗听后，与王琚渐行渐远，一纸诏书将他赶出长安，让他到北方巡视边防。而"可与之定祸乱，难与之守承平"之语，并非只是对王琚一人的评价，更是对张说、刘幽求等人，毕竟正是他们在当初姚崇外贬后，和玄宗一起"定祸乱"。

张说确实感到了危机，就私下拜见玄宗弟弟岐王李隆范，试图通过岐王和玄宗的亲密兄弟关系扭转圣心，请岐王代为疏通他和玄宗的关系，向玄宗表达他的忠心。姚崇抓住机会，污蔑张说和亲王勾勾搭搭，有不轨之心，成功撩拨了玄宗内心深处本就很敏感的忌讳重臣与亲王交往的那根神经。

开元元年（713）十二月二十四，玄宗将张说、刘幽求双双罢相，贬张说为相州（今河南省安阳市一带）刺史，刘幽求为太子少保。三个月后，姚崇揭发刘幽求和此时已经回朝任太子詹事的钟绍京"有怨望语"，即经常抱怨没有得到与功劳相应的官位待遇。开元二年（714）三月初一，玄宗将二人赶出朝廷，贬刘幽求为睦州（今浙江省杭州市建德市一带）刺史，钟绍京为果州（今四川省南充市一带）刺史。尚未回朝、还在北方巡边的王琚则被打成刘幽求同党，贬为泽州（今山西省晋城市一带）刺史。开元三年（715），刘幽求转任郴州（今湖南省郴州市一带）刺史，郁郁不平，和郭元振一样在赴任时"恚愤卒于道"，终年 61 岁。

先天政变功臣中结局最惨的，莫过于王琚。

王琚贬官后，一直在各地来回迁转，最终活到了天宝时期。自认立下大功的他在仕途不顺后彻底放飞自我，酗酒、贪赃、享乐、狎妓无所不为，最终被李林甫盯上。

李林甫"恨琚恃功使气，欲除之"，先将其贬为地方司马，又指使党羽罗希奭"深按其罪"。王琚恐惧之极，试图以毒药自我了却，但可能是因为毒药毒性不强，竟然没死。但李林甫要他三更死，不会留他到五更。没有自杀成功的王琚，最终被罗希奭活活勒死。

相比于郭元振、刘幽求的郁郁而终，王琚的死于非命，钟绍京的结局无疑是最好的。开元十五年（727），钟绍京进京面圣，向玄宗叩头哭泣，请求玄宗谅解当年"怨望"之事。玄宗念及过往，让其回朝。钟绍京先后任太子右谕德和太子少詹事等职，最终以八十多岁的高龄善终。

郭元振、刘幽求、王琚三人的人生中，只有仕途进取这唯一的精神支柱，一旦失去政治生命的支撑，自然生命的终结也就不远了。素来"雅好书画古迹"的钟绍京尽管宦海失意，却能从笔墨丹青中别开一份精神空间，用精神的丰盛去抵抗现实的困顿。

不只笔墨丹青能提供独立的精神支撑，红尘之外亦可安顿灵魂。玄宗在贬斥外朝郭元振、王琚、张说、刘幽求、钟绍京等人的同时，也在后宫清理门户。之前由睿宗、太平公主安插进东宫和后宫的董贵妃、杨淑妃、武贤妃等人，自然首当其冲。

开元二年（714）八月初十，玄宗下诏，对当年"太平公主取人入宫"之事进行清算，表示"妃嫔已下，朕当拣择，使还其家"[①]，将太平公主安插的宫

---

① 《唐会要》卷 3《出宫人》。

人全部驱逐出宫。而对那些与太平公主有历史渊源的妃嫔，玄宗处置起来颇费思量。毕竟这些妃嫔背后都有显赫家族作为依靠，在没有正当理由和借口的情况下将她们贸然驱逐，不啻啪啪打这些家族的脸，说不定会引起显赫家族集体翻脸。刚稳住皇位的玄宗，必须与这些家族保持良好关系才能继续稳坐江山。因此，玄宗让这些妃嫔自己选择出路。

杨淑妃处于"猜阻间起"的政治环境中，自然压力极大。据其墓志，杨淑妃在反复考虑之后"悟贵宠之难极，恐倾夺之生衅"，感悟出日中则昃、月满则亏的道理，主动要求"栖心服道，恳愿从真"，即要求遁入道门。玄宗假意不许后，在杨淑妃的反复请求下准许其"内度"，即在宫里道观修道。但杨淑妃决意远离宫廷是非之地，"固请还家，申孝养也"，即以孝养母亲的名义再三请求出宫回家。

玄宗最终恩准，让杨淑妃以皇妃的身份在皇家道观玉真观举行入道仪式，并将道籍挂在此观。但杨淑妃虽然挂籍于玉真观，却主要在距离家族聚居地较近的景云观居住生活，一是方便照顾母亲弟妹，二是有意回避宫廷政治。玉真观虽然是道观，但毕竟是皇家道观，政治色彩极重。天宝八载（749）六月二十四，杨淑妃在景云观归神，"春秋五十有八"。入道远离祸患的她，最终和董贵妃、武贤妃一样，被玄宗刻意遗忘，其事迹在官修史书中被删除，湮没无闻，归于寂寥。

在整顿后宫远离杨淑妃等人的同时，玄宗也在远离父皇睿宗。先天政变后，玄宗让睿宗搬离太极殿，移居百福殿。玄宗虽然通过这一操作切断了睿宗和群臣的接触渠道，但百福殿仍然位于当时的政治中心太极宫中。

一宫两帝，玄宗自然心中别扭，遂主动远离父皇，于开元二年（714）七月将自己即位前居住的潜邸兴庆坊改为兴庆宫，以此作为新的政治中心。太极宫至此完全丧失初唐政事中心的政治地位，门前冷落车马稀。睿宗在失去权力支撑的百福殿无聊地打发完最后的两年时间，于开元四年（716）六月十九驾崩，终年55岁。

随着睿宗升天，姚崇的政治生命也走到了尽头。开元元年（713）十一月回朝拜相后，姚崇帮助玄宗稳定皇位，整顿官僚队伍，带动大唐迈出了开天盛世第一步的坚实步伐。玄宗重用姚崇主要有两个目的，一是整顿朝政，二是清洗张说、刘幽求等具有睿宗色彩之人。这两个目标实现后，姚崇也完成了自己的历史使命。玄宗适时让人审理姚崇儿子和亲信的贪赃受贿案件，惯于观察政治形势的姚崇明白自己已经到了兔死狗烹的边缘，遂急流勇退，举荐宋璟代替他任相辅政。

宋璟之后，张说、李林甫等人依次拜相。玄宗依靠宋璟整饬吏治，任用张说推进中书门下体制即中枢决策机制改革和边疆防卫体制即节度使制度改革，支持李林甫对财税、军事、法律等各领域进行全面深度改革。持续的改革让唐朝如脱胎换骨般焕然一新，经济持续发展，边防得到加强，国力大幅提升，声威远播四海，开天盛世最终形成！

然而，打造出开天盛世的玄宗也没能笑到最后。草蛇灰线，伏脉千里，从神龙政变到先天政变，四次政变中的一些人、事伏笔，似乎也在冥冥之中锁定了开天盛世的结局和大唐国运的终局。

张易之在神龙元年（705）的政变中被杀，但仍在天上俯视着人间的政治变动。四十年后，在天宝四载（745）左右，张易之的外甥杨钊从四川来到长安，借助高超的理财能力和杨贵妃的引荐进入玄宗视野，逐步取代李林甫。杨钊拜相后，改名杨国忠。他虽然通过进一步改革财税制度，让大唐的国库收入增速空前，但国富民贫的经济困境也由此形成。天宝后期的乱政丛生，乃至安史之乱的爆发，也与杨国忠脱不了干系。

以玄宗为代表的李唐皇室夺回帝位的起点，是契丹在武则天万岁通天元年的叛乱造成内政局势改变。玄宗最终丢失皇位的直接原因是安史之乱，而安禄山的崛起又和契丹叛乱密切相关。

李尽忠、孙万荣的反叛，导致唐朝防御东北诸族进犯的前哨基地营州几度失陷，地位不稳，唐朝东北边防中心被迫从辽宁营州内缩到河北幽州一线，幽州军事地位随之提高，成为玄宗朝东北防御体系的中心环节。

正因在幽州肩负镇抚包括契丹在内的东北诸族重任，安禄山的实力逐步壮大，先后兼任平卢、范阳、河东三镇节度使，手握三镇（平卢3.7万人，范阳9.1万人，河东5.5万人）18.3万精兵[①]，军力居天下之冠，最终于天宝十四

---

[①] 阎守城、吴宗国《唐玄宗的真相》，北京大学出版社，2009年。

载（755）十一月在幽州起兵叛乱。

渔阳鼙鼓动地来，惊破霓裳羽衣曲，玄宗一手打造的开天盛世就此终结。有学者甚至认为，"万岁通天元年的契丹叛乱，犹如安史之乱的前奏"[1]，可谓君以此始，必以此终乎？

天宝十五载（756）六月十三，天刚泛白，玄宗在龙武卫大将军陈玄礼率领的几千禁军将士的护卫下从长安城延秋门向西逃亡，躲避安禄山兵锋。走过渭水便桥时，杨国忠下令烧桥，以免安史叛军过桥追击。玄宗心善，说百姓逃避兵灾全靠这桥，不要断人生路，说罢命高力士将火扑灭。

在便桥上眼望滔滔渭水的玄宗，不知是否想起了那年姚崇在渭水岸边的苦口婆心。当年的玄宗意气风发，当年的姚崇精神矍铄，当年的大唐朝气蓬勃，当年的渭水秋日胜春朝。而今这盛世是否会如脚下渭水一样东流不复回，玄宗不知，也不敢想。后来玄宗曾对侍臣说，"若姚崇在，贼不足灭也"。

六月十四，马嵬驿兵变爆发。太子李亨借机与玄宗分道扬镳，北上在灵武登基，是为肃宗。逃到四川的玄宗被迫和父皇睿宗一样，退位为太上皇。长安收复后，玄宗回京，很快被肃宗软禁在太极宫甘露殿。而甘露殿的不远处，就是玄宗当年软禁父皇睿宗的百福殿。

甘露殿今日有被儿子肃宗羁押的父亲玄宗，一如百福殿昨日有被儿子玄宗圈禁的父亲睿宗。在最后的时光里，睿宗、玄宗父子二人光影重叠，命运重合。

宝应元年（762）四月初五，失去自由和权力的玄宗在甘露殿落寞辞世，终年78岁。最后合上眼的那一刻，玄宗不知是否会遥望一眼近在咫尺的百福殿，那里有和他一样结局的父皇。

彼时彼刻，恰如此时此刻！

此时此刻，恰如彼时彼刻！

---

[1] 李松涛《论契丹李尽忠、孙万荣之乱》，见《盛唐时代与东北亚政局》，上海辞书出版社，2003年。

# 结论：后武则天时代的政治缠斗
## ——"合同李武"与"清算武周"的路线斗争

全书行文至此，我们有了充分的信息储备来探究书中所写这段历史的运行逻辑，分析究竟是什么因素决定了这一时期的历史进程。

从武则天神龙元年（705）到唐玄宗开元元年（713），朝廷政治一直笼罩在武则天的影响之下，可以称为后武则天时代。这一时期，高层政治动荡不安，短短八年时间便发生了神龙政变、景龙政变、唐隆政变、先天政变四次政变，经历武则天、中宗、少帝、睿宗、玄宗五个皇帝。各色人物粉墨登场，城头变幻大王旗，在看似纷繁复杂的政坛乱局背后，可以看到"合同李武"和"清算武周"两条政治路线的缠斗。而这应该就是后武则天时代的政治底色，也是决定这八年历史发展的底层逻辑。

## "合同李武"路线的制定和困境

武则天在复立李显为皇太子，决意把江山交给李家后，忧虑将来李氏子孙与武氏子孙"不协"，为避免"百岁后（武氏子孙）为唐宗室蹂藉无死所"，故制定并推行了"合同李武"的政策，即将李唐皇族李家和武周皇族武家合体，把李武两家融合为血浓于水、牢不可分的共同体。如陈寅恪先生在《记唐代之李武韦杨婚姻集团》一文中所言，"合同李武"是"武曌以己身所生之李氏子孙与武氏近亲混合为一体……所谓水土和为泥者也"。"合同李武"政策的具体实施手段有两个，一是明誓，二是联姻。

## 结论：后武则天时代的政治缠斗——"合同李武"与"清算武周"的路线斗争

圣历二年（699）四月，武则天命令太子李显、相王李旦、太平公主与梁王武三思、定王武攸暨、建昌王武攸宁等人，在武周最重要的政治建筑物之一明堂内指天誓地，对着皇天后土跺脚发誓，保证不会计较李武两家在之前政治斗争中的你死我活，以后会亲如一家和平共处，永远团结得像一家人。

参与盟誓的诸人中，李显、李旦是李氏宗室代表，武三思、武攸暨、武攸宁是武家子弟代表。太平公主则一手托起李武两家，她既是高宗与武则天的女儿，又是武攸暨的妻子，是李武两家沟通的桥梁和关系的黏合剂。李武两家成员赌咒发誓后，武则天担心口说无凭，遂立字为据，让他们将誓文刻在铁券之上，藏于史馆之中，作为历史见证。

明堂盟誓的主要作用，是约束李家不要报复武家。按照武则天此时的政治设计，江山已经确定交还李家，而在早期李武两家的斗争历史中，主要是武家向李家进攻。在武承嗣、武三思等人的撺掇下，武则天对李唐皇族大开杀戒。除了李显、李旦两个亲生儿子，武则天几乎将高祖、太宗、高宗三代皇帝的儿子杀了个干干净净。

面对几乎灭族的血海深仇，作为受害者的李家一旦重新掌权，无疑存在着报复施害者武家的本能冲动，几乎必然会对武家进行反攻倒算，残酷斗争、无情打击更是不在话下，铁定要让武家人尝尝覆巢之下无完卵的滋味。

在李显、李旦两兄弟中，尤以曾任皇嗣的李旦被武家迫害得最为苦大仇深。李旦的两个妃子即长子李成器之母刘妃、三子李隆基之母窦妃，都因诸武的政治陷害而被武则天冤杀，他本人甚至几度被逼到生死边缘。故武则天对太子李显寄予厚望，推动武家子弟与李显女儿联姻，让李显承担起落实"合同李武"政策的主要责任。

在武则天的主持下，李显的女儿新都郡主嫁给武承业之子武延晖，永泰郡主嫁给武承嗣之子武延基，安乐郡主嫁给武三思之子武崇训。武则天认为，通过明誓和联姻，李武两家必能你中有我、我中有你，如"水土和为泥者"般合同即混为一体。

武则天"合同李武"政策的本质，是让李武两家同时掌握最高皇权，甚至有让李氏居虚位、武氏掌实权的考虑。而中国古代政治逻辑讲究天无二日、民无二主，具有独尊性和排他性的家天下皇权，无法容忍另一姓的分割和平行。以预防李家对武家进行政治清算为目的的"合同李武"政策，在很大程度上只是武则天的一厢情愿。李武两家的矛盾必然会在武则天身后爆发，当时就有人对这一政治态势洞若观火。

大臣吉顼曾劝武则天让皇族（即李氏）与外戚（即武氏）"各有区分"，以确保"两安全"。吉顼认为，武则天在安排李氏复位的情况下，继续给武氏封王，进行同等规格摆布，让二者"居必竞之地"，当面鼓、对面锣地打擂台，这就是制造将来李武两家你死我活进行政治斗争的催化剂！如吉顼所言，如今皇太子早已正位东宫，而武三思却还在王位上流连盘桓，不肯下台，"臣知两不安矣"！

以武则天的政治智慧，她对这种政治情势亦何尝不是圣明烛照。听罢吉顼之言，她颇为伤感地言道：爱卿你说的这些朕不是不知道，但事情已然发展到现在这个状态，朕实在找不到化解之法，无可奈何。如胡三省在注解《资治通鉴》时所言，"观太后使二子与诸武立誓，则诚知势有所必至而出此下策耳"，即武则天让李显、李旦与武三思等诸武盟誓，实在是计出无聊的无奈之举。

武则天明白，在最高权力的争夺面前，无论是联姻还是明誓，都是不算数的。再言之凿凿的誓言也会被违背，再白纸黑字的协议也会被撕毁。"合同李武"并不能将李武两家真正融为一体，只是武则天在当时政治态势下的权宜之计。

虽然"合同李武"政策矛盾重重，但在女皇的强力压制下，这一政策在武则天晚年还是能顺利落地。当时李武两家和平相处，亲如一家，不但没有发生明显的斗争，还形成了共同对抗武则天内宠二张即张易之、张昌宗的政治联盟。

长安元年（701）九月，武则天听信二张谗言，逼死李显 19 岁的嫡长子李重润、武承嗣 21 岁的长子武延基，以及李重润之妹、武延基之妻永泰郡主。在被二张谗言害死两个长子一个女儿（儿媳）的政治威胁下，李武两家迅速结成同盟，试图发动政变铲除二张。李武同盟的共同政治目标，是"清君侧"，即清除母亲、姑妈豢养的张昌宗、张易之；两家开展合作的政治底线，则是维

结论：后武则天时代的政治缠斗——"合同李武"与"清算武周"的路线斗争

持"合同李武"政策不改变和武则天皇位不动摇。

## "清算武周"路线的提出与实施

但在政变准备过程中，站在李唐宗室一边、以复辟李唐为己任的宰相张柬之等人，暗中打出对抗"合同李武"政策的另一面旗帜——"清算武周"，即扶持李显提前登基进而恢复李唐，支持乃至强烈要求李显出面消灭武周政权，清算武氏势力。

张柬之等人在争取李显同意发动政变后，为执行"清算武周"的政治路线并抢得拥立之功，决定撇开武家单干。为排除武氏对李显的影响，张柬之等人甚至在没有告诉李显具体动手时间的情况下，就自作主张发动政变，乃至拔剑出鞘逼迫李显出面领导政变。张柬之等人撇下武家进而挟持李显挑头的行动，最终推动政变打破李武两家关于保持武则天皇位不动摇的政治默契，走上了逼武则天退位的夺权轨道。

神龙政变后，李显二次登基，是为中宗。张柬之等人凭借拥立大功掌控了相权，强烈要求中宗下诏诛杀诸武，清洗武氏诸王。"清算武周"和"合同李武"两条路线的斗争开始浮出水面，凸显为朝堂政治斗争的焦点。

在张柬之等人看来，在大唐王者归来、李氏复辟归位的政治大背景下，对曾经篡夺李唐社稷的武周政权和武系势力进行彻底清洗，实属天经地义，具有最大的政治合法性和历史合理性。故张柬之等人一再要求中宗出面"渐除武氏"，清算武周。

但在中宗看来，此时最主要的政治任务并非对武周和诸武进行反攻倒算，而是解除张柬之等人对皇权的掣肘，清除弟弟相王李旦对皇位的威胁，毕竟张柬之等人功高震主，而李旦又在皇室中具有强大的政治影响且当过皇帝、皇嗣。加之武则天前期通过联姻将李显与诸武深度绑定，故中宗在复位后虽恢复李唐国号，但为巩固皇权继续执行"合同李武"政策，试图通过以武三思为代表的诸武制衡张柬之等功臣的势力，以及相王李旦、太平公主等皇族的势力。

中宗开始与诸武中威望最高的武三思密谋军国大事，借助武系势力迅速将张柬之等功臣贬黜，重塑政治权威。武三思等诸武也借助中宗的羽翼死灰复燃,"大权尽归三思矣"。更重要的是,中宗对武则天的评价发生了明显改变,对武周态度也来了近乎一百八十度的大转变。

中宗复位初期,在张柬之等人的要求下,下令停止使用武则天父亲武士彠昊陵、母亲杨氏顺陵名称,废除武周新字即武则天所造的天地日月等字。在天下广建中兴寺、中兴观,象征大唐在武周篡位后复兴。武则天驾崩后,中宗又下令废除武周太庙崇恩庙。

但在中宗的政治逻辑中,否定武则天和武周,就是否定他的皇权合法性。毕竟中宗皇权的最大合法性来源,就是武则天的授权。中宗登基所依赖的最主要的政治身份,就是武则天重新册立他为太子,赋予他接班人地位。只有肯定武则天和武周,淡化乃至否定神龙政变,才能重新解释并强化中宗皇权的政治合法性。

故在诛杀张柬之等人后,中宗将上述否定武周的政策一一改易,全部推翻,允许武周新字继续流通,将中兴寺、中兴观改为龙兴寺、龙兴观,不再提复兴之事,又恢复昊陵、顺陵称号,重建崇恩庙。这些回归武周的政策,表面上是武三思在搞鬼,实际上是由中宗推动、武三思执行,故中宗神龙朝政治呈现出鲜明的武周色彩。

这一历史事实说明,武则天"合同李武"的政策在中宗复位前期得到了有效执行。如陈寅恪先生所言,"神龙之复辟不能彻底,亦不必彻底……柬之等遂初为功臣后作罪人也",均与"合同李武"政策的执行有关。

而陈寅恪先生关于武氏势力在武则天身后"久而不衰"的判断,则颇多可商榷之处。陈寅恪先生认为,开元名相姚崇、宋璟、张说等人"皆武氏之党";玄宗宠宦高力士因养父高延福经常出入武三思府的缘故,"为武氏死党",甚至是"武氏政治势力之维持者";李林甫、杨国忠"二人之任用实与力士有直接或间接之关系,故亦不可谓不与武氏有关系也";乃至武惠妃、杨贵妃的受宠,肃宗被立为太子,亦因其出自武则天本族或母家杨氏一族,"当亦与武氏之党有关";而玄宗一直"为武党所包围蒙蔽"。

陈寅恪先生对武氏势力影响的揭示发覆,确实是考察武则天身后政治发展和朝局演变的重要角度,但不免求之过深,联想过多。姚崇、宋璟、张说等人

## 结论：后武则天时代的政治缠斗——"合同李武"与"清算武周"的路线斗争

早年的仕途起步，确实均在武则天执政时期，亦都受过武则天的赏识或拔擢，但不能据此就认为他们属于武氏集团。事实上经过本书对诸人仕宦经历的考察，他们最早属于相王李旦集团，后来发生分化，先后转入李隆基阵营。

高力士更是如此，如孟宪实老师所言，"（高力士）出身与武氏有关系，但现实却是他是玄宗的宠臣"[①]。至于玄宗先后宠爱武惠妃、杨贵妃，更多的是出于君主私情；而玄宗最终册立肃宗李亨为太子，更是根据当时朝堂态势做出的深思熟虑的选择，而与"肃宗母为武甇外家"没有太多牵扯。亦如孟宪实老师所言，"学者中很多并不同意陈寅恪的观点，但皆有礼貌地回避了争论"。

事实上，武氏势力在武则天身后不但没有"久而不衰"，反而早在中宗二次登基时，朝堂上拥护李唐的阵营就开始了对武氏势力的清算，"清算武周"政治路线逐步抬头，并取得与"合同李武"政治路线分庭抗礼的地位。

由于中宗对"合同李武"政策的坚持，张柬之等政变功臣被清除。但问题的关键是，张柬之等人虽然身亡，但其扛起的"清算武周"的大旗却不倒。"清算武周"的旗号，顺应了朝野人心思唐的政治心态，符合天无二日的王朝政治逻辑，迎合了李唐皇室卧榻之侧不容他姓鼾睡的政治需求，很快成为李氏宗室打击武氏势力、试图独占皇权的指导思想和行动指南。从景龙政变到唐隆政变再到先天政变的发动，都受到"清算武周"这一旗帜的政治指引。

张柬之等人身亡后，较早出面反对武系势力的是中宗太子李重俊。李重俊早期为营求太子之位，与武三思达成政治合作协议，用支持武三思清洗张柬之等人换取武三思支持他入主东宫。李重俊成为太子后，曾奏请中宗株连张柬之等人三族，作为对武三思的政治回报。

但武三思将张柬之等人彻底打垮后，开始将矛头对准李重俊。武三思一方面通过担任太子宾客的儿子武崇训，诱导李重俊流连声色犬马，以贬损其声望；另一方面撺掇儿媳安乐公主大开脑洞当皇太女，取李重俊的接班人位置而代之。武三思推动安乐公主营求皇太女，恐怕有着更长远的政治考虑和野心，这就是在安乐公主登基后，让武崇训依靠女皇丈夫的身份接班，进而重建武周

---

[①] 孟宪实《武则天研究》，四川人民出版社，2021年。

江山。

面对被废黜的危局，李重俊愤恨不已。为保卫自己的太子地位，事实上也是确保李唐宗室对皇权的独揽、对皇位的独占，李重俊铤而走险发动景龙政变，顺利诛杀武三思、武崇训父子。虽然李重俊未能继续扩大战果，在进攻皇城时最终失败，但这次政变对武氏势力形成重大打击，使武氏宗族失去武三思这一领头羊。

武三思作为武氏集团头面人物被杀后，原先依附武系势力的朝臣转入韦皇后麾下，成为韦皇后的支持力量，形成韦武外戚势力合流的态势。韦皇后势力急剧崛起，以至顶起朝廷半边天。安乐公主改嫁武崇训的堂兄弟武延秀，继续充当武系势力代言人。

中宗突然驾崩后，韦皇后利用最高权力交接的空窗期，立少帝李重茂为傀儡皇帝，积极准备改朝换代，试图效仿婆婆武则天的武周革命，再来一次韦家革命。由于韦皇后已没有亲生儿子和亲侄子，她一旦登基称帝，百年后极有可能将江山交给亲生女儿安乐公主。而安乐公主肯定会将皇位传给她和武延秀所生子女，这等于武周政权借安乐公主还魂。

更危险的是，武延秀本人也有窥鼎之意。史载，当时有个所谓的政治预言，说穿黑色衣服的神皇武则天孙子将来会穿龙袍当皇帝。武延秀就经常穿着黑色袍子以应这一预言，野心昭然若揭。

事已至此，李唐皇族不能不拔刀相见！相王李旦第三子李隆基联合姑姑太平公主发动唐隆政变，诛杀韦皇后、安乐公主。虽然李隆基发动政变的主要目的，是要越过大哥李成器取得接班人地位，甚至有越过父亲相王直接登基的打算，但唐隆政变客观上将皇位传承由中宗系统转入睿宗系统，进一步打击了借助韦皇后死灰复燃的武系势力，巩固了李唐皇族对皇权的独占。

## 两条路线的终极对决

唐隆政变后，相王李旦二次登基，是为睿宗。正是在睿宗复位后，"合同李武"与"清算武周"两条路线进行了终极对决。

睿宗时期的朝堂政治主线，并非太平公主与李隆基之间的姑侄斗法，而是

## 结论：后武则天时代的政治缠斗——"合同李武"与"清算武周"的路线斗争

姑侄斗法掩盖下的睿宗与玄宗父子相争。睿宗复位之初，慑于李隆基掌握禁军的军事压力，被迫放弃立长子李成器为太子的打算，确立三子李隆基的太子地位。李隆基入主东宫后，与父皇睿宗展开了激烈的权力争夺。睿宗与太子斗争的主要手段，是借助妹妹太平公主的力量对李隆基进行制衡。

在太平公主与太子姑侄斗法的大背景下，之前依附韦皇后、安乐公主的武氏残余势力纷纷加入太平公主阵营。毕竟太平公主驸马是武家重要人物武攸暨，而唐隆政变中亲自率领军队指挥诛杀武系势力首领韦皇后和代言人安乐公主的，正是李隆基。在这正反两方面历史恩怨的作用下，武系势力自然将太平公主视为新的依附对象，而与太子李隆基不共戴天。

而睿宗在对待武则天和武周的政治态度上，也和哥哥中宗一样走了一条先否定再肯定的路，完美再现了否定之否定的历史规律。

睿宗刚登基不久，就下诏将武则天的尊号从"则天大圣皇后"恢复为父皇高宗时期的"天后"，随后下令剥夺武三思、武崇训父子的所有官职、爵位、谥号，还平毁坟墓、开棺暴尸，又废除崇恩庙、昊陵、顺陵称号。在贬抑武则天的同时，睿宗还追赠当年被武则天污蔑谋反的二哥李贤为章怀太子，为当年因反对武则天立武氏七庙而被杀害的裴炎平反，这几乎等同于对武周革命的强烈批判。

在贬低武则天和批判武周革命的同时，睿宗又重新通过抬高武则天和肯定武周政权，来强化自己即位的合法性。睿宗"越次而居大位"，截断中宗一脉皇统登基，是其无法回避的政治污点，他在夺取侄子的皇位问题上不能自圆其说，只能从他曾经当过皇帝、皇嗣，推辞过做皇太弟这个角度，寻求君临天下的合法性来源。而睿宗的前皇帝、皇嗣、皇太弟三个身份，都与武则天密不可分，都是武周革命的副产品。如果没有武则天的武周革命，睿宗作为高宗和武则天的第四子，基本上没有可能顺位接班。

因此，睿宗要论证自己登基称帝不是"越次而居大位"，而是具有天然的政治合法性，就必须重新肯定武则天和武周。从这一政治考虑出发，睿宗下诏恢复武士彟和杨氏坟墓的昊陵、顺陵称号；追赠武则天为"大圣天后"，又承认其帝位，尊为"天后圣帝"；重新评价武周革命，认为武则天改唐为周，是以母亲身份替儿子中宗、睿宗执政。

在这一政治解释框架下，武则天和武周再次得到肯定，睿宗依托武周革命历史进程而得来的前皇帝、皇嗣、皇太弟三个身份也就有了终极的合理性，睿宗即位的政治合法性问题由此轻松破解。按照这个解释逻辑，天下江山本来就是睿宗的，根本就不存在夺取侄子皇位"越次而居大位"的问题！

睿宗对武则天和武周的重新肯定，固然有强化自己登基合法性的政治考虑因素，但在事实上至少在意识形态层面重新执行了武则天的"合同李武"政策。在这一政治背景下，睿宗与太平公主兄妹联盟成为武系势力集结的大本营。

而李隆基要稳固自己的太子地位甚至逼父皇退位，要在睿宗不得已传位、自己尴尬登基后，改变太上皇与皇帝两个权力中心的不正常格局，就必须通过否定武周和武则天，来否定睿宗凭借前皇帝、皇嗣、皇太弟身份而得来的皇位合法性。毕竟这三个身份都与武则天、中宗有密切关系，而武则天是"合同李武"政策的制定者，中宗是"合同李武"政策的坚定执行者。

也就是说，只有在政治旗帜上否定"合同李武"政策，李隆基才能否定睿宗凭借身份优势而登基的合法性，建立自己凭借发动唐隆政变挽救李唐社稷的大功而即位的合法性。只有在组织人事上继续清洗太平公主及其收拢于麾下的武系残余势力，李隆基才能夺取全部皇权。为此，李隆基必须继续执行"清算武周"的政治路线，与此时已经在事实上重新执行"合同李武"政策的父皇睿宗、姑姑太平公主进行殊死搏斗。

最终，李隆基经过先天政变一役，诛杀包括武系残余势力在内的睿宗、太平公主派系朝臣，逼迫太上皇睿宗交出全部皇权，赐太平公主自尽。武系朝臣势力最终覆灭，玄宗李隆基掌握绝对权力。随后，玄宗下诏废黜武则天父母武士彟、杨氏的孝明高皇帝、孝明高皇后称号，回到高宗咸亨年间对其太原王、王妃的政治定位；再次废除昊陵、顺陵称号，降为太原王、王妃墓。对于祖母武则天，玄宗亦是毫不留情，将其"天后圣帝"的尊号一路贬降为"则天大圣皇后""天后"，最终让武则天回归高宗的皇后身份，先后称其为"则天皇后武氏""则天顺圣皇后"。

## 结论：后武则天时代的政治缠斗——"合同李武"与"清算武周"的路线斗争

至此，玄宗对武周政治遗存进行了近乎彻底的清算，李唐皇族实现了对皇位和皇权的绝对独占。玄宗后来甚至将发动神龙政变的张柬之、桓彦范、敬晖、崔玄暐、袁恕己五人全部配飨中宗庙廷，和中宗一起安享大唐官民的香火祭祀。这不但是对五人的彻底平反，更意味着将张柬之等人高举的"清算武周"大旗彻底插到了执行"合同李武"政策的中宗阵地上。玄宗意在通过这一政治动作昭告天下，武则天确立的"合同李武"路线完全失败，张柬之等人举起、经李重俊传递、最终由玄宗扛起的"清算武周"大旗取得全面胜利。由此，后武则天时代彻底终结。当然，伴随政治清算的完成，也要对舆论包括历史记述进行清理，武周的历史记忆与我们今天所知的样子就越来越接近了。

而玄宗虽然在政治手段上高举"清算武周"大旗，对武则天"合同李武"政策进行了彻底否定，但在治国路线上却全盘继承了武则天的改革局面，尤其是在经济政策、政治改革和军事变革方面。武则天在经济上实行放开搞活政策，坐视将农民牢牢束缚在本土本乡的均田制衰落，默许农民迁徙到其他地区发展生产；玄宗明确出台法令承认农民迁徙他乡的现实，允许其就地落户。武则天放任建立在均田制基础上的具有"兵农合一"性质的府兵制瓦解，玄宗直接将府兵制改为"兵农分离"的募兵制，使当兵成为一种职业，有效提高了军队战斗力。武则天大力推行科举制，玄宗进一步扩大科举取士范围，增加进士录取人数，推动进士科开始稳定地成为高级官员的主要来源。武则天在改唐为周的过程中对李唐皇室所属的关陇贵族集团进行了系统清洗，玄宗继续放弃关陇本位政策，在全国范围内择天下英才而用之，接力打压包括关陇贵族在内的贵族集团，实施大规模启用普通地主出身官员的用人战略，彻底打开了中国古代从贵族世家政治转向平民官僚政治的大门。如陈寅恪先生在《唐代政治史述论稿》中所言，"科举制之崇重与府兵制之破坏俱起于武后，成于玄宗"，"新兴阶级（即普通地主出身官员集团）之崛起，乃武则天至唐玄宗七八十年间逐渐转移消灭宇文泰以来胡汉六镇民族旧统治阶级（即关陇贵族集团）之结果"。玄宗继承武则天改革思路的改革举措，为经济的发展、社会阶层的更新、军事力量的强大提供了重要的政策支持和制度支撑。

值得深思的是，在四次政变过程中，各派均有意无意地将斗争局限在朝廷高层，防止斗争蔓延到中下层和社会面，避免政治斗争伤及经济发展。这就确保了在高层政治斗争频发的环境中，社会没有发生大的动乱，经济没有受到伤筋动骨的摧残，为后来社会经济的迅速发展保留了活力和元气。

唐朝摆脱李武两家共掌皇权的不正常政治生态后，成功进入天无二日、民无二主的古代传统政治运行逻辑。在李氏皇族定于一尊、最高皇权"令出一门"的政令统一前提下，朝廷治理有了健康的政治生态作为保证，经济发展有了绝对的政治权威和一以贯之的改革方向作为后盾，百姓改善生活的活力竞相迸发，民间创造财富的源泉充分涌流，开（元）天（宝）盛世的大幕正式拉开。

图书在版编目（CIP）数据

盛世前夜：后武则天时代的政治缠斗/吴鹏著.--北京：中国人民大学出版社，2023.9
ISBN 978-7-300-31686-4

Ⅰ.①盛… Ⅱ.①吴… Ⅲ.①中国历史—唐代 Ⅳ.①K242.09

中国国家版本馆CIP数据核字（2023）第079674号

## 盛世前夜

### 后武则天时代的政治缠斗

吴　鹏　著
Shengshi Qianye

| 出版发行 | 中国人民大学出版社 | | |
|---|---|---|---|
| 社　　址 | 北京中关村大街31号 | 邮政编码 | 100080 |
| 电　　话 | 010-62511242（总编室） | 010-62511770（质管部） | |
| | 010-82501766（邮购部） | 010-62514148（门市部） | |
| | 010-62515195（发行公司） | 010-62515275（盗版举报） | |
| 网　　址 | http://www.crup.com.cn | | |
| 经　　销 | 新华书店 | | |
| 印　　刷 | 涿州市星河印刷有限公司 | | |
| 开　　本 | 720 mm×1000 mm　1/16 | 版　次 | 2023年9月第1版 |
| 印　　张 | 28　插页1 | 印　次 | 2023年9月第1次印刷 |
| 字　　数 | 418 000 | 定　价 | 99.00元 |

版权所有　侵权必究　印装差错　负责调换